プラトンの公と私

プラトンの公と私

栗原裕次著

知泉書館

目　次

序章　プラトン哲学と公‐私問題……………………………………………3
　はじめに ………………………………………………………………………3
　1　主　題 ………………………………………………………………………5
　2　古典期アテネの公と私 ……………………………………………………8
　3　公私をめぐる四つの問題圏 ………………………………………………11
　　（1）人間論 …………………………………………………………………11
　　（2）政治哲学 ………………………………………………………………12
　　（3）幸福論と倫理学 ………………………………………………………12
　　（4）「私」・「わたし」・「魂」・「自己」 …………………………………13
　4　考察範囲の限定と本書の構成 ……………………………………………14

第Ⅰ部　プラトン初期対話篇

第1章　プロタゴラス「大演説」（*Prt*. 320c-328d）の公と私
　　　　──ソフィストの人間理解 ……………………………………………21
　はじめに ………………………………………………………………………21
　1　ソクラテスの挑戦 …………………………………………………………22
　　（1）アテネ市民の民会での振舞から（319b3-d7）………………………23
　　（2）高名な政治家をめぐる事実から（319d7-320b3）…………………24
　2　神話と民主政 ………………………………………………………………25
　　（1）人間の誕生をめぐる神話（320c8-322d5）…………………………25
　　（2）分別（＝真実を語らないこと）の意味（323a5-c2）………………27
　　（3）刑罰論（323c3-324c5）………………………………………………28
　　（4）結論（324c5-d1）……………………………………………………30
　3　理論的説明──ソフィスト流徳育が目指すもの ………………………30

- (1) 移行部：ポリスの存立とエゴイズム（324d2-325c4） ……………30
- (2) 教育論（325c5-326e5） …………………………………………31
- (3) 二種類の徳とプロタゴラスの自己規定（326e6-328c2） ………33

むすび ……………………………………………………………………36

第2章　ソクラテスの衝撃とプラトンの継承
──『ソクラテスの弁明』篇と『ゴルギアス』篇 …………39

はじめに …………………………………………………………………39

1　ソクラテスの哲学と政治 …………………………………………39
- (1) ポリティカル・パラドクス ………………………………………39
- (2) 民主政アテネの公と私 ……………………………………………40
- (3) ソクラテスの場所・アゴラ ………………………………………41
- (4) ソクラテスと哲学 …………………………………………………42

2　『ゴルギアス』篇のソクラテス，そしてプラトン …………44
- (1) 「真の政治術」とは？ ……………………………………………44
- (2) カリクレスの哲学観と政治観 ……………………………………45
- (3) カリクレスの勧告 …………………………………………………47
- (4) ソクラテスの勧告 …………………………………………………50
- (5) 勧告の永遠の連鎖 …………………………………………………55
- (6) プラトンの勧告：執筆活動の政治性 ……………………………57

むすび ……………………………………………………………………59

第3章　『メネクセノス』篇における公と私──〈自由〉概念の創出 …61

はじめに …………………………………………………………………61

1　対話篇の主題と冒頭部（234a-236d）の意味 …………………63
- (1) 葬送演説の特異性と公私の問題 …………………………………63
- (2) すぐれた葬送演説の二つの要件 …………………………………64
- (3) 演説を書く意味 ……………………………………………………67

2　エパイノス（237b-246a）：〈アテネ〉とは何か ………………69
- (1) 高貴な生まれ（237b-238b） ………………………………………69
- (2) よき養育とポリテイア（238b-239a） ……………………………70
- (3) 歴史的偉業（καλὰ ἔργα）（239a-246a） ………………………72

3　パラミュティア（246b-249c）：友愛の根拠たる徳 ……………… 77
　　（1）息子への励まし（246d-247c） ……………………………………… 78
　　（2）両親への慰め（247c-248d） ………………………………………… 80
   4　ペリクレスの葬送演説との比較 …………………………………… 82
　　（1）ペリクレスの葬送演説 ……………………………………………… 83
　　（2）二つの演説の比較 …………………………………………………… 85
   むすび ……………………………………………………………………………… 86

第 II 部　『ポリテイア』篇：公私の調和的結合の生へ

第 4 章　序（第 1 巻）――公私混合の生のイメージ化 ……………… 97
はじめに ……………………………………………………………………………… 97
   1　私人ケパロスの正義 ……………………………………………………… 98
　　（1）老年 ……………………………………………………………………… 98
　　（2）富 ………………………………………………………………………… 99
　　（3）ケパロスの公私観 …………………………………………………… 100
   2　正義と共同性：ポレマルコスの場合 …………………………… 102
　　（1）第 1 議論（331e5-334b6） …………………………………………… 103
　　（2）第 2 議論（334b7-e7） ………………………………………………… 105
　　（3）第 3 議論（334e8-336a8） …………………………………………… 106
   3　公と私の混合：トラシュマコスの場合 ………………………… 107
　　（1）トラシュマコスの理論 ……………………………………………… 108
　　（2）トラシュマコスの大演説 …………………………………………… 110
　　（3）トラシュマコスの本音の吟味 …………………………………… 112
　　（4）結論：〈はたらき（ἔργον）〉からの論証 ……………………… 115
   むすび ……………………………………………………………………………… 118

第 5 章　問題と方法（第 2 巻） ……………………………………………… 119
はじめに ……………………………………………………………………………… 119
   1　「グラウコンの挑戦」 ………………………………………………… 119
　　（1）善の三区分と二つの問 ……………………………………………… 120
　　（2）正義の本性と起源 …………………………………………………… 123

(3) ノモスとピュシス……………………………………………124
　　(4) 「ギュゲスの指輪」………………………………………126
　　(5) 「個人」の利益……………………………………………126
　　(6) 生の判定……………………………………………………128
　　(7) アデイマントスの補足……………………………………129
　　(8) 結論…………………………………………………………130
　2 「ポリスと魂の類比」という方法……………………………131

第6章　公私の分離：正義論（第2-4巻）…………………………135
　はじめに……………………………………………………………135
　1 理想的なポリスの建設：あるべき公の創造（第2巻）………135
　　(1) 四，五人からなる最も必要なものだけのポリス…………136
　　(2) 真実のポリス………………………………………………136
　　(3) 「一種健康なポリス」内での暮らしぶり………………139
　　(4) 熱でふくれあがったポリス………………………………141
　　(5) 戦争の発生と守護者の要請………………………………142
　2 初等教育論（第2・3巻）………………………………………144
　3 〈市民の誕生〉をめぐる物語（第3巻）………………………149
　　(1) 〈市民＝同胞〉説…………………………………………149
　　(2) 金属の神話…………………………………………………150
　　(3) 神の命令と「生まれ」の意味……………………………151
　　(4) 神話の受容…………………………………………………152
　4 守護者の「幸福」（第3・4巻）………………………………153
　　(1) 守護者の暮らし……………………………………………153
　　(2) アデイマントスの疑問……………………………………155
　　(3) 全体の幸福と部分の幸福…………………………………156
　　(4) ポリス建設完了まで………………………………………158
　5 公的な徳（第4巻）……………………………………………159
　　(1) 知恵（428b-429a）…………………………………………160
　　(2) 勇気（429a-430c）…………………………………………161
　　(3) 節制（430d-432b）…………………………………………163
　　(4) 正義（432b-434c）…………………………………………165

6　魂論と私的な徳（第4巻） ……………………………………… 167
　　　(1)　移行部（434d-436a） ……………………………………… 167
　　　(2)　魂の三部分説（436a-441c） ……………………………… 168
　　　(3)　魂における諸徳の定義（441c-444c） …………………… 171
　　　(4)　正義と幸福（444c-445e） ………………………………… 175
　　むすび ……………………………………………………………… 177

第7章　公私の統一（第5巻） ……………………………………… 179
　　はじめに …………………………………………………………… 179
　　1　第一の大波 …………………………………………………… 180
　　　(1)　概略と「慣習」からの反論（451c-452e） ……………… 181
　　　(2)　可能性（452e-456c） ……………………………………… 182
　　　(3)　最善性（456c-457b） ……………………………………… 184
　　2　第二の大波 …………………………………………………… 185
　　　(1)　現実からの遊離（457d-458b） …………………………… 185
　　　(2)　法制化と法の最善性（458b-466d） ……………………… 186
　　　(3)　実現可能性 ………………………………………………… 192
　　むすび ……………………………………………………………… 194

第8章　公私の結合へ：第三の大波（第5・6巻） ……………… 195
　　はじめに …………………………………………………………… 195
　　1　「第三の大波」導入部 ── 理想から現実へ（第5巻） …… 195
　　2　現実のポリスへの視線 ── 哲人支配のパラドクス（第5巻） …… 200
　　3　哲学者とは誰か（第5巻） …………………………………… 203
　　4　哲学者「役立たず」論 ──「船の比喩」（第6巻） ………… 205
　　　(1)　哲学者の本性論 …………………………………………… 206
　　　(2)　「船の比喩」 ………………………………………………… 207
　　5　哲学者「大悪党」説 ── 堕落論（第6巻） ………………… 210
　　　(1)　堕落論1：大衆の影響力 ………………………………… 210
　　　(2)　堕落論2：私的影響力 …………………………………… 213
　　　(3)　自称「哲学者」たち ……………………………………… 215
　　6　哲学者の生きる道（第6巻） ………………………………… 216

7　〈善〉のイデアの学び（第6巻）……………………………218
　　　　(1) 最善のポリテイア……………………………218
　　　　(2) 大衆と哲学……………………………220
　　　　(3) 哲学者による支配……………………………224
　　　　(4) 最大の学問対象：〈善〉のイデア……………………………227
　　　　(5) 「太陽の比喩」と「線分の比喩」……………………………231
　　むすび……………………………233

第9章　「洞窟の比喩」（第7巻）……………………………235
　　はじめに……………………………235
　　1　「洞窟」の内と外……………………………236
　　　　(1) 比喩の内容……………………………236
　　　　(2) 比喩の解説……………………………240
　　　　(3) 民主政「洞窟」の構造……………………………246
　　2　哲学者の「洞窟帰還」問題……………………………250
　　　　(1) 問　題……………………………250
　　　　(2) 正しい人への正しい要求（519e1-520e3）
　　　　　　――私人としての生 vs. 市民としての生……………………………253
　　　　(3) 真の哲学者の生とは？（520e4-521b11）……………………………259
　　　　(4) むすび……………………………267
　　3　教育による最善への接近……………………………268
　　むすび……………………………271

第10章　公私の分離・混合・綜合：不正論（第8・9巻）……………273
　　はじめに……………………………273
　　1　不正なポリスと不正な人（第8・9巻）……………………………274
　　2　不正な生の選択（第8・9巻）……………………………282
　　　　(1) ドクサの内化による性格形成……………………………284
　　　　(2) 〈不正な人間〉の生成……………………………285
　　　　(3) ヌースを欠いた魂……………………………291
　　　　(4) むすび……………………………294
　　3　生の判定（第9巻）……………………………295

- (1) 公と私の分離と綜合 …………………………………… 296
- (2) 僭主政的人間の不幸 …………………………………… 299
- (3) 「真の僭主」の不幸 …………………………………… 303
- (4) 「真の哲学者」という見本 …………………………… 305
- 4 〈自分のポリス〉の建設（第9巻）——公私結合の生に向けて …… 307
  - (1) 魂のイメージ化（588b-589c） ……………………… 308
  - (2) 不正礼賛者に対する説得（589c-591a） …………… 309
  - (3) ヌースをもつ人の洞察（591a-592a） ……………… 311
  - (4) 哲学と政治（592a-b） ……………………………… 313
- むすび ……………………………………………………… 320

第11章 ポリスに生きる人間（第10巻）——その永遠の生 ……… 323

- はじめに …………………………………………………… 323
- 1 詩人追放論：教育論の行方 …………………………… 324
  - (1) 〈現実〉への眼差し ………………………………… 324
  - (2) 模倣とは何か：イデア論からの考察 ……………… 326
  - (3) 詩人と大衆 …………………………………………… 328
  - (4) 公的教育者としての詩人 …………………………… 331
  - (5) 魂論への展開 ………………………………………… 336
  - (6) 「立派な人」の問題 ………………………………… 340
  - (7) 哲学者の〈信〉 ……………………………………… 360
- 2 エルの物語：永遠の生を語る意味 …………………… 362
  - (1) 不死なる魂の本然の姿 ……………………………… 362
  - (2) 生前における正義の報酬 …………………………… 363
  - (3) エルの物語 …………………………………………… 365
  - (4) むすび ………………………………………………… 375

終　章 ………………………………………………………… 377

- (1) 人間観 …………………………………………………… 377
- (2) 政治哲学 ………………………………………………… 378
- (3) 倫理学 …………………………………………………… 379
- (4) 魂　論 …………………………………………………… 381

（5）プラトンの公と私：詩人哲学者としての生……………………… 382

あとがき………………………………………………………… 386
初出一覧………………………………………………………… 389
参考文献………………………………………………………… 390
人名事項索引…………………………………………………… 399
引用出典索引…………………………………………………… 404
Table of Contents / English Summary ……………………… 421

プラトンの公と私

序　章
プラトン哲学と公‑私問題

はじめに

　わたしたちの人生は実に様々なジレンマに満ちている。公と私をめぐるジレンマもその一つである。身近な所では，遊びに連れて行ってほしいとせがむ子供に，仕事があるからだめだと拒絶する父親。就職も決まっていて卒業のため単位を落とせないのに，勉強せずカンニングしてしまう大学生。世間では「いい人」と評判も高いが，家庭では妻に暴力をふるう夫。性格がそれぞれ「仕事人間」「だらしない学生」「DV男」と固まってしまっている場合は，もはや葛藤も感じないだろうが，そこまで至っていない場合，家と会社の狭間で悩んだり，悪いとわかっているのにきまりを破ったり，二重人格の自分に苦しんだりするだろう。私的生活と公的生活の対立，私的利益ゆえの公的規範の違反，私的人格と公的人格の不一致といった解消困難な問題はいろいろな形でわたしたちの内部に巣喰っているように思われる。

　公私をめぐるこうした（よりスケールの大きい）問題は紀元前5‑4世紀のアテネにも存在した。

　　T1 Thucydides 6.12.2: 司令官に選ばれた嬉しさから，諸君に艦隊派遣を勧告する者もいるかもしれないが，その男（アルキビアデス）は司令官を務めるには若すぎるばかりでなく，自分のこと（τὸ ἑαυτοῦ）しか眼中にない男であり，すばらしい馬の持ち主として

注目を集めること，そしてその馬のための多額の出費を賄うために，司令官職からいくばくかの利益を得ることを望んでいるだけなのだ。そんな男に，国家の安全を犠牲にして，己の（ἰδίᾳ）栄誉を手に入れるための機会を与えてはならない。そのような人物は，公共の利益を侵害し（τὰ μὲν δημόσια ἀδικεῖν），個人の財産を消尽する（τὰ δὲ ἴδια ἀναλοῦν）に相違なく，この計画は，経験に欠ける若者が決定し，性急に実行に移すには，あまりに重大なものであることを知っておいてもらいたい。（ニキアスの演説[1]）

T2 Plato R. 521a4-8:（金銭に関してではなく，言葉の真の意味で）貧しい者が自分自身のよきもの（ἀγαθῶν ἰδίων）を飢え求めながら，そこにおいて善を掠奪せねばならないと考え，公的なよいもの（τὰ δημόσια）に向かうなら，それ（最善のポリスの建設）は不可能だ。なぜなら，支配することが争いの的になると，そうした戦争は身内や内輪のそれであって，彼らをも他の市民をも滅ぼすからだ[2]。

T3 Aeschines 1.30: つまり自分の家督（τὴν ἰδίαν οἰκίαν）も碌に守れなかった者は国家公共の事柄（τὰ κοινὰ τῆς πόλεως）も同じように扱うだろうと立法家は考えて，同じ人間が私人としては碌でなしだが（ἰδίᾳ μὲν εἶναι πονηρόν）国家にとっては立派な市民（δημοσίᾳ δὲ χρηστόν）ということはありえないし，弁論家たるものまず生活を正さずして，言葉だけ取り揃えたからといって演壇に登ってはいけない，そう考えたのでした[3]。

---

1) 城江訳（2003），106-107.
2) 本書で使用するプラトンのギリシア語テキスト（ステファノス版頁数・行数）はBurnet編のOxford Classical Texts (OCT) によるが，新版がある Tomus 1 については Duke et al. (1995)，『ポリテイア』（国家）篇については Slings (2003) を用いる。但し，『ゴルギアス』篇のみ Dodds (1959) を使用する。
3) 木曽訳（2012），20. Cf. Aeschines 3.78:「私生活でのならず者（ὁ ἰδίᾳ πονηρὸς）は公の場において有用な市民（δημοσίᾳ χρηστός）ではありえず，自国での碌でなしがマケドニアにおいて使節として善美の男であったためしがありません」（木曽訳（2012），246）。Lysias 19. 14: ὃς οὐ μόνον ἰδίᾳ χρηστὸς ἐδόκει εἶναι, ἀλλὰ καὶ στρατηγεῖν αὐτὸν ἠξιώσατε, ὡς ἐγὼ ἀκούω.

しかし，公のために私を犠牲にすべきなのか。それができない人は道徳的に悪い人なのか。それとも，公は私のためにあるのであって，人々は自分たちの利益を求めて公的規範を作り出しているのではないか。人は公と私の緊張関係の中で公的生活と私的生活を分け，別々の倫理に基づき生きていくのが賢い生き方なのか。どうやら2,400年前のギリシア人もわたしたちに劣らず，公私の緊張対立の渦中で生きていたようである。では，公と私とはそもそも何なのか，また公と私の関係は本来どうあるべきなのだろうか。

1 主 題

本書は，古代の哲学者プラトンの著作を，従来いろいろな仕方で論じられながらも，主題化されることの少なかった「公」「私」の対立概念に光を当てて新たに読み解こうとする試みである[4]。日本語で記される本書は「公」（こう・おおやけ）と「私」（し・わたくし）という語を使うが[5]，基本的には前5-4世紀アテネで生きたプラトンが用いたいくつかのギリシア語を念頭に置いている。

「公」（ⅰ）δημόσιος, δημότης, δημοτικός, δημοσιεύειν, δῆμος, etc.
　　（ⅱ）κοινός, κοινωνία, κοινωνεῖν, κοινωνητέον, κοινωνός, etc.
「私」（ⅲ）ἴδιος, ἰδιώτης, ἰδιωτικός, ἰδιωτεύειν, ἰδίωσις, etc.
　　（ⅳ）οἶκος, οἰκία, οἰκεῖος, etc.

無論，この語群リストは網羅的ではなく，他にも関連する語は多

---

[4] ギリシアの公私観については，近年フランスを中心に研究が盛んである；e.g. Polignac and Schmitt-Pantel eds. (1998)。とりわけ若手プラトン研究者Arnaud Macéが編纂したMacé ed. (2012)はプラトンに至る古代ギリシアの公私関連テキスト（フランス語訳）の集成として有用である。プラトンについてはMacé (2009)；土橋（2016），39-81参照。

[5] 今日日本の公私観についての要を得た解説として，赤間（2015），54-59参照。

い[6]。これら種々の言葉が相互に類似や差異,対立の関係を保ちながら,全体として公私をめぐる意味のネットワークを形成している。プラトンは同時代の公私観を前提としつつも,その見方を吟味・批判し,概念を捉え直したり,新しい考えを導入したりして,ネットワークの再編を目指し,彼独自の公私観を構築した――これが本書で論じたい主張であり,主題である[7]。

ではそもそもなぜ公と私がプラトンにとって重要だったのか。それは,先に垣間見たように,彼が生きた紀元前5-4世紀のアテネで公と私の緊張・対立が政治的倫理的に取り組むべき火急の課題として湧き上がっていたからではないだろうか。そのため彼はその課題に正面からぶつかり,解決を与えようとしたのではないか。まずはこの点を確認しよう。

試みに,古代ギリシア語で書かれたホメロス以来の文書のほとんど全てを集積しデジタル化した Thesaurus Linguae Graecae (TLG) で,「公的」「私的」を典型的に表す δημοσίᾳ と ἰδίᾳ[8]が対比的にセットで用いられている箇所を検索してみよう。すると,プラトンが生きた前4世紀まででは,以下のような結果が得られる(プラトンを除きほぼ年代順[9])。

 トゥキュディデス(歴史家)5箇所:*Historiae* 1.128.3, 2.65.2, 3.45.3, 4.121.1, 6.15.4
 イソクラテス(弁論家)2箇所:4.187, 18.24
 イサイオス(弁論家)2箇所:7.30, 8.12
 アンドキデス(弁論家)2箇所:1.146, 3.20

---

6) 四つの語群に属する派生語の他に,πόλις, πολίτης, πολιτικός や ἕκαστος(個人)などが関連する。公私関連の語の分類・出典表が Macé ed. (2012), 463-79 により作成されている。

7) それゆえ,本書は「公」「私」の定義づけを出発点としても終着点としても意図してはいない。公私に関わる諸概念をプラトンがどのように使用しているのかを確認しながら,その重層的な関係・用法の網の目の解きほぐしから彼の公私観を浮彫りにするという狙いである。ウィトゲンシュタインの家族的類似の観念を援用して「プライバシー」の概念化を試みる Solove (2008), 39-77; 邦訳(2013),56-110 の方法を参照せよ。

8) δημοσίᾳ/ἰδίᾳ は形容詞 δημόσιος/ἴδιος の女性単数与格形で副詞的に用いられる。

9) TLG の複合検索でテキストの前後3行以内に両単語が登場する場合であり,意味連関が弱い場合は除く。また偽書とされているものも含めた。なお本書における古典著作名の略記と箇所指定の仕方については原則 Liddell and Scott (1996)――以下 LSJ――に従う。

クセノポン（歴史家）2箇所：*Mem.* 3.12.5, *Hiero* 11.9
リュシアス（弁論家）9箇所：2.61, 6.47, 13.69, 19.8, 21.16, 25.12, 25.25,（断片2箇所）
デモステネス（弁論家）13箇所：3.25, 19.192, 20.136, 23.206, 24.54, 24.56, 25.95, 30.37, 36.57, 53.4, 53.25, 62.42.2, 63.2.9
アイスキネス（弁論家）3箇所：1.30, 2.28, 3.78
ヒュペレイデス（弁論家）1箇所：*Pro Lycophrone*, Column 14

プラトン（哲学者）56箇所：*Ap.* 30b, 31c, 33a, *Cra.* 385a (bis), *Tht.* 174b-c, *Sph.* 222d, 268b, *Plt.* 311b, *Phdr.* 244b, 277d, *Alc.*1 111c, 134a, *Alc.*2 138b, 148c, *Prt.* 324c, 325b, 326e, 327a, 357e, *Grg.* 484d, 522b, 527b, *HM.* 281b-c, 282c, 294d, *Mx.* 239b, 248e, *Clit.* 407e, *R.* 362b, 364a, 373e, 424e, 443a, 473e, 494e, 500d, 517c, 519c, 549d, 562d, 566e, 592a, 599d, 600a, *Ti.* 87b, 88a, *Lg.* 626a, 626d, 647b, 713e-714a, 899e, 950d, *Epin.* 985c, 992c, 992d

　元々の著作数が違うし失われた作品も多いため，δημοσία/ἰδία の対比表現の頻度を単純に比較はできないが，それでもこの調査から次の二点が推測できる。

　第一に，この公私の対比表現は，古くはホメロスまで遡りうるとしても[10]，前5世紀のペロポネソス戦争の頃から頻繁に用いられており，歴史家と特に弁論家が好んだ表現であったこと。類似の対比表現 δημόσια/ἴδια[11] を検索すると，さらにトゥキュディデス3箇所（2.37.3, 6.12.2, 6.16.6），クセノポン1箇所（*Mem.* 3.11.6），デモステネス1箇所（24.99）が加わるが，それ以外は（プラトンを除くと）数えるほどでしかない[12]。とりわけ δημοσία/ἰδία の対句が悲劇に不在であるという事実は，明白なアナクロニズムに対する詩人の警戒心から，逆にその表現

　10）　よく似た対比表現として Hom. *Od.* 3. 82: ἰδίη, οὐ δήμιος, 4.314: δήμιον ἢ ἴδιον, 20. 264-5: οὔ τοι δήμιός ἐστιν / οἶκος ὅδ᾽ 参照。
　11）　公的な事柄／私的な事柄。共に形容詞中性複数形主格・対格。
　12）　アリストパネス1箇所（*Ecclesiazusae* 207-208行），アリストテレス3箇所（『アテナイ人の国制』48, 59, Fr. 417）。因みにプラトンは8箇所（*Grg.* 469e, 514c, *R.* 344a-b, *Lg.* 763a, 780a, 884a-885a, 910c, 957a）である。

が当時流行していたことを暗示している[13]。

　第二に，プラトンは同時代の公私を対立的に捉える思考の枠組みを前提とし，それを問題化したこと。例えば『プロタゴラス』篇の最初の四つはソフィストのプロタゴラスの演説中に現われ，『ポリテイア』篇の最初の三つは，登場人物グラウコンが大衆や詩人・ソフィストが信じている正義観を説明する中でのもので，両対話篇がこれらの思想を吟味検討しているのは疑いえない。また δημοσία/ἰδία の登場回数にしても，彼以外の著作家の用例が総計 39 回であるのに対し，プラトンの場合は 56 回で圧倒的に多い。この点からも彼が公私の問題に深い関心をもっていたことは明らかだろう。

　これら二つの推測を検証するには，先に挙げた関連語を含めてあらゆる用例の意味を文脈の中で特定していく作業等が必要だろうが，今は省略する。ここでは，以上の調査から，プラトンが生きた時代に公と私の緊張関係が問題になっていて，彼がその問題を引き受け，何らか解答を与えようとしていたことが推察できれば十分である。

2　古典期アテネの公と私

　では，プラトンの同時代アテネにおいて信じられていた公私観はどのようなものだったのか。彼の著作の読解に取りかかる前に，彼が標的とした公私観を大雑把にでも眺めておくことは有益だろう。

　アメリカの古代史家 D・コーエンは主に弁論家・歴史家・哲学者のテキストの踏査に基づき，古典期アテネの公（δημόσιος）と私（ἴδιος）の対立を三つの観点から整理する[14]。

　　（ⅰ）人のあり方の対比：政治的指導者 vs. 一般市民
　　（ⅱ）空間・場所の対比：政治的空間 vs. 家
　　（ⅲ）生活・人生の対比：政治的生 vs. 享楽的生／哲学的生

　13）　Cf. Easterling (1985), 6. 古典期アテネの悲劇喜劇における公私論関連のテキストについては，Macé ed. (2012), 191-222, 367-79 参照。
　14）　Cohen (1991), 70-97, Ch. 4 "Public and Private in Classical Athens." またホメロスからアリストテレスに至る公私理解の変遷に関する研究に Saxonhouse (1983), 163-84 がある。

もちろんこれらの対立軸は相互に連関しており，コーエン自身の説明も重なりあっている。

まず（ⅰ）の対比は支配職に与るか否か，公職にあるか否かによるため，公人と私人の区別と言える。デモステネスがメイディアスの弾劾に際して，自らが公人として合唱舞踏隊奉仕役であったことを強調するのは，相手のポリス全体に対する不正行為という点を際立たせるためであった（「メイディアス弾劾」31-35）。逆に，私人であることはポリス内で重要な役割を演じていないことを意味するのである[15]。トゥキュディデスが描くペリクレスの戦死者葬送演説に見られるように（2.40），アテネ市民は〈ポリス市民としての自己〉（πολίτης）と〈私人としての自己〉（ἰδιώτης）の間の緊張関係を常に意識していたと言える[16]。

次に（ⅱ）は，家（οἶκος）という私的空間とアゴラ，民会，法廷，公衆浴場，体育場，神殿といった公的空間の対比である。前者が女性のための保護された閉鎖空間であるのに対し，後者は男性市民が集まり，競争の中で評判と名誉を追求する開かれた空間である。ギリシア語のοἶκοςは住む場所だけでなく住む人も表す言葉で，私概念の中核には家族が位置することを意味する[17]。しかし広い意味での私的空間は家の外にも拡がり，典型的な公的空間である民会や法廷以外の場所もἴδιοςと語られたりする。こうしたοἶκος—ἴδιος—δημόσιοςの相互連関は，ギリシア人にとって公と私が文脈依存的で「相補的に対置されたもの」（complementary opposition）であることを示している。例えば，家で行われるシュムポシオンはアゴラでの談論に較べればより私的なものだが，家を主宰する女たちとの関係ではより公的な性格を帯びることになる[18]。

---

15) Cohen (1991), 71-72. Hansen (1998), 182-83 n.423 は ἰδιώτης の二義性を指摘して，(1)「公職に専門的にではないが，折に触れて積極的に関わる市民」と (2)「ポリスのことに巻き込まれることを避ける受動的な市民」を区別している。

16) 公訴と私訴の区別も参照；Hansen (1998), 87. また，アリストテレスは『政治学』(1324a) で別のポリスの出身者（ὁ ξενικός）が個人としてポリス的共同性から離れて生きる場合を，市民としてポリスと共同して生きる場合と対比させている。ポリスの成員としての市民（成年男子）と対比されたポリスの住人としての個人は女性，外国人，奴隷を含む；cf. Hansen (1998), 89-90.

17) Cohen (1991), 72-74, 76.

18) Cohen (1991), 74; cf. Humphreys (1993), 27; Hansen (1998), 184 n.441.

かくして，ポリスの政治的活動の外側にある一切を「私的生活」とみなす ἴδιος のよく知られた用法（ⅲ）と出会うことになる。この対比はイソクラテス，アリストテレス，プラトンが言及し前4世紀に広く議論されたが，典型的には政治家の生き方と哲学者の生き方の間に認められる[19]。また公的生活は広義において市民が様々なポリス的義務を果たすことと結びつき理解され，逆に，義務を怠る者は私的に生きる悪しき市民として非難される。公私の別は「評判（reputation）のポリティクス」の中で操作される場合もあるのだ[20]。

　以上のようにコーエンと共に古典期アテネの公私観を辿ってみると，第一に，関係概念としての ἴδιος は個々の文脈で δημόσιος や οἶκος との相補的連関において意味が決まると言える。それ自体で端的に「私」を意味することはない。だがそうだとしても，第二に，生の脈絡での ἴδιος が，男性市民がポリスの中核的な空間で評判のポリティクスに携わる δημόσιος な生と対比されて，アゴラや体育場といった空間を中心とした私的な暮らしに関わっている点は否定できない。それゆえ ἴδιος を「個人的」と訳すとしても，競争的政治的な対人関係ではない一種の友愛[21]による人間関係を指示するのであり，その「個人」を他人の干渉を許さない内面性を有する〈自律的主体的個人〉といった近代的人間観によって理解してはならないのである[22]。

　コーエンの分析は哲学的著作も含めるなど広範囲にわたり，かつ整理も明瞭で，本書の考察の土台として十分役立つ。但し当然のことながら，彼の社会学的研究[23]は当時の公私観の実態を詳らかにしてはいるものの，価値判断に踏み込むことはなく，その意味で哲学者プラトンがこうした公私観のどこに疑問を抱き，どう批判したのかといった問題には触れていない。そのためプラトンの視点から同じ事象が眺められたとき，コーエンの分析の不備に気づくこともあるかもしれない。そこで次に，プラトンのとる哲学的視点に留意しながら，本書の方針について述

---

19) Cohen (1991), 76-77.
20) Cohen (1991), 77-78.
21) 友愛（philia）と公私概念の関係については，Cohen (1991), 78-79 参照。
22) Cohen (1991), 74-75; 桜井（1997），246.
23) Cohen (1991), 5 は自らの研究を "an exercise in historical legal sociology" とみなす。

べたい。

3 公私をめぐる四つの問題圏

プラトン著作に重点を置いてコーエンの三つの観点を整理し直すと次のようになる。
（ⅰ）人のあり方の対比：
　　公人 vs. 私人・哲学者 vs. 私人・一般市民
（ⅱ）空間・場所の対比：
　　政治的空間（民会・法廷・劇場）vs. セミパブリック空間（アゴラ・体育場・シュンポシオン）vs. 家
（ⅲ）生活・人生の対比：
　　政治的生 vs. 哲学的生 vs. 享楽的生

重要なのは，左端の「公」と右端の「私」の中間に哲学が関係する部分が加わっていることである。この第三項の創造にこそプラトンの独自性と批判性が認められる。そして，この第三項が三つの側面で問題になることにより，彼の哲学も独特の輝きを放つのである。

(1) 人間論

まず，人のあり方の対比については，プラトンが哲学者を人間の一類型として考え，しかも人間の理想型として描いた点で独創的である。哲学者は，一方で，公人でなく私人であるが，『ゴルギアス』篇でカリクレスも糾弾するように（Grg. 484c-486d），公職への関心をもたない点で，同じ私人でも一般市民から区別される[24]。しかし他方で，ソクラテスが私人でありながら哲学を通じてポリスと積極的に関わったがゆえに，一般市民から死刑判決を受けたことも忘れてはならない。プラトンが政治に従事する公人と一般市民の中間に哲学者を置き，ソクラテスをそのモデルとして人間の真なるあり様を描いた点に，彼の人間観を垣間見ることができるだろう。また『ポリテイア』篇では，哲学者が支配者

---

24) Carter (1986), 183-85 は史的ソクラテスを「静寂主義者」の特別なケースと説明する。

になるという公私をめぐる逆説(パラドクス)が問題化される。プラトンの人間理解が私人と公人の結合をどう描くかに反映しているのは言うまでもない。

(2) 政治哲学

次に，空間的対比に関しては，『ソクラテスの弁明』や『ゴルギアス』を参照すれば，哲学者が活動するアゴラや体育場のような空間は，ポリス政治の中心である民会等の公的空間でも，身内が共に暮らしを営む家のような私的空間でもない[25]，セミパブリック（半公的）とも呼びうる独特の空間とみなされる[26]。公的空間が政治的指導者や弁論家，詩人といった文化の担い手が多数者を相手に説得を試みる，民主政アテネに特殊な極めて政治的な空間だとすると，セミパブリックな空間はソクラテスが一人ひとりと向き合って共同に真理を追求する——いわゆる「政治」に関わらないという意味で——生活世界なのである[27]。プラトンがセミパブリック空間をソクラテスによる新しい政治活動の場所と特定したことに彼のポリスの哲学，すなわち，政治哲学（*political* philosophy）が見出されうるだろう。またポリスのこうした空間把握は，後述するように，プラトン自身の生きる場所がどこであったのかという問題に派生し，彼の政治に対する姿勢に深く関係しているのである。

(3) 幸福論と倫理学

最後に，生のあり方については，哲学者が名声・名誉を求める政治に関与せず，だからといって享楽的生活を送る「見物好き」

---

[25] この限定は重要である。例えば『プロタゴラス』篇の舞台がカリアス邸であるように，「家」も哲学的空間たりうるのである。この点は G・サンタスから指摘を受けた。

[26] 「セミパブリック」という言葉は平田（1998），46-78 に基づく（cf. Humphreys (1993), 27）。セミパブリック空間の性格については本書第 2 章で見る。

[27] 「生活世界」という発想は桜井（1997），241-55 から学んだ。桜井は δημόσιος の領域を市民団が関わる領域として政治レヴェルでの公的領域とし，他方（民主政成立以前の貴族政時代に由来する）κοινός の領域を日常生活のレヴェルでの公的領域（生活世界）とみなし，δημόσιος/κοινός に関する重要な区別を提唱する。但し，桜井は国家祭儀の場を想定して劇場を生活世界に含めているが，『弁明』（31b-c, etc.）でソクラテスが前提とする δημόσιος/ἴδιος の対置が〈一対多〉と〈一対一〉の人間関係の違いに依拠するとの理解から劇場こそむしろ極めて政治的な空間だと思われる。この点については，栗原（2013b）の序と第 8 章参照。本書では第 1 章，第 5 章，第 7 章，第 9 章が主に関わる。

序　章　プラトン哲学と公-私問題　　　13

（φιλοθεάμων）の大衆とも異なる生き方をする点が強調される[28]。『ポリテイア』篇の主題は，こうした様々な生のあり方を記述し，どれが真に幸福な人生であるのかを探究することにある。とりわけ，いわゆる「哲人王」の考察は，人間がいかにして公と私に最善の仕方で関わって生きていけるのかを主題としている。プラトンは生き方の価値を問題としながら，人生観や幸福観の基盤となる倫理学的関心を提示していると言えるだろう。

　このようにプラトンの視座から眺めると，コーエンが整理した公私の二分法が一様に崩れていくのがわかる。プラトンは第三項たる哲学者の存在に光を当てることによって，当時のアテネの人間理解と幸福観を検討しながら，それらに取って代わる彼独自の人間理解と幸福観を打ち出しているのだ。彼にとって公と私の問題は，差し当たっては政治哲学の圏域に入りつつも，人間をどう理解すべきか，人間はいかにして幸福たりうるのか，といった人間学・倫理学の根本テーマと密接に関係しているのである。

(4)　「私」・「わたし」・「魂」・「自己」

　ところで，中間項を挿入するプラトンの思索の独自性を解明する鍵になるのは ἴδιος という概念である。相補的関係概念として ἴδιος は第一義的に δημόσιος, κοινός でないという欠如（privatio）として理解されるが[29]，例えば（ⅱ）で οἶκος でないという欠如面から見られると，ἴδιος はまさにプラトンが強調する第三項の特徴を帯びる。ソクラテスが（ⅰ）私人 ἰδιώτης として（ⅲ）私的活動 ἰδιωτεύειν しながら哲学的生を送ると語られる場合も，ἴδιος の第三項的性格が際だつ。そしてまたコーエンが指摘するように，ἴδιος がそのままでは他者から干渉さ

---

28)　アリストテレス『ニコマコス倫理学』第1巻第5章における「生」（βίος）の三分類「享楽的な（ἀπολαυστικός）生」（1095b17）「ポリス的な（πολιτικός）生」（b18）「観想的な（θεωρητικός）生」（b19）を参照。

29)　LSJ (1996), 818 の ἴδιος の項の第一義は κοινός, δημόσιος の対概念として説明されている。反対概念という以上に，ἴδιος の欠如性が一般に知られるようになったのは，Arendt (1998), 22-78 の功績だろう："In ancient feeling the privative trait of privacy, indicated in the word itself, was all-important; it meant literally a state of being deprived of something, and even of the highest and most human of man's capacity" (38).

れない内面を備えた〈自律的主体的個人〉を意味しないとしても，プラトンが「魂」について語るとき，近代的人間観とは異なる仕方でやはり何らか〈自律的主体的個人〉を問題にしているのも確かだと思える。プラトンの民主政批判の根幹には彼と民主政支持者との間の「個人」（ἰδιώτης）に対する見解の相違——人間理解の相違——があり，彼の「個人」理解は今日のそれとも大いに異なっていることが予想される。プラトンがこの個人をとりわけ一人称単数の「わたし」と関係づけているとき，彼の魂の理解と関わってより哲学的に重要な問題が生じてくるのは間違いない。そしてそれは再帰代名詞「自己」が何に再帰するのかという自己論をめぐる問題群を引き込むことだろう。したがって，プラトンの魂論・自己論の文脈と絡めながらの，「私」（ἴδιος）の多義性・多面性の究明は本書の中心課題の一つになる[30]。

4　考察範囲の限定と本書の構成

さて本書は，人間観・政治哲学・倫理学・魂論の諸点を意識しながら，プラトンの公私観を探っていくが，既に見たように，公と私の概念はギリシア古典に限っても，哲学のみならず，歴史や文学の様々な場面で問題となっているし[31]，哲学についても，アリストテレスの『政治学』に詳細な記述がある[32]。本書はこうしたテキストを（ペリクレスの「葬送演説」などの補助的使用を除いて）原則取り扱わない。また分析するプラトンのテキストについても，考察範囲をいわゆる初期と中期の対話篇に限ることにする[33]。それゆえ後期対話篇については，とりわけ『ポリティコス（政治家）』と『法律』の両対話篇で公私の問題が取り扱われているものの，残念ながら今回は考察の外に置く。研究規模を必要以上に大きくしないためだが，初期・中期対話篇だけでもプラトンの現状把握，

---

30) Macé ed. (2012), 14-20 は ἴδιος を δημόσιος, κοινός のみならず ἀλλότριος と対比させて説明する。

31) Polignac and Schmitt-Pantel eds. (1998); Macé ed. (2012). 宗教関係の公私論については，Dasen and Piérart eds. (2003) 参照。

32) アリストテレスの公私論については，Swanson (1992) の研究がある。

33) 初期・中期・後期対話篇の分類については，例えば Vlastos (1991), 46-47 参照。

批判的視座，独自性は十分読み取れると判断したためでもある。初期作品は大なり小なりどれも公私問題に関わっているが，ここでは『ソクラテスの弁明』『プロタゴラス』『ゴルギアス』『メネクセノス』に限定して考察する。中期では今日にいたるまでいろいろな意味で影響を及ぼしている『ポリテイア』に集中する。その他の初期・中期対話篇については補足的な使用に留めたい。

　以上を踏まえて，本書の構成を示し，その内容を概観しておこう。

　第1部では初期対話篇を考察する。

　第1章では，前5-4世紀のアテネ民主政を支える人間観をソフィスト・プロタゴラスの「大演説」に見る。先述のように，人間を公と私の観点から捉えるのはアテネにおいて一般的であった。プロタゴラスは公私の対比を活用して，人間の卓越性としての徳の教授可能性について論じている。第1章は，それゆえ，プラトンの公私観を探る前段階として当時の一般的な公私観がどうであったのかを押さえることを狙いとする。

　第2章では，『ソクラテスの弁明』と『ゴルギアス』の両作品で描かれるソクラテス像に注目する。前者においてソクラテスは公的活動である政治に参加していないと主張し，後者では自身が当代ではアテネで唯一の政治家だと宣言する。この「ポリティカル・パラドクス」の究明を手がかりとして，ソクラテスとポリスの関わりについて明らかにする。さらに，弁論術を主題の一つとする『ゴルギアス』篇では，「呼びかけ・勧告」（$παρακαλεῖν$）のレトリックに注目し，勧告者ソクラテスを描くプラトンの公的活動に新しい光を当てる。

　第3章は，プラトン研究者によってこれまで取り上げられることの少なかった風変わりな対話篇『メネクセノス』を一種の公私論として読み解く。この作品が主題とする「葬送演説」は，戦争でポリスのために死んだ戦士を誉め称えるという性格上，公を私より優先させるべきとの思想を孕むが，ソクラテスが披露する演説は，あるべきポリスのあり方を「自由」において捉え，その自由の根本を市民一人ひとりの個の確立に見て取るという仕方で，私を公に優先させる考えを打ち出している。そして私の究極のところで「わたし」そのものである「自己（＝魂）」の問題を提出するのである。『メネクセノス』篇の公私論は，本書の四本

の柱であるプラトンの人間論,政治哲学,倫理学,魂論の解明に貢献するだろう。

　第2部は中期の代表作『ポリテイア』篇を全体として取り扱う。

　この長編が均整のとれた見事な構成をなしていることはしばしば指摘されるが[34]、プラトンの公私論がその骨組みを構築していることは従来語られなかった。本書は,対話篇のテーマに関わる論争——政治哲学か魂論か——に対して,政治と魂を公私論で読み替えることで一つの回答を与えることにもなろう。

　第4章は,対話篇全体のプレヴューとして機能する第1巻を読解し,そこで吟味される三つの正義観を公私概念との関わりで分析する。トラシュマコスの正義観は公私の混合が問題化されているという意味でとりわけ重要である。

　第5章から『ポリテイア』本編を考察していくが,まずは対話篇の問題と探究方法を明確化することから始める。問題は,①正義／不正とはそれ自体で何か,②正しい人は不正な人より幸福か,である。こうした問が発せられる根底には,公と私を混合して生きる民主政下の人々への深い疑念がある。そのため,プラトンは公と私をあえて方法論的に分けて論ずることにする。「ポリスと魂の類比」である。現実（ἔργον）からあえて距離を取り,理論（λόγος）の構築を目指すのであった。

　第6章では,公私が分離されて論じられる第2巻から第4巻にかけての正義論を見ていく。ポリスという公的な空間における正義とは何か,また,個として私的に捉えられた魂における正義とは何かが,理論（ロゴス）の中で答えられていく。

　第7章は,方法論的に分離された公と私が一つにされていく第5巻の議論を読解する。当時としては常識はずれな「男女役割平等論」と今日でも衝撃的な「妻子共有論」は公と私の有機的統一を目指す革新的な試みとして評価される。

　第8章は,第6巻を題材として,対話篇中で最大の逆説である「哲人王」の問題に取り組む。哲学者が支配するか,支配者が哲学をするかという事態が想像を超えているのは,支配と哲学の関係については公と

---

34)　加藤 (1996), 159.

私がそれぞれ独立性を保って交わらないという常識・見解（ドクサ）が根強いからであった。そうしたドクサを超えていく原動力になるのが，〈善〉への願望である。公と私を結合へと導く〈善〉のイデアが何かを問う。

第9章では，対話篇のクライマックスとも言うべき第7巻の「洞窟の比喩」を解釈する。公的空間から人間教育を通じて哲学の世界へと脱出し，私的生活を享受する哲学者は支配のために洞窟へと戻らねばならない。公と私の対立・相克が極点に達する場面である。〈善〉のイデアの学びが哲学者をどのような決断へと導くのか，公と私はいかにして調和しうるのかが究極の問として立ち現われる。

第10章は，正義から不正へと立ち戻る第8・9巻を題材とする。プラトンは再度「ポリスと魂の類比」の方法を採用し，四種類の不正なポリスと不正な人の生成と本性について語っていくが，正義の語りとは異なり，「現実」をリアルに映し出す不正の場合は，ロゴスによる公私の分離がうまくいかず，どうしても混合してしまう事態に陥る。その最たる例が，僭主的人間でありながら，実際に僭主となって統治を余儀なくされる「真の僭主」である。公私の混合が極まるあり方は「哲人王」のあり方と対蹠的であり，彼は最大の不正と最大の不幸を体現するのである。この議論の後，第9巻末では，洞察力（ヌース）を備えた人が公私からなる生全体をよく生きるあり方が語られる。

第11章は，『ポリテイア』篇の最終巻である第10巻を人間論として読み解く。前半の「詩人追放論」はポリス共同体に生きることを余儀なくされる人間が注意すべき公的影響力を論じている。共同体の一性を確保する物語が則るべき規範は何かが問題になる。後半では，公私論の枠組みを超出した死後の物語が述べられる。この「エルの物語」が描く〈生の選択〉は，しかしながら，今ここに生きる聴衆・読者に向けられている限り，公私の諸要素を見据えてなされるべき「われわれ」による生の択び直しのモデルになっている。その意味では，公私論が永遠の生によって枠取られているとも言えるだろう。

このようにして，第2部は『ポリテイア』篇全体を公私論の動的な展開の内に読む試みになる。プラトンが繰り広げる様々な思考は彼の人間論，魂論，政治哲学，倫理学の端的な現われであることが予想されよ

う。その思考が同時に初期対話篇の思考と結びついて，全体としてどのようにプラトンの公私論を徹底させていくのかを見届けたい。

第Ⅰ部

プラトン初期対話篇

第 1 章
プロタゴラス「大演説」（*Prt.* 320c-328d）の公と私
―― ソフィストの人間理解 ――

はじめに

　人間を〈ポリス的かつロゴス的動物〉であるとしたアリストテレス[1])には偉大なる先駆者がいた。プラトンが描くプロタゴラスである。同名の対話篇前半部に位置する「大演説」でプロタゴラスは，ロゴスに与らない動物（ἄλογα 321c1）と対比して，人間が言語を発明したこと，その脅威から身を守るべくポリスを必要としたことを語っているのである。だが彼が人間のポリス性とロゴス性をそれぞれどう捉え，どう関係づけているかは必ずしも明瞭でない。対話篇は以後，彼の人間観に基づく徳論および徳の教育可能性をめぐる見解を軸に展開するのだから，「大演説」の読解は作品全体を理解するために不可欠である。のみならず，プラトンが前世紀アテネを舞台として師ソクラテスと高名なるソフィストの思想的対決を描いた裏には，時代と場所を超えて今日のわたしたちですら囚われている考え・ドクサの普遍性への洞察があったように思われる。であれば，聴く者・読者を魅了する「大演説」の秘密を暴くことは，わたしたちが暗々裏に抱く人間観の意識化にも役立つにちがいない[2])。

---

　　1)　"ὁ ἄνθρωπος φύσει πολιτικὸν ζῷον" (*Pol.* 1253a2-3); "ὁ λόγον δὲ μόνον ἄνθρωπος ἔχει τῶν ζῴων" (1253a9-10); "[ἄνθρωπος] μόνος γὰρ ἔχει λόγον" (1332b5). 岩田 (2008), 32-81 参照。
　　2)　本章では「大演説」が史的プロタゴラスのものかどうかは問題としないが，「神話」

本章は「大演説」を惹起したソクラテスの疑問から始めてテキストを辿っていくが，その際，公と私の対比が様々な仕方で機能している点に注目する。第一に，ソクラテスの疑問が公的な政治空間である民会と私的な教育空間である「家」という二つの領域を区別して問題化しており，それに答える「大演説」の構成も公と私の二部からなる。第二に，「私」概念に含まれる ἰδιώτης（素人）は医者や彫刻家など専門領域の技術知を有した職人（δημιουργός 312b3）と対比されて，相応しい教養（παιδεία）を身につけることが求められる。「大演説」は〈術の類比〉を巧みに駆使しながら，素人・自由人が学ぶべき教養の中身を問題にしている。第三に，ポリスと個人の関係が主題化されることから，公的共同体において個人はいかに生きるべきかという倫理や，市民としての幸福とは何かという幸福論が問題になっている。「大演説」では，こうした諸点が人間を特徴づけるロゴス性とポリス性と密接に連携し合って，プロタゴラスの主張を構成しているのである。それゆえ，これら公私をめぐる諸概念の複雑な絡まり合いを解きほぐしていくことが本章の主たる作業となるだろう。

1　ソクラテスの挑戦

　ソクラテスとプロタゴラスのやり取りは最初からスリリングである。ポリスで名をあげること（ἐλλόγιμος 316c1）を望む若者ヒポクラテスに何を教えるのかとの問に，老ソフィストは公私両面からこう答える。

> T1 318e5-319a2: その学問内容とは，身内の事柄については，いかにして自分の家を最もよく斉えるかに関するよき熟慮（εὐβουλία）であり，ポリスの事柄については，いかにして言行ともに最大の政治力をもちうるかに関するよき熟慮である。

については本人のものを下敷きにしつつも，アテネ民主政に理論的基盤を与えるべく神話を使用しているのはプラトンだとする Schofield (2006), 135 n.67 の説に共感している（cf. Taylor (1991), 78-79; Prior (2002)）。また『テアイテトス』でのプロタゴラスの相対主義との関係についても触れない。この問題を主題化したものとして中澤（2007），157-88 参照。

第1章　プロタゴラス「大演説」(Prt. 320c-328d) の公と私　　23

　ソクラテスの大ソフィストに対する態度は挑発的だ。公私の別による回答の家政術の部分を完全に無視し一括して「政治術」(πολιτικὴ τέχνη, 319a4) と名づけ、人々を「よき市民」にすることと言い換える。その上で慇懃無礼にも、その教育法を「ご立派」(καλόν...τέχνημα a8) と褒めつつ、「実際にご所有ならば」と疑念を差し挟む。そして「それ」(=政治術[3]) が教えられると思えない理由を二点述べる。「ソクラテスの挑戦」である。

(1) アテネ市民の民会での振舞から (319b3-d7)

　ソクラテスはアテネ市民が賢明で (σοφοί, 319b4)、その判断に間違いがないと前提して語り出す。すなわち、彼らは民会といった公的政治的空間において、話題が土木や造船など専門領域に属する場合には、その筋の専門家・技術者の意見を尊重し、素人が何を言おうと耳を貸さず退場させる。他方、ポリスの運営が問題になると、職業、貧富、貴賤を問わず、誰もが素人として審議に加わり、学習経験を欠くため意見を述べる資格がないと非難することはない。このことは、アテネ市民が政治は技術知の対象でないと考えている証拠だろう。彼らのただしい判断によると、技術知なら教え学ばれるが、技術知でない政治術は教育不可能なのである。

　ソクラテスの主張には疑問がいくつも浮かんでくる。彼は本当にアテネ市民を「知者」と考えているのか。単に皮肉なのか (cf. *Ap.* 29d)。彼らが知を愛する市民だとの評判は確かにギリシア中に鳴り響いていたとしても (cf. *R.* 435e-436a; Hdt. 1.60.3)、「評判」に厳しい視線を向けるのが彼の常ではなかったか。人々の嘲笑や非難といった政治的振舞を尊重する理由は何なのか。さらには、仮に政治術が技術知でないとしても、違った仕方で教育・学習が可能だとは言えないのか。政治について市民が知らないと自覚しながら意見を述べているのか。否、(技術知によらずとも) 知っていると思い、審議に参加しているのではないか。

　実のところ、次節以降で見るように、こうした問題は全てプロタゴ

---

3) 吉田 (1996), 116-17; (1997), 10-11 は代名詞 τοῦτο (319a10) に注目し、こうして受けられた政治術が ταύτην τὴν ἀρετήν (319e2) で初めて特定されている修辞的工夫に着目している。本章註 14 参照。

ラスによって引き受けられている。彼の「大演説」はアテネ市民の判断を説明する形で進んでいくし（323a5, b5, c5, 8, 324a5, c4, 7, 325b4, 328c4），彼らの非難・賞賛・怒りといった政治的振舞は論点を補強するのに用いられる（323a7-b2, d1, e1-3）。また政治術が別種の技術だという論証——真っ向からのソクラテス批判——は試みられることはなく，むしろパイデイアという異なる知の形態として提示されることになるのだ[4]。私は彼のこうした反応はソクラテスの〈誘導〉によるものだと考える。プロタゴラスの何たるかを暴露するために極めて巧妙に仕組まれた工夫を見て取るべきであって，本心からの発言と解釈してはならない[5]。

(2) 高名な政治家をめぐる事実から（319d7-320b3）

ソクラテスの挑発は公的空間（τὸ κοινὸν τῆς πόλεως 319d7-e1）から私的空間（ἰδίᾳ e1）に移る。彼は市民の内でも最も知恵がありすぐれている者（οἱ σοφώτατοι καὶ ἄριστοι e1）としてペリクレスを例にとり，彼ですら自らが所有する徳を他人に授けることができない事実に言及する。高名な政治家が息子らへの個人的教育に失敗している実例は，政治的徳の教育不可能性を示しているのではないか，と言うのである。ここでの誘導のポイントは三点。第一に，形容詞の最上級を用いることにより，問題の政治術に与る程度の差を導入している。民会において原則，全市民の発言が許されるとしても，現実の政策決定に「政治家」の名を冠されるリーダーの役割が大きいのは言うまでもない。そうした者たちが所有する徳に光を当てているのである。第二に，その徳を

---

4) Taylor (1991), 73, 79-83 は，プロタゴラスの反論は全市民が専門家たることを示す点にあるとするが，技術知との対比を強調する神話が技術知でない知の形態・パイデイア（cf. 311a-312b; cp. 327d1, 338e7）を導入しているのは明らかであり，また大演説に先立つ箇所（318d-e）でプロタゴラスが暗にヒッピアスを技術（学校での読み書き，計算，音楽）から技術（算術，天文学，幾何学）へと投げ入れる点で批判しているのは，パイデイアの教師である自負を示している。

5) Nill (1985), 93 n.6 は，ソクラテスがアテネ市民を知者とみなすのは著者プラトンのアイロニーだとし，ソクラテスにプロタゴラス的態度を装わせ，プロタゴラスが「大演説」を展開するのを可能にしていると主張する。中澤（2007），180 も同様（「プロタゴラスの意図を引きだすところにある」）。Stokes (1986), 203-204 はソクラテスがヒポクラテスの代理を演じていて，その限りで民主政の原理とソフィストの知恵の両方を認めているとする。

「知恵」（σοφία）と特徴づけている。知恵において卓越しているがゆえにすぐれている訳であり，ここにプロタゴラスは自らの役割との連関を見出したに違いない。第三に，ソフィストこそが自他ともに認める「個人的な」教師（σοφιστὰς ἰδιωτικούς R. 492a7）である点に注意を向ける。この誘導により，プロタゴラスの「大演説」が最終的に進むべき方向は見えてこよう。裕福な市民の子弟を個人的に教えることで，政治的知恵を授け，将来のポリスのリーダーを養成することを強調する方向である。

　しかしながら，以上二つの挑戦を合わせた場合，プロタゴラスに課せられたハードルは相当高くなる。彼は，一方で，政治術が技術知とは異なる仕方で教育可能であり，全市民が事実それに与っているとアテネ市民が信じていることを示さねばならないが，他方で，高度の政治的徳をソフィストが個人的に若者に教育する資格を証さねばならないのである。政治術と政治的徳の使い分けや，全市民と将来の政治的リーダーの差異についての無理のない説明，さらには，アテネ市民の信念や政治的振舞を救いとる作業など（現代の解釈者が「不整合だ」と批判する[6]）諸々の困難は予想されるが，老ソフィストは悠揚迫らず，若輩者に話すように，神話を語り始めるのである。

2　神話と民主政

　ソクラテスの第一の挑戦に答える「大演説」前半部（320c8-324d1）は（1）神話（320c8-322d5）とその解説（322d5-323a4），（2）分別論（323a5-c2），（3）刑罰論（323c3-324c5），（4）結論（324c5-d1）からなる。順に見ていこう。

（1）人間の誕生をめぐる神話（320c8-322d5）

　神々が死すべきものどもの誕生をプロメテウスとエピメテウスに命じ

---

[6] 本章はできる限りプロタゴラスの「大演説」を整合的なものとして読もうとする。同様の姿勢は Kerferd (1953) に見られる。他方，不整合とする読解に対する個々の批判ついては，本章註 4, 10, 11, 14, 22, 25 を見よ。

たとき，最初にエピメテウスが動物たちに相応しい仕方での能力の分配を行った。種の保存を目的とした衣食住に関する能力の分配である。だが彼はうっかりして人間のために固有の能力を何も残さなかったので，誕生直前に，プロメテウスがヘパイストスとアテナのもとから火と技術知（τὴν ἔντεχνον σοφίαν 321d1）を盗み人間に与えたのである。

　これにより人間にとって生存の途が開かれたが，誕生後も受難が続く。衣食住の工夫，宗教や言語の発明を通じて生活を営むも，ばらばらに暮らしていたため，獣たちの襲撃に滅亡しかかったのである。抵抗すべく集住してもポリスに関する技術（πολιτικὴ τέχνη, 322b5, 7-8）を欠くため，今度は互いに不正を働き合い，再び離散して滅びつつあった。

　人間のこうした惨状を見かねたゼウスがヘルメスを遣わして恥（αἰδώς）と正義（δίκη）を与える。しかも技術知のように専門家と素人を分ける仕方ではなく，全員が与るようにしてポリスを成立させ，これらを分かちもたない者を死刑とする法も定めたのであった。

　この神話に依拠して，アテネ市民らが，技術知の場合は少数の専門家のみに意見を述べることを許し，正義や分別などポリス的徳の審議に関しては全員に意見表明を認めるべきだと考えているのが当然（εἰκότως 322e2, 323a2; cf. c3）と結論される。

　プロタゴラスの神話は人間の誕生とポリスの成立を鮮やかに物語っている。プロメテウスが神々から火を盗み人間に与えて罰を受けたという既存の神話（cf. Hes. *Th.* 509-69, *Op.* 42-89, Aesch. *Prom.*）を用いながら，人間をピュシス（φύσις, 320e2）において動物から区別する技術知を導入する。さらに個人生活に留まる技術知の限界に触れ，より大きい価値をポリス的生活とそれを維持する正義や恥に与え，ゼウスをその後ろ盾とする。いわば「人間は二度生まれる」とすることで，ポリスを営まない「野蛮人」を蔑むと同時に，ポリスの規範に反する者を人間として劣っているとみなす視点を提供するのである。民主政の伝統に応じて再解釈を施された神話は，アテネというポリスの中心で社会規範に従っている（と信じている）人々に対しては特別に説得力をもつであろう[7]。

7）プロタゴラスが民主政に初めて理論的基盤を与えたことは，多くの論者が指摘している；e.g. Kerferd (1981), 144; Schiappa (1991), 183-85.

第1章　プロタゴラス「大演説」（Prt. 320c-328d）の公と私　　27

　ところで，人間のポリス性を強調する神話はロゴス性についてはどういう特徴を示しているだろうか。技術知による言語の発明はポリスの成立とは独立であり，種の保存に寄与しているようにも思われない。だが正義と恥については・理・性・の・働・き・が認められうる。これらのポリス的徳が重要なのは，それなしにポリスの存立が危ぶまれるから（322d2-4, 323a3-4; cf. 324e1, 327a1, 4）であり，さらにポリスなしには個人の生存が脅かされる。これは不正を相互に加え合ったときに経験したことだ（322b7）。したがって，個人の生存を求める者はこうした事情を・理・性・的・に・判・断・して，ポリス的徳を尊重するのである。人間のポリス性とロゴス性はこのような仕方で相互依存関係にあることがわかるだろう[8]。

(2) 分別（＝真実を語らないこと）の意味（323a5-c2）
　続く箇所でプロタゴラスはアテネ市民の言語的実践に触れ，万人が正義やその他のポリス的徳に与っていると皆に信じられている証拠とする。それは，公的空間においては（cf. ἐναντίον πολλῶν 323b4）誰であれ不正な人だと知られていても，自身について自ら不正な人だと真実を語ってはならず，正しい人だと言い張らねばならないというものである。真実を語ることが「狂気」（μανία）であり，逆に真実を語らないことが「分別」（σωφροσύνη）であるとはどういうことか[9]。
　プロタゴラスは技術知と対比させる。笛吹き術の場合，技術を所有していないのに，上手な笛吹きを公言すれば，親族を始め周りから狂人扱いされ叱責を受ける。技術の所持／非所持については行為の出来／不出来において明白であり，恥をかくからだ。他方，正義／不正については，そうした明白な基準がない。むしろ市民である限り皆，大なり小なり何らか（ἁμῶς γέ πως 323c1）正義に与っており，何か不正を行ったからといって「自分は不正な人だ」と最初から正直に表明するほど

───────
　8）　これは Nill (1985), 4-51, esp. 14, 21, 38-39 が強調する点である。また Denyer (2008),107-108 は「神話」の背後に『ポリテイア』第2巻冒頭でグラウコンが紹介するような「正義の社会契約説」を見て取る; cf. Nill (1985), 26.
　9）　Nill (1985), 101 n.99 が告白するように，「この箇所の趣旨は実に非常に曖昧である」。以下は試みの解釈である。なおこの箇所に関して山本巍氏より，共同体の構成員はその内部では必ず「正しい人」でなければならないとの（『ポリテイア』351c-352d にも通じる）傾聴に値するコメントを頂戴した。

愚かなことはない。『弁論術』でアリストテレスが述べるように，法廷弁論で弁明する被告は誰も「不正をしているとは決して認めはしない」（1358b32）が，それは弁論次第で判決がどちらにも転びうるというポリス社会の現実を弁えているからである。正義／不正に関しては馬鹿正直に真実を語らないこと——これがポリス社会に生きる上での「分別」であろう[10]。この分別はポリスで生き抜く理性の働きを含み，その意味でロゴス性はポリス性と結託していると言える。

(3) 刑罰論（323c3-324c5）

プロタゴラスが次に証明すべきは，ポリス的徳が生まれつき偶々ではなく，教育と配慮によって備わると信じられていることである。確かに，神話による説明はポリス市民である限り，徳に与っている必要を示しはしたが，今日の市民たちに徳が備わる方法については触れていなかったからである[11]。プロタゴラスは倫理的事実に訴えて説明を敷衍する。すなわち，人は身体に関する悪など生まれつきや偶然に基づくものに怒ったり，叱ったりはしないのであって，心がけ，訓練，教えの結果として備わる，不正や不敬虔などポリス的悪徳に怒り，懲らしめ，訓戒を与えるのである。したがって不正をした者に加える刑罰は復讐を目的とするのではなく，矯正を目的とした未来志向を有する。こうした考え

---

10) 無論このことは公的空間で真実を語ることの重要性が民主政アテネで常々強調されていたこと（cf. Schofield (2006), 293-97）と抵触しない。この「強調」自体が公的空間での「お約束」に従っているということである。Stokes (1986), 228-29 が指摘するように，この箇所の σωφροσύνη は μανία と対置されることで特にその理性的な働きが強調されているが，神話の「恥」（αἰδώς）の言い換えである，他の箇所の σωφροσύνη（323a2, 325a1, 326a4）にしてもポリス内での成功を競争的に目指す理性的側面をもたないわけではない。また，Denyer (2008), 109-10 はこの箇所を社会契約説的発想の現われと見，「不正な人」だと思われることで蒙る害ゆえに，誰もが他人に「正しい人」だと思われるべく「正しい人」だと主張すると考える。だがこの解釈では，他人に「不正な人」だと知られていても（εἰδῶσιν 323b3），あえて「正しい人」だと主張しなければならない理由が説明できない。「正しい人」と思われるための〈計算〉ではなく，偽装が周知でも「正しい人」だと言い張る意味を弁えている〈分別〉が問題になっているのである。

11) Kerferd (1953) が論じるように，神話でゼウスが人間にポリス的徳を付与したにも拘らず，市民教育が<u>さらに求められている</u>ことに矛盾はない。ポリス的徳の所持とポリス市民であることは同義だからである；cf. Taylor (1991), 87-88.「想起説」と同様，教育・学習の源泉は謎として神話でしか説明できない部分が残るのである。史的プロタゴラスの神の不可知論と結びつけた Taylor (1991), 80 の Kerferd 批判は説得力に欠ける。

をもつアテネ市民は，徳が教えられると信じているのでなければならない。

　プロタゴラスの刑罰論が過去志向的な応報目的ではなく，人・魂の可塑性を前提とした未来志向的な矯正目的を強調している点は，プラトン独自の刑罰論との類似性がしばしば指摘される[12]。しかし同時に，プラトンの刑罰論があくまで罰を受ける当人の魂の浄化・向上を専ら目的としているのに対し，プロタゴラスのそれが結局はポリスの存続のためという目的を繰り返している点で違いを強調する論者らもいる[13]。その上でさらに注目したいのは老ソフィストの次の発言に垣間見える人間観である。

> T2 324a6-b1: 正気を保っている（τὸν νοῦν ἔχων）人は誰も不正を行ったというその点でそのことのために行為者を懲らしめることはない——獣のように，理不尽に（ἀλογίστως）復讐する者を除けば。

　ここでは動物との対比で人間のロゴス性に焦点が当てられている。確かに先の論者が指摘するように，プロタゴラスが刑罰の意義をポリスの維持と結びつけているのは疑いないが，注意すべきは，ポリス維持との関係で罰の意義を推し量る理性・知性の働きを重視している点である。「理に即して」（μετὰ λόγου 324b1）罰が与えられると語られるときの「理」とは，ポリスの一性という目的（あるいは，ポリスの現行体制を維持するという目的）のために何が最善かを適切に思考する合理的計算能力を意味する。こうした理を弁えない人はまさに獣にも等しい「正気を欠いた人」（ἀνόητος 323d4）なのだ。そうであれば，プロタゴラスの人間観において，ロゴス性はポリス性に一元化されているように思われる。先の「神話」や「分別」の働き方でも見られたように，ロゴス性とポリス性の融合が認められるのである。

---

12) *Grg.* 476a-479e, *Lg.* 735d-e, 854d-e, 862d-863a; cf. Taylor (1991), 96. Saunders (1981) は史的プロタゴラスのものであったと論じる。

13) 神崎（1983），133；森村（1988），214-22.

(4) 結論 (324c5-d1)

以上のようにして，プロタゴラスはソクラテスの第一の挑戦に答えることに成功した。民主政下のアテネ市民は自分たちがゼウス由来の正義と恥・分別を所有していると胸を張るだろうし，公私にわたる（καὶ ἰδίᾳ καὶ δημοσίᾳ 324c1）懲罰は徳の教育可能性を自ら信じている証拠だと認めるだろう。老ソフィストは「十分な証明を与えた」（ἀποδέδεικταί … ἱκανῶς c8）と自信たっぷりである。

3 理論的説明 ―― ソフィスト流徳育が目指すもの

ソクラテスの第二の挑戦に対してプロタゴラスはもはや神話によらず，ロゴス（理論）に基づいた説明を与えると宣言する。すぐれた人の息子がつまらぬ者になる理由をどう与え，同時に自らのソフィストとしての存在意義をどう証明するのだろうか。

(1) 移行部：ポリスの存立とエゴイズム（324d2-325c4）

プロタゴラスは先の議論を振り返り，ポリスが存在するためには全市民が徳に与らねばならないこと，教育と懲罰によってよりよい市民になること，そしてそのような配慮を受けても癒され得ない悪人はポリスから追放するか死刑にすべきであることを繰り返す。事情がそうなら，すぐれた人々が死などの刑罰がない事柄については息子らに学ばせるが，知らないなら死刑や追放刑，財産没収など，家の転覆（τῶν οἴκων ἀνατροπαί 325c2-3）に繋がる事柄について教えも配慮もしないことはあり得ないと言うのだ。

最後の部分は議論が私的場面（ἰδίᾳ）に移行したことで初めて明るみにでてきた。プロタゴラスが家（οἶκος）の不幸に言及する裏には，私的空間で人は個人的な私的な幸福を追求しており，私的幸福の実現のためにポリス的公的規範に従うべきだという一般信念の認識がある。公的規範の背後に家・個人レヴェルでのエゴイズムの存在を見抜いているのである。ポリスの維持を目的とする先の神話的説明では個人の生存と触れられていたことが，ここではさらに先鋭化され，ポリスの維持は個人の

幸福追求の必要条件にすぎないとする，公と私が交錯し合う地点に至っているのだ[14]。

(2) 教育論 （325c5-326e5）

プロタゴラスはすぐれた人々について語る前に長大な教育論を展開する。幼児教育，初等中等教育，生涯教育と段階を分けて市民教育のあり方を概説するのである。

（ⅰ）幼児教育（325c6-d7） 子供が話されていることがわかる年齢に達すると，両親や乳母らは正／不正，美／醜，敬虔／不敬虔に関して「これはよし」「これはだめ」と直示的教示（διδάσκοντες καὶ ἐνδεικνύμενοι 325d2-3）を与える。すすんで従えばよいが，そうでない場合は，叱ったり叩いたりしながら矯正を試みる。

（ⅱ）初等中等教育（325d7-326c6） 次の段階は教師による躾を含んだ徳育である。文字を学び書かれたものが読めるようになると，読み書きの教師は（ホメロスやヘシオドスなど）すぐれた詩人たちの作品を読んで暗誦するよう強制する。子供が作品に登場する古の英雄たちに憧れて真似をし，そうした人物になろうとしてほしいからである。

キタラ教師は音楽を通じて子供が節制を身につけ，非行に走らないよう気をつける。加えて，抒情詩人の詩を教え，よきリズムと調べが子供の魂に内化するよう強制する。上品な大人になって，言行ともに有為な人となるように，である。

次いで体育教師は子供の身体を鍛えてすぐれた精神に奉仕させ，身体の脆弱さゆえに戦場等で臆病に振舞わないように教育する。

（ⅲ）生涯教育（326c6-e1） 教師のもとに通わなくなると，今度はポリスが教師となって法を学び，それを手本として生きることを強制する。各自が自分勝手にでたらめに行うことを禁じ，あたかも子供が書き

---

14) 「大演説」中で ἀρετή（協同的徳）と τέχνη（競争的徳）が混同されている——大衆に向けられたプロタゴラスの作為的工夫——とする Adkins (1973) の見方に対しては，ポリスの徳がポリスの存立という目的実現のための道具・技術と解されているとする吉田（1997），12-13 の適切な指摘に従い，混同はないと考える（本章註 22 参照）。だが強調すべきは，そうしたロゴス性が同時に「自己利益」と結託していることである。但し，ここでの「自己」は，ポリス成立以前に「自己」の生存を目的として不正を働くこともあった〈技術知を備えた動物〉ではもはやなく，ポリス性を内含した概念に拡張している。

方を学ぶときに下書きをなぞるように，ポリスが古のすぐれた立法者が発明した法を下書きとして提供して，その通りに支配したり支配されたりすることを強制する。そして逸脱する者がいたら，罰を与えるのである。

　プロタゴラスはこうした観察に基づき，公私にわたって（ἰδίᾳ καὶ δημοσίᾳ 326e2-3）徳についての配慮がなされているのだから，徳が教えられないと疑問に思ってはならないと結論する（326e2-5）。

　この教育論は古典期アテネでの教育の実態を鮮明に伝えてくれる[15]。またプラトンの『ポリテイア』や『法律』の教育論との類似性も見出せるかもしれない[16]。だがここではプロタゴラスの思想を探り出す手がかりとして検討するに留めたい。

　最初に確認すべきは，この教育論が技術知の修得を全く問題にしていないことである。読み書きの教師やキタラ教師のもとに赴くのも，専門家（δημιουργός 312b3）になるためでなく，あくまで教養教育（παιδεία, 312b4）のためである。その意味で，素人（ἰδιώτης）・自由人（ἐλεύθελος）のための教育に主眼がある（cf. 312b）。だがその素人は市民という限定を受けているため，教養教育は市民教育であり，市民として所有すべき徳の教育になる。徳の種類には正義・節制・敬虔・勇気[17]がある。諸徳は，幼少期には問を発する能力を得る前に，直示的に具体例を通じて身に付けるよう教え込まれ，長じて後も，その本質を言葉で説明されて教えられるというよりも，古の英雄たちを模範・手本として同じことを話し行うように叩き込まれる。問と答からなる対話によらない形での教育はその後も続き，全生涯にわたり強制的に法に従わせ，社会規範をひたすら遵守する模範的市民を作り上げるのである。

　したがって，問を発することを封殺するこの種の教育は，伝統・文

---

15) Marrou (1948), 74-86; 邦訳（1985），50-61 が描く「アテネの古式の教育」と比較せよ。

16) 『法律』篇が胎教から始まる教育論を市民教育の文脈で念入りに語っているのに対して，他方『ポリテイア』篇は市民教育のみならず哲学を通じての人間教育までも展開している。

17) 勇気が問題になっているかどうかは，プロタゴラスが後に勇気を特別視する点と関係して解釈者の間でも意見の一致をみない；cf. Stokes (1986), 251-54; 中澤（2007），173-75. なお知恵の不在については後述。

化（παλαιά, cf. 326a2, d6）を一方的に植え付ける（ἀναγκάζειν, a1, b2, c7-8, d4, 7; cf. 327d2）のには便利だが，社会規範それ自体の善し悪しを批判的に吟味する能力を養うには不向きである。善／悪の規準は既にあり，それを受け入れることを余儀なくされるからだ[18]。昔の英雄の時代と諸徳の役割・内容にズレが生じたとしても[19]，個別の事例について「出来合いの規則」で処理しようとして細部の微妙さを把握できず，さらに求められるべき一般化・法則化をやり損なう危険性も生じよう。自分勝手に（αὐτοὶ ἐφ᾽ αὑτῶν 326d1）試行錯誤を繰り返しながら（cf. εἰκῇ πράττωσιν d1），何をどのようにすればよいのかを自ら考え探求し，創造・工夫・応用する――こうした力を涵養するという発想ほどプロタゴラスの教育論に縁遠いものはない。

また，彼の市民教育論は公私の区別に無頓着である（326e2-3）。社会規範の内化は家庭での教育から始まるのである。家はポリスと独立した思想を育む場所と期待されていない。言行ともにポリスにとって将来役立つ市民（χρήσιμοι b4）を育てるために，幼い頃から家の者が総動員で公的基準に則って躾・養育を試みるのだ。先にも見たように，ポリスの維持と私的幸福の追求は密接に結びついていた。生き方（ζῆν c8; πᾶς … ὁ βίος b5）をめぐる公私の混合は早くも幼少より始まるのである。

(3) 二種類の徳とプロタゴラスの自己規定（326e6-328c2）

以上の教育論を踏まえてプロタゴラスは元来の問題に戻り，手始めに，ポリスの存立には，全市民が徳について素人であること（ἰδιωτεύειν 327a1-2）は許されないという論点を確立する。「笛吹き術」と比較すると，仮に市民全員が笛吹きでなければ，ポリスが存立し得ないとしたらどうか。その場合，万人が万人に対して公私の別なく笛吹き術を教えるだろう。結果として笛吹きの上手／下手が生じるが，下手な者でも笛の吹き方を全く知らない素人（ἰδιώτας c4）と較べれば十分笛

---

18) 教育論で "εὐ-" という接頭辞のつく語は頻出する（325e1.326b3 (bis), b5 (bis)）が，その善さの規準は語られない。

19) 徳概念が時代に応じて異なる点については，Adkins (1973), 4-5, 8; Taylor (1991), 74 参照。

吹きとして通用する。上手な父親の息子が下手であったりするかもしれないが，それは生まれつきによるのであって，教育の有無が理由ではないのである。同様に，法に支配されたポリス市民の間で育てられた者の内，最も不正な人に見えたとしても，教養教育も裁判所も法も存在せず，徳を気遣う必然性もない所に暮らす「野蛮人」（ἄγριοι d3）と比較すれば，ずっと正しい人であり，徳の専門家だと考えねばならない[20]。

徳については，ちょうどギリシア語を教える場合と同様に，市民全員が教師として教えているのだから，かえって教師がいないように思えるのだ。ポリス全体の教育を受けた上でさらに徳を前進させることは容易ではないが，そうした仕事に従事する者たちがいる。

  T3 328b1-3: 実際，わたしはその内の一人であるが，他の誰よりも勝って人が立派ですぐれた人になること（τὸ καλὸν καὶ ἀγαθὸν γενέσθαι）へ向けて益することができると思っている。

とプロタゴラスは大見得を切るのであった。

 プロタゴラスの論理展開は実に見事だ。彼はポリスの外と内で異なる二つの基準に訴えながら，ポリス市民全員による教育を受けた者は皆，ポリスの外にいて教育に与らない「野蛮人」と較べると，より正しいと語る一方で，ポリス内での自身の仕事を一般市民の教育ではなく，高名で（ἐλλόγιμος, cf. 327c1）立派な人（καλὸς καὶ ἀγαθός, 328b3）の育成として特定するのである。したがって，ペリクレスの息子らについても，その父親がすぐれていると言われる意味での徳（市民としての卓越性）はもたないため「劣った人」（φαῦλοι）だが，ポリスでの教養教育を受けているなら「悪人」（cf. πονηρίαν 327e1）ではなく，「野蛮

---

20) Sauppe (1889), 82 はペレクラテスの失われた喜劇 "Ἄγριοι" の野蛮人の例として『オデュッセイア』のキュクロプスを想像している。劇中の登場人物がどうであれ，後世には歴史家たちの生々しい証言が残っている。Cartledge (2002),75; 邦訳（2001），111-12 が（プロタゴラスの影響を示唆しながら）紹介するように，ヘロドトスはスキュティア人（特にアンドロパゴイ部族）に「最も野蛮」（ἀγριώτατα）とのレッテルを貼り，「正義（δίκην）の存在を信じず，法（νόμῳ）も知らない」（4.106）とまで主張する。このスキュティア人観を引き継ぐトゥキュディデスは彼らが「評議してものごとを決める知恵（εὐβουλίαν）」と「知性」（ξύνεσιν）をもたない点では他のあらゆる民族よりも劣っていると述べている（2.97.6; Cartledge (2002), 69-71; 邦訳（2001），103）。

人」よりは人間としてすぐれている（人間としての卓越性）。そして未だ若いのだから，エリート教育の余地は十分残されているのである。その場でこの演説を聴いた大政治家の息子たちは胸を踊らせたのではなかろうか。（ヒポクラテス然り。）

ではこれら二種類の徳とは何であり，どう関係しているのだろうか。「大演説」の最初から強調されているように，人間としての卓越性はそのポリス性において認められている。プロメテウスによって技術知を与えられて誕生した人間は，それだけでは足りず，さらに正義を中心とした，ポリス的諸徳を必要したのであった。それらはポリスの維持を目的とするばかりでなく，市民全員が所有することで自身の「得になる」（λυσιτελεῖ 327b1）から教え合うものである。繰り返し見たように，ポリスの存立と私的領域における幸福追求は互いを必要とし合う相互依存関係にある。成人市民はいわば「公私混合の生」を送るのである[21]。

するとポリス内で市民間の優劣を測る基準は何であろうか。ソクラテスがペリクレスらを「知者」（σοφώτατοι 319e1, σοφός 320a1）と呼んでいたことを思い出そう。市民たちの中で最も知恵ある人が最もすぐれた人（ἄριστοι 319e1）とされていたのである。「大演説」で触れられなかった知恵（σοφία）の徳こそが市民としての卓越性の基準なのである（cf. 330a1）。その場合，ポリス的徳に関わる教育論に不在だった知恵の育成がソフィストの専売特許となろう[22]。ではここに人間のロゴス性をめぐるプロタゴラスの最終見解がありはしまいか。ポリス性に従属する形で語られてきたロゴス性とは違って，知恵においてロゴス性本来のあり方を認めうるからである。

とは言え，残念ながら，ポリス性から完全に独立した形での知恵の形態を見出すことはできない。「大演説」に先立ってプロタゴラスが約束していた教育内容を思い起こさずにはいられないからだ。もう一度引用

---

21) 『ポリテイア』が標的とする正義論が公私混合の生を前提している点については，本書第2部で主題的に論じる。

22) 中澤（2007），177 はさらに勇気をも含める。Taylor(1991), 81-83 は，「大演説」中の知恵の不在について，知恵がポリス的な諸徳の習得に当然必要なもの（prerequisite）だから触れられていないと解釈し，程度の差こそあれ，全市民が知恵を所有しているとする。だがその種の一般市民の知恵はむしろポリス的諸徳が内含するロゴス的側面と考えるべきであって，ペリクレスらを特徴づける知恵とは一応は区別されるべきだろう。この点は後述。

> T1 318e5-319a2: その学問内容とは，身内の事柄については，いかにして自分の家（τὴν αὑτοῦ οἰκίαν）を最もよく斉えるかに関するよき熟慮（εὐβουλία）であり，ポリスの事柄については，いかにして言行ともに最大の政治力をもちうるか（δυνατώτατος）に関するよき熟慮である。

よき熟慮は公的なポリスのことのみならず，私的な家のことにも関わるため，公私混合の生においてはたらく。また「政治的事柄について言行ともに最大の力を備えさせる」という表現は，教育論で「語ることと行為することに関して有為な者となる」（χρήσιμοι ὦσιν εἰς τὸ λέγειν τε καὶ πράττειν 326b4）と語られていたことに類似し，最上級で表されている分，単なる程度の差を強調しているように見える（cf. προβιβάσαι εἰς ἀρετήν 328b1）。つまり，測る尺度は同じであり，違いはポリスへの貢献度の大小にあると[23]。そうであれば，知恵において見出されるロゴス性も，既存のポリスの善し悪しを，それを相対化して判断しうる別の視点——ポリスを超えた視点——から問題にすることはなく，民会等で自らの意見を通し政治的に成功するにはどうすればよいかを見事に熟慮する力，そして同時に家の繁栄がいかにして生まれるかを見事に熟慮する力にすぎないことになるだろう[24]。

むすび

本章では，プロタゴラスの「大演説」を検討することを通じて，彼の人間理解を明るみに出そうと試みた。彼の人間観は三つの区別によって

---

[23] したがって，ロゴス性を内含するポリス的諸徳と知恵の間に根本的な区別はないように見える（註10参照）。それゆえにこそ「大演説」の後に，徳の一性の議論が始まるのである。

[24] 「大演説」を聞いたソクラテスは，同じ内容をペリクレスら「政治演説家」（δημηγόρων 329a1）「弁論家」（ῥήτορες a6）でも語りうると言うが，これはプロタゴラスと政治家たちの人間観・知恵理解の一致を示唆する。

第1章　プロタゴラス「大演説」(Prt. 320c-328d)の公と私　　37

特徴づけられる。第一に，人間は技術知を所有する点で他の動物と異なる。プロメテウスのおかげで人間は無事誕生できたのである。第二に，ポリスや法に与らない「野蛮人」との対比により，ポリス的徳を備えた市民が性格づけられる。幼い頃から始めて生ある限り続く，ポリス市民全員による教養教育が重視される (= δημοσίᾳ)。第三に，ポリス内では，一般市民と政治的リーダーとが知恵の有無によって区別される。プロタゴラスはこの知恵の私的教育を約束するのである (= ἰδίᾳ)[25]。

　こう見てくると，三重の対比の上に構築されたプロタゴラスの人間理解は，結局のところ，政治的成功＝私的幸福を「約束」された，人間の完成形たる「立派ですぐれた人」を頂点とし，そこからの距離によって一元的に人間の価値を測る考え方であるのがわかる[26]。そこには，「野蛮人」と簡単に切り捨てられた，住む世界を異にする人間への目配りもないし，ポリス内で規範に従わない人との対話の余地もない。また，既存の伝統・文化の善し悪しを説明する試みはなく，ポリスぐるみで一方的に教育するやり方を助長するだけで，自らの考えとは異なる他者の意見・声に耳を貸そうとする姿勢も見られない。ポリスと家の相互依存関係を前提とした市民教育を受けたロゴスは専ら公私混合の生が（成功という側面から）どうすればよりよくなるかを熟慮することにのみ働く。例えば，私的な対話の中で問い手と答え手を吟味し (cf. 331c3-d1, 333c3-9) 真理 (ἡ ἀλήθεια) と自己を試す (cf. 348a5-6) といった，もう一つ別のロゴス性・ポリス性の可能性[27]は全く顧みられていないの

---

25) 神崎 (1983), 132-33 は Taylor (1991) の初版を批評しながら，プロタゴラスが δίκη と αἰδώς について，一方で国家を成立させるための専門知としてその ἰδιώτης 性を否定しつつ (327a1-2)，他方で文明人が守るべき必要最小限の徳へと薄めることでその δημιουργός 性を否定している (322c7, d8) 点に，明らかな inconsistency を認めている。だが，前者では「野蛮人」との対比で δημιουργός 性が語られ，後者では動物から人間を区別するテクネー・専門知との対比で ἰδιώτης 性が強調されているのだから，ここに inconsistency は存在しない。

26) 神崎 (1983), 133 が批判するように，「大演説」の徳理解において〈人間＝市民〉とみなす同意がプロタゴラスとソクラテスの間にあったとする Taylor (1991), 71-72, 74-76 に賛成できないが，それでも市民的徳を「人間・男の徳」(ἀνδρὸς ἀρετὴν 325a2) と語るプロタゴラスが「野蛮人」を人間扱いしない傾向にあることは十分想像できる。

27) この対話篇で時おり触れられる「もう一つ別のロゴス性・ポリス性」について簡単に触れる。もう一つ別のロゴス性は，例えば，336b1-3 で表明されるプロタゴラス的な多数を相手とする「演説型ロゴス」(δημηγορεῖν) と対比された，一対一の「対話型ロゴス」(διαλέγεσθαι) に見られる。対話型ロゴスは〈わたしのロゴス〉と〈あなたのロゴス〉を

である。

　ソクラテスはパイデイアが初めて問題となったとき，それを魂全体のあり方と結びつけ，幸福と不幸の要だとの警告を発していた（cf. 313a-b）。プロタゴラスが，人間のポリス性をめぐる正義などの諸徳とロゴス性の徳である知恵をどう関係づけ，幸福を生み出すとされる知恵の中身をどう理解しているかについては，今後の対話が「徳の一性」や「快楽主義と快苦の測定術」に関わる中で明らかになるだろう。わたしたちの内にロゴス性をポリス性へと従属させてしまう傾向が何らか存在するならば，異なる二者の哲学的アゴーン（cf. ἀγῶνα λόγων 335a4）[28]はそうしたわたしたちに魂全体を配慮する機会を引き続き提供するのである。

　本章の考察は，プロタゴラスの「大演説」が対話篇の展開に先立って大ソフィストの人間観を露わにしている点を浮彫りにした。そして，彼の人間観が当時アテネで常識的に理解されていた公私観を基礎としていることを明らかにし，次章以降で見ていくプラトンの公私論の標的を確認することになったのである。

明確に区別し（330e3-331a5），ロゴスの吟味を通じて「わたしとあなた」を吟味する（331c3-d1）。問う中で問い手のドクサが開示され，どう答えるかに答え手のドクサが現われる〈問答〉においては，ロゴスの吟味が取りも直さず問い手と答え手の吟味（333c3-9）を意味する。そうした問答において共同探究が成立する所以である。"τὰ μέγιστα"（cf. 347a2）に関する考察は〈真理〉（ἡ ἀλήθεια）と「わたしたち自身」の試し——自己自身を通して〈真理〉との関わり（＝ドクサ）を吟味する——となるだろう（348a4-6）。他方，真理の代わりに大衆を基準とする演説型ロゴスとプロタゴラスの「大演説」の趣旨との密接な連関については多言を要しまい。もう一つ別のポリス性は正義が成り立っているポリスに見られるものであり，こうしたロゴス的営為に基礎を置いて生まれうるものである。ポリス共同体が衣食住の三要素を分かちもちながら成立するとしたら，その正しい成立を支える正義の由来としてこのロゴス性があると考える。

[28] Prior (2002), 321-22 は大演説導入の意図を，民主政的・非哲学的生をプロタゴラスに賞賛させてソクラテス的哲学的生と対置させることにあるとする（註27参照）。本対話篇の狙いが両者の緊張関係の描きにあるという読みには賛成だが，ソクラテスの見解を〈徳＝専門知〉とする解釈には従わない。

第2章

ソクラテスの衝撃とプラトンの継承
――『ソクラテスの弁明』篇と『ゴルギアス』篇――

―――――――

はじめに

　プラトンにとって哲学とは，単なる学問や研究の対象といったものではなく，人間の生き方の一つの型(タイプ)であった。そして，人間がポリスの中で他者と共に生きるものと押さえられる限りで，哲学者はポリスに関わることを余儀なくされる。プラトンはそうした哲学的生を前5世紀アテネで親しく交わったソクラテスに見出し，かつ，前4世紀に自らそう生きようとつとめていた。本章は，哲学とポリス（もしくは「政治」）の関わり方の典型(パラデイグマ)をソクラテスとプラトンに見る一つの試みである。哲学という私的な営為が政治という公的活動と対立する有り様は中期対話篇『ポリテイア』で主題化されるが，プラトンは既に初期対話篇でソクラテスを極めて特異な意味を込めて「政治家」として描き，さらに『ゴルギアス』篇では自らの「政治」的態度を何らか示唆しているのである。この点を確認しながら，〈今・ここ〉で公私共に生きるわたしたちにとって哲学がもつ意味について考えてみたい。

1　ソクラテスの哲学と政治

(1)　ポリティカル・パラドクス
　まず初期対話篇から二つのテキストを引用する。

T1 *Ap.* 31d4-e1：それ（ダイモーンの声）こそが，わたしが政̇治̇の̇仕̇事̇を̇行̇う̇（τὰ πολιτικὰ πράττειν）のに反対しているのだが，その反対は実に適切だとわたしにも思える。よく知りなさい，アテネ市民諸君，なぜって，仮にわたしが以前から政̇治̇の̇仕̇事̇を̇行̇う̇（πράττειν τὰ πολιτικὰ πράγματα）べく試みていたなら，とっくに破滅して諸君もわたし自身も益することは全くなかったろうから。

T2 *Grg.* 521d6-8: わたしは少数のアテネ市民と共に――「唯一」と言わないためだが――真の政治術（τῇ ὡς ἀληθῶς πολιτικῇ τέχνῃ）を手がけており，現在の人たちの中では，唯一わたしだけが政治の仕事（πράττειν τὰ πολιτικὰ）を行っていると思う。

　ここにはソクラテスと政治をめぐる興味深いパラドクスが存在する。T1でソクラテスは政治に従事していないと述べつつ，T2では政治に携わっている唯一の人だと宣言しているのである[1]。無論，定評ある加来彰俊訳が後者に対して「ほんとうの」という語を補っているように[2]，ソクラテスは普通の意味での政治活動は行っていないが，本当の意味では行っているのであって，そこに矛盾はないかもしれない。だがでは，彼の政治活動の内実とは一体いかなるものであったのか。このパラドクスの解明を通じて，初期対話篇において見られる哲学と政治の関係について考察を進めていこう。

（2）民主政アテネの公と私
　はじめに普通の意味での政治活動の中身を確認しておこう。序章で

---

1) Irwin (1979), 241 は "a violent paradox" と註を付けている。このパラドクスを「複雑な哲学的アイロニー」とみなす Vlastos (1991), 236-42 も参照。
2) 加来（2007），262：「ぼくの考えでは，アテネ市民の中で，真の意味での政治の技術に手を付けているのは，ぼく一人だけだとはあえて言わないとしても，その数少ない人たちの中の一人であり，しかも現代の人たちの中では，ぼくだけが一人，ほんとうの政治の仕事を行っているのだと思っている」。Zeyl (1987), 105 の訳も同様："I believe that I'm one of a few Athenians—so as not to say I'm the only one, but the only one among our contemporaries—to take up the true political craft and practice the true politics."

確認したように，ソクラテスが生きていた前5世紀後半のアテネでは公（δημόσιος）と私（ἴδιος）の区別・対比が（少なくとも理念的には）はっきりしていた。民会・法廷・劇場といった公的空間では，直接民主政の担い手である市民・成年男子たちが言葉(ロゴス)を駆使して相手に議論を挑み戦い(アゴーン)合い，聴衆を説得しよき評判(ドクサ)を得て勝利する。政治活動（τὰ πολιτικὰ πράττειν）とは，こうした公的場所で自らの意見(ドクサ)を通してポリス内で政治権力を獲得すること――〈評判のポリティクス〉[3]に他ならない。

この公的空間で「知者」と自他共に認められていたのは，政治家であり詩人であった。彼らは善・美・正義といった大切なことについて民会や劇場に集まる民衆・大衆に向けて説得力に富んだ演説を語り，「教え」をふんだんに含む物語を提供して大いなる評判を博していたのである。

そうしたアテネにおいて，公的空間と対蹠の位置にある私的空間は「家」（οἶκος）である。広く家族，奴隷，私有財産をも含む「家」を司るのは公に姿を曝すことが許されていない女たちだった。そしてこうした「家」を基礎に，男たちの私生活も語られることになる。公職に就く公人と対比された私人としての市民は「家」を斉えて盛んにすべく私生活を送るのである。

かくしてアテネにおける公的空間と私的空間の区別，またそれと対応する形での公的生活と私的生活の区別はそのままいわば「共約不可能」な公的倫理と私的倫理の違いとなって現れる。公と私は，本来混じり合うことのない，二つの相異なる倫理が働く異空間なのである。そこで中には公的仕事には無関心で私生活に没頭する「静寂主義者」（ἀπράγμων, quietist）と呼ばれる男たちも出現するが，彼らは公的倫理の批判の的にもなったのだ[4]。

(3) ソクラテスの場所・アゴラ

前5世紀アテネという時代性を背景にして，ソクラテスは自らの営為を公的空間での政治活動（δημοσιεύειν）[5]から区別して「私的活

---

3) Cohen (1991), 36 の言葉。
4) Cf. Carter (1986); Ferrari (2003), 11-15; 荻原（2011），24-32.
5) *Ap.* 32a3, *Grg.* 514d4, e7, 515b4; δημοσίᾳ: *Ap.* 31c5, 33a2, *Grg.* 514a5-6; δημόσια: *Ap.*

動」（ἰδιωτεύειν）と特徴づける（*Ap.* 32a2-3）[6]が，そこには通常の二分法的公私理解に風穴を開け，ポリス内に新しい倫理空間を切り開こうとする狙いがあった。「公的なポリスのことも家のことも（οἰκείων）」（23b8-9）手がけないソクラテス[7]は，アゴラ（広場）や体育場，シュンポシオンといった生活空間を自らの活動拠点とする。公私空間の狭間にあるセミパブリックな場所には種々雑多な人々が集まってくる。彼は，例えば，アゴラで「年少でも年長でも，外国人でも町の者でも」（30a3-4; cf. 23b5-6, 33a7-8）「金持ちでも貧乏人でも」（33b2）お構いなく「一人ひとり」（31a1）を相手に対話するのである。

ソクラテスの場所アゴラでは，民会と違ってポリスの政策が直接決定されたり，法廷のように公的判決が下されたりすることもない。つまりは「評判のポリティクス」の力が及ばないという意味で〈自由〉な空間である。また，年齢・身分・出生地・経済状況といった外的資格を度外視して言葉(ロゴス)を交わし合えるという意味で，そこに集う者たちは皆〈平等〉である。ソクラテスはアゴラでの活動を「私的」なものと呼ぶが，それはもはや「家」に根差したものでは決してない。彼は伝統的な公私理解から離れて，本当の意味での「わたし」，すなわち「魂」のあり方を問題にできる新たな倫理空間を自由と平等だけが支配するアゴラに見出したのである[8]。

(4) ソクラテスと哲学

『弁明』篇でソクラテスは「知者」の評判を取る人たちを吟味し，実際は知者でないことを暴露していく活動が自らの哲学であると語っている（23b-c）。政治家や詩人は〈評判のポリティクス〉という覆いから剥き出しになって，ソクラテスとの対話(ディアロゴス)が明かす真理(アレーテイア)に対して自身の「魂」

32e3, *Grg.* 514c4.
  6) ἰδίᾳ: *Ap.* 31c4, 33a2, 36c3; cf. 26a3.
  7) ソクラテスは大衆（οἱ πολλοί *Ap.* 36b6-7）の関心事である「金儲け，家政，将軍職，公的演説家の立場，その他の役職，ポリスにおける政治結社や団体」（b7-9）には興味を抱いていないと言うが，最初の二つが「家」のことで，残りが公的なポリスのことである。
  8) ソクラテスの活動の新しさは，彼がアゴラという生活空間を自他の交わりを基盤とする政治の場所にした点にある。換言すれば，ソクラテスは，前5世紀の悲劇詩人たちが最も公的な場所である劇場で，男の論理に真っ向から反対して女の論理や神の論理を展開しながら内側から民主政に加えた批判活動を，彼独自の仕方で継承したのである。

第 2 章　ソクラテスの衝撃とプラトンの継承　　　　　　　　　43

を曝け出すのだ。ここで重要なのは，確かに，政治家や詩人というポリス文化の担い手がソクラテスの吟味の直接的な対象であるのは間違いない[9]が，彼が自らを「神によってポリスに付けられたアブ」（30e）に譬え，市民一人ひとりの目を覚まさせる仕事をしていると述べるとき，彼の視線は市民の集合体としてのポリス全体にも向けられているということである。

　　T3 *Prt.* 319c8-d4：（民会で）何かポリスのことの運営について審議しなければならない場合，大工でも，鍛冶屋でも靴屋でも，商人でも船主でも，貧富貴賤を問わず同様に登壇して，問題について人々に向かって意見を述べる。

　民主政アテネでは，大衆こそが支配者（同時に被支配者でもある）であり，彼らは善・美・正義についてあたかも知っているかのように，つまりは，限定抜きの仕方で「知者」であるかのように振る舞う。ソクラテスの哲学は，知者でないのに知者だと思い込み生きる，自己欺瞞に満ちたアテネ市民の「まどろみの生」に刺激を与え，自己の真実のあり方を常に意識するよう促す。市民一人ひとりが正気を保ち（νοῦν ἔχειν），自身の魂を配慮し出してはじめて，思慮ある（τὸ φρονίμως ἔχειν 22a6; cf. 29e1, 36c7）「目覚めた生」を生きる——評判に左右されない個的信念（ピィスティス）をもって生きる——可能性が生まれるのである。
　ではソクラテスの哲学が「真の意味での政治活動」であるのはなぜか。答は今や明らかだろう。ギリシア語で「政治」（τὰ πολιτικά）とは文字通り「ポリスに関わる事々」である。公私いずれでもないポリス内のセミパブリックな空間を自らの活動拠点とし，ポリス市民一人ひとりを対話・吟味を通じて自己欺瞞——知者でないのに知者だと思う——から解放して益することで，ソクラテスは十分真にポリスのことを行っている（τὰ πολιτικὰ πράττειν）のである。彼は自ら創出した新たな

---

9)　ソクラテスが政治家・詩人の次に吟味したのは専門家たる技術者・職人である。専門家も自らの専門知のために知者だと思い違いしているのであった。ソクラテスの方はあくまで，対話のために報酬を受け取ることもなく（19d-e），ポリスの公的役割に没入しないアマチュア（= ἰδιώτης）なのである。

倫理空間で，金銭や名誉，家の繁栄といった外的要素ではなく，魂という〈わたし〉の一番内なるものを公私の活動に優先して配慮せよと説いて，ポリス全体を内側から激しく揺さぶった。ヌースをもって自己自身を見つめ，自身と自分のポリスにとって何がよいかを自分の力で考え始める市民が少しずつ増えていけば，確実に民主政アテネはよりよくなっていくだろう。真の意味で民衆が支配する demokratia（民衆による統治）が生まれるのである。ソクラテスはポリスをその根っこの部分からラディカルに変革しようとしたのであった。結果として，ポリスの中心にいる人々やその支持者は自らの真実を見つめるのに堪えきれず，ソクラテスを前399年にアテネから葬り去ったが，しかしそのことによってかえって，彼の存在は歴史的制約を超えて全人類にとって永遠の〈見本〉（παράδειγμα 23b）となったのである。

2 『ゴルギアス』篇のソクラテス，そしてプラトン

(1)「真の政治術」とは？

こうしてポリティカル・パラドクスの解明から，ソクラテスの哲学が民主政アテネを内側から揺さぶる〈草の根〉活動として極めて「政治」的であることがわかった。初期対話篇では，節制や勇気などの徳について，知らないのに知っていると思っている人々を吟味し，その信念体系の矛盾を暴きアポリアへと導くソクラテス――ラディカルな「政治家」ソクラテス――が描かれている。すると，先のT2にある「真の意味での政治の技術」もこのソクラテスの吟味活動を支える技術――例えば，エレンコス――だと言えるだろうか。しかし事はそう単純ではない。『ゴルギアス』篇で描かれるソクラテスは対話相手の信念を吟味批判するばかりでなく，自己自身の信念をも吐露し，その信念を相手に認めさせようと勧告・激励・促し（παρακαλεῖν）をも与えているのである。

  T4 527e1-7：そこで，今ここに現れてきた論（λόγῳ）を，ちょうど導き手のように用いることにしよう。その論が我々に指し示しているのは，正義やその他の徳を修練しながら生き死にす

る，この生き方が最善であるということなのだ。だからこの論に従うことにしよう。そして他の人たちにも勧めることにしよう（παρακαλῶμεν）。君が確信してわたしに勧めている（παρακαλεῖς），かの論に従うのではなくてね。なぜなら，それは何の価値もないのだから，カリクレス。

　対話篇全体を締めくくるこのソクラテスの言葉は，これまで彼とカリクレスの二人が他者に対して自らの信じる最善の生き方についての説(ロゴス)を勧め合って対決してきたことを明示している。ソクラテスが依然として哲学者のまま自説を勧めているとすれば，ここに哲学のあり方が著しく変容しているのに気づかれよう。哲学が自説のただしさを積極的に打ち出し，相手に認めさせる試みとして理解されうるからである。もしこのような哲学観の変化が『ゴルギアス』篇に見出せるなら，ソクラテスのラディカルな政治活動もその内実を異にするようになったと言えはしまいか。
　この節では「勧告としての哲学」という視点から，「真の政治術」が何かを考察していくことにする。そのためには，もう一人の勧告者カリクレスの説を検討することが役立つだろう。この点から確認しよう。

(2) カリクレスの哲学観と政治観
　『ゴルギアス』篇のカリクレスは哲学の活動をあくまでセミパブリックな性格のものとみなしている。彼はソクラテスを当てこすってこう語る。

　　T5 485d3-e1: この人は，素質がよくとも，ポリスの中心や，詩人（ホメロス）が，男たちが輝かしいものとなると言ったアゴラを避けて男らしさを失い，社会の隅っこに沈み込んで，三, 四人の若者と一緒にささやき合う余生を生きることになるのだ。

　ホメロス風に解されたアゴラは政治の場所であるため，E・R・ドッズはソクラテスのアゴラでの活動というよりはむしろ，前4世紀初めに拡がった哲学の学派の活動が考えられていると推測してい

る[10]。仮にそうであっても，一対多の人間関係を前提とする公的活動（δημοσιεύειν）である政治と対比して，カリクレスが哲学を（家（オイコス）とは区別された）セミパブリックな空間をその固有領域とする私的活動（ἰδιωτεύειν）とみなしているのは間違いない。カリクレスは，哲学と政治の両方に携わるのが最もただしいことと主張するが，それも哲学には若いときに教養のために（παιδείας χάριν 485a4）与り，長じてからは哲学からきっぱり足を洗って政治に専念するという仕方でなのである。彼にとっては「自由に大声で思う存分発言する（ἐλεύθερον ... καὶ μέγα καὶ ἱκανὸν ... φθέγξασθαι e1-2）」政治こそが真の男子が輝く仕事なのだ。カリクレスによれば，哲学は相手を論駁すること（ἐλέγχειν, 486c4, 8）を中心とする政治的には無益な言論のやり取りであって，人をポリスの公私にわたる法や取り決め，人々の快楽や欲求に無経験にして，よき素質の持ち主をも堕落させ，物笑いの種にしてしまうのである（cf. 484c-e）[11]。哲学者は法廷に訴えられても自分自身を守る術を弁えておらず，死刑になったりするだろうが，これは他ならぬソクラテス自身にこそ当てはまると忠告するのだった。

それゆえカリクレス自身は名声を得た立派ですぐれた者（τὸν ... καλὸν κἀγαθὸν καὶ εὐδόκιμον ... ἄνδρα 484d1-2）たるべく，政治に手を染めつつある（cf. 513b, 515a-c）のだが，他方で，彼の政治観はいかなるものだろうか。政治家の仕事が何であると考えているのだろうか。対話が進行する中で，彼は本来の支配者について，ポリスの事柄（τὰ τῆς πόλεως πράγματα 491b1, c7）がどのようにしてよく治められるか思慮深くあり（φρόνιμοι），実行に当たっては勇気ある（ἀνδρεῖοι）強者だと表明している（491b-d）。強者が思慮と勇気によって弱者を支配するのが自然本来のあり方なのだが，民主政下では大衆（οἱ πολλοί）が団結して平等を旨とした法を制定して強者を手なずけているのである。

次にソクラテスが本来の支配者が自己自身を支配しているかどうかと議論を転回させると（491d），カリクレスの見解の新たな側面が明らかになる。自己支配が人の欲望の制御を意味するならば，本来の支配者

---

10) Dodds (1959), 275.
11) 『テアイテトス』篇（173c-177c）の「脱線」部参照。

は自分自身を支配したりはせず，むしろ思慮と勇気を用いて最大限に欲望を満足させて最大の快楽を味わうようにつとめるわけだ。その力のない大衆は強者の力の行使を恐れて法を制定して正義と節制を徳とみなすが，カリクレスの見方では「真実には，贅沢と放埓と自由とが，手助けをもっているなら，それこそが徳と幸福」（492c）なのであった[12]。ここに彼の快楽主義的幸福観が姿を現わす[13]。

(3) カリクレスの勧告

では，以上のような哲学観・政治観を前提として，政治的生活を勧めるカリクレスの勧告を取り上げよう。500c でソクラテスは，「君は「真の男子」（τοῦ ἀνδρὸς）[14]が送る生活を勧めているのだ——民衆の前で弁論術を駆使して話をし，君たちが今実践しているような仕方で政治に従事する生活だ」と語る。彼の見るところ，カリクレスの勧める政治的生活は公的空間で弁論術によって大衆を説得する生以外のものでない[15]。カリクレスにとって，政治的生活は成功すれば幸福な生でもある。公的に他人を支配することで私的な欲望を満足させ，快楽一杯の生を送ることができるからである[16]。さて，この勧告を吟味するために，ソクラテスは，第一に，すぐれた政治家は市民の魂をよくするものだということをカリクレスに認めさせ（513e, cf. 502e-503a），その上で別種の勧告を類比的に問題にしながら，カリクレスに政治的生活を他人に勧告す

---

[12] 強者のための「競争的」徳（勇気・思慮）と大衆のための「協同的」徳（正義・節制）の対比に注意。カリクレスは，「競争的」徳が「手助け」となれば，贅沢・放埓・自由からなる幸福を享受できると考えている。

[13] 次にソクラテスは欲望の充足である快によいものと悪いものがあることをカリクレスに認めさせることによって，快と善（苦と悪）の同一視を否定した上で，快を目標とする生き方と善を目標とする生き方とを区別し，前者に属するものとして弁論術を置き，後者の典型である哲学と対比させる。弁論術は政治家がポリスで成功するための道具であるため，こうして，政治家の生き方と哲学者の生き方とが対置されて，どちらの生を市民が生きるべきかを問題とする〈生の選択〉が対話の前面に躍り出るのだった。

[14] Cf. Dodds (1959), 319; cp. ὡς ἀληθῶς ἄνδρες (R. 359b2). ソクラテスの "τόν γε ὡς ἀληθῶς ἄνδρα" (512e1) の使用と対比せよ。

[15] 例えば，プロタゴラスが教授を約束する政治術（πολιτικὴ τέχνη）は，民会等で自らの意見を通し政治的に成功するにはどうすればよいかと見事に熟慮する力である（『プロタゴラス』318e-319a）が，ゴルギアスやその弟子ポロスが教え，ペリクレスたちが用いる弁論術と全く大差ない（cf. Prt. 328e-329b）。本書第 1 章参照。

[16] カリクレスは「公私混合の生」を前提としている。

る資格が実際あるかどうかを問いただす。ここで用いられるのが公と私の対比なのである。

　例えば，わたしたちが城壁や船渠，神殿といった公共施設の建築（δημοσίᾳ 514a5-6）を互いに勧告し合っている（παρεκαλοῦμεν a5）と仮定しよう。その場合，わたしたちは，①自分たちに建築術の心得があるかどうか，わたしたちがそれを誰から学んだのかを問題にし，②わたしたちがかつて私的に（ἰδίᾳ b6）建物を造ったかどうか，そしてそれが立派であるのか醜くあるのかを確認すべきである。同様に，医者として公的役割を果たす（δημοσιεύειν d4）よう互いに勧告し合っている（παρεκαλοῦμεν d4）とすれば[17]，①わたしたちが健康であるかどうか，②誰かを健康にしたことがあるかどうかを問題にしなければならない。一般に，わたしたちが誰かにポリスの公的仕事（τὰ πολιτικά）に従事するよう勧告したい場合には，①当該の技術・知識の所有とそれを学んだ先生の存在をはっきりさせ，②公的仕事に就く（δημοσιεύειν e7）前に私的に成し遂げられた（ἰδιωτεύοντας e4）立派な仕事（καλὰ ἔργα, cf. b7, c1）を差し出さねばならない。それゆえ，カリクレスがソクラテスに政治的活動を勧めたい（παρακαλεῖς 515a2-3）のなら，彼は，①自分が政治術を所有し，かつ，②これまで私的に他人をよりよくした事実を示さねばならないが，残念なことに，彼はどちらの条件も満たすことができない（cf. 515b5）。このようにソクラテスは，公と私を方法的にはっきり分けて吟味し，カリクレスが公的な政治生活を勧める資格を欠くことの証明に成功したのである。

　次に，ソクラテスはカリクレスの政治観に焦点を当てる（515b）。彼は再度，真の政治家が他人をすぐれた者にする存在であることの同意を得た上で，そうした政治家がいるかどうかを問いかける。カリクレスは同時代の「政治家」の名前を挙げることを拒絶し，自らが憧れを抱く過去の著名な政治家——ペリクレス，キモン，ミリティアデス，テミストクレス——のみに言及する。カリクレスが503cで最初に彼らに触れたとき，彼らを弁論家とみなしていたが，このことは彼が政治術と弁論術をほとんど区別していないことを証す。さてソクラテスは，カリクレ

---

17) Cf. Dodds (1959), 208 ad 455b2.

第2章　ソクラテスの衝撃とプラトンの継承　　　49

スの憧れの対象がいずれも市民をよりよくするのに失敗したことを理由として，真の政治家ではないということを証明しようと試みる。すなわち，彼の見るところ，もし仮に彼らが成功していたならば，彼らによってよりすぐれた者になった市民たちは彼らを訴えることはなかっただろう。しかし事実，彼らは不正にも訴えられたのである。このことは彼らがすぐれた政治家ではなかったことを示しており，そうであれば，カリクレスが当初彼らに期待し信じていた政治術は「真の政治術」でなく，単なる弁論術にすぎないことになろう。

　それでは実のところ，カリクレスが真の意味での政治的生活ではなく，弁論術を行使する人生を勧めているのであれば，それは一体どんな生活なのだろうか。ソクラテスは問う。

　　T6 521a2-5: ではどちらの仕方でポリスを世話するよう君はわたしに勧めている（παρακαλεῖς）のかね。わたしのためにこの区別をしたまえ。アテネの人々をできるだけよくするために，彼らと闘争すること（διαμάχεσθαι）を含む，ちょうど医者が行うような，世話なのか，それとも，彼らの召使になって彼らとつき合いながら喜ばせることを含む世話なのか。

　T6の区別は503aでなされた二種の弁論術の区別を想起させる。そこでソクラテスは，迎合・へつらいである恥ずべき公的弁論と美しく気高い（καλόν 503a7）弁論を区別し，後者の弁論術を，最善のことを語るべく闘争して（διαμάχεσθαι a8; cf. διαμαχόμενον 513d5）市民の魂をできるだけすぐれたものにすることを狙うものと特徴づけている。カリクレスが弁論術に基づく政治的生活を送るようソクラテスに勧告する際に念頭に置いているのは，前者の類いの弁論術であり，聴衆の欲求と快楽を標的としたへつらいの弁論術（κολακεύσοντα 521b1）を駆使した人生を勧めているのである。有名な，ソクラテスが提示した技術と経験に関わる図式（462b-466a）に従えば，弁論術は政治術の部門である正義・司法術の影（εἴδωλον）でしかない。実のところ，カリクレスの勧告は政治的生活というよりはへつらいの生活に向けられているのであった。その生活は「自分自身の私事のために公共のことを軽視し

つつ」(ἕνεκα τοῦ ἰδίου τοῦ αὑτῶν ὀλιγωροῦντες τοῦ κοινοῦ 502e6-7),弁論術を使って子供に対するように民衆 (δῆμος, d10, e1, 7) に媚びへつらい,喜ばせて生きる「公私混合の生」である。それゆえ,残念なことに,民主政下における政治家＝弁論家は大衆を支配する代わりにむしろ隷属していると言わざるをえない。

(4) ソクラテスの勧告

カリクレスの勧告に対する応答として,ソクラテスは彼に真理を探究する (τὴν ἀλήθειαν ἀσκῶν 526d6) 哲学的生 (τόνδε τὸν βίον τὸν ἐν φιλοσοφίᾳ 500c7-8) を送るよう勧告し返す (ἀντιπαρακαλῶ 526e2)。極めて興味深いことに,ここにおいてソクラテスは,言い換え・同格を示す接続詞 καί を使いながら,哲学的生を,彼とカリクレスとが競い合っている競争(アゴーン)と同一視している (τοῦτον τὸν βίον καὶ τὸν ἀγῶνα τοῦτον e3)[18]。このアゴーンが二人の勧告者の生に関する相反する見解から構成されている限り,哲学は何らかの仕方で勧告のレトリック――カリクレス的勧告すら含む――と絡まり合っていることになろう。では,どのような仕方でなのか。

ソクラテスにとって,哲学とは生についての異なる見解 (λόγοι) を抱く人々の間で繰り広げられる共同探究 (cf. ζητῶ κοινῇ μεθ' ὑμῶν 506a4) である。つまり,哲学はその本性上,共同探究の内部に異なる意見・声を含んでいなければならない。

> T7 505e4-6: わたしの考えでは,我々が議論している事柄の真実が何であり,偽が何であるかを知るに至るときに,我々は勝利を愛し求める (φιλονίκως ἔχειν) べきなのだ。このことが明らかになることが,結局のところ,万人にとって共通の善であるのだ。

---

18) 『ゴルギアス』篇はその冒頭から弁論術をめぐるアゴーンを描いてきた。「戦争と戦闘」(πολέμου καὶ μάχης 447a1) に遅れてやってきたソクラテスは,ゴルギアスが何者であるかを問題にしながら,弁論術の本質を解明しようと試みる。ゴルギアス本人やその弟子であるポロスとの対決を通じて,ソクラテスは弁論術が技術ではなく,経験 (ἐμπειρία) に過ぎないこと,しかも人々に知識ならぬ信念を植えつける経験にすぎないことを論じる。とりわけ,ポロスに対しては,弁論術が幸福な生に役立たないことを論争の中で説明していくのである。

第2章 ソクラテスの衝撃とプラトンの継承

　本対話篇でソクラテスが対話相手と行っていることは，エレンコスと勧告からなるアゴーンと共同探究という哲学に他ならない。エレンコスに関して言えば，たとえソクラテスと対話相手が共に主題について知識をもたずとも（cf. 506a3-4），彼らは真実でないことについて自分自身と同意している（cf. ὁμολογεῖν ἐμαυτῷ a2）のを証すことによってお互いを吟味できる（ἀντιλαμβάνεσθαι καὶ ἐλέγχειν a2-3）。そのためエレンコスは，本章第1節で見たように，いわゆる「ソクラテス的対話篇」の特徴の一つとみなされたりもする。そうした対話篇は，ソクラテスが対話相手をアポリアという行き詰まりに導き，その間違った意見(ドクサ)を取り除く様子を生き生きと描写している。

　しかしながら，この箇所のソクラテスは，エレンコスに加えて，彼とカリクレスが競い合う勧告合戦をも哲学の一部に含めているように思われる。エレンコスと違い，ソクラテスはカリクレスが新たな人生観を抱くよう勧告しているが，その過程において，彼はまず美しく気高い弁論術をへつらいから区別し（500d-506c），次に諸徳と幸福の関係を明らかにしながら（506c-508c），「哲学のすすめ」（プロトレプティコス・ロゴス）を展開する。そして真の政治家とは誰のことかを論じた上で（513c-522e），最後に終末論的神話を導入して，カリクレスが死後の生のためにも正しく生きるべきだとの説得を試みる（523a-526d）。驚くべきことに，こうした勧告の内に，プラトン初期対話篇のエレンコスにはほとんど認められない，ソクラテスの積極的な「教説」が見出されるのである。ソクラテスはカリクレスの勧告とよき生についての見解を吟味しながらも，哲学の生という新しい生の原理をもつよう説得することによって，勧告のアゴーンに勝利すべく懸命になっている。このような彼の哲学は，エレンコスと勧告の両方を含み，複数の異なる見解を吟味して新しい生の原理を確立する営みとして理解されよう。

　しかしながら，ソクラテス的勧告は，そのままの仕方では，哲学の一部を構成しうるのかとの疑問を惹起するかもしれない。勧告は結局のところ，真実の探究と対置させられる弁論活動にすぎないからだ。例えば，「死後の生の神話」に納得済みのソクラテス（πέπεισμαι 526d4）は，カリクレスが彼と同じ信念（πίστις）を抱くように勧告するが，決して知識をもたせようとしているわけではなかった（cf. ἐμοὶ οὖν πειθόμενος ἀκολούθησον 527c5)。『ゴルギアス』篇において，弁論術は政治術の一部門である正義・司法術の影にすぎない。政治術と違って，弁論術はそれ自体では対象の本性と原因を探究して最善を狙うのではなく，あくまで快楽を目的とするのであった（465a, 501a）。このように，ソクラテスは対話篇全体を通じて弁論術の価値をかなり低く見積もっているように見える。

とは言え，ソクラテスが「真の弁論術」（τῇ ἀληθινῇ ῥητορικῇ 517a5; cf. 503a7）と呼ばれる美しく気高い弁論術を議論しているのも確かである[19]。この「真の弁論術」は，最善のことを語るべく闘争して，市民の魂をできるだけよいものにすることを狙いとする。もし彼の勧告のレトリックを「真の弁論術」とみなしうるならば，それが哲学と密接に関係している事情を理解できるかもしれない。実のところ，この事情について示唆的なのは，本章冒頭で引用した，自身が真の政治術（τῇ ὡς ἀληθῶς πολιτικῇ τέχνῃ）を駆使する当代唯一の政治家として真の政治を実践している（πράττειν τὰ πολιτικά）という謎の発言である（521d = T2）。これが「謎」というのも，先に見たように，彼は『弁明』（31d-e）で明確にアテネの政治から距離をとっていることを表明しているからであり，彼の哲学はあくまで「私的活動」（ἰδιωτεύειν）であって，公的空間における「政治活動」（δημοσιεύειν）とはっきり対比させられているからだった（32a）[20]。

注目したいのは，T2 に続けてソクラテスが「その時々にわたしが語る言論は，（人々を）喜ばせること（χάριν）を目的としているのではなく，最善を目的としている」（521d8-9）と言って，「真の政治術」の内容を「真の弁論術」の特徴で説明している点である。先述のように，真にすぐれた政治家は他人をよりよきものにする。つまり，哲学者ソクラテスは真の弁論術を駆使して他人をよりよくする真の政治家であることを自認しているのだ。かくして，彼において，哲学・政治・弁論術は同じ一つの活動の三つの顔とも言えるだろう。

では，それはいかなる活動か。第 1 節では，アゴラで私的に対話活動をするソクラテスの姿に「政治家」を認めた。『ゴルギアス』篇に直

---

19) 「真の弁論術」については，500a-504e, 508b-c, 521d-e, 527c 参照。
20) 本章註 5, 6 参照。

接見出されるのは，対話相手を哲学的によりよくするために彼が私的に
(ἰδίᾳ) 遂行するエレンコスと勧告の活動以外ではない[21]。彼は哲学をど
う政治と結びつけているのだろうか。仮に彼にとって哲学と政治が同一
であるなら，彼は哲学的生だけでなく，政治的生をも勧めていることに
なる。(3) で明らかになった，他人を公的な政治活動へと説き勧める
ための条件は，①政治術の所有と②公的活動に携わる前に私的に立派な作
品を示しうることだった。それゆえ，ソクラテスの場合も，彼の哲学＝
政治が①技術として②私的に人をよりよくすることができてはじめて，
自らの哲学＝政治活動を他人に勧めることができるのである。

ここで政治術の二つの部門について，司法術が矯正的であるのに対し
て立法術が開発的・向上的である点に注意したい。すると，ソクラテ
ス的エレンコスは私的に対話相手の偽なる思いを除去するのに役立つ
が，その効果は公的場面における，つまりは，法廷における司法術の効
果（δικανικόν）に似ている。同様に私的場面におけるソクラテス的勧
告の役割は，公的場面の，例えば民会における立法術や政治的忠告の役
割（συμβουλεύειν, cf. 455e5, 520e4, et al.）にほぼ対応している。ソク
ラテスはエレンコスを使ってカリクレスの人生観を変えようとしている
ばかりでなく，勧告によって新たな生の原理をもたせようとしているの
である。ソクラテスがエレンコスと勧告によって実際に他人をよりよく
しているなら，公的空間における政治活動を度々否定しているにもかか
わらず，私的空間においては真の政治家であることになるだろう。

しかしながら，この分析だけでは弁論術としてのソクラテスの勧告が
哲学の一部門を構成していることを示しているとは言えない。勧告が哲
学的にも政治的にも他人をよりよくするのに役立つとしても，弁論術は
単に政治術の影像にすぎないからである。この点については，さらに
517b-518a が考察されねばならない。ソクラテスは，繰り返し依拠した
身体と魂の類比（462b-466a, 500d-501c）に訴えて弁論術と政治術の関
係を問題にしながら，関連する召使的仕事（διακονική 517d2）と支配
的仕事（ἄρχειν e6）の二種類の営み（πραγματεία d1, cf. 501b3）が

---

21) 505c でソクラテスはカリクレスのために行っていることについてコメントしてい
る：「この人は助けられること，つまり議論が問題にしている当の事柄である，懲罰を受けて
ただされることが我慢ならないのだ」。

あると解説する。身体に関する仕事については，パン屋や料理人などの職人は，自身が身体をよく世話していると思い込んでいるが，実のところ，真に身体の世話をする体育術や医術といった支配的な仕事があることに気づかず，身体が欲望するものに従属している。本来，召使的仕事は支配的仕事に従属すべきなのである。食物と飲み物が身体の健康にいかに貢献するのかに関する知識をもつ支配的仕事が，召使的仕事を適切な仕方で支配し使用すべき（χρῆσθαι 517e7）だから。類比的に，魂の仕事の場合，弁論術が人々の欲望のどれを満足させるべきかを知ることなく欲望に従属している限り，欲望の知識を有する政治術こそが本来それを支配すべきなのである。

　この箇所は，弁論術が人々の魂の善に貢献するためには，政治術に従属すべきであることを明示している。主人的な技術（δεσποίνας 518a4）の支配と指導の下でのみ，弁論術はその奴隷として適切な仕方で市民をよりよくするのに役立つ。政治術は技術（cf. τεχνικαί 501b4）として何が善であるかに関するある種の先見の明（προμήθειάν τινα b4）をもっているので，その技術を所有する（τεχνικός 504d6）よき弁論家（ῥήτωρ ... ἀγαθός d5-6）は何を語るのであれ，でたらめにではなく，最善との関係で話をする巧みな技術者である（cf. 503d-e）。あくまで弁論術はそれ自体では何らかの目的を達成するための道具に過ぎないのであって，もし政治術が最善のために支配し活用するようなことがあれば，それはただしく使用されるという意味で（cf. 508b6-7）立派で真実のものとなるが[22]，さもなくば，へつらい・迎合の道具となってしまう。それゆえ，弁論術は政治術に基づいている限り，真の弁論術と化し，その両方を具現化している同一人物は真の政治家であり，かつ，真の弁論家となるのである。

　先の問に戻ることにしよう。ソクラテスの勧告のレトリックは哲学の一部門を構成するのだろうか。彼が信じるところでは，彼は真の政治術を駆使しているが，それは公的にではなく，私的にそうなのであった。彼の勧告が真の政治術――すなわち，哲学――に基づいている限りにお

---

[22] "καὶ τὸν μέλλοντα ὀρθῶς ῥητορικὸν ἔσεσθαι δίκαιον ἄρα δεῖ καὶ ἐπιστήμονα τῶν δικαίων" (508c1-2) を「それゆえ，ただしく弁論術を使用しようとする人は正しい人でありかつ正しいことを知っている者でなければならない」と訳す。

いて，それは単に弁論術の部分であるだけでなく，真の弁論術なのであり，他人に哲学的人生を送るよう勧告し，知識に基づく真なる信念を植え付けることによって他人の魂をよくするのに貢献するのである。その結果として，ソクラテスの勧告は哲学的弁論術であることがわかる。すなわち，それは快楽を目指すばかりでなく，対話相手を私的に一人ずつエレンコスで吟味し，古い信念を捨てさせた上で，さらに新しい真なる生の原理を採用するよう促す営為なのである。だがしかし，たとえそれが政治術と哲学に基づくとしても，この対話篇中でソクラテスは政治術が何であるかを詳らかにしていないし，知識の追究を核とする哲学の本性を考究してもいない。もっとも，対話篇中で彼はそれが私的に真理を探究することを旨とするディアレクティケー（διαλέγεσθαι, cf. 448d10, 471d5 etc.）と関係があることを強く示唆している。

最後に，以上の考察結果を公私概念に絡めて整理しておこう[23]。

```
真の政治術：人を魂においてよくする
 （公）立法術 ＋ 司法術        隷属
 （私）ソクラテスの哲学（信に関わる）⇔ 真の弁論術：聴き手に快を
      勧告  ＋ エレンコス              与える
          ⇧ 根拠づけ
 （私）ソクラテスの哲学（知に関わる）＝ ディアレクティケー？
```

図1　政治術・弁論術・哲学

(5) 勧告の永遠の連鎖

これまで『ゴルギアス』篇における "παρακαλεῖν" という動詞の用法を追跡してきた。プラトンはこの語を活用することで，ソクラテスとカリクレスが争い合う勧告のコンテストを描いている。注目すべきことに，プラトンは同時にソクラテスが（できればカリクレスと共に）他の人々全てに勧告する可能性についても書いている。

　　T8 526e1-4: わたしの力が及ぶ限り，わたしは他の全ての人々にも勧告する（παρακαλῶ）し，特に君に対して勧告のお返しをして

23）この図に『弁明』篇でソクラテスが試みた「公的な勧告」や第3章で見る『メネクセノス』篇の哲学的葬送演説を加えることもできよう。

いるのは，この〔哲学の〕生（βίον），すなわち，この競い合い（ἀγῶνα）に向けてなのだ。この競い合いの生はここで行われている全ての競い合い（τῶν ἐνθάδε ἀγώνων）の代わりとなるとわたしは主張するのだ。

T9 527e5-7: そこで，この論に我々は従うことにしよう。そして他の人々に勧めることにしよう（παρακαλῶμεν）。君が確信してわたしに勧めている（παρακαλεῖς）かの論ではなくて。なぜなら，それは何の価値もないのだから，カリクレス。

T8 でソクラテスは，民主政アテネで通常行われていた文化の担い手たち——民会の政治家，法廷の弁論家，劇場の詩人——の間の競い合い（ἀγῶνες）と比較して，カリクレスのみならず，他の人々全て（τοὺς ἄλλους πάντας ἀνθρώπους 526e1-2）に向けて哲学的な競い合いの人生を送るよう勧告を与えている。だが力の及ぶ限り彼が試みる万人への勧告とは一体どのようなものとなるのか。「万人」を文字通り取る場合，二つの解釈が可能である。

一方で，ソクラテスの勧告はその本性上その都度一人ひとりを相手にしてなされる。だが，彼はこの世に生きている間たえず出会う人皆に勧告しつづけることを意図しているばかりでなく，死後においてですら継続するつもりなのかもしれない。よく知られているように，『弁明』の最後でソクラテスは死後の世界における「知者」たちとの対話への希望を語る（Ap. 41a-c）。魂の輪廻説をどう顧慮するかはさておき，彼が死後においても生前と同様の活動を継続する場合，結果として万人を相手にして勧告しつづけると言えるだろう。

しかしまた T8 を別様に解釈することも可能である。勧告のアゴーンは生の原理をめぐってあるため，勧告による説得の成功はそのまま生き方の変更を意味する。ソクラテスによって哲学的生を生きるよう説得された人はソクラテスの生の原理を我が物にして，彼と同じ信念に基づいて別の人に向き合い，同様の生を送るよう勧告し始めるだろう。そして説得に成功すれば，次にその人が別の人を……というようにこの説得のプロセスは次から次に永遠と続くかもしれない。ソクラテスが実践して

いるように，哲学は他者への呼びかけを含んでいるのである。

実際のところ，T9 はこの読み方を支持する。ソクラテスの論（ロゴス）に従うことは，他者への勧告の実践を含んだ哲学的生を生きることを意味する。それゆえ，彼は続けて παρακαλεῖν の一人称複数接続法（「勧告」の接続法 hortatory subjunctive）を用いることで，カリクレスに弁論術の生を価値なきものとみなして放棄し，他人を自ら哲学へと勧めるよう促すのである（＝勧告の勧告）。ここに見られる勧告の連鎖は原理的に万人に当てはまるのでなければならない。ソクラテスが勧告の中で展開する論について聴き手が熟考し理解につとめ，納得したなら，自身の生き方を変更するよう習慣づけていき，次に他者への勧告へと向かう。この哲学的連鎖の輪の中にソクラテスの論は生き続けているのである[24]。

(6) プラトンの勧告：執筆活動の政治性

T8 と T9 のこの解釈は，実にソクラテスとプラトンの関係についても妥当する。プラトンも師からの影響で同じ信念を受け継いでいる限り，哲学的勧告の連鎖に組み込まれているとみなさざるをえない。プラトンがソクラテスのようにアゴラや体育場などで一対一の対話に従事したかどうかはともかく，少なくとも彼は対話篇——様々なレトリックに満ちあふれた著作群——を読者に残すことで勧告の鎖の輪に加わったのである。『ゴルギアス』篇をはじめとする彼の作品群は読者に知的快楽を提供しつつ，ソクラテスと共に哲学に加わるよう助言を与えつづけている。その意味で，彼は哲学のための読書空間を新たに創出したと言ってもよい。書物の流通が不特定多数の読者の存在を前提としている限り，読書空間は民会・法廷・劇場といった公的空間でないのは無論のこと，「家」で書物が読まれるとしても，特定のメンバーに限定された私的な閉鎖空間となるわけでもない。公私をめぐる空間把握において，プラトンの読書空間は独特の意味で公私の中間のセミパブリック空間と呼ぶことができるだろう。プラトンは著述という形でソクラテスから受け継いだ自らの哲学的勧告の精神を表現しているのである。

---

[24] 哲学的知識が連鎖的伝達（*tradere*）を本質とする点については，『饗宴』篇 210c-211d を論じた Kurihara (2016) を参照。

それゆえ，プラトンは対話篇の最後で読者に向けて哲学的生を送り，他者に対して共に勧告しようと呼びかけていると解釈できる。読者は「カリクレス」への呼びかけを自身へのそれとみなしつつ，読後の余韻の中で『ゴルギアス』の議論を反芻する。確かに，読者は当初ソクラテスやプラトンと人生観を共有しないかもしれないが，私的な読書体験は哲学者との内的対話を惹き起こし，次第に鋭敏な読者は哲学の共同探究に捲き込まれるのを楽しむようになるだろう。『ゴルギアス』篇の最後の言葉は，対話篇を読みながら最後まで共に哲学的思考を積み重ねてきた読者——未来のわたしたちをも含む——へのプラトンからの呼びかけの言葉であり，読者に勧告をも含む哲学的生を択ぶかどうかを迫る問いかけの言葉なのであった。
　さて，プラトンにそうした企図があるとすれば，対話篇は彼にとって無名の読者に対してすら哲学を学ぶよう励ます政治的な道具となりうる。そして，もし彼の対話篇が読者を勧告でもって哲学へと導くのに成功するならば，読者は自己自身を反省し政治に従事する仕方を考え始めるに違いない。結果として，プラトンは，とりわけ民主政において政治的意見を創造するのに貢献することになる。その政体に生きる各市民は，理念的には，自らの国に対して自身の意見をもって支配に与ることが期待されているのだから[25]。
　この意味において，書く人プラトンは，『ゴルギアス』篇中の重要な用語を使えば，自身のためでなく他人のために善をなす，典型的な「善行者」（εὐεργέτης, cf. 506c2）であった。彼は哲学的な善行者として読者の一人ひとりの魂に納得いく言葉を「書く」（ἀναγεγράψῃ c3）人なのだ。ちょうど医術や体育術のように，哲学は真の政治術として人を利他的な仕方でよい人とするが，よい人になった人は引き続き別の人をよい人にする。この事実こそが，端的に，哲学が成功裏に他者をよい者としたことを示す強力な証拠（σημεῖον 520e9）となる。善行者は見返りを求めて他人を有徳にするのではない。その点で，報酬のために

---

[25] Allen (2010) は，プラトンが「アテネの文化を変化させ，そのことによってアテネの政治を変容させるために対話篇を書いた」(4) と主張し，とりわけ時代性の観点から『パイドロス』『ポリテイア』篇等の読解を試みている。Long (2014) は解釈学的観点からプラトンの書くことによる政治性を読み解く。

善をなす専門家とは異なる。プラトンは自らの作品をできる限り美しいもの（καλὰ ἔργα）に仕上げながら，読者を哲学的生活へと誘う闘争を続けている（διαμάχεσθαι, 503a8, 513d5, 521a3）。彼によって感化された読者の方は，彼が何を考え，何を意図しているかを議論し，他人を自分たちの営みに参加するよう激励し始める。哲学のこうした善行（εὐεργεσία, cf. 520c2, 4, d6, e8, 10）は，最も偉大な善行者 εὐεργέτης（＝ソクラテス）[26]の言葉を記録し創作したプラトンと共に，わたしたちの民主的努力を通じて絶えず営み続けられうるのである。

む　す　び

　本章では，まず『弁明』篇と『ゴルギアス』篇に見られるソクラテスの哲学が極めて政治的な意図を含みもつ活動であることを確認した。ソクラテスはセミパブリック空間で市民一人ひとりを相手にエレンコスを駆使して知者であるとの思いをもたないよう吟味すると同時に，知を愛し求めて生きるように勧告し説得する。彼が活動する半公的空間では，公的空間を支配する「評判のポリティクス」から〈自由〉になり，身分や年齢など外的条件を無視して〈平等〉に意見を述べ合い，戦い合わせることができる。彼の活動に影響を受けた市民は哲学の基盤の上で自己の信念を確立してはじめて，自らの責任において民主政を支えていくことになるのである。このようにして，ソクラテスは市民一人ひとりの魂をよりよくする「真の政治」を企てる「草の根民主主義」の担い手であったのだ。

　プラトンは彼の師の信念を自分なりのやり方で引き受けた。彼はアゴラや体育場といったセミパブリック空間を活用したわけではない。だが彼は「勧告のレトリック」を著述活動において展開し，もう一つ別のセミパブリックな空間を創出した。読者が，哲学的思索と周囲の人々との対話活動を通じて，自己の確信をもって生きるなら，とりわけ民主政に

---

[26]　『弁明』のソクラテスは，アテネ市民に魂に気遣うよう勧告しながら，「私的に一人ひとりに最大の善行を施す（ἰδίᾳ ἕκαστον … εὐεργετεῖν τὴν μεγίστην εὐεργεσίαν）」(36c3-4)「善行者」（εὐεργέτῃ d5）であると自認している。

対してプラトンは十分政治的な貢献をすることになるだろう。ソクラテスとは異なる仕方で「草の根民主主義」の担い手となるのである。

　最後に，わたしたち読者に対してプラトンは不正な社会における政治的活動の一典型(パラデイグマ)をソクラテスとして描き，著述活動を通じてもう一つ別の典型を自分自身の姿で表現した。こうした哲学と政治の交わりを目にして読者は自らの生き方を省みるよう促されるのである。

第3章
『メネクセノス』篇における公と私
── 〈自由〉概念の創出 ──

はじめに

　『メネクセノス』篇は実に風変わりな対話篇である。いや「対話篇」の範疇に入るかどうかも怪しい。確かに，作品冒頭でソクラテスとメネクセノスが出会い，まもなく開かれる戦死者のための葬送儀式で誰が葬送演説を行うのかについて「対話」を始め，葬送演説の一般的特徴を議論している。しかし，彼らの「対話」は全篇を「対話篇」と呼ぶには余りにも短く，作品末尾でのやり取りを含めても，伝統的なステファノス版の頁数で言えば，16頁（234a-249e）ある全体のわずか3頁（234a-236d, 249d-e）を占めるにすぎない。作品の中心部は，ソクラテスが前日に聞いたというアスパシアの演説の復唱に捧げられているのである。しかも，なぜアスパシアなのか。プラトンが外国出身の女性という二重の意味での非-市民を登場人物に択んだ理由は措くとしても，読者は自ずとアスパシアを愛人とする政治家ペリクレスとトゥキュディデス『歴史』に見られる前431年の葬送演説を想起するだろう（cf. 236b）。では，アスパシアの演説とペリクレスの演説とはどのように関係しているのか。そしてそもそもなぜプラトンはこの作品を執筆したのか。

　最後の根本的な問について，未だ研究者の間にコンセンサスは見当たらない。『メネクセノス』の葬送演説はプラトンの同時代の弁論術や政治の愚かさを強調し風刺する一種のパロディだと考える論者が多い

が[1]，他の対話篇にも増して，アテネの歴史を詳細に描いていることから，プラトンの「愛国心」を読み取る論者もいる[2]。一番最近の研究では，プラトンはペリクレスの演説に改良を加えて，あるべき葬送演説を創造し提示したとされる[3]。またさらに，プラトンが演説後半のパラミュティア（「激励」）に哲学的要素をふんだんに組み込んでいる点もまた見逃してはならない。彼独自の哲学を打ち出す意図があったと想像することが自然だが，そうした哲学が演説の他の部分とどう関係しているのかも一向に定かではないのである。

　本章では，『メネクセノス』篇のこうした謎めいた性格が葬送演説自体の特異性に由来する可能性を見据えつつ，プラトンの公私論への接近を試みる。第1節では，本対話篇と公私論との関係を冒頭部の対話の考察から抉り出し，作品解釈の方針を定める。第2節では，ソクラテスが演示する葬送演説のエパイノス（「賞賛」）を取り扱い，主題化されているアテネが賞賛に値する本来あるべきポリスとして描かれていることを示す。第3節では，パラミュティアが人間の幸福を個人の自由と徳と関係づけて説明している意味を探る。最後に第4節で，本対話篇が前提とするペリクレスの演説との比較を試み，プラトンが打ち出す新しい公私論の形を素描したい[4]。

---

1) Coventry (1989); Pownall (2004), 38-64; Thomas (1989), 210-11; Loraux (2006); 高橋 (2010), 14-17. パスティーシュとみなす Schofield (2006), 94 n.64 も参照。

2) Kahn (1963) は『メネクセノス』篇を「プラトンの作品中で最も謎めいたもの」(220) とみなし，「アテネの最も高貴な伝統への深い忠誠心に基づくばかりでなく，ポリスの現行の政治体制への失意，恥，憤慨に基づいて書かれた，一種の政治的パンフレット」(229) であり，かつ，「汎ギリシア主義へのはっきりとした一連の呼びかけとなるパンフレット」(230) であると考える。

3) Pappas and Zelcer (2015). 彼らの主張を紹介する栗原（2016）の書評参照。

4) 『メネクセノス』篇はプラトン著作中でもいわゆる "neglected dialogues" に属するが，本邦でも註で触れたもの以外に，山本（2001），野津（2007a），森（2008），土橋（2016），97-108 等がそれぞれ独特の視点から興味深い考察を展開している。

1　対話篇の主題と冒頭部（234a-236d）の意味

(1) 葬送演説の特異性と公私の問題

『メネクセノス』篇が問題化する葬送演説[5]は，紀元前5-4世紀の同時期にアテネで行われた，民会や法廷で語られるその他の「政治的」演説とは対照的に，戦士が直面する私的な（idios）危険（＝死）とポリスが享受する公的な（koinos, dêmosios）利益（＝安全・安寧・繁栄）との間の緊張関係を主題としている[6]。演説者は公的善のために市民が私的な犠牲を払うことを讃えることで，ポリスのために個人が戦死することの大切さ・美しさ（καλόν 234c1）を繰り返し強調するのである。ソクラテスも述べるように，演説では個人（ἑκάστου 235a1）が有する固有の価値は問題にならず，つまらぬ者（φαῦλος 234c4）でさえあることないこと見事に賞賛され，賞賛は死んだ祖先や生きている者たちにも及ぶ。ポリスのために死ぬことの賛美は，魅惑的な言葉によって公と私の境界を限りなく無化し，「愛国心」の涵養と共に，ポリスと市民の一体化を強めていくのだ。それゆえ，リュシアスの演説に顕著なように，エパイノスでアテネの「歴史」が語られるのも，集団的記憶を確認することで結びつく「記憶の共同体」の創出にあると言える。歴史はポリスと市民の一体化のためにその都度再解釈を施されるのである。

---

[5] 葬送演説は毎年開かれる葬送儀式で択ばれた市民によって語られた。今日テキストとして残っているのはペリクレス（前431年），ゴルギアス（前5世紀後半），リュシアス（前390年代），プラトン（前385年以後すぐ），デモステネス（前338年），ヒュペリデス（前322年）による6編のみである。ペリクレスの演説にトゥキュディデスの筆が入っているのは自然だし，ゴルギアスとリュシアスはアテネ市民でないため，そのままの形で式典の中で読まれたのではなく教示用・演示用であり，プラトンのものも作品中のものである。それゆえ，最後の二つのみが実際に語られたのだろうと推測されている。残存しない演説が数多いことから，葬送演説のパターンと内容を一般化することは困難だが，それでも6編の比較によって共通する特徴をいくつか指摘することは可能である。また，リュシアスのものは演説用であるがゆえにかえって，彼が信じるあるべき「葬送演説」が書かれているとすれば，モデルとするのに一番適切かもしれない。

[6] Cf. Herrman (2004), 96; Ober (1998), 89; Loraux (2006), 153:「まさに自己を捨てることにおいて人はよき人（aner agathos）となるのだ」。アテネの葬送演説については，他にPappas and Zelcer (2015), 58-76 参照。

公私の融合・一体化という狙いは，葬送演説が語られる場である葬送儀式に女性や子供といった家族が参加し，墓前で嘆くことを許されていた点からもわかる（cf. Th. 2.34.4）。本書序章で見たように，当時のアテネの公的空間は成人男性が集う場所であり，女性や子供は排除されていた。しかしながら，公的葬儀である葬送儀式は，「家」(oikos) に属する私的要素を含む点で例外的に公私の二分法を越え出ており，公私の空間的区別を曖昧にして，参列する市民にポリスが「家」で市民団が家族だと意識させ，戦争での死は決して公のための私の犠牲ではないと思いこませる効果をもたらすのであった。

これらの意味で，葬送演説と葬送儀式は公私の境界をぼかし，個と全体を一つにしようとする政治的装置である。この論理からすれば，「国」のために戦死することは決して自己犠牲とはならない。「拡張された自己」である「国」が無事に守られるならば，自己にとっても善——毎年の葬送儀式で永遠に賛美され続ける——が生じるわけである。葬送演説は公私の融合を目的として戦死の正当化と美化を遂行していく。聴衆は，共同体への貢献に市民（国民）としての徳を感じ取るのであった。

(2) すぐれた葬送演説の二つの要件

プラトンが葬送演説の伝統的な目的を十分自覚しつつ『メネクセノス』篇を執筆しているのは，冒頭部の対話から明らかである。ソクラテスは誰彼となく——貧乏であろうが，悪人であろうが，生者であろうが，死者であろうが——十把一絡げに人々を賞賛する同時代の葬送儀式と演説を批判する（cf. Th. 2.42.3）[7]。弁論家は聴衆の魂を欺こうとし（γοητεύουσιν ... ψυχάς 235a2），自分たちが「より偉大で気高く立派である」と考えるよう誘導するのである（235b）。さらにソクラテスは，そのようにアテネ市民の中で演説する場合に限り，弁論家は成功を収め誉め讃えられるが，逆に，ペロポネソス人といった敵の前でアテネの人々を賞賛するには，「説得的で名声を博するすぐれた弁論家（ἀγαθὸς ῥήτωρ）を必要とするだろう」と指摘する[8]。

---

[7] 葬送演説の集団主義的態度に対するソクラテスの批判については，Yoshitake (2010); Loraux (2006) 参照。

[8] 『メネクセノス』235dにはっきり言及しながら，アリストテレスは『弁論術』で「葬

第3章 『メネクセノス』篇における公と私　　　　　　　　65

　冒頭部のこの展開は極めて重要である。ソクラテスはすぐれた弁論家による葬送演説の実例を与えようとしているのだから[9]，その演説は彼自身の上述の批判や指摘に答える二つの要件を共に満たすのでなければならない。第一に，すぐれた演説は話し手の味方・友の間だけでなく，敵をも含む万人の間で普遍的に説得的でなければならない。この「普遍性要件」は弁論が内容的に時代性・個別性に制限されることなく，いつでも・どこでも・誰にでも通用する普遍的真理に関わり合っていることを要求する[10]。それゆえ，ソクラテスのすぐれた演説は，対話篇の舞台設定がいつ・どこであろうと，また聴衆が誰であろうと説得的でなければならない。そうであれば，なるほど，演説が個別的なポリス・アテネに固有の神話と歴史を取り扱っていても，そのアテネは普遍的真理の光の下で語られているはずである。その意味で読者は，個別事例を範例としつつも，同時に，味方／敵の対立を基盤とした倫理とは異なる倫理的真理を探究し語り出す哲学的レトリックの演示を見出すだろう[11]。

送演説でソクラテスが語るように，難しいのはアテネ人をアテネ人の間で賞賛することではなく，ラケダイモン人の間である，というのは真実である」（1415b30-32; cf. 1367b8-9）と述べている。プラトンが「ラケダイモン人」の代わりに「ペロポネソス人」との呼称を採用する際に，トゥキュディデスを意識している点については，Monoson (2000), 186 参照。

9) この点は従来指摘されることがなかったが，文脈から明らかである。アスパシアは弁論術の卓越した教師として弟子のソクラテスをすぐれた弁論家にすべく，すぐれた弁論家が演説すべき理想的な葬送演説のよき例を示したに相違なく，彼が覚え損なった場合は，鞭で叩かんばかりに記憶するよう指導したのである（236b-c）。仮に彼女の演説が拙い弁論家によって演説されるようなものなら，それほど厳しい仕方で弟子を取り扱わなかっただろう。したがって，『メネクセノス』の葬送演説が当時のレトリックとポリティクスの愚かしさを誇張して風刺する一種のパロディだと考える人々には賛成できない：cf. Coventry (1989); Pownall (2004), 38-64; Thomas (1989), 210-11; Loraux (2006)。

　また，プラトン対話篇でも非常にユニークな試みである，アテネ史の詳細な記述にプラトンの愛国主義的心情を見て取る解釈に同意できるかどうかも微妙である。Kahn は『メネクセノス』をプラトン対話篇中で「最も謎めいた」ものとみなし（220），単に「アテネの最も高貴な伝統への深い忠誠心から」だけでなく，「ポリスの現行の政体に対する傷心，恥ずかしさ，激怒の気持ちから書かれた，一種の政治的パンフレット」（229）でもあると同時に，「反ギリシア的一性への一連のはっきりした呼びかけとしてのパンフレット」（230）であると解釈している。Pappas and Zelcer (2015) は『メネクセノス』の葬送演説がペリクレスのそれを意識的に改善したあるべき演説として提示されていると解釈する。

10) Tulli (2004), 308-14 は『メネクセノス』においてプラトンは理想的なポリスと徳を哲学的に議論しながら，καθ' ἕκαστον な事柄よりもむしろ καθόλου の事柄に焦点を当てていると論じている。

11) 哲学的レトリックについては，Pappas and Zelcer (2015), 116-40 参照。

第二に,すぐれた演説は聴衆の魂を欺いてはならず,むしろ逆に,聴衆が自分自身をより十全に知るように激励するものでなければならない。この「自己知要件」は,人がプラトンの初期対話篇を読むときに強く感じる「ソクラテス的」な要件である。聴衆はこの要件を満たす演説を聴くことで,既存の自己像の受け入れを強制されることなく,むしろ自己吟味を通じて自分たちが現にどういう存在であり,かつ,今後どういう存在であるべきかを自ら考え決定するようになるからだ。反対に,一般の葬送演説は巧みな賞賛により聴衆を魅惑し (cf. κηλούμενος 235b1) 自身のあり方を忘れさせ (「脱自」= ἐξέστηκα a7),自分 (cf. ἐμαυτοῦ c3) が大地のどこにいるのかといった日常生活知 (=「岩盤知」[12]) すら奪ってしまい,「浄福者の島」に暮しているかのように勘違いさせる。ソクラテスの演説は,これに対して,聴衆が自分で自己について考える〈自由〉を発揮するきっかけを提供するはずである。

 かくして,ソクラテスの弁論はこれら二要件に適う理想的で哲学的な葬送演説でなければならない。通常の葬送演説がその場に集うアテネ市民の団結を訴え,公私の融合を目的とするのに対し,哲学的演説は自分で自己について考える〈自由〉の重要性を強調することで普遍的価値を帯びるのである。ところで,プラトンがこれらの要件を満たさないという理由で同時代の葬送演説をソクラテスに批判させているとき,執筆当時の読者に知られていたであろう,ペリクレスとリュシアスの演説を念頭に置いていると推定するのは自然であり,これらの演説との比較により,『メネクセノス』篇の演説の形式と内容がより容易に理解できるだろう[13]。

 ペリクレスの演説については,冒頭ではっきりと言及されている。ソクラテスの話では,前日アスパシアは演説のある部分を即興で語り,別の部分は彼女がペリクレスのために書いた前431年の演説で未使用のものを貼付けて語ったのだ (cf. 236a8-b6)。一般に演説の即興性は,毎

---

12) ウィトゲンシュタイン『確実性の問題』95, 97を参照。
13) 但しTodd (2007), 157も参照:"All in all, it is probably best to see Plato as on one level responding to the genre, albeit with particular reference to the speeches of Thucydides and especially to Lysias, rather than to see him parodying Lysias as his sole target." ペリクレス演説との対比を強調するPappas and Zelcer (2015), 62-67, 145, 158はリュシアスの葬送演説の影響をほとんど認めない。

回の葬送儀式の個別具体的状況に合わせるためだが（cf. 235d2-3），即興が容易なのも，既に準備されたものが土台としてあり，それを適宜変更して使用できるからで，この場合はペリクレス演説で使用されなかった部分がそれに当たる。周知のように，トゥキュディデスが報告する431年演説は伝統的な葬送演説に較べ，様々な省略が施されている点に特徴があり，逆に言えば，未使用部分こそむしろ形式と内容に関して伝統的だと考えられる。それゆえ，その部分を活用するアスパシアの演説は慣習（ὁ νόμος 236d7; cf. Th. 2.35.1, 2.46.1）に従っており，リュシアスやデモステネスのものに見られるように，プロオイミオン（prooimion 236d-237a），エパイノス（epainos 237b-246a），パラミュティア（paramythia 246b-249c），エピロゴス（epilogos 249c）から構成されている。しかしながら，注目すべきは，プラトンはパラミュティアに独特の工夫を凝らし，戦没兵士たちが甦って，幽霊として自らの遺言を述べるという形式にしている点である。他に見られないこの工夫は，彼がパラミュティアで専ら自らの哲学を表現していることを期待させよう。

但し，内容について言えば，取り扱う題材が同じでも，すぐれた演説である限り，その解釈が異なるはずで，リュシアスの演説は無論のこと，ペリクレスの政治思想に哲学的批判を加えていることも予想できる。本対話篇が葬送演説の伝統に一方で従いつつ，他方で批判を試みているのなら，とりわけ内容に関して，ソクラテスの演説と他の演説との比較をできる限り注意深く行うことが求められるだろう。

(3) 演説を書く意味

プラトンが著作を書くことの意味について自覚的であり，作品の中で自らのスタンスを仄めかすことがある点については，第2章でも述べた[14]。『メネクセノス』篇に関しても，対話部分の最後で葬送演説を書く意味にさり気なく触れているように思われる。ソクラテスはアスパシアの演説を「公にする」（ἐξενέγκω 236c4）ことによる彼女の叱責を恐れているが，彼の恐れは読者には少し奇妙に思える。読者は既にプラトン

---

14) 第2章第2節 (6) 参照。

によって実際に公刊された演説を手にしているのだから[15]。するとこの場面は，葬送演説を私的に聞いたり読んだりすることがいかに奇妙かを読者に感じさせるべく挿入されているのではないか。葬送演説は，既述のように，本来ケラメイコスのような公的空間において一人の弁論家（政治家）が多くの聴衆に語りかける政治活動なのであり，聴衆一人ひとりは公に集まる多くの人々と共に演説に耳を傾けるのである。それに対して，演説を読むことは読者が家で行う省察の手助けとなる私的活動である。演説に独特の臨場感や現場性から離れて，読者は一人静かに演説をテキストとして読み思考を巡らす[16]。ここに先に指摘した二つの要件が関わってくる。「普遍性要件」に関して言えば，著作の公刊は無数の読者を前提としており，その意味でプラトンが提示する演説は普遍的価値をもつことが期待されている。いつでも・どこでも・誰にでも説得的でなければ，すぐれた演説とは呼べないのである。「自己知要件」については，聴衆から自己知を奪い取りつつ公私の融合によってポリスの一性を確保しようと魅惑する伝統的な葬送演説と違って，公刊された演説は読者が熟読を通じて主題について自分自身と関係づけて考えるよう促す。読者は，私的読書の中で葬送演説の主題である公私の関係が本来どうあるべきかを熟考するのである。

　それゆえ，『メネクセノス』もプラトン対話篇に特徴的な〈自己回折性〉——対話篇で論じられている問題に読者を巻き込み自分のこととして考えさせる——を備えていると言える[17]。本対話篇の場合，プラトンは，上述のように，公私の融合を目的とする伝統的な葬送演説を二つの要件との関係で批判した理想的ですぐれた葬送演説を創作すると同時に，読書経験という公私の狭間で読者に共同体と個人のあるべき関係について自己自身の問題として考えさせている。ソクラテスの演説が聴衆

---

15) ソクラテスはメネクセノスを喜ばせるために，二人きり（μόνω 236d2）なのだから，裸になって踊っても構わないと述べている。このやり取りについては，葬送演説の公的営為との対比で，著者と読者の対話である私的な読書のことを含意していると解したい。類似の論点については，『ポリテイア』第10巻冒頭（595b3-7）とその解釈である本書第11章第1節（1）参照。

16) Pappas and Zelcer (2015), 2-4 も『メネクセノス』が読まれるテキストであることの意味を論じている。読書経験は公的パフォーマンスにおける音楽的要素から免れている。Cf. Too (1995), 82-83.

17) プラトン対話篇の〈自己回折性〉については，栗原（2013b），164-74 参照。

に自分で考える〈自由〉を経験するきっかけを提供するように描くことで，プラトンの作品はそれ自体で読者に同様の〈自由〉の機会を与える。葬送演説を書くことは，公刊という意味では一対多の人間関係を前提としているが，私的読書という擬似的な一対一のセミパブリック空間を創出することで，読者を今・ここの縛りから解放して〈自由〉の重要性に気づかせることになるであろう。そして，予め記すならば，本対話篇はまさに様々な形での〈自由〉をテーマとしているのである。

　以下の諸節では，アスパシア／ソクラテスの葬送演説の内容を順に精査しながら，それが上述の二要件を満たす理想的な葬送演説として演示されていることを示したい。加えて，読者の自己反省を可能にする葬送演説を書くことがプラトンにとって何を意味したのかを考察する。

2　エパイノス（237b-246a）：〈アテネ〉とは何か

　伝統的な導入——プロオイミオン（236d-237a）——を簡単にすませてから，ソクラテスは三つの部分からなるエパイノスを語り始める：(1) 高貴な生まれ（εὐγένεια），(2) よき養育（τροφή）とポリテイア（πολιτεία），(3) 歴史的偉業（ἔργα）。

(1) 高貴な生まれ（237b-238b）

　ソクラテスは死者の生まれの高貴さを賛美することから始め，「その祖先の起源がよそにはなく（…）大地から生まれたのだ（αὐτόχθονας）」（237b）という「事実」に言及する。αὐτοχθονία（土着性）のモチーフは他の葬送演説にも見られるものであり（Th. 2.36.1, Lys. 2.17, Dem. 60.4, Hyp. *Ep.* 4），アテネ市民に共有されている神話的信念を表現している[18]。しかしながら，ソクラテスは祖先の母なる大地をより一般的な仕方で賞賛している点で独特である。彼が示そうとしていることは，「我々だけでなく，全ての人間（πάντες ἄνθρωποι）がこの場所を数多くの理由から賞賛すべきである」（237c）ということだ。

---

18)　Pappas and Zelcer (2015), 157-75 は αὐτοχθονία について多方面から考察を加えている。

彼によれば，母なる大地は（a）神々によって愛され，（b）人間を産み，（c）大麦などをその子供たちに適した養分として供給し，（d）日常生活や大地を守るために役立つ技術を教える神々を導入したのである。語り手ソクラテスはアテネの建国神話に通じているギリシア人の間でこれらの理由が十分説得的だと考えているが，「全ての人間」による賞賛を認めていることから，他の人々でも，同じ説明が適当な変更を加えられて，自身の国に与えられるならば，彼に同意すると仮定していることはありそうである。重要なのは「土着性」と母なる大地の愛の普遍的価値なのだから。実のところ，ソクラテスはアテネをモデルとしつつも「人類」（τὸ ἀνθρώπειον γένος 238a2; cf. 237c5, d1-2, 6, e6, 7）一般について語っており，それゆえ，普遍性要件を何らか意識した語り方をしているように見える。その意味で，エパイノスはその始まりから，時空的に制限されたポリス・アテネを同時に，全人類的かつ普遍的視点から眺められたポリス――以下〈アテネ〉と記す――として重ね描きしているように思われる。

(2) よき養育とポリテイア（238b-239a）

祖先たちは母なる大地に育てられて見事なポリテイアを建設するに至った。ソクラテスはその政体を「優秀者の支配」（ἀριστοκρατία 238c6）と呼んでいる。高貴な生まれの神話は祖先たちを見事なポリテイアの建設者だとみなすが，これが意味するのは，母親の精神が子供たちを通じて新しいポリテイア全体に行き渡っていて，アテネ社会の基本原理として継続しているということである。(1)で見たように，αὐτοχθονία の概念は疑いなくアテネの固有性を表現しているが，しかしながら，同時に普遍の相の下で捉え返された〈アテネ〉の原理でもある。そこでこの箇所を普遍性要件との関係で考えてみよう。

一般的に言って，社会が新しく建設されるときには，絶えず全体の一性を確保しうる基本原理を必要とする。それゆえ，母なる大地が表象する原理――社会を一つにする原理――を受け入れない者は皆よそ者として自動的に（αὐτοχθονία の定義より）排除されねばならない。ソクラテスの演説は，母なる大地の αὐτοχθονία 性によって，すぐれたポリス・〈アテネ〉のメンバーシップを問題にしているのである。

第3章 『メネクセノス』篇における公と私

では，このポリテイアの基本原理とは一体何なのか。ソクラテスはそれを自然に基づく「生まれの平等」（ἰσογονία）と特定している。市民が互いに兄弟として生まれてきたという αὐτοχθονία が生まれの平等を保証するからだ。それゆえ，生まれの平等はまた「法による平等」（ἰσονομία）の基盤でもあり，その法は徳と知恵によって最善であり優秀だ（ἄριστοι）と「思われる」（δοκεῖν）[19] 人々によって発見されうる（238d-239a）。優秀者支配政ポリスに生きる〈アテネ〉市民は自らが徳と知恵によって最もよく支配すると「判断する」人々に従うのである。理想化された〈アテネ〉の場合，市民の「判断」に誤りはない。〈アテネ〉は有徳で知恵ある人々が支配し法を制定するポリスである。

また確かに，このポリテイアは支配者と被支配者を区別するが，この区別は決して市民間の不平等に結果しない。その理由は，全市民が αὐτοχθονία のゆえに生まれつき平等だと考えられ，また，支配者の選抜に等しく責任をもつという点にある（この点で，市民が主人か奴隷かどちらかであるような僭主政や寡頭政とは異なっている）（238e）。かくしてソクラテスは，アテネの全市民は「完全な自由の中で育てられ気高く生まれた」（239a）と高らかに宣言するのだった[20]。

---

19) この解釈と連動して，プラトンはこの箇所において読者に δοκεῖν（238d5, 8, 239a4; cf. εὐδοξίας 238d2）という動詞を二つの意味で読むよう促していると考える。「思われ・判断」の第一の歴史的な意味において，市民は現実に暮す一般のアテネ市民であって，支配者を択ぶ彼らの判断はただしいかもしれないし，間違っているかもしれない。この表面的な意味においては，支配者は最善だと思われるかもしれないが，市民が思い誤る場合，実際は悪いこともしばしば生じる。第二の理想的な意味においては，市民は選出について常にただしい判断をするような賢い人々である。結果として，最善だと思われる支配者は実際に最善なのである。プラトンは意図的にこの箇所——作品全体も——をこうした二重の意味で読むように読者を促している。繰り返すが，後者の意味でプラトンがここで語る〈アテネ〉は葬送演説の中で思い描かれる理想的なポリスとなっている。

20) この箇所でソクラテスがアテネ民主政の理想像を提供しているかどうかについては，前註を見よ。普遍性要件を念頭に置けば，ソクラテスは『ポリテイア』篇で展開する理想的なポリスの像を描出しようとしていると言いたくなる。「その政体を民主政と呼ぶ人もいれば，好きなように別の名で呼ぶ人もいる。しかし真実のところ（τῇ ἀληθείᾳ），それは多数者のよき思い（εὐδοξίας πλήθους）を伴う優秀者支配政なのだ」（238c7-d2）。しかしむしろ実態は『法律』篇のマグネシアに近いものだろう。

(3) 歴史的偉業 (καλὰ ἔργα)[21] (239a-246a)

　この宣言に謳われているように，エパイノスのテーマは「自由」である[22]。ソクラテスは生まれの平等という母なる大地の原理が市民の完全な自由を導出すると推論してきた。次に彼は，アテネが自らに固有の自由を維持すべく果たしてきた，賞賛に値する歴史的偉業である一連の戦争について物語り始める。ペルシアとの対外戦争（239c-241e）[23]，ギリシアの他のポリスとの戦争＝内乱（241e-243d, 244b-246a），そして自分自身との戦争＝内戦（243d-244b）の物語である。自由の概念はこれら三種類の戦争に応じて三通りに性格づけられることになる。

　第一の種類の自由はペルシア戦争との関係で「外国による支配からの自由」——あるいはむしろ「自己決定としての自律[24]」——として特徴づけられる[25]。ソクラテスはマラトンでペルシア軍を負かした兵士に第一等賞を与え，「我々の身体の父親であるばかりか，我々とこの大陸にいる者たち皆の自由の父親でもある」（240e1-3）と宣言する。彼の見立てでは，かの兵士たちが確保した自由は単に身体的であるばかりでなく，精神的でもあったのだ。ダレイオス王の他の諸国への侵攻によって，万人の心（γνῶμαι 240a2）は既にそのとき「誰もほとんど敵対者

---

21) 本節では，主として普遍性要件に注意を向けるという方針から，史実に絡むソクラテスの演説の歴史的妥当性もそのアナクロニズムも論じない。

22) Pappas and Zelcer (2015), 70 は，ソクラテスがアテネと自由を結びつけるとき，「外国支配からの独立」とのみ捉え，「言論の自由」といったポリス内の自由ではないと主張し，アテネの民主政を賞賛する他の葬送演説が専ら後者を問題にしていること（Th.2.37.2, 2.39.1; Lys.2.18; Dem.60.26）と対比しているが，少なくとも『メネクセノス』の自由理解としては狭すぎる。高橋（2010），14-16 は『メネクセノス』の主題をアテネが具現化した自由への批判に見ている。

23) ペルシア戦争に先立つ神話時代の戦争については 239b-c（cf. Lys. 2.4-16; Dem.60.8）参照。

24) "αὐτονομία" という語は現存する葬送演説中でただ一度だけ用いられている。ヒュペレイデス「葬送演説」6.9: φέρει γὰρ <οὐδὲν> πᾶσαν εὐδαιμονίαν ἄνευ τῆς αὐτονομίας ([Nothing] provides complete happiness in the absence of independence), ed. and tr. by Herrman (2009), 46-47. Herrman (2009), 93: "In this context of a war against external domination, eleutheria, 'freedom'… refers to freedom from external rule, while autonomia, 'independence' is a subordinate concept describing the city's ability to maintain its own internal government." Cf. Raaflaub (2004), 149-157. 野津（2007b）は Jensen (1963) のテキストに従って，φέρει γὰρ πᾶσαν εὐδαιμονίαν ἡ αὐτονομία と読み（63 n.10），「実際，自律こそが完全なる幸福をもたらすのである」(57) と訳す。

25) ペルシア戦争については，Lys. 2.20-43; Dem. 60.10-11 参照。

たり得ない」(a1-2) と考えるほど奴隷化されていたのだが，マラトンの勇者たちは「ペルシア軍が無敵ではなかった」(d6) ことをギリシア人に教えることで，精神的隷属状態から解放するのに成功したのである[26]。したがって，ソクラテスが讃える勇者の徳 (ἀρετήν d2) は単に敵を打ちのめす身体的な力の強さではなく，むしろ人の心を支配する圧倒的な考えに立ち向かい，実践を通してその支配を打ち破り精神的自律＝自由を確立しようとする心の勇気を意味する。勇者は万人を導く教師 (ἡγεμόνες καὶ διδάσκαλοι d5) となったのである。

第二等賞はサラミス海戦で勝利をもたらした戦士たちに与えられる。彼らもまたペルシアへの恐怖心をなくすことへと導いたからだ。ギリシア人は，そうした学びと習慣づけ (μαθόντας καὶ ἐθισθέντας 241c3) を通じて徐々に精神的自由たる自律を構築しながら，自らの心を支配していたペルシア人と自己自身についての偽なる思いを捨て去るようになったのだ。

第二の種類の自由は「内乱」(stasis, cf. στασιασάσης 242e1, στασιάσαι 243e3) と呼ばれる，ギリシア人の間での内的衝突に関わっている。ソクラテスはペロポネソス戦争について物語りつつ，アテネの人々をボイオティア人 (242a-b; cf. Th.1.107-8) やレオンティス人 (243a) の自由のためにラケダイモン人と戦った「自由の同盟者」(244c) と呼ぶ。より最近のことでは，アテネがアルゴス，ボイオティア，コリントス，さらには「最も憎むべきペルシア大王」までも救った話 (244d-e; cf. 243b) ——後にその全てから裏切られるのだが (245b-c) ——をする。

この箇所でソクラテスはギリシア人とバルバロイの明確な対比に基づき自由について語っている。では〈ギリシア人性／バルバロイ性〉の対比のポイントは何か。演説によると，アテネ市民は同族 (τὸ ὁμόφυλον) に対しては勝利の時点までは戦うが，私的な怒りのゆえに (δι' ὀργὴν ἰδίαν) ギリシア人の交わり・共同性 (τὸ κοινὸν τῶν Ἑλλήνων) を破壊するまで戦うことはただしくなく，他方で，バルバロイは殲滅せねばならないと考えている (242d)。戦争のただしさに関

---

26) リュシアスも自由を恐怖からの解放と捉え，魂の自由化を強調している (Lys. 2.15)。

わる対比の根底には，生まれつき強力で健全な〈アテネ〉の高貴さと自由（τό γε τῆς πόλεως γενναῖον καὶ ἐλεύθερον 245c6-7）があり，この高貴な自由こそバルバロイ的要素を全く含まない〈ギリシア人〉としての純粋さの発現なのであった（245c-d）。〈アテネ〉の純粋性がその αὐτοχθονία に由来するのは先に述べられた通りである。だが例えば，移民の末裔たるアルゴス人など他のギリシア人は，生まれの点で純粋とみなされないが[27]，アテネ市民は彼らの自由をもギリシア全体の同一性と共同性を維持するために擁護しようとするのである。共同体において αὐτοχθονία は ἰσογονία と ἰσονομία の形をとるため，ここでの〈ギリシア人性〉は純化された平等の理念を意味する。〈ギリシア人〉の交わり（τὸ κοινόν）は平等において成立し，それゆえ，支配／被支配の不平等を本質とする〈バルバロイ性〉と対比されていると言えるだろう[28]。

そのため，ソクラテスがこの対比を同じ言葉を話す（ὁμόφωνοι, cf. 242a1）か否かの対比と特徴づけるとき，彼は単なる言語的な対比ではなく，リュシアスのように（2.18, 47, 55, 63, 65）[29]，一種の ὁμόνοια（思念・心の一致・協和）の有無を念頭に置いているようにも思える。彼はペロポネソス戦争でアテネが敗れた原因について，他のギリシア人がバルバロイと連携するほど行き過ぎた勝利愛（φιλονικία, 243b3）にのめり込んだ点を強調しているが，同時に，ギリシア人の間に思念の一致としての ὁμόνοια が失われた点に深刻な問題を見出しているようだ。そしてギリシア人が同じ思念をもちうる根拠として平等を旨とする αὐτοχθονία という〈アテネ〉の理想があることを忘れてはならない[30]。

---

[27] 他のギリシア人が「ギリシア人」であるのは「生まれ」（φύσει 245d3, cf. c7）によるのでなく，「しきたり・慣習」（νόμῳ d3）によると語られる。

[28] 『法律』第3巻（693d-698a）でアテネからの客人がペルシアの「帝国」的支配形態を批判するとき，その本質を「極端な隷属と専制」（τὴν σφόδρα δουλείαν τε καὶ δεσποτείαν 698a6）に見ている。

[29] リュシアスは ὁμόνοια の重要性を繰り返し強調しているのだが，実際はアテネ市民だけが「ギリシア人の保護者で諸ポリスの指導者でなければならない」（2.57）と信じている点で欺瞞的である。

[30] もし普遍性要件をめぐるこの読みが概してただしいなら，アテネの αὐτοχθονία と対比された純粋なバルバロイ性（τῆς ἀλλοτρίας φύσεως 245d6）は ὁμόνοια の完全なる

第三の種類の自由は，αὐτοχθονίαとの関係で見られた〈アテネ〉に固有の高貴なる自由それ自体に他ならない。ソクラテスは，アテネがペロポネソス戦争で敗れた理由を解説しながら，ポリスが経験した内戦（οἰκεῖος ἡμῖν πόλεμος）に言及し，悪徳や憎悪ではなく単に不運から生じた不可避の病として描写する（243d-244b）。上述の内乱の説明がアテネのポリス内部に適用できるなら（243e3），第三種の自由はアテネ市民たちの間のὁμόνοιαによって説明されうる。前403年のアムネスティに言及して[31]，ソクラテスはこう語る：「ペイライエウスと市から市民たちがやってきてどれほど喜び，また，どれほどの親しさで（οἰκείως）互いに交わり合ったことか，そして予想を超えて他のギリシア人と交わり合ったことか」（243e4-6）。ソクラテスは，他のギリシア人との和解——第二種の自由——をも生み出す，和解のより根源的な原因（αἴτιον 244a2）を「言葉ではなく行動によって友愛を確固たる同族的なものとして提供する真なる同類性」[32]（ἡ τῷ ὄντι συγγένεια, φιλίαν βέβαιον καὶ ὁμόφυλον οὐ λόγῳ ἀλλ' ἔργῳ παρεχομένη a2-3）とみなしている。三点コメントしたい。第一に，ロゴスとエルゴンの対比は，アテネ市民間の友愛の可能性を保証するαὐτοχθονίαの神話（ロゴス）とその神話に疑問を差し挟むことになりかねないアテネの現状（エルゴン）の乖離を反映している。神話に従えば，アテネ市民は同じ生まれをもって等しい法の下で親しく交わっているべきなのに，実際には血で血を洗う争いを遂行していた。だが彼らは内戦を和解で終結させることで神話のただしさを証明するのに成功したのだった。第二に，παρεχομένηはφιλίανを目的語とし，βέβαιον καὶ ὁμόφυλον

欠如として説明されねばならない（本章註28参照）。そしてそれゆえ，完全なる他者性を表象する「理想化された」バルバロイは，ὁμόνοιαを目指して対話を試みる者たちと同じ基盤を共有せず，常に力による他者支配を企てる。言うまでもなく，現実のバルバロイとそれ以外の者たちは通訳を通じてであれ，コミュニケーション可能である。

[31] Cf. Griffith (2010), 129 n. 27. アムネスティの議論については神崎（2009）参照。
[32] 他の訳はこうである。Herrman (2004), 56: "their genuine kinship, which provided a firm and homogeneous relationship, not in word but in deed"; Collins and Stauffer (1999), 48: "a true kinship, which secures, not in name but in fact, a friendship that is steady and of the same race"; Griffith (2010), 129: "the true kinship which produces, not just in theory but in actual practice, a firm friendship based on shared nationality"; 津村（1975），187-189:「それ（真の血のつながり）こそが，祖先を同じくすることからくる堅固な友愛を，言葉ではなく実際の行為のうちに，つくりだすのである」。

をその補語として伴う他動詞の分詞形と解したい。そう解することで，βέβαιον καὶ ὁμόφυλον を属性的に φιλίαν に掛けて，最初存在しなかった友愛があとから生まれると考える通常の翻訳とは異なり，市民間に可能的に存在した友愛がしっかりした同族的なものに現実化する変容の過程を強調することができる。第三に——また最も重要な点だが——ソクラテスはここで「同類性」（ἡ συγγένεια）の意味を「真なる」（τῷ ὄντι）を付すことで再定義し，その中身を続く分詞句で特定していると解釈すべきである。これが示唆するのは，アテネ市民が和解できた原因は，彼らが生まれつき同類だからというわけではなく（もしそれが理由なら，最初から戦いあうことはなかったろうから），彼らがその友愛を確かなものとすべく努力をしたからであって，その現実化の努力をソクラテスは真の同類性と特定しているのである[33]。ここで彼が，第二種の自由を特徴づける際にも用いていた「同族的」（ὁμόφυλον）なる語を使用しているのは偶然ではない。一般的に言って，人は重大事について意見を異にする場合，互いに議論を戦い合わせるが，それは，当事者が長い間親しい関係にあったり身内や同族だったりしても——むしろそれゆえに——生じることなのだ。しかしながら，人は和解より親しくなり調和を生み出すことによって真の友愛を実現することができるだろう。同様に，ソクラテスは συγγένεια の新たなる意味を ὁμόφυλον として創造しているのであり，それこそが「ポリス内の ὁμόνοια としての自由」を表していると解したい。

　こうして，真なる同類性は市民たちに不断の努力を要請する（244a3-b3）。ソクラテスは，葬送儀式における祈りの意味を，内戦で死んだ者たちのことを絶えず想起すること，対立し命を奪い合った人々を和解させることと特定し，同類であることは口先（ロゴス）ではなくそうした具体的実践（エルゴン）で証しされねばならないと主張するのである。

　葬送弁論のこの部分で，ソクラテスはアテネの歴史的偉業を物語りつつ，ギリシア人のペルシアからの自由，ギリシア国内の自由，最後にア

---

[33] 神崎（2009），137-38 は『ポリテイア』篇の「哲人王」という理想的支配のモデルにおいて前提されている「同族性」を「血縁関係」「血の同族性」では決してなく，「魂の同族性」とみなしているが，この箇所についても同様のことが言えるだろう。

テネ内部の自由という順序で，聴衆の注意を徐々に外から内へと向け変えている。彼の自由観は「身体拘束・物理的制限からの解放」という意味を除外しないとしても，その主たる関心が「心的自由」にあるのは間違いない。普遍なる光の中で再解釈されたソクラテスの自由観はそれ自体，アテネ社会の外側で別の時間を生きる人々にも当てはまる。そうして，演説の読者がその考えを自らの状況に適用し実践に結びつけるならば，普遍性要件を満足させることになるだろう[34]。

3　パラミュティア（246b-249c）：友愛の根拠たる徳

次にソクラテスは戦没兵士の息子を勇気づけ（246d-247c），両親を慰める（247c-248d）演説に移り，最後に市民とポリスに短い要求をする（248d-249c）。このパラミュティア部分は，最初に触れたように，幽霊として甦らせた死者たちに遺言を語らせている形式において，現存する葬送演説の中でもとりわけユニークである[35]。この工夫は単に演説の雰囲気をよりドラマチックにするばかりでなく，そのメッセージを参列する身内の聴衆にとってより個人的で私的なものにし，その上で他の聴衆にも遺族への共感を呼び起こす。そのようにして，個人の悲しみを十把一絡げにしてポリスを一つに統合する葬送儀式の伝統的手法と異なり，聴衆は一人ひとりが死者の最も親密なる声に耳を傾け，そのメッセージを自分が将来いかに生きるべきかに関する実践的な助言として受け止めるようになるのである。それゆえ，この部分の主題はただしい生き方を

---

[34] この点を強く読む限り，演説のこの部分がアテネの「歴史」を再構成していると考えるべきではないし，ましてや「歴史修正主義」の賜物と非難することもできない。プラトンは，アテネを範例として用いつつも，賞賛に値するポリス共同体がもつべきすぐれた「歴史」を描き出しているのである。そしてポリスの卓越性は自由の確保と確立においてあったのだ。

[35] このレトリカルな工夫については，語り手のソクラテス自身を「幽霊」とみなし，「偉業」のアナクロニズムを解消する Rosenstock (1994) の解釈がある。神崎（2009），153-54 はメネクセノスが史的ソクラテスの息子であり，成人後に亡霊である父親からアテネ市民の心得をその来歴と共に聞くという場面設定を取っていると解する。前 386 年にアイスキュロス『ペルシア人』が再演された可能性と結びつけて，同様に解釈する Pappas and Zelcer (2015), 44-45 も参照。ソクラテス自身が幽霊であろうとなかろうと，読者にとっては，プラトンの思い描くソクラテスがそれ自体で甦って語っていることに違いはない。

択び，自己を配慮することにあると言える。ソクラテスがこの弁論で〈自己〉をどう取り扱っているのかを考察していこう。

(1) 息子への励まし (246d-247c)

ソクラテスはまず，戦死した兵士に代わって彼らの子供たちを励まし，できるだけ徳を身につけるようにと語りかける。そして息子たちは徳とポリス内での栄誉ある勝利を獲得すべく父親と競い合わねばならないと主張する（cf. μέγαν τὸν ἀγῶνα Th. 2.45.1）。だが，父親たちはどのような人々だったのか。彼らは醜く生きのびるより，「自分の家族（τοὺς αὑτοῦ）を辱める人は生きるに値しない」(246d5-6; cf. Th. 2.42.4) と信じて，美しく（καλῶς）死ぬことを択ぶような人々だった。父親の人生が家族から切り離し得ない点，父親の自己が個人から「家」(οἶκος) という私的領域へと拡張している点が強調されている[36]。ソクラテスは続ける。家族を辱める者は，人であれ神であれ，誰とも友たり得ないのであって，それはこの世で生きている間も死後のあの世でも同様である。人が美しく生きるかどうかは，その人の徳の発揮に依っており，徳こそが他者との友愛の原因なのである。

では，徳とは何か。ソクラテスは，息子が父親と競い合わねばならない，正義や勇気，知識といった徳について語り（246e-247a），プラトン初期対話篇の〈徳の一性〉の説に真剣な意図をもって言及している[37]。もし息子が父を凌駕してより徳ある者となるなら，父は幸福だろう。しかし，そのことに失敗するなら，息子は父親のみならず先祖にも恥をかかせることになる。ソクラテスは付け加える，「自らに固有の所有物とよき名声（ἰδίων αὑτοῦ κτημάτων τε καὶ εὐδοξιῶν）を欠くことによって，金銭や名誉の宝庫を消尽して子供に譲渡しないことは醜く勇気を欠くことだ」(247b5-7)。ここで彼は息子が父親から受け継いだもの

---

36) 父親の自己が家族を含む点については，アリストテレス『ニコマコス倫理学』第8巻第12章 (1161b16-33) が論じている。また，Dover (1974), 301-306 も参照。

37) 「全て知識（ἐπιστήμη）は正義やその他の徳から切り離されたならごまかしであって，知（σοφία）と現われない」(246e7-247a2; cf. Men.87c-89c)。Kahn (1963), 229 はこの箇所に「アスパシアの風刺もソクラテスのアイロニーもその痕跡を見出せない。度々響かせるトゥキュディデス的な文句を読み取るなら，パロディの問題など確かに存在しないのである」と指摘しているが，賛成である。

を次世代に譲り渡すことの重要性を強調している。この譲渡は息子に固有の所有物とよき名声に基づいてのみ生じるとされるが，息子の「所有物」を金銭その他の物理的な財とみなしてはならない。むしろ続く「よき名声」とセットで解されるべきである。先に語られたように，よき名声を生み出すのは父親に匹敵する徳の獲得と行使だった。息子も自分の力で自分に固有の徳を生み出し，それに伴う名声と共に，次の世代に父親からの遺産に加えて引き渡すのである[38]。

　ここにおいてソクラテスは，息子の個性あるいはアイデンティティ（ἴδια αὑτοῦ）を主題化している。まさしく個性の独自性によって息子は父親や先祖から区別されるのである。父親の自己が息子の自己を構成しているという事実にもかかわらず，息子は様々な機会に父親と競い合うことを通じて自己のアイデンティティを確立することを求められている。彼は戦場で勇気を発揮したり，平時に友人に対して正しくふるまったりして，彼に固有の徳を身につけていく。徳の獲得は彼の自己同一性の確立に他ならないのである[39]。

　父親は子供に対する励ましを結びつつ，再び友愛の可能性に言及して，「もしこうしたことを実践するなら，相応しい運命がおまえたちを導くときに，おまえたちは友人として友人たる我々のもとに来ることになるだろう」（247c1-2）と言う。先に指摘されたように，徳は他者との友愛の原因であり，この因果性がここでは親子関係に適用されているのだ。人が有徳であることは，その人が自己同一性を確立することを意味した。自分が自分であるときにはじめて他者と真の友人関係に入ることが可能になるのである。ソクラテスはこの点に強勢を置くことで，聴衆の注意を徳と自己同一性と友愛との間の緊密な関係に向けることを意図している。そうして聴衆は，エパイノスの最終部分でὁμόνοιαとしての真の同族性こそが人々の間に真の友愛をもたらすと語られていたことを想起する。徳に基づいて自己の同一性を保持した者同士にὁμόνοιαが生まれ，お互いがはじめて「友人」になるとの真実に気づくのであ

38）次世代への徳の譲渡もまた，父親との競い合いの対象となる。父親が自身を有徳にした以上に，自らの息子を有徳にすることで，自身の勇気がさらに発揮されるのである。

39）徳と自己同一性の関係について考える際に，プラトンがソクラテスをモデルとして造型化している点については，栗原（2015），144-50で論じた。

る。父子の場合，息子は父親との徳をめぐる競争を通じて自身が何であるのか，また，何であるべきなのかを探究するよう求められている。親密なる幽霊の励ましは，結果として，聴衆に対して自己をよりよく知るよう勧めているのであった。

(2) 両親への慰め（247c-248d）

次いでソクラテスは，死者の両親に慰めの言葉をかけ（247c），不運に耐えて一緒になって嘆かないよう勧める。神々は息子らがよき人となって栄誉を受けるようにという親の願いをかなえてくれたのだから。そこで両親はその不運に耐えることによって真の（τῷ ὄντι）勇気を示し，勇気ある子供の真の（τῷ ὄντι）親であることを証明せねばならないのだ。ここにおいて，真の勇気は困難な状況を乗り越え，戦場など公的領域ばかりでなく，「家」といった私的領域でも自己に固有の「持ち場」（τάξις, cf. 246b4）を離れないことを意味している。問題の徳が公/私の区別を超えて捉えられている点に注意しておこう。

ソクラテスは続けて徳の本性を「度を過ごすなかれ」（Μηδὲν ἄγαν）という古い格言の解釈によって説明する（247e-248a）[40]。第一に，ソクラテスはこの諺の一般的な意味をこう解説する。「幸福へと導くものの全て，あるいは，その殆どが自分（ἑαυτόν）だけに依存していて，他人がよく行ったり悪く行ったりすることから，自分のことも揺らぐことが余儀なくされるように，他人に依存しない，そうした人こそが最もよく生きること（ἄριστα … ζῆν）が準備された人であり，この人は節度を保ち，勇気があって思慮深い人（ὁ σώφρων καὶ οὗτος ὁ ἀνδρεῖος καὶ φρόνιμος）なのである」（247e6-248a4）[41]。

ソクラテスは再び「徳の一性」の説に言及している。倫理体系を構成する節制・勇気・思慮といった諸徳は，人が幸福な生を送るために自己以外の何にも依存しないという仕方での自立・自律を可能にする。それ

---

[40] この箇所については中畑（2013）に対するコメントとして栗原（2013a）で簡潔に論じた。このコメントに対する中畑（2015），16 n.26 からの応答も参照。
[41] この訳に関しては Collins and Stauffer (1999), 52 を参考にしているが，彼らと違い ἄριστα を ζῆν の修飾語とみなし παρεσκεύασται に掛けない。「生きること」より「よく生きること」がまずもって大切なのであるから。

ゆえ，有徳の人は，たとえ彼の富や子息が生成／消滅（誕生／死去）しても，Μηδὲν ἄγαν の教えに従いながら，「自己を信じ切っていることのゆえに」（διὰ τὸ αὑτῷ πεποιθέναι 248a7; cf. Th.2.42.4）過度に喜んだり悲しんだりしないのである。このようにして，ソクラテスは諸徳の根拠を「自己信頼」として剔出している。注目すべきは，徳ある人の自己信頼が再帰代名詞を伴う πείθω の完了能動形によって表現されている点である[42]。この文法的特徴は，その人が繰り返し自身の徳や個性・アイデンティティについて自らを説得する経験をしてきたことを意味する。ちょうど息子が徳を備えるべく同胞市民の面前で徳ある父親と競い合い(アゴーン)を繰り返す必要があったように，人は様々な場面で継続して徳ある行為を試みて自信をつけ，自分らしさを身につけながら，有徳な人となるのである。そして，自己同一性を確立した徳ある人は，同様に有徳で自立・自律的である他者とだけ友たり得るのであった。結論的に言えば，徳は所有者の自己信頼に基づいており，これこそが自立・自律的な自己同一性を生み出し，他者との友愛を根拠づけるということである[43]。

ソクラテスは「度を過ごすことなかれ」の解釈をさらに戦没兵士とその両親の場合に適用する。兵士たちは徳ある人である限り，死に心を掻き乱されたり恐れたりしないが，両親にも過度に悲嘆に暮れないようにして同様に徳を発揮するよう希望する。すなわち，両親には有徳な生き方をして残りの人生を過ごし，「家」で残された妻や子供たちの世話に専念することを願うのである。徳は「自分の仕事をすること」と特徴づけられており，『ポリテイア』篇における正義の定義と一致する点が興味深い。しかしながら忘れてならないのは，自己信頼が自分の持ち場（τάξις）を捨てずに自分の仕事をすることの根底に存在するとい

---

42) LSJ (1996), 1354 の πείθω, III pf. 2 πέποιθα *trust, rely on*, c. dat. pers. にこの箇所が引かれているが，この意味の根幹には II. intr. tenses of Act., in pass. sense, pf. 2 πέποιθα があると思われる。つまり，πεποιθέναι の主体が過去から現在にかけて自己自身によって説得されてきたということを意味する。何度も自己が自己を説得し続けることで，自分を信じる心（＝自信）が生まれるのである。

43) この自己信頼は一種特別な πίστις である。この πίστις は πείθω と同じ語根をもち人生の最も根本的な原理に関わっている。プラトンの πέπεισμαι と πεπεισμένος の興味深い使用については，例えば，*Ap.* 37a6, b2, *Phd.* 77a10, 88c3, 108c8, e1, 4, 109a7, *Smp.* 212b2 (bis), *Prt.* 328e3, *Grg.* 454e1, 526d4 を見よ。Cf. Kurihara (2016), 283.

うことだ[44]。ソクラテスは結論する。両親は「家」で自分の仕事に専念することによって、自らの不運を忘れ、徳を発揮してより気高くただしく生き、息子との友愛がより増していく（προσφιλέστερον）のである（248c-d）。

ここで再度、戦場で美しく死ぬ者と家で残りの生を立派に送る者の徳における一致に注意したい。徳が公（戦場）／私（家）の境を超えて一致するものと理解されているため、「自分の仕事」の主体たる〈自己〉も「戦士」という公的役割や「親」という私的役割だけに限定できない。むしろ、公私の役割を自ら択ぶ〈わたし〉としての自己が考えられているように思われる。つまり、生死の全体に関わる自己と徳の理解が展開されており、公私の全体を生きる人格としての〈わたし〉が問題になっているのではないだろうか[45]。そうであれば、『メネクセノス』篇はその最終局面において、公（δημόσιος）に対抗する私（ἴδιος）を全人格的な形で〈自己＝わたし〉と捉え直し、徳と自己信頼と友愛との相互関係を明らかにしているのである。

4　ペリクレスの葬送演説との比較

さて、ソクラテスは葬送演説のエパイノスとパラミュティアで自由の本性を様々な仕方で語っていた。ペルシアからの自由＝自立・自律からはじめて、順次いわば「内側」へと向かい、最終的に自由の究極形態である徳と自己信頼に基づく〈自己＝わたし〉の自律・自立を析出するに至る。ソクラテスの葬送演説は、聴衆が自己と自分の仕事へと注意を向けるように激励するという点において極めて独特である。そこで前431年のペリクレスの葬送弁論を取り上げ、二つの弁論を簡単に比較し、プ

---

44) この点はソクラテスが「弁明」に際して語ることからも補強される。彼は死に面したとしても、神から与えられた「持ち場」（τάξις）である哲学を捨てることはないと宣言する（Ap. 28e-29a）。デルポイの神託に応答しながら、彼は自己を信じきっており、自他を吟味する哲学者として生きることで人間的な「知者」になるのである。彼にとって哲学とは主体の自己形成のプロセスに他ならないのであった。

45) プラトンが人格としての〈わたし〉を主題化するのは、『ポリテイア』篇の中心巻においてである。この点の考察は本書第8章、第10章、第11章で展開される。

ラトンのソクラテスが『メネクセノス』篇においてどれほど独特な自由観を展開しているのかを確認したい。

(1) ペリクレスの葬送演説

ペリクレスは有名な演説のエパイノスを同じ大地アテネで暮らしてきた人々の同一性を強調することから始める。他ならぬ αὐτοχθονία の主題である。「同じ人々が常にこの土地に住んでいた。彼らはそれをこの時代に至るまで数世代にわたってずっと，自身の徳のゆえに（δι᾽ ἀρετήν），自由（ἐλευθέραν）の大地として我々に譲り伝えてきたのである」(2.36.1)。次いで彼は自分たちの世代が「ポリスを戦争と平和のあらゆる観点で最も自足的なもの（αὐταρκεστάτην）とした」(2.36.3) と主張し，自由を自足性として捉え直している[46]。彼によると，この自由の原因はアテネ市民の徳であり，その徳こそが「帝国」（ἀρχή）を現在の規模へと拡張するのに役立ったのである。この力のゆえに「あらゆるものが至る所からポリスへとやってくる」(2.38.2) ことで，アテネは戦争と平和のためにその自足性を維持し，その近隣に攻め入るときには容易に勝利するのだ (2.39.2)。

さらに，ペリクレスはこの自由観を個人にも適用し，あらゆる形態に自己（σῶμα）を優雅で器用に適応させるのに十分な「自足性」（αὔταρκες）と特徴づける (2.41.1)[47]。アテネ市民は誰もが自由に（ἐλευθέρως）公的仕事に従事し（τά τε πρὸς τὸ κοινὸν πολιτεύομεν; 2.37.2），かつ負荷なく（ἀνεπαχθῶς）私的事柄に携わる（τὰ ἴδια; 2.37.3）。その結果，自足性としての自由は「やりたいことが何でもできる自由（ἐξουσία）」[48]とほとんど区別されなくなるが，ペリクレスは市民が公私の両領域において完全に自由であるとは考えてい

---

[46] 自足性の概念については，Raaflaub (2004), 184-87 参照。

[47] Gomme (1956), 127 に従って，ここの σῶμα は ἑαυτόν を意味するものと考える。彼は「αὔταρκες は 2.36.2 でポリスについて使用されたのと同じ意味で個人について使用されている」と註記する ; cf. Rusten (1989), 159 は 2.41.1 のこの箇所がプラトンの『ポリテイア』第 8 巻における民主政の記述に影響を与えたとする Hornblower (1991), 308 に同意する。Rusten (1989), 158 も見よ。

[48] Cf. "ἣ δ᾽ ἐξουσία ὕβρει τὴν πλεονεξίαν καὶ φρονήματι (sc. παρέχουσα)" (Th. 3.45.4; cp. 7.69.2). プラトン対話篇中の ἐξουσία については，例えば，R. 359c1, 557b5 を見よ ; cf. Rusten (1989), 145.

ない。むしろ，二つの領域での自由の限界を強調している。私的領域に関して，アテネ市民は隣人が好きなように（καθ' ἡδονήν）しても，怒りを発したり非難したりせず（2.37.2），感情表現を抑制する不自由を経験するし，公的領域に関しても（τὰ δημόσια），恐れから（διὰ δέος）法を敬い，とりわけ公的な恥（αἰσχύνην）をもたらす書かれざる法に従う（2.37.3）。

注目すべきは，市民が行為の自由に対する制限を快苦との関係で課していることである。この点でペリクレスの徳論は一見，『ラケス』篇や『プロタゴラス』篇といったプラトン初期対話篇の主知主義と瓜二つである。ペリクレスによれば，「同じ人々がとりわけ大胆である（τολμᾶν）ばかりでなく，試みようとしていることについてよく考えもする（ἐκλογίζεσθαι）」し，「恐ろしいもの（δεινά）と快いもの（ἡδέα）を特にはっきりと認識し（γιγνώσκοντες），それらのゆえに（διὰ ταῦτα）危険から自らを逸らせることがない人々は魂（ψυχήν）において最も優れた者とただしく判断されるだろう」（2.40.3）。彼は勇気の本性を快や苦（恐怖）に関する知や計算（ἐκλογίζεσθαι, λογισμός）に訴えて説明しているのである。快苦の計算は，欲求を満足させる結果として快楽を経験することを人間の幸福とする幸福の欲求充足説と心理的快楽主義に関係しており，幸福であるために人は，自身の行為が現在と未来において快適な人生にどれだけ貢献するのかを理性的に計算しなければならないのであった[49]。

さて，以上を前提として，自由，徳，知識，幸福に関するペリクレスの見解を再構成してみよう。彼の見方では，人は皆，欲求を充足させて快楽を味わうために何でもできる自由——ἐξουσία——を求めている。しかしながら，社会の一員として，個人は法や恥といった皆を一つに結びつける外的強制力を必要とするため，勇気をもって法に従い，その時々に快と苦をただしく計算できるならば，ほとんどの時間自己充足的

---

[49] 『プロタゴラス』篇においてプラトンはここで語られている快楽主義的な徳＝知識論を「計量術」（ἡ μετρητικὴ τέχνη 356d4, cf. d8, e3, 4, 357a1, b2, 4, d7）と呼んで批判的に取り扱っている；cf. Loraux (2006), 480 n.58. したがって，「プラトンはここ（2.40.3）でのペリクレスを理論的にサポートするだろう」とする Gomme (1956), 123 に反対する。Hornblower (1991), 305-307 も見よ。また Sharples (1983), 139-40 はプラトニストとして，ペリクレスとプラトンを比較しているが，『メネクセノス』篇には注意を払っていない。

であり,ほとんど快適な人生を送ることができる[50]。この見解は次の印象的な言明に最も顕著に表明されている:

T1 Th. 2.43.4:(諸君は)幸福とは自由であり,自由とは勇気であると判断している (τὸ εὔδαιμον τὸ ἐλεύθερον, τὸ δ᾽ ἐλεύθερον τὸ εὔψυχον κρίναντες)

ペリクレスはこうした論に基づき,続くパラミュティアにおいて,聴衆のアテネ市民に,死んだ兵士が自分の体を公的に (κοινῇ) 捧げて私的に (ἰδίᾳ) 老いることのない栄誉と最も傑出した墓を得たことを承認するよう勧告する (2.43.2)。彼は,兵士が公共善のために自己を「犠牲」にしたことを称賛しながら,市民もまた自身のポリスへの貢献の意味を,死後の名誉や栄光を含む快適な生のために,賢く計算するよう,説得を試みているのである[51]。かくして,ペリクレスの葬送演説は,実に巧妙な仕方で同胞市民に人間の利己的で快楽主義的な幸福観を想起させている。公のための自己犠牲に見えようとも,結局のところは自分のためであることを論じることで,公私の融合によるポリスの一性の確保を狙いとしているのである。

(2) 二つの演説の比較

最後に,『メネクセノス』篇の演説とペリクレスの演説をごく簡単に比較したい。これまで見てきたように,これら二つの演説は,自由と徳に関する全く対極的な見方に基づいていた。ペリクレスに従えば,徳は快苦に関してただしく計算できる知であり,市民にやりたいことがほぼ何でもできる自由をもたらし,欲求を充足させることで快適で幸福な人生を送ることを可能にする。但し,これが生じうるのは,ポリスが全体として自足的で破滅に直面していない限りにおいてのみである。そのた

---

50) この見解がプラトン『ポリテイア』第2巻の「グラウコンの挑戦」に反映していることは容易に気づかれよう。
51) 「これらの男たち(兵士)は自分たちのポリスが奪われるべきでないと考え,気高く戦って死んだのであり,そして生き残った者は皆,ポリスのためにすすんで苦労するのが当然なのである」(Th. 2.41.5)。

め，ペリクレスは愛国心を鼓舞して，ポリスが危機に瀕する場合には，公的善のために市民は私的に自己犠牲を払うべきだと論じるのであった。結果的に，（死後の）名声と栄光による快楽に満ちた生を享受できるのだから。

他方，ソクラテスは，個人の自由と徳を自律的な自己との関係で特徴づける。私的に自由であるために，個人はまず徳を備え自己を信じるよう努めねばならない。そうしてはじめて他者との友愛が生まれ，その結果，ポリスを一つにするのに貢献できるのである。

一見したところ，二人の演説は個人の自己に焦点を当てている点で類似しているように思われる。しかしながら，ペリクレスは「自己」を諸々の欲望と道具的に使用される計算的理性の集合体とみなしており，その場合，自己は欲望の外的対象の支配に従属することで，事実上その自律性を失ってしまっていると言わざるを得ない。ペリクレスの演説は，それが語られている具体的な時間と場所が限定されている点で，聴衆である同胞市民に自分たちのポリス・アテネへの個別具体的な貢献を求めているのである。他方，ソクラテスは，まずもって，人がポリスから独立に自己を配慮してアイデンティティを確立することの重要性を強調している。したがって，両者の公私観はベクトルを反対にしており，ペリクレスの演説が前5-4世紀にアテネで行われた葬送演説の典型例となっているのに対し，ソクラテスの演説は，プラトンの目指すところ，時空を超えて，聴衆・読者の魂を欺くことなく普遍性要件と自己知要件の両方を満足させる理想的な葬送演説となりうるのである。

むすび

本章は『メネクセノス』篇を〈自由〉概念の内面化という観点から考察してきた。公と私の主題との関係で最後にまとめておこう。

ソクラテスの葬送演説が光を当てた自由は順に以下の通りである。

① 対外戦争⇒ペルシア（バルバロイ）からの（精神的）自立＝自律
② 内乱⇒ギリシアのポリス間の協和（ὁμόνοια）
③ 内戦⇒〈アテネ〉内での協和（ὁμόνοια）＝真の同族性

④ 「家」内のアゴーン⇒徳と自己信頼に基づく個人の自己同一性＝〈わたし〉の確立

　これら四種類の自由の間には一種の因果関係が存在する。すなわち，②によってギリシアが一致団結することによってペルシアに打ち勝ち，①を獲得するが，②はそれ自体③がもたらし強化する。そして，③による友愛のためには，まずもって市民一人ひとりが④を必要とするのである。

　ソクラテスによる自由の説明は，すぐれた演説の二要件を満足させる。第一に，確かに，彼はエパイノスでアテネの歴史に言及しながら，自由の本性を明らかにしていくが，必ずしも史実にこだわっておらず，むしろいつでも・どこでも・誰にでも通用する自由概念の明確化を目指しており，その点で演説は普遍性要件に適っている。第二に，自由の最終形を④とするソクラテスの演説は，自己を知り自己を構築することの意味を強調し，聴衆と読者に自己反省を勧める自己知要件も満たしている。かくして，時間・空間的に制限されるポリスを守るために，公私の融合を狙って語られる伝統的な葬送演説と反対に，ソクラテスの演説は，個人が自己を配慮し確立することで成立する私的な自由こそが公的自由を生むことを訴え，かつ，聴衆と読者に自由の実践を促すものだと結論できるだろう。

　この結論は，プラトンが最後に再びソクラテスとメネクセノスを対話させて作品を締めくくる箇所（249d-e）で確認できる。ソクラテスは今や自らの演説を「ポリス的（政治的）言論」（λόγους ... πολιτικούς 249e4）の一つと特定する。確かに，彼が友愛と自由からなる徳ある「ポリス」について語ってきたのは事実であり，その意味において彼の話は実際「ポリス」の問題に関わっていた。だが，彼の演説が「ポリス的」だと言いうるもう一つ別の意味が存在する。第1節で述べられたように，プラトンは葬送演説を私的に聴いたり読んだりすることの奇妙さを自覚するよう読者に促している。つまり，著者は不特定多数の顔の見えない他者に向けて演説を「書く」一方で，読者の方は一人ひとり「読む」ことによって著者のメッセージに耳を傾けるのである。この構造こそが，父親が幽霊として子供や両親に有徳であれと励ますパラミュティアの雰囲気を再現する。もし読者が，ちょうど葬送儀式の仮想参列

者のようにして，自己信頼を通じて徳を備えるべしとの勧告を受け入れるならば，プラトンは読者を哲学的に説得することに成功したと言えるだろう。ソクラテスに対するゴルギアスの応答（*Grg.* 455a, 459d）を思い起こすなら，弁論術・レトリックは人々が正／不正，善／悪，美／醜について知識でなく，信念（πίστις）をもつよう公的に説得する営みと特徴づけられる。その場合，プラトンの著述活動は，未来のわたしたちをも含む，顔の見えない不特定多数の読者に向けられたもう一つ別の種類のレトリックとなるだろう[52]。著作を出版し哲学的レトリックを駆使することで，プラトンは一人ひとりの読者が著者の提起する問題について自由に意見を表明できる新たな公的空間を創造している[53]。読者の方は，彼と対話をすることで，彼が何を言いたいのかを理解しようと試みる。『メネクセノス』篇の場合，読者はプラトンの議論を熟読し納得することを通じて，単に理論を受け入れるばかりでなく，実際に人生において繰り返し徳ある行為を実践して，自らの力で自己同一性や自己信頼（πίστις）を構築しなければならない。読者はこの不断の努力によって，自身が生きる共同体を少しずつ変革し，将来よりよいものにしていく。このようにして，プラトンの哲学的作品はレトリカルに「ポリス的政治的」言論を提供するが，とりわけ『メネクセノス』は哲学的レトリックの創造とその政治的可能性に新たな光を当てているのである[54]。

---

52) ソクラテスの哲学は，民会・法廷・劇場といった公的空間で繰り広げられる一対多の「公的活動」（δημοσιεύειν）とは違って，アゴラなどのセミパブリック空間で行われる一対一の「私的活動」（ἰδιωτεύειν）であった。同様に，プラトンの著述活動はもう一つ別の種類の「私的活動」であるが，彼の著作が多くの人々の間で読まれ影響を及ぼす限りにおいて，別種の「公的活動」となる。本書第2章第2節（6）を見よ。また，書くことによるプラトンの政治的コミットメントに関する最近の研究については，Allen (2010); Ferrari (2013); 納富 (2012)；Long (2014) 参照。

53) この意味で，リュシアスではなくイソクラテスがプラトンの主たるライバルだったのかもしれない。Cf. Too (2005): "Isocrates is the ancient author who more than any other establishes writing as a medium of political expression and activity" (114); "Writing is now a powerful mode of civic communication, a new form of political activity which, so he claims, endows its practitioner—in this case, Isocrates—with the status of 'leader of words' in all Greece" (150).

54) 本章のもととなった原稿は "Freedom and the State" 会議（オックスフォード大学2012年8月6日-7日）と "Plato and Rhetoric" 会議（慶應義塾大学2014年4月25日-27日）で読まれた。質問・コメントを頂戴した参加者，特に葛西康徳，加藤信朗，Nick Pappas, Donald Rutherford, Nick Smith, Mauro Tulli, 山形直子の各氏に感謝する。また2013年秋〜14

年春に東京古典学舎（府中市）でなされた『メネクセノス』篇講読（安西眞氏主宰）から多
大なる刺激を受けたことを記しておく。

第Ⅱ部

『ポリテイア』(国家) 篇

―― 公私の調和的結合の生へ ――

第Ⅰ部では，プラトン初期対話篇の読解を通じて，プラトンが当時のアテネの公私観をどう暴き出し，問題をどう捉えていたのかを明らかにした。そしてソクラテスのような「草の根」民主政の可能性を語りつつも，自身によるもう一つ別の公私への関わり方を打ち出している点を指摘した。

　第Ⅱ部では，プラトンの公私論が本格的に展開されている『ポリテイア』篇の解釈に挑む。従来，この対話篇は主題をめぐってポリス論か，それとも，魂論かと激しい論争が繰り広げられてきたが[1]，本書が採用する読み筋は，『ポリテイア』篇の主題はポリス論（公）であり，かつ，魂論（私）でもありながらも，同時に，それらが調和的に結合されて一つの見事な人間論となっているというものである。公私論を主眼とするこの読み筋は対話篇全体の構成の理解と相即している。

　プラトンは第1巻で異なる三人の登場人物に正義の定義を順次提出させ，ソクラテスによる検討を経て，正義と幸福の関係について問題提起する。読者は一般に流布している正義観が公私の混合を核としているとの内実を知り，問題意識を強くもつようになる。

　再度，第2巻で問題を定式化した後で，プラトンは「ポリスと魂の類比」という方法を導入する。これは，公と私がごちゃ混ぜになっている現実の中でぼんやり想定されている正義を一度根本から理論的に把握し直すための方法である。公的な場面における正義とは何か，私的な場面における正義とは何かを分けて考察していく（第2巻〜第4巻）。

　第5巻からプラトンは，一旦分離された公と私がいかにして結合しうるのかを，三つのパラドクスの解決を目指しながら，探究していく。そのクライマックスとも言える場面が，哲学者としての私的生活を楽しみたいのに，ポリスの統治という公的生活を強制される「哲人王」の議論である（第7巻）。

---

1) 例えば，Annas (1997), 144-45 は，魂・個人における正義／不正の解明（倫理学）こそが『ポリテイア』全篇の主題であって，ポリスにおける正義／不正の探究（政治哲学）はその発見を補助する役割を担うに過ぎないと論ずる。政治哲学の側面を重視する読みとして，Ferrari ed. (2000), xi-xxxi 参照。また，魂論・倫理学と政治哲学の優先関係の問題については，2010年に東京で開催された「国際プラトン学会」の基調講演を基にした Vegetti (2013) 参照。納富（2012），13-6, 43-58, 59-68 は『ポリテイア』の受容史を丹念に辿り，わかりやすい解説を丁寧に加えている。藤沢（1979b），461-68 の解説も参照。

第8巻と第9巻では，プラトンは再度「ポリスと魂の類比」の方法を用いて公私分離の考察を企てるが，実際は，公私混合の生をポリスと魂という二つの側面から描写することになる。最終的に第9巻で，公私の両方に関わる正しい生と不正な生とではどちらが幸福なのかを論証し，第2巻冒頭での問に答を与える。

　第10巻でプラトンは，公と私の両方に関わる人間がどう生きるべきかを〈今・ここ・わたし〉という視点と〈永遠・彼処・神〉という視点の両方から語る。

　プラトンは『ポリテイア』篇を読者に公と私の問題を綜合的に取り扱った対話篇として提供している。では『ポリテイア』全体をこう読むことで何が見えてくるのか。第2部の課題である。

```
【作品内】         ソクラテス    ⇔   対話相手
                                    ケパロス
                                    ポレマルコス
                                    トラシュマコス
                                    グラウコン
                                    アデイマントス
           〈対話中の架空の対話〉
             ソクラテスたち  ⇔   大衆
                                    批判者
                 エル       ⇒   聞き手
【作品】   ソクラテス（語り手）  ⇒   聞き手
【作品外】 プラトン（著者）     ⇒   読者：「われわれ」＋〈わたし〉
                                    同時代人
                                    全員
  （"⇔"は対話の双方向性を，"⇒"は物語の一方向性をそれぞれ表す）
```

　この課題に取り組む際に本書が重視する方法について記しておく。それは『ポリテイア』篇を重層的な対話作品として読むという方法である。いわゆる「対話篇形式」に注目した研究は1980年代からイギリス

を中心に盛んになった[2]。ここでは単純に前頁に記したような対話構造に注目する。

　対話の双方向性と物語の一方向性の違いはさておき，幾重にも重なり合った対話のあり方に注目する理由は，まさにプラトンが対話篇という形式を採用した理由と一致する。哲学の対話は対話者の思いと人生とがぶつかり合って生成する。『ポリテイア』のように，多くの登場人物が対話に関わる作品の場合は，同じ一つの問題に対して，同じ時間と空間に存在しながらも異なる複数の視点があり，そしてそれらが複数の生き方を代表していることを顕わにする。思いと人生のぶつかり合いが書かれることによって，異なる時間と空間に拡散するとき，次に読者を巻き込んだ衝突が生じる。そこでは，衝突の背景をなす個別的な事情を理解し合うと共に，同じ一つの問題に関わり合うことによって，そこに内含された普遍的な内容が浮き彫りになってくる[3]。そうした個別と普遍の「閾(いき)」に真理が垣間見えるのではないか[4]。プラトンの対話篇は真理探究のそうした戦略的意図の下で書かれているように思われる。

　そうだとすれば，読者は対話篇の含みもつ個別と普遍の衝突を理解しつつも，そこに自らが背負う個別と普遍をぶつけていく必要が出てくる。プラトンの目論見に従うならば，作品に関わり合う複数の思いや生き方の間で生じる，理解と衝突，闘争と和解の絶えざる運動の中で作品解釈が成立するように思えてくる。プラトンの対話篇を読むとき，否応なく対話に巻き込まれる読者は，自分自身の思いや生を度外視して作品の外側に立つことはできないのである。

　さらにまた重要なのは，この読者が「われわれ」でもあり，それと同時にこの〈わたし〉でもあるという当たり前の事実である。多くの人々，すなわち，「われわれ」（不特定多数の人々）に向けて書かれている作品も，手に取り読むのは読者一人ひとりである。各人は各人に固有の諸事情からなる個別的・具体的・歴史的な世界に生きている。その単独性は「われわれ」の部分に還元はできない。そうであるがゆえに，作品理解

　2）　この事情については，納富（2000）参照。
　3）　プラトン対話篇の読み方についての原則を述べた，加藤（1988），16-26 参照。
　4）　加藤信朗の哲学の本質を内在（個）と超越（普遍）の閾に認め，各執筆者が加藤哲学との関係で自らの哲学を展開した論文集に土橋他（2015）がある。

の違いが生まれ，そこに読者間の衝突が生まれうるのである。衝突の上での相互理解と同意の達成にプラトンの狙いの一つがあるのは間違いないだろう。

そして最後に，無論，この複数の対話は著者プラトン自身にも当てはまる。彼は作品中で三度自らの名前を記す[5]が，これは作品内での彼の不在と現在を表現している。彼は自らの思いと生を語る登場人物としては作品中のどこにも見当たらない。しかし，言葉の一つ一つを今現にテキストがあるように配置した作者として偏在しているのは確かなのだ。彼は何も書かずに死んでいった師ソクラテスと違って，書き物を残した。そこに彼の思いと生が露わになっていないわけがないだろう。読者とプラトンの対話が可能なゆえんである。

それでは，こうした複眼的視点をもって，『ポリテイア』の対話の実際を辿っていこう。

---

5) *Ap.* 34a2, 38b7, *Phd.* 59b10.

第4章

序（第1巻）
——公私混合の生のイメージ化——

はじめに

プラトンの代表作『ポリテイア』篇はソクラテスの次の言葉から始まる。

T1 327a1-4: わたしは昨日アリストンの息子グラウコンと一緒にペイライエウスへと下って行った。（ベンディス）女神に祈りを捧げるためであったが，同時に，（女神のための）祭りを今度初めて導入するというのでどんな仕方で行うのか，見物することを望んでのことだった。

ソクラテスは一人称単数の「わたし」の個的経験として長い物語を話し出す。彼は前日にいつもの生活空間とは異なるアテネ近郊の港町ペイライエウスで，しかも偶然出会ったポレマルコスの家で，数人の男たちと哲学の議論を交わし合ったのだった。祭礼の日であることも含めて，非日常性を強調する場面設定の意味合いもさることながら，アテネの政治空間でも自分の家でもなく，参加者も巡り合わせによる，といったセミパブリックな舞台装置は，少なくとも「評判のポリティクス」や金銭関係に支配されない，自由と平等に基づく対話の展開を期待させよう。とりわけ第1巻は，ケパロス，ポレマルコス，トラシュマコスといった個性豊かな登場人物が対等な立場で独自の人生観や倫理観を自由に展

開し,ソクラテスと議論を戦わせる様子を描いて,「真剣な遊び」の雰囲気を見事に醸し出しているのである。

この章では,三人が打ち出す正義観が公と私の問題とどう絡まり合っているかをテキストの流れに沿って明らかにしていく。三者三様の考えはそれぞれ確かにユニークではあるが,しかし同時にある普遍性を帯びたものとして語られている。読者は,対話篇の導入部で,予め正義と公私についての典型的な見方(ドクサ)を想起させられた上で,その問題点を確認するよう導かれるのである。

1 私人ケパロスの正義

ソクラテスの最初の対話相手は裕福な老人ケパロスである。ケパロスを特徴づける二つの要素――(1) 老年と (2) 富――に注目しながら,対話の進行を追っていき,最後に (3) ケパロスの公私観を明らかにしよう。

(1) 老 年

ケパロスが老人であることは,彼が二重の意味で私人であることを強調する。第一に,老人であることは政治的活動から身を引いていて,専ら「家」(οἶκος) を生活の基盤としていることを示す。無論,メトイコス(在留外人)であるケパロスが若い頃政治に携わったかどうかは定かでないが,彼の息子たち(ポレマルコスとリュシアス)の生き方を考えれば,政治に全く関与しなかったとも断言できない[1]。だが少なくとも今は,アテネに出向くことも殆どなく (cf. 328c7-8),ペイライエウスで友人・身内とおしゃべりしたり,神にお祈りしたりして静かに過ごしている (cf. d5-7)。常に家にいることで身内に悪し様に扱われても (329b1, cf. d3),彼の場合,問題ないと自負している。

第二に,老年ゆえに,性欲などの欲望が弱まっている点が強調されている。ケパロスはその事態を肯定的に受け止め,幸福な生 (εὖ ζῆν, cf.

---

1) 二人の息子については,リュシアス『第12弁論』参照。ケパロスについては,Nails (2002), 82-83 参照。

329a8) を家の外での活動よりも自己の内なる性格（τρόπος, cf. d4, e3）によって規定し，自らが性格のゆえに幸福であることを言外に匂わせている。彼によると，私人の幸福は自己の内面のあり方で決まり，自己の外側のものに訴える必要は一切ない。では，彼は自身の性格をどのように捉えているのだろうか。

強烈な快楽を経験できない老年を悪とする老人仲間の考えに反対して，ケパロスは悲劇詩人ソポクレスのエピソード[2]を引用し，老年において狂気じみた独裁者たる性欲から解放されて，平和（εἰρήνη）と自由（ἐλευθερία）が生成すると主張する（329b-c）。端正で（κόσμιοι d5）自足的な（εὔκολοι d5）人にとって老年の労苦は節度あるものになると一般的に述べながら，ケパロスは明らかに自らのことを語っている。私人ケパロスにとって，幸福な生を決定するのは，過度の欲望に支配されない秩序だった性格であり，自身はそうした節度を保った人として幸福であると信じているように思われる。

(2) 富

この答に感心したソクラテスは次いで，ケパロスの私的生活を私有財産という側面から問い質していく。資産家だから老年を堪えうるのであって，原因は性格にないのではないか，と多くの人々（τοὺς πολλούς 329e1-2）の意見を代弁するのである。大衆ばりの推測に対してケパロスはテミストクレスのエピソード[3]を引用した上で，立派な人（ἐπιεικής 330a4）は貧乏でも老年を容易に堪えうるが，そうでない人は裕福でも自足的でないと述べ，あくまで立派な性格こそが老年をよい生とする原因であり，富は単なる一要素にすぎないことを強調する。ケパロスはここでも自らを「立派な人」とみなしているに相違ない。控え目ながら，自らをソポクレスやテミストクレスという評判の高い人物

---

2) ソポクレスは，老人になっても女と交わることができるかと問われたときに，暴君たる性欲の減退は無上の喜びだと答えたと言う。詩人の言葉が人生訓として影響力をもつという事実は，本対話篇の主題を構成している。

3) あるセリポス人が，テミストクレスを非難して，彼が名声を博しているのも自身のゆえではなく，アテネという大ポリスのゆえだと言ったのに対して，テミストクレスが，発言者がセルポス生まれで有名にならなかったとしても，アテネに生まれても同様だったろうと，機知で答えたエピソード。

(εὐδοκιμοῖ a1, ὀνομαστός a2) と並べて評価しているのである[4]。

だが，ソクラテスは追及の手を緩めない。彼はさらにこのケパロスの自己理解の根本に何があるのかを知るべく，ケパロスが金銭に執着していないのは自分で稼いでいないからではないかと問い詰める。ソクラテスの比喩は重要だ。

> T2 330c3-6: ちょうど詩人が自分の（αὑτῶν）詩を愛し，父親が子供を愛するように，まさにそのような仕方でお金を儲けた人たちも自分の作品（ἔργον ἑαυτῶν）として金銭に熱心になる。

T2 から読み取れるのは，自分で作り出したものは自分のものであり，自分を愛するようにそれに愛着を寄せるという「自己」と「自己に属するもの」についての一般的見解である。D・コーエンも指摘するように，経済活動は一般に私的なものと考えられていた[5]。金儲けを自分の仕事とする場合，自己は「公」から切り離された「私」として閉鎖的に捉えられ，自らが産み出した私有財産が自己を専ら規定することになる。こうした一般的論点が前提とされている。

しかしながら，ケパロスの場合，金銭によって支配されていない点が強調され，むしろ金銭は彼の内面を支配する死後への恐れとの関係で手段的に理解されている。こうして，ケパロスとの対話の最終局面において，議論は再び老年と内面の問題へと立ち返ることになる。

(3) ケパロスの公私観

老年に至って死が近くまで迫ると，人は死後の裁きをめぐる物語が気になり始め，これまで不正をしなかったかどうか心配になる，とケパロスは（他人事のように）言う。自らの人生を振り返り，不正をしなかったかどうか恐れ，死後に対するつらい予期と共に生きることになる。逆

---

  4) 「立派な人」が苦境に堪えるというモチーフは最終巻である第 10 巻に再度登場する（本書第 11 章第 1 節 (6) 参照）。この点は『ポリテイア』篇全体の輪構造を読み解く上で非常に興味深い。

  5) Cohen (1991), 78; Xen. *Mem.* 3.4.12, 2.4.6; Isocrates, *Antidosis* 276-77, 282, 285; cf. Hansen (1998), 90.

に，正しく敬虔な生を送ってきた者には，ピンダロスも証言しているように，素晴らしくも快い希望が常に備わっているのだ。こう語るケパロスにとって不正行為は「知らない内に人を欺いたり嘘をついたりすること」「神に犠牲を捧げないこと」「人には借金を返さないでいること」の三種類である（331b）。「立派な人」（τῷ ἐπιεικεῖ b1）「分別ある人」（ἀνδρὶ νοῦν ἔχοντι b6）にとって，金銭の所有はこうした不正を犯さないですます最上の備えなのである[6]。

ケパロスの発言を受けてソクラテスは，正義を「真実を語ること」と「借りたものを返すこと」と定式化し，反例により定義たり得ないことを示すが，それはさておき，ここで注意を向けたいのは，ケパロスが自らの死と不正についてどう考えているかという点である。

これまで同様，ここでもケパロスは自分の立場についてあからさまには語らず，一般論を述べるのみである。だが，今までと同じく，彼が自身を立派で分別のある人とみなし，そう受け取られるような語り方をしているのは明らかだろう。金銭に不自由しない自分はこれまでの人生において不正を働かないために富を使ってきたのだ，というように。ケパロスは，自身が立派で正しい人として私的に幸福な生を送ってきた，と控えめな仕方で表明している。

ところが他方で，彼の語り出し部分の「こう語ったとしてもおそらく多くの人々をわたしは説得できないだろう」（330d4）という発言には，彼の内心の吐露もまた認められはしまいか。なぜなら，彼の説がただしければ，金持ちでない多くの人々が死を間近にして苦しみを覚えるのは当然であり，むしろ彼の話は説得力をもつはずだからだ。彼が説得的でないと危惧しているなら，彼が聞き手に受け止めてほしいと期待していること（「立派な人である自分に不正行為への恐れはない」）と彼の内面を苦しめている恐れとが対立しているのを自覚し，心のどこかで自らの議論と生き方に自信をもてないからではないか。その意味でケパロスが，死後の物語が真実ではないかと「魂」（ψυχή, cf. 330e1）を苦しめるという表現を用いている点は重要である[7]。友人に向けて語られる言葉の

---

6) 364d-365a では，神々が犠牲を捧げられることによって，生前にも死後にも不正から解放され浄められるという考えが述べられる。

7) 本対話篇全体で ψυχή いう語の初出である。

奥に親しい者すら介入できない領域を認め，自らの真実を委ねているその場所を彼は「魂」と呼んでいるのである。序章で触れたように，友人関係は私的関係の典型である。にもかかわらず，実のところ，死と対面している私人ケパロスは友人からも切り離された最も私的な「魂」のあり方に言及することで，友人関係すら（相対的に）より公的なものとする公私の新たな文脈を生み出しているように思われる。

　かくして，ケパロスとの対話は公私の三つの側面を照らし出している。第一に，老人として「家」の外での活動を欠く私人ケパロスは性格のよさに老年の苦しみを乗り越える原因を見出す。欲望に支配されない「端正で自足した生」は私的に幸福な生なのである。第二に，「立派な人」であるケパロスの「自己」は私有財産によって支配されることもない。第三に，公的に発言するケパロスの内面は，実のところ死への恐怖，人生において不正を行ってきたのではないかという恐怖に苛まれている。この公私の対立が最後に魂の問題と結びつけられている点に注意したい。この文脈で「魂」は死と直面したときの人の最も私的な単独性を表現している[8]。対話篇の冒頭からプラトンはこのように複層的な仕方で公と私の諸相に光を当てているのである。

2　正義と共同性：ポレマルコスの場合

　ケパロスの議論の相続人たるポレマルコスは神の如き「知者」シモニデスの言葉に依拠して正義を定義する――「各人に負っているものを返すことが正しいことである」（331e3-4）。そしてこの定義の意味がソクラテスとの間で三度確かめられ，その都度吟味否定され，正義の説明は失敗に終わる。では，この一連の議論は公と私の問題とどのような関わ

---

[8]　性格（τρόπος）をよき生の根拠とする点で，ケパロスをプラトンは肯定的に評価しているという解釈もある。確かに高橋（2010），31-34 が指摘するように，ケパロスが欲望からの解放という自由概念を打ち出している点は評価できる。だが，この箇所では彼の「立派な人」の理解の空虚さが強調されており，たとえ幸福と魂のあり方をただしく結びつけているとしても，彼の公と私の対立が示されている限り，かえって不幸な生が透かし見えてくる。ソクラテスとの対話を早々に切り上げて神的儀式のために独り立ち去る様子は，彼が纏る神の領域が人間的な公私の二分法の彼方にあることを象徴している。

りをもつのだろうか。友（味方）と敵という人間関係に焦点を当てているこの議論は，私の側面に集中した先のケパロスの場合とは逆に，公のあり方に共同性という観点から光を当てているように思われる。順に見ていこう。

(1) 第1議論（331e5-334b6）

ソクラテスはシモニデスの謎の言葉（ἠνίξατο 332b9）を，医術や料理術と正義を比較することで，「正義とは友を益し（εὖ ποιεῖν, ὠφελεῖν）敵を害する（κακῶς ποιεῖν, βλάπτειν）こと」（cf. d4-e5）と解釈する[9]。この定義を彼は「術の類比」の手法——プラトン初期対話篇のソクラテスの常套手段——を用いて次から次へと読み換えていき，ポレマルコスを困惑へと追い詰めていく。議論の流れはおおよそ次のように再構成できよう。

1. 正義は戦争において敵を害し味方を益する。（332e3-5）
2. 正義は平和時も有用である。（333a1-2; 医術と航海術との類比より）
3. 正義は契約のために有用である。（a13; 農業と靴作りとの類比より）
4. 契約は金銭のやりとりに関わる共同作業である。（a14-15）
5. 金銭は特定の目的のために使用され，その目的に関わる専門家が共同作業の仲間であるべきであり，正しい人ではない。（b1-c5; 盤ゲーム，建築，キタラ演奏との類比より）
6. 正義は金銭の保管のために有用であり，金銭を使用するときには無用であるが，使用しないときに有用である。（c6-d13; 葡萄狩り術，武術，音楽との類比より）
7. 見守るのに長けた者は，反対の盗むことにも長けている。（e1-334a6; 戦闘者，医者，将軍の例より）
8. 金銭を見守るのに長けた正しい人は盗人であり，正義は一種の盗みの技術である。（a7-b6;（7）より）

---

[9] いわゆる「術の類比」による。正義が技術として取り扱われていることの意味については，田中（2006），154-57参照。

第1議論では正義と共同性の関係が主題化されているが，δημόσιος 系の言葉でなく，κοινός 系の言葉が集中的に用いられていて[10]，いわゆる公私の対立が取り扱われているわけではない。むしろここでは，正義と共同性を「有用性」（χρήσιμον）の観点から捉えることで生じる背理が浮き彫りになっている（(3)(4)(6)）[11]。何かが有用であるのは，ある特定の領域において（ἔν τινι, cf. 332e3, 5, 333a1），その何かとは別の目的（πρός τι, cf. 332e3, 333a5, b11）を達成するのに貢献する限りである。有用性が語られるためには，領域とそれに応じて決まる目的とが先立って確定していなければならず，何かが領域と目的から独立に有用であることはない。(5)で枚挙されるような共同行為の場合，そのために協力し合う共通善が最初にあり，その領域毎に専門家の存在が認められ，有用なものは専門家の技術知により後から発見される。仮に正義が有用なものであるなら，正義は共同体を作り上げること自体に関わらないし，有用なものの決定に与ることもない。

　さらに，金銭と結びつけられることで正義はある一般性を備えるとしても，金銭があくまで目的のための手段である限り，使用の際の有用性を決定するのは領域・目的と相対的に決まる専門家であり，そこに正義が入り込む余地はない。そのため，正義は金銭を使用しない無用のときに有用であるとの背理に導かれるのである[12]。

　このように第1議論では，正義を共同体・共通善のために有用なものとみなす見方が孕む問題点が指摘されたが，共同体を作り上げる原理が何なのかについては全く触れられていない。続く議論は，シモニデスの詩句を当時流通していた英雄コード「友を益し敵を害すること」[13]に読み換えた部分に立ち戻り，正義を共同体を作り上げる原理とする見解の検討に取り掛かる。ポレマルコスの正義観の吟味はそのまま正義に関する一般的な考え・ドクサを批判する意味合いを帯び，友／敵の二分法

---

10) Cf. κοινωνήματα (333a14, 15), κοινωνός (b1, 5), κοινωνίαν (b7), κοινῇ (c1, 6, d4). καὶ κοινῇ καὶ ἰδίᾳ (333d4) については Adam (1963a), 17 を見よ。

11) 『ヒッピアス大』(295c-297d) では「有益」と「有用」の区別が問題になっている。

12) また第1議論(7)(8)で，正義が「見守る」ことと結びつけられている点に注意しておこう。ギリシア語 φυλάττειν は後に「守護すること」としてポリスの守護者 (φύλαξ) のはたらきを示すために用いられる。

13) Cf. Men. 71e; Blundell (1989) 参照。

の理解それ自体が検討されるのである。

(2) 第2議論 (334b7-e7)

　正義が友を益し，敵を害することだとして，友とは誰のことであり，敵とは誰のことか。友とは各人によい人（χρηστοί）と思われる人か，それとも実際によい人のことか。ソクラテスの問にポレマルコスはよい人と思われる人と答える。しかるに人々は他人の評価において間違う。よい人と思っていたが，実際には悪い人であった場合，悪い人が友となるため，悪い人を益することが正しいことであり，反対に，よい人を害することも正しいことである。よい人とは不正をしない正しい人のことだから，正しい人を害することが正しいことになる。奇妙な結論に導かれて，ポレマルコスは袋小路に追い詰められていく。

　第2議論を理解する上で鍵となる語は χρηστοί である。この語は第1議論の χρήσιμοι 同様，「役立つ人」を意味するが，同時に道徳的に「よい人」も意味する[14]。ポレマルコスは友について問われたとき，まず動詞で表現される「愛する」行為（φιλεῖν）と「憎む」行為（μισεῖν）について反省している。行為である限り，人は自分にとってよい（役立つ）と思って相手を愛しているのではないか——有用性の発想から抜けきれないポレマルコスの反省内容はこうしたものに違いない。だがこれを容認した彼に対して，ソクラテスは判断ミスの存在を認めさせ，χρηστοί の反意語として第1議論で使用された ἄχρηστοι ではなく道徳的ニュアンスの強い πονηροί を採択し，κακοί へのさらなる言い換えを介し χρηστοί を一般に「よい人」を意味する ἀγαθοί に変換し，易々と道徳的背理を導くのである[15]。

　ここでは，友と敵を道具的に捉える発想と共に，第1議論で明かされなかった共同体の構成原理が「互酬性」（reciprocity）の正義[16]として語られている。続く第3議論では，友は実際に「（役立つ）よい人」，敵は実際に「悪い人」と訂正されるが，「友には益，敵には害」という正義の定義の働き具合に変化はない。正義は共同体を形成する原理として

---

14) LSJ (1996), 2007. 二つの語の関係については Dover (1974), 296-99 参照。
15) 価値語の関係については，Dover (1974), 62-66 参照。
16) 互酬性としての正義については，例えば，河野（2007), 132-59 参照。

理解されていて，互いに益を与え合う友たちが結びつき，互いに害を与え合う敵たちを排除する力なのである。善を共有する人々が互いに助け合いながら共同体を形成し，異なる善を求めている限りで対立する敵と戦い合うことのどこがいけないのだろうか。

(3) 第3議論 (334e8-336a8)

新しく定義し直された「友には益，敵には害」という正義観の批判は，正しい人が，敵であれ，誰か他者に害をもたらすという一点に絞られる。果たして，実際に害を加えてくる悪者の敵を害することは正しい人のはたらきなのか。ソクラテスは「術の類比」に訴えて，正しい人は誰に対しても決して害を及ぼさないことを証明し，この定義を論駁する。論証は三つの部分からなる[17]。

1. 人は害されると，人の徳（正義）に関して悪く（不正に）なる。（馬の徳，犬の徳との類比より）
2. 正しい人は，正義によって他人をより不正にすることはできない。（音楽術，馬術との類比より）
3. よって，害することは正しい人のはたらきではなく，不正な人のはたらきである。（熱冷，乾湿の例と (1) (2) より）

「互酬性」の正義の観点からは，「やられたらやり返す」という報復行為は立派で正しいことだろう。だがソクラテスは，『クリトン』(49a-e) で不正を加えられた正しい人が不正をやり返すことを否定したように[18]，ここでも「害悪」の概念分析を通じて不正な報復行為を批判している。「害する」とは，人間の場合，単に身体的に危害を加えたり，経済的に損失を与えたりすることとは違い，人間の徳に関してより悪い状態にすることを意味する。人間の徳は正義だから，正しい人が正義の使用や教授によって[19]他人をより正しくすることはあっても，不正な人にすることは原理的にあり得ないのである。

---

17) この論証のより詳細な検討は栗原 (2013b), 66-71 で試みた。
18) 正しい人は不正を行わないし，望まないと論じる *Grg.* 460a-c も参照。
19) 使用と教授の違いについては，Young (1974) 参照。

重要なのは，ソクラテスが「人間としてのよさ・徳」(ἡ ἀνθρωπεία ἀρετή, cf. 335c2) を問題化することで，有用性で理解された友と敵の二分法を覆す理解をもたらしている点である。先に見られたように，善を共有することで共同体が生まれるとすれば，二つの共同体は異なり対立し合う善をそれぞれが目指している限り，内に対しては友の集団として，外に対しては敵の集団として成立する。お互いの利害がぶつかり合うと「互酬性」の正義が起動し，共同体内では協力し合って自らの善を増やし，別の共同体には競争で負けないように張り合うことになる。「互酬性」の正義はそうした競争の論理と損得勘定で共同体を内外から構成する原理なのである。第3議論の終わりでソクラテスが，こうした正義観がペリアンドロスなど裕福で力をもっていると考えている経済至上主義者のものだと断言する所以である。

ところが，ソクラテスは「人間としてのよさ」を統一的に語ることで二つ (複数) の異なる善の対立という考えを排除する。正義が関わる益／害は一元的であって，彼が思い描く倫理世界では，正しい人はいわば定義的に一元的な益をもたらす人であり，他方，不正な人は害をもたらす人である。その中身が何であれ，友や敵に分かれる以前の人間の関わりが正義と益／害との関係で語られている。無論人間の徳で結びついた人間関係がいかなるものかはここでは触れられない。ポレマルコスとの議論はこのような共同性の存在を示唆する形で終わっている[20]。

3 公と私の混合：トラシュマコスの場合

三人目の対話相手はソフィスト・トラシュマコスである。彼はソクラテスが自らの意見を述べない「空とぼけ」(εἰρωνεία 337a4, cf. a6) の態度に文句をつけた上で，「正義は強者の利益である」という自らの正義観を披露する。第1巻の残りの部分はこの定義の吟味に費やされるが，その流れは大略以下のように整理できる。

---

[20] またシモニデスに加えて，ビアスやピッタコスらの七賢人が言及されて，彼らの説が批判されてはいないと註釈がついている意味もこの時点では不明だが，示唆に富む。

(1) トラシュマコスの理論「正義＝強者の利益」の検討（338c2-342e11）
　　（ⅰ）トラシュマコスの論理（338d6-339a4）
　　（ⅱ）吟味1：支配者の法律制定ミス（339b9-e8）
　　（ⅲ）ポレマルコスとクレイトポンの介入（340a1-b9）
　　（ⅳ）厳密論（340c1-341a4）
　　（ⅴ）吟味2：術の類比；被支配者の益（341a5-342a11）
(2) トラシュマコスの大演説（343a1-344c9）
　　「不正は正義よりも得になる」
(3) トラシュマコスの本音「不正な生は正しい生よりよい」の検討（344d1-354a11）
　　（ⅰ）ソクラテスの立場と議論の復習（344e5-345e4）
　　（ⅱ）報酬獲得術（345e5-347a5）
　　（ⅲ）「脱線」：罰という報酬による支配（347a6-348b7）
　　（ⅳ）吟味3：〈より多くを取る〉について（348b8-350e10）
　　（ⅴ）吟味4：共同性の原理について（350e11-352d2）
　　（ⅵ）吟味5：〈はたらき〉からの論証（352d2-354a11）
(4) 結論（354a12-c3）

公と私の問題に焦点を当てながら，議論の流れを追っていこう。

(1) トラシュマコスの理論
　トラシュマコスは正義の定義を諸ポリスの政体を研究することから帰納的に導いている。

1. 諸ポリスの政体には，僭主政，民主政，貴族政がある。
2. どのポリスでも支配者は強者であり，被支配者は弱者である。
3. どのポリスの支配者も自らの利益に向けて法律を制定する。
4. 法律に従っていることが正しいことであり，違反することが不正である。
5. よって，どのポリスでも，弱者たる被支配者が法律に従うことによって生み出す強者の利益が正しいことである。

トラシュマコスの論理は極めて明快である。注意したいのは三点。第一に，正義について，（神をも含めた）他者との関係で捉えたケパロスや，友／敵の二分法による共同性一般に認めたポレマルコスと違って，トラシュマコスはポリスという単位で考えていることである。そのため，正義が関わる人間関係はポリス内の支配者と被支配者の間にある。第二に，彼は正義を「合法性」で理解している[21]。政体の違いで法律の内容がどう変わろうと，法律遵守が正義で法律違反が不正という点ではどのポリスも同一である。第三に，トラシュマコスの論理は観察的事実に基づいており，諸前提の真偽も経験的に確かめられる。それゆえ，ソクラテスが次に（3）を吟味する際も，経験に訴えている。すなわち，支配者が法律を制定するとき，ただしく（ὀρθῶς）制定する場合もあれば，そうでない場合もあるのではないか。ただしくなく制定した場合は，支配者の利益にならない法律ができてしまい，被支配者がそれに従って行うことは正しくても支配者の利益になるまい。ポレマルコスとクレイトポンがこの点について議論を交わし合う場面（340a-c）が挿入されるが，トラシュマコスも経験に根差して語っている限り，この帰結を認めざるを得ない。

　困ったトラシュマコスは経験の地平から離れて，医者や計算家といった専門家（δημιουργοί）を範とする「厳密論」（ὁ ἀκριβὴς λόγος, cf. 340e1-2）の地平に立つ。つまり，厳密に言えば，医者が病気を治せなかったり，計算家が計算を間違えたりする場合，その限りでもはや医者や計算家でないのであって，同様に支配者も法律制定において過つ場合，その限りで支配者でない。逆に，厳密な意味での支配者は決して過つことなく，必ず強者の利益となる法律を弱者に対して制定するのである。

　だがソクラテスは厳密論を逆手にとって吟味を重ねる。厳密な意味での医者も船長も，その技術自身にとって欠くものは何もなく，自身にとっての利益を考察するための技術も必要としない。医者は支配対象である身体にとっての利益――病気の癒し――を考察し，船長は船乗りにとっての利益――航海の安全――を考察し命令する。厳密に言えば，一

　21）　Allen (2006), xi はトラシュマコスの正義観を "a variant of legal positivism" とみなす。

般に支配者は自分にとっての利益でなく，被支配者にとっての利益を見ながら，語ったり行ったりするのである。

(2) トラシュマコスの大演説

理論に理論を重ねたトラシュマコスの説明もソクラテスの吟味の前に虚しく失敗に終わった。いらつきも最高潮に達した彼は自説の正当化に再度挑む。そして大演説を繰り広げる中で，冷静なときには隠れていた正義／不正に関する本音（cf. τὰ δοκοῦντα περὶ τῆς ἀληθείας λέγειν 349a8; τὴν σαυτοῦ δόξαν 350e5）を端なくも露わにするのである。

トラシュマコスは支配者／被支配者の例として羊飼いと羊の話を導入する。羊飼いは羊のためを思って太らせているようだが，実のところ，主人たる自分の善（τὸ ἀγαθὸν αὐτῶν, cf. 343b4）の方を見てそうしている。同様に，ポリスの支配者の場合も，真実の支配者は被支配者のことを考えているようでも，実際はどうすれば自らが益を得ることになるかと昼夜考察しているのは明らかだ。正義は他人の善であり，強者である支配者の利益であって，仕える者にとっては固有の害（οἰκεία … βλάβη c4-5）である。不正によって支配される正しい弱者は，強者である不正な人の利益を作ってその者を幸福にするが，自身を幸福にすることは決してあり得ないのである。

トラシュマコスは続ける。正しい人は不正な人より損をする（より少なく取る）。①私的に契約を結んで共同作業を行う場合，契約解消に際して，正しい人が不正な人より多くを取ることはなく，少なく取る。②ポリスとの関係でも，正しい人は税金を多く払うが，不正な人は少なく払う。受け取る場合は，正しい人は何も得ることなく，不正な人は多くを取る。②役職に就く場合，正しい人は，他に咎がなくとも，①家のことに無関心となり，家はひどい状態になる。正しくあることのゆえに②公の仕事から何の利益も得ず，加えて，正義に反するという理由で①私的な便宜を図らないから，身内と知人に嫌われる。反対に，不正な人は支配することで大きく得をする（πλεονεκτεῖν 344a1-2）のである。とりわけ，次に述べる人のことを考えれば，不正な人が正しい人よりも個人的に（ἰδίᾳ a3）どれだけ一層利益を得ているか判定できるだろう。

トラシュマコスがもち出すのは，最も完全な不正——不正をなす人を

最高に幸福にし，不正行為を欲しない人を最高に不幸にする――僭主政（τυραννίς 344a7）の不正である。その持ち主たる独裁僭主は，神聖なものでも①個人のものでも②公的なものでもごっそりと奪い取る。彼の不正は，気づかれて罰を受けるような犯罪ではない。市民の財産を盗ることに加えて，市民を奴隷とすることで，市民ばかりか全き不正を聞き及んだ人たちにも自らを「幸せで至福なる人」と呼ばせるような不正である。

　トラシュマコスは結論する。完全なまでの不正は正義よりも強力で自由で主人として振る舞う力を備えたものである。つまりは，最初から述べているように，正義は強者の利益であり，不正は自身（ἑαυτῷ 344c8）にとって得になり益となるのだ。

　この堂々たる演説は，理論の背後にあったトラシュマコスの本音を白日の下に晒している。彼はもはや知識人気取りをやめて，一般的で理論的な説明にこだわらず，明らかに，今いる現場である民主政アテネの現実を目の前にして明け透けに語っている。このポリスで不正な人が得をしているのは明白ではないか。アテネ市民は心の奥底では僭主の力に憧れているではないか（cf. 344c3-4）。皆が口にするのをためらうことを彼は正直に語ったのであった。

　では，彼の演説は公と私をどう問題にしているのだろうか。「不正は正義よりも不正な人にとって個人的に利益になる」（344a2-3）と語られているときの「個人的」（ἰδίᾳ 344a3）[22]に注目しよう。直前で，正しい人が不正な人より損をする例が列挙されているが，その中で①家族や知人との私的な関係が触れられていた。だがこうした私的関係がここでἰδίᾳによって表現されているのではない。演説中でトラシュマコスは①私的な場面と②公的な場面をはっきり分けて考察し，ソクラテスにその両方からなる人生全体を綜合的に見て判定を下す（κρίνειν 344a2）よう促している。そうであれば，この「個人」は（①だけでない）人生全体を担う主体（自己 ἑαυτῷ 344c8）を指示しているはずだ。ここで，人生全体の担い手を〈人格＝わたし〉と呼べば[23]，ポリス市民として公

22）　例えば，Shorey (1930), 69 も Rowe (2012), 26 も "personally" と訳す。
23）　「人格」については，栗原（2013b），190-92参照。但し，トラシュマコスの論で登場する人格の内容が空虚であり，説明されていない点に注意。

的役割を果たすだけでなく，また，家を中心とした私的な付き合いをするだけでもない，生全体を生きる主体＝人格（わたし）のことを念頭に置いてトラシュマコスは「不正は個人＝人格としての〈わたし〉に有益だ」と語っているのである。

それゆえ，演説開始部分でトラシュマコスが，羊飼いは羊の善ではなく「自己」（αὑτῶν 343b4）の善を見ると述べ，さらに支配者の利益は被支配者にとって「他人」（ἀλλότριον c3）の善であると同時に「自身」（οἰκεία c4）の害でもあると言う場合も，先の議論（341a-342a）の同意の下で，自己／他者はポリス的役割を担う支配者／被支配者としての自己／他者ではあり得ない。例えば，羊飼いの善が羊を売ることで得る金銭だとすると，それは羊飼いの仕事から独立に捉えられる人格（わたし）にとって利益となるのである。

したがって，僭主的な支配者の場合，ポリスを公的に支配するとしても，支配から支配者としての利益を得るのではなく，支配の生の担い手である人格（わたし）として利益を得ていることになる。トラシュマコスは僭主の場合にこそ，この人格的利益が最大になると考えていると言えよう[24]。

(3) トラシュマコスの本音の吟味

演説を終えて立ち去ろうとするトラシュマコスを周囲が引き留め，ソクラテスとの対話が再開する。ソクラテスはトラシュマコスの本音を真剣に受け止め，「いかにして人は最も有利な生を送りうるか」という，人生の過ごし方（βίου διαγωγή）に関わる一大事を発議していると評価するが（344e），彼自身はトラシュマコスとは反対に不正が正義よりも得になるとも思わないし，不正が許され望むことが何でもできるとしても意見は変わらないと宣言する（345a）。かくして対話は，これまでの（A）「正義とは何か／不正とは何か」に加えて，（B）「いかに生きるべきか」「正しい生と不正な生とでは，どちらがよりよく，幸福なのか」を主題とするに至るのであった。

ソクラテスはトラシュマコスの大演説を大きく三つに分けて吟味す

24） 技術の所有者から独立した「個人」については，松永（1993），199-205 の議論に学ぶところ大であった。

る。まず,演説で浮上した「人格(わたし)としての自己」の理解を「報酬獲得術」なる似非技術を導入して確認し,「自己」の内容が知に基づかない空虚なものであることを示す(345e-347a)[25]。次に,グラウコンとの議論[26]を挟んだ後で,(B)に取りかかるため確かめようとした(A)に関して意見の食い違いが生じたため,先に①正義が美しく(καλόν 348e9),かつ,②強い(ἰσχυρόν 349a1)ことをそれぞれ証明する(348b-350e, 350e-352d)。これは演説の中では,不正の人が正しい人より「より多く取る」とされた部分と,共同して何かを行う場合不正の人が得をするとされた部分とに対応する。ソクラテスは前者について,より多く取る不正な人が知恵のある,徳を備えたよい人たり得ないことを証明して論駁し,後者については,不正は共同性の根拠たり得ないと論じる。最後に(B)について,〈はたらき〉(ἔργον)と〈徳〉(ἀρετή)の定義を通じて,正しい生が不正な生より幸福であることを論証する(352d-354a)。それではまず,公と私が共同性の関係で問題となっている(A)の後半②の議論を考察しよう[27]。

大演説中トラシュマコスは不正な人たちが共同作業に従事できることを前提にしていた(κοινωνήσῃ 343d5, κοινωνίας d6)。ソクラテスはこの前提を問題にするが,注目すべきは,続く第2巻で導入され対話篇全体に影響を及ぼす方法である「ポリスと魂の類比」の原型が見て取れる点である[28]。ソクラテスはポリスから話を始める[29]。トラシュマコスは,不正なポリスが他のポリスを不正な仕方で(ἀδίκως)隷属化する(351b1-3)と主張するが,そもそもポリス市民たちが不正な仕方で共同(κοινῇ)に行う場合,互いに不正を働き合って(ἀδικοῖεν ἀλλήλους),何もやり遂げることはできない(c7-10)。その理由は,不正が内戦と憎しみと争いを市民相互にもたらすからであり,これをは

---

25) 「報酬獲得術」の内容と文脈上の意味については,田中(2006), 179-86; Tanaka (2011), 89-97 が詳細かつ説得的に論じている。

26) この「脱線」部については,栗原(2013b)第7章で主題的に論じた。

27) この箇所を論じた Kurihara (2010) も参照。

28) この点は多くの論者が指摘している。例えば,Adam (1963a), 56; Kahn (1993), 138-39 参照。

29) 他にも軍隊・盗賊等の集団が語られているが,ポリスだけに単純化して話を進める。

たらきとする不正が内在するところでは共同作業は不可能なのである（d3-e3）。この不正のはたらきは、二人の間でも一人の内にあってもその力を失わない（e4-9）。かくして、ポリスの不正は個人の不正の話にまで展開していく。

　次に不正の力が（a）外と（b）内のそれぞれにはたらく形で語られる。不正なポリスは、（a）市民が互いに戦い合い不和であるため、ポリス自身と共に共同で事をなすことができないばかりか、（b）自分自身とも、反対するポリスとも、正しいポリスとも敵となる（351e10-352a5）。不正な人も同様に、不正ゆえに、（a）自身と内戦状態にあって、自身と同じ考えをもてず（οὐχ ὁμονοοῦντα）事をなすことができないばかりか、（b）自分自身とも正しい人とも敵になるのである（352a6-10）。

　以上の議論に基づき、ソクラテスは、正しい存在である神と友になるのは正しい人であって不正な人でないこと（352a11-b3）と、いわゆる不正な人でも何かを共同して行えている間は、正義が何らか宿っている半悪人（ἡμιμόχθηροι c7）の状態だが、完全に不正な人になってしまうと共同作業は全く不可能となり、それゆえ、不正は力をもたないこと（b6-d2）を結論して、この部分の対話を終える。

　結論部はさておき、この議論で興味深いのは、種々の不正の力が語られているばかりでなく、その間の根拠関係すら明かされている点である。ポリスについては、（a）他のポリスに対する外的行為が不可能なのは、内なる成員の間に不和・内戦が生じているため（cf. διά c. acc. 352a2）である。そして（b）この仲違いはお互いを敵として憎しみ合うことから生じる、と個々の市民の内側から説明される。個人についても、（a）外なる他者に向けて行為できないのは、自らの内で意見対立に基づく内戦が生じているからであり、（b）これは自らを敵とし憎むことによっているのである（図1）。

```
┌─────────────────────────────────────────────────┐
│ ポリス：他のポリスに対する不正行為の不可能性      │
│           (a) ↑根拠    根拠                      │
│      市民間の不和・内戦 ← 市民間の敵意・憎悪     │
│      （不正なポリス）  (b)                       │
│                                                  │
│ 個 人：他者に向けての不正行為の不可能性          │
│           (a) ↑根拠    根拠                      │
│      個人内での不和・内戦 ← 不正な個人の自己嫌悪・自己憎悪 │
│      （不正な個人）   (b)                        │
└─────────────────────────────────────────────────┘
```
図1　ポリスと個人の不正

　もちろんここで，ポリスと個人の関係が全体と部分であるのか，それとも，独立の類比関係なのかを決定することはできないし，また個人の場合，意見の不一致や自己嫌悪が魂の部分説を示唆するのかも定かでない。しかしそれでも，正義と不正が内側からはたらく力として捉えられていることは記憶にとどめておきたい。そしてあくまで大切なのは，以上の議論において，ポリスの構成員としての〈市民〉とポリスと類比的に語られる〈個人〉とが同一視されていないことであり，それゆえ，この文脈では，本書第3章で考察した『メネクセノス』篇がポリス間の友愛が最終的には個人の自己同一性に基づくと論じたような形で，ポリス（a）を個人（b）で根拠づける議論になっていないことである。この点は，第2巻の「ポリスと魂の類比」の導入に際して，再度問題になるだろう。

（4）結論：〈はたらき（ἔργον）〉からの論証
　トラシュマコスを論駁する最後の議論は，魂の〈はたらき〉と〈徳〉を明確化することで，正義を魂内に有する正しい人は不正な魂をもつ不正な人よりもいわば「定義的に」よりよく生きる，すなわち，幸福であることを論証するものである（352d-354a）[30]。〈はたらき＝機能〉については二種類あるとされる（352d9-353b1）：

---

30) この議論については，栗原（2013b），62-66 で論じた。

〈独占機能〉
　Xだけが Y を果たしうる場合，Y は X の独占機能（exclusive function）である。
〈最適機能〉
　X が他の何よりもよく Y を果たしうる場合，Y は X の最適機能（optimal function）である[31]。

　例えば，見ることは，目だけがなしうることなので，目の独占機能である。他方，葡萄の蔓を刈り取ることは，短剣でもナイフでもなしうるが，刈込み鎌が何よりもよくなしうることなので，刈込み鎌の最適機能である。
　次にソクラテスは，〈徳＝卓越性〉（ἀρετή）を「それぞれのものがそれによって自らの〈はたらき〉を立派にはたすようになる，それ」と定義し（cf. 353b2-d2），〈悪徳＝劣悪性〉を「それによって自らの〈はたらき〉を拙劣に果たすことになる，それ」と定義する（c6-7）。例えば，耳が徳を失えば，耳は拙劣にその〈はたらき〉を果たし，よく聞こえなくなる（cf. c9-10）。
　これらの〈はたらき〉と徳／悪徳の定義を人の魂の場合に適用して，ソクラテスは，正しい人の方が不正な人よりも幸福だ，ということを証明しようとする（353d3-354a11）。

1. 魂は，配慮すること，支配すること，思案すること，生きること，等のはたらきを有する。（前提）
2. 魂は徳によってはたらきを立派に果たす，悪徳によって拙劣に果たす。（徳の定義より）
3. 魂の徳は〈正義〉であり，悪徳は〈不正〉である[32]。（前提）
∴ 4. 魂は正義によってよく，不正によって拙劣に，配慮し，支配し，思案し，生きる。（(1)(2)(3) より）

---

31) Cf. Santas (1985), 228-34, (1986), 99-108, (2001), 66-75, (2010), 30-31. Santas はこの〈はたらき〉の区別が対話篇全体を読み解く上での鍵となるというユニークな解釈を説得的に展開している。
32) 335c4-5 での同意。

5. 魂において正義を有する人は正しい人であり，不正を有する人は不正な人である。（前提）
∴ 6. 正しい人はよく生き，不正な人は悪しく生きる。（(4) と (5) より）
7. よく生きる人は幸福であり，悪しく生きる人は不幸である。（前提）
∴ 8. 正しい人は幸福であり，不正な人は不幸である。（(6) と (7) より）

　この論証はその形式性において実に明晰だが，正義が何であるか，また，〈はたらき〉としての生きることの内実が何かが不明であるため，よく生きることとしての〈幸福〉の内容も全くわからない。したがって，ソクラテスは一応トラシュマコス説を論駁することに成功しても，満足していないようである。というのも，彼の言葉では，正義が何であるのかもわからない内に，それがどのようなものなのかを追究し，さらには正義を所有している人が幸福なのかどうかすら問題にしてしまったからである。第1巻が初期のアポリア対話篇と同等に取り扱われる所以がここにある[33]。

　しかしながら，公と私の問題に限って本節の考察を振り返るならば，ソクラテスほど悲観的になる必要はない。トラシュマコスの正義論は，正義をポリスという単位で論じたが，吟味の過程で，ポリスと対置される個人の重要性が浮かび上がってきた。これはポリスの公的な場所で活動する市民でも家を中心とした私的な交際をする私人でもなく，生全体の担い手としての人格（＝わたし）である。トラシュマコスの本音では，人格が幸福であるために，人は不正な生を送るべきなのである。こうして幸福な生との関係で正義／不正が問題になると，当初の合法性としての正義観は立ち消えになる。「いかに生きるべきか」という問の下で正義と不正がより根源的に捉え返され，幸福との結びつきに即した形での〈倫理〉が新たに語られるからである。だが根源的倫理の内容については未だ示唆的に語られるに留まっている。本格的な考察は第2巻から

---

33) E.g. Vlastos (1991), 248-51.

始まるのである。

むすび

　第1巻では，ソクラテスと三人の登場人物との間の対話から公と私をめぐるドクサの諸相が浮き彫りにされた。プラトンの狙いもそこにあったと言えば，言い過ぎだろうか。読者は，ケパロスの話を聞きながら，死を間近に生きる老人が抱く私人としての正義観や幸福観に思いを馳せるだろうし，ポレマルコスの場合，伝統文化に根差した「友には益，敵には害」との正義観が，実のところ経済人として私的に生きる彼自身の信念によって変容しているのに気づくかもしれない。共同体を成立させる本来の「互酬性」としての正義の可能性は，むしろ，トラシュマコスの正義論を論駁する中で語られているようにも見える。そして，そのトラシュマコスは，公私を覆うポリス生活ではなく，人生全体の担い手である人格（＝わたし）に着目して新たな地平を切り開いたが，僭主の生き方に幸福を見出すことによって，ポリスと人格をごちゃ混ぜにし，正義の行方も見えなくしてしまった。

　このように公と私をめぐるドクサがソクラテスの吟味と共に浮かび上がってきた中で，一つ心に留めておきたい様相がある。それは最も私的なる「自己」としての魂と人間の本質としての魂の緊張関係だ。ケパロスの場合，死と対面する「自己」が魂として語られた一方で，ポレマルコスの論駁は「人間の徳」に訴えることによってなされた。トラシュマコスは「人格＝わたし」たる自己の幸福を語り，ソクラテスは「人間の魂」のはたらきと徳を明らかにすることによって批判した。魂がもつ個的側面と普遍的側面の緊張関係が全対話の根底に横たわっていたのだ。魂の二つのあり様については，第2巻以降でさらなる探究が期待されよう。

第5章
問題と方法（第2巻）

はじめに

　第1巻でプラトンは，当時のアテネで信じられていたであろう正義観を三人の登場人物に語らせ，ソクラテスに吟味させた。そうしたドクサは，当然とも言えようが，同時に公と私をめぐってあり，議論を丁寧に辿ることで読者は公と私の諸相に思いを馳せることになったのである。プラトンは第2巻で，正義の本格的な探究に着手する。「本格的」と言うのは，問題をきちんと定式化し，解決のための方法を確定した上で，方法に従って順序よく考察を進めていくからである。この章では，『ポリテイア』篇で何が問題となっていて，そのための方法がいかなるものかを公と私の観点から明らかにしたい。

1　「グラウコンの挑戦」

　トラシュマコスたちとの議論を終えたソクラテスに対して，大いなる勇気の持ち主（ἀνδρειότατος 357a3）グラウコンは兄アデイマントスと共に哲学的挑戦を試みる。『ポリテイア』篇第2巻から第10巻途中までの枠組みを決定する，いわゆる「グラウコンの挑戦」である[1]。こ

---

1) 「挑戦」は対話篇中で度々振り返られる：3.392b, 4.427d, 445a, 9.580c, 591a-b; cf. 10.612c-613d。

の節では、この兄弟の発した問の理解に努め、「ポリスと魂の類比」の導入に至るまでの文脈を探っていく。

(1) 善の三区分と二つの問

グラウコンはまず三種類の善を語ることから始める (357b3-d2)。

A1 結果として生じるものは求められず、ただそれ自身のために愛され引き受けられる善（例：喜ぶこと、無害で将来も喜びだけを味わえる快）
A2 それ自身のためにも、結果として生じるものためにも愛好される善（例：思慮、見ること、健康）
A3 それ自身のためでなく、結果として生じるもののために引き受けられる善（例：体育、病気の癒し、医療行為、経済活動）

例を参考にすると、三種類の善は①有益／有害の価値的要素と②現在／将来の時間差を含む因果的要素によって区別されている。A1 は現在有益で、将来的に有益であれ有害であれ別のものを生み出さない。A2 は現在有益であり、将来的に別の有益なものを生み出す。A3 は現在有害だが、将来的に別の有益なものを生み出す。その場合、現在と将来の有害／有益の差引勘定で全体的に有益となるため、A3 は善である。この限りで明瞭な区分である[2]。

さて、正義をどの種類の善とするかについて、ソクラテスは「最も素晴らしい善」と信ずる A2、すなわち、「幸福になろうとする者がそれ自体のゆえにもそれから結果するもののゆえにも愛好せねばならぬもの」に置くが、グラウコンは、「多くの人々・大衆」（τοῖς πολλοῖς 358a4)[3]

---

[2] 無論、A1 は結果として何かを生ずることはあろうが、結果するものは A1 の選択に価値的な（目的／手段的な）影響関係をもっていない。この善の三区分に関する要を得た先行研究の紹介として高橋 (2010), 140-45 参照。高橋自身は「ある」と「思われ」の区別によって「それ自体とそれから結果すること」の対比を説明している (143-45)。また三区分にプラトンがコミットしているか否かについては、Ferrari (2003), 11-34 を参照。

[3] 『ポリテイア』篇で οἱ πολλοί は民主政アテネの大部分を占める「大衆」を指すことが多い（他に 426d4-5, 489b3, 493a8, d5, 496c6-7, 498d8, 499d8, 10, 500b2, d11, 528c4, 599a5, 608a5, etc.)。この箇所でグラウコンは大衆の正義観を代弁していると解し、後に言及される「トラシュマコスや他の無数の人々」(358c7-d1) を指すとは解さない。

には，正義はそれ自体では辛いため避けられるべきだが，結果する報酬や名声のために遂行せねばならないA3だと考えられている，と言う。そして，この見解の不一致を前提として，彼は二つの問を発する（b3-7）。

問1　正義／不正とは何であるか？
問2　正義／不正が魂内にあるとき，それ自体でどんな力をもつのか？

　問1は，第1巻の議論が失敗に終わった原因として正義（と不正）の本性が不明だった点が指摘されていたので，よく理解できる。しかし問2はどうだろう。「それ自体で」という限定は，結果として生じるものは度外視してA1~3の「現在」に考察を絞るということであり，第10巻途中（612a）までの議論を支配する重要な要請である。だが，「魂の内にある」とはどういう条件か。第2巻ではここではじめて「魂」（ψυχή）という語が登場しているため，何か唐突な感じは否めない。では第1巻を考慮に入れるとどうか。第1巻で「魂」は三箇所で登場している。まずケパロスの死への恐れとの関係で，次にトラシュマコスが自説をソクラテスの魂に注入するという文脈で，最後にトラシュマコス論の最終論駁部で，それぞれ用いられていた。正義／不正の力（δύναμις）が主題化されていたのは第三の箇所であるため，グラウコンがその箇所を念頭に置いて，問2を発していると言えまいか。まさしく彼はトラシュマコスが早々に撤退したため，正義／不正に関する論証が未だ納得できていないと，大いに不満を表明しているのだから（358b1-4）。この推測がただしいとして，最終論駁の一体何が問題になっているのだろうか。それは論駁の最重要部分——魂のはたらきに〈生きること〉があり，はたらきを見事に発揮させるという徳の形式的定義により，正義という徳によって魂は〈よく生きる〉ことになる——正しい魂をもつ正しい人は幸福であるという部分に相違ない。仮に問1に答えることで，正義／不正の本性が明らかになっても，それらが魂の内にあって，どんな力を奮って生きることをよくするのかを解明しない限りは，有益／有害の中身を語り得ないであろう。したがって，後にグ

ラウコンが問2を「正義／不正は所有者を幸福にするのか，不幸にするのか」と言い換えるのも当然である[4]。グラウコンはこうして正義／

---

4) 第2巻で問1と問2がどのようなバリエーションで問われているかを以下列挙する。（＊は周囲の人々の考えを示す）

1「正しい人であることは不正な人であることよりもあらゆる仕方でよい（ἄμεινον）と，真に説得することを望んでいるのか」(357a5-b2)

2「私が聞きたいのは，〔正義と不正の〕それぞれが何であるか，またそれぞれが魂の内にあるときに，純粋にそれ自体としてどのような力をもつのか，ということであって，報酬その他，そこから結果として生じるいろいろの事柄は一切排除しておきたい」(358b4-7)

3＊「不正な人の生の方が正しい人の生よりもずっとよい（ἀμείνων）と言われている」(c4-5)

4「正義のために，それが不正よりよい（ἄμεινον）とする議論は，私が望む仕方では誰からも聞いたことがない」(d1-2)

5＊「個人的には正義はよいものではない（…）個人的には不正は正義よりもずっと得になると万人が思っている」(360c7-d2)

6「正義の人と不正な人とでは，そのどちらがより幸福か」(361d2-3)

7＊「神々からも人々からも，不正な人には正しい人よりもよき（ἄμεινον）生が用意されている」(362c7-8)

8「不正が魂が自身の内にもつ悪の最大のものであり，正義が最大の善であることを<u>ロゴスによって</u>十分に説明した者は未だかつて誰もいなかった」(366e7-367a1)

9「わたしたちに<u>ロゴスによって</u>，正義が不正より勝る（κρεῖττον）ということだけでなく，それぞれがその所有者にそれ自体でどう影響を与えることで，一方が善であり他方が悪であるのか，を示してください。評判のことは取り去ってください」(367b3-6)

10「正義のまさにこの点を讃えてください，つまりその所有者をそれ自体で益し，不正の方は害するのだと。しかし報酬や評判を讃えることは他の人々にまかせてください」(d1-3)

11「わたしたちに<u>ロゴスによって</u>，正義が不正より勝る（κρεῖττον）ということだけでなく，それぞれがそれ自体で——つまり神々や人々に気づかれようが気づかれまいが——その所有者にどう影響を与えることで，一方が善であり他方が悪であるのか，を示してください」(e1-4)

12「君たちが，不正が正義よりよい（ἄμεινον）と納得していないのなら…」(368a6)

13「トラシュマコスに語って，正義が不正よりもよい（ἄμεινον）と示したつもりでいた」(b5-6)

14「グラウコンも他の者たちも（…）正義と不正のそれぞれが何であり，それらの益について真実はどうであるのかを探究するよう頼むのであった」(c5-8)

(1)〜(7)，(8)〜(11)，(12)(13)は順にグラウコン，アデイマントス，ソクラテスの発言，(14)は対話篇全体の語り手ソクラテスの理解を示すト書き部分である。

問1に関わるのが，(2)(9)(11)(14)。(9)(11)のκρεῖττονは一貫して幸福と関係づけられているἄμεινονと意識的に区別され，徳＝卓越性において勝っていることを意味している。この点は(9)(11)を(8)と比較することでわかる。例えば(9)は「ただ正義は不正にまさるということを<u>言葉のうえで</u>論証するだけでなく，一方が善であり他方が悪であるのは，それぞれがそれ自体として，それ自身の力だけで，どのようなはたらきをその所有者に及ぼせばこそなのかを，<u>よく示していただかなければなりません</u>」(藤沢(1979a), 126; 強調引用者)と通常訳されるが，唯一の主動詞ἐνδείξῃと(8)のτῷ λόγῳ (366e8)に呼応するτῷ λόγῳ (367b3-4)は，共に(9)後半の幸福の問にも掛るべきである。それゆえ(9)

不正と幸福／不幸の関係を本格的に問題化しているのである。

(2) 正義の本性と起源

次にグラウコンは、トラシュマコスの説を復活させて、第一に、大衆は正義がどのようなものであり、どのような起源をもつと言っているのかという点、第二に、正義を遂行する人は皆それを善でなく、必要なものとして嫌々ながら遂行しているという点、第三に、正しい人の生より不正な人の生の方がよりよいのだから、そうするのももっともだという点——以上三点を、彼らに成り代わって、しかも自らは納得することなしに、説明する。順に見ていこう。

正義の本性と起源は、いわゆる「社会契約説」によって説明される。社会ができる前の自然状態において、不正を加えることが自分にとって善、不正を蒙ることが悪であるが、不正を加えるよりも蒙る機会の方が多いため、後者を避け前者を得る力のない弱者たちは、不正を加えたり蒙ったりしないよう互いに契約を結ぶことが得だ（λυσιτελεῖν）と考えた。すなわち、法による取り決めをし、法による命令を法に適った「正しいこと」と名づけ、正義を、不正を行っても罰せられない最善と不正を蒙っても仕返しができない最悪との中間のものと特徴づけたのである。

正義の起源と本性に関するこうした説明はトラシュマコス説を次の二点で復活させている。第一に、トラシュマコスの理論的説明と同様、正義は「合法性」として理解されている。法それ自体が正義に適っているか否かは問題になっておらず、あくまで制定者にとって得になるよう意図されているのみである。第二に、トラシュマコスの演説にあったように、不正行為は行為者自身にとってよいものと解されている。この「よい」は無論、幸福な生に直接貢献するという「有益」の意味である。法や社会ができる前の「自己」が何かは後に議論したい。

の二つの問は〈言葉〉と〈所有者への実際の影響力〉を対比させているのではなく、(2)(14) 同様、正義／不正に関して徳／悪徳としての〈定義〉と幸福／不幸との〈関係〉を順に問うているのである。

なお問2は上記引用全てに関わるが、この文脈で ἄμεινον は所謂「道徳的善」を意味しない。

だが，トラシュマコス説との違いも見過ごせない。トラシュマコスがあらゆる政体に通用する一般理論を語っていたのに対し，グラウコンが紹介する説は彼が生きる民主政が専ら念頭に置かれているという違いである[5]。したがって，強者による弱者支配を正当化する説ではなく，不正をできない弱者が自らの益を守るために法を制定して社会を生み出し，強者（δυνάμενον αὐτὸ [sc. ἀδικεῖν] ποιεῖν καὶ ὡς ἀληθῶς ἄνδρα 359b3）の支配を逃れようと画策する弱者の連帯を説明する議論となっている。大衆の正義論は自らが正義を実行する理由を明らかにする説なのである[6]。

（3）ノモスとピュシス

民主政下の弱者たる大衆が嫌々ながら正義を実行している次第は思考実験によって確かめられる。次のような状況を想像してみよう。正しい人と不正な人の双方に望むがままの自由（ἐξουσίαν … ποιεῖν ὅτι βούληται 359c1）を与えてみよう。すると両者は欲望（ἐπιθυμία c3）に導かれて同様に不正を行うだろう。グラウコンが与える理由はこうだ。

> T1 359c3-6：我々は，欲心のゆえに不正な人と同じものへと向かう正しい人を現行犯で捕まえるだろう。自然は全てそれをよきものとして追い求める定めになっているが，法によって力ずくで平等の尊重へと逸らされているのだ。（ἐπ᾽ αὐτοφώρῳ οὖν λάβοιμεν ἂν τὸν δίκαιον τῷ ἀδίκῳ εἰς ταὐτὸν ἰόντα διὰ τὴν πλεονεξίαν, ὃ πᾶσα φύσις διώκειν πέφυκεν ὡς ἀγαθόν, νόμῳ δὲ βίᾳ παράγεται ἐπὶ τὴν τοῦ ἴσου τιμήν.）

T1 は当時流行のノモスとピュシスの対立図式を下敷きにしつつ[7]，不

---

[5] 但し，トラシュマコスも「大演説」以降は，民主政の現実を踏まえた議論をしていた。

[6] しかしそうだとしても，グラウコンの論を，大多数の弱者が連帯すれば，少数の強者よりも〈強い〉ことになるという説だとみなせば，トラシュマコスの説中の民主政に関するものと言えるかもしれない。

[7] 納富（2012），7-8, 19, 26-27, 37-38 参照。

正行為を突き動かす原因を人の内側から語っている。「欲心」[8]と訳されたプレオネクシアがそれである。この言葉は，第1巻（349b-350c）でトラシュマコスが不正行為を表現する際に使用していた「より多く取る・もつこと」（πλέον ἔχειν, πλεονεκτεῖν）の抽象名詞で，ここでは動詞で表される行為の原因を名詞で表現している。「より多く取ること」が不正行為なのは，本来あるべき取り分より多くを取るからだが，プレオネクシアはその取り分を決める規範・法から人を逸脱させる力であり，不正行為へと導く欲望（ἐπιθυμία）に他ならない。大衆の見解では，正義が規範・法として人を外側から縛り付けるきまりでしかないのに対し，不正はプレオネクシアとして内側から人を動かす力なのである。それゆえ，この見解はグラウコンの問2に対する大衆からの応答——「魂」への言及はないが——と読むこともできる。不正は魂内にあるとき，人を「より多くを取ること」へと導く力をもつ。「より多くを取ること」は欲望の充足として「善」と同一だから[9]，不正はそれ自体

---

8) 藤沢令夫訳に従う。
9) 関係代名詞 ὅ（359c4）の先行詞は πλεονεξίαν でなく ταὐτόν ととる。自然が追い求めている対象は実際に「より多く取ること」，そして同時に「欲望の充足」であって，これが「善」と同一視されているからである。プレオネクシアはむしろそうした追求を推し進める力で，欲望と同一視されうるだろう。主な英訳は以下の通り（丸数字，下線は引用者）。
Cornford (1941), 44: We shall catch the just man taking the same road as the unjust; he will be moved by ① self-interest, the end which it is natural to ② every creature to pursue as ③ good, until forcibly turned aside by law and custom to respect the principle of equality.
Grube (1992), 35: And we'll catch the just person read-handed travelling the same road as the unjust. The reason for this is ① the desire to outdo others and get more and more. This is what ② anyone's nature naturally pursues as ③ good, but nature is forced by law into the perversion of treating fairness with respect.
Griffith (2000), 39: We would soon catch the just man out. Led on by ① greed and the desire to outdo others, he would follow the same course the unjust man follows, the course which it is ② everybody's natural inclination to pursue as ③ a good, though they are forcibly redirected by the law into valuing equality.
Rowe (2012), 45: We'll then catch the just person read-handed, embarking on the same course as the unjst one out of ① his desire to have more—which is what ② every nature naturally pursues as ③ a good, even while law forcibly redirects it towards valuing equal shares for all.
これらの訳の内，明らかに Cornford と Grube は ὅ（359c4）の先行詞を πλεονεξίαν とみなしているが，Griffith は ταὐτόν であり，Rowe は曖昧である（但し，後二者の course は ἰόντα の目的地を指す ταὐτόν の訳として適切でない）。
ここで訳出上の注意点を三点指摘する。① πλεονεξία について，Cornford の self-interest は語源を無視した意訳であり，self が何かという哲学的問を誘発する（Lee (2007), 43 も self-

で人に善をもたらし幸福にするという応答である。

　さらにまた，この見解は人間の本来のあり方（πέφυκεν）と現状について語ってもいる。権威ある辞書がT1のφύσιςにcreatureという訳を与えているように[10]，人間の本来性を自然界に生きる動物の弱肉強食という観点から捉えているのである[11]。そこでT1を支える人間観から，本来動物的である人間が法によって結びつき集住して社会を営み今日の「人間」になった，という主張が読み取れよう[12]。法に従う正しい人間でも一皮むけば野獣と同じで不正行為をするのが自然なのだ。〈野獣＋法＝人間〉という大衆の見解は，さらにある物語が紹介されることによって強化される。有名な「ギュゲスの指輪」の物語である。

(4)「ギュゲスの指輪」

　天変地異の際に，地下で偶然手に入れた指輪の力（δύναμις, cf. 359d1, 360a6）により，「正しい人」である牧夫のギュゲスは突如不正な人に変貌する。望むがままに姿を消すことによって，やりたい放題の自由（ἐξουσία 359c7）を手に入れた彼は，王への使者に混じって宮廷に忍び入り，王妃を寝取りたらし込んで王を殺害し，王権を得るのであった。

(5)「個人」の利益

　グラウコンは続ける。この指輪をもてば，どんな志操堅固な人も正義に留まって他人のものを奪わないではいることはできない。恐れも抱かず，望むがままに（βούλοιτο 360b8, c1, 2），アゴラからはものを盗み，家へと侵入しては姦通し，殺人を犯したり脱獄の手助けをしたりする。正しい人も不正な人と同様に人間たちの間であたかも神の如く振る舞う

---

interest)。GrubeとGriffithのoutdo othersは「より多く」の比較対象を他人と限定しており，「今より多く」「本来もつべきより多く」という解釈を切り捨てることになる。②φύσιςについては後述するように，creatureが好ましい。③ἀγαθόνは文脈上 "a good" というより "the good" であり実質τἀγαθόν（最高善）とみなしたい。以上，T1の訳は対話篇の解釈全体に深く関わっている点を強調しておく。

　10）LSJ (1996), 1965.
　11）『ゴルギアス』篇のカリクレスの説がそれである。
　12）第1章で見たプロタゴラスの人間観を投影することも可能である。トラシュマコスは「自然の正義」を語りきれなかった点で，カリクレスと違い徹底性を欠いていた。

第 5 章　問題と方法（第 2 巻）　　127

だろう。

　グラウコンの結論はこうである——誰もすすんで正しい人にはならないのであって，強制されてそうなっているにすぎないのだ，正しい人であることは個人的には（ἰδίᾳ 360c7）善でないと考えて。誰でも不正ができると思うところでは，不正を行うのだから。人は皆，不正が正義よりも個人的には（ἰδίᾳ d1）ずっと得になる（λυσιτελεῖν d1）と思っているのである。

　こうしてグラウコンは大衆が心の奥底で密かに信じている（οἴεσθαι, cf. 360c8, d1, 2）正義／不正観を明るみに出す。この信念の一番根底にある言葉は「個人」である。「個人」とは何か。公と私の問題に直結するこの概念について考察を進めてみよう。

　まず否定さるべきは，個人とは民主政下で弱者として生きている市民一人ひとりを指すという解釈である。(2)で見たように，大衆は「不正を加えたり蒙ったりしないよう互いに契約を結び，正義に従うことが弱者である自分たちにとって得（λυσιτελεῖν）」と考えており，市民にとって不正が正義より得だという判定は下せない。

　ところで，本節(3)-(5)の議論は想像力を駆使した思考実験（διανοίᾳ 359c1）に依っていた。思考の中で抽象化（abstraction）されて浮かび上がってきたのが，法の束縛を受けない野獣のような人である。現実の人間は皆ポリスの中で法に縛られて生きているが，この架空の人はそうした社会的要素を全ていわば引き算されて出現した「魂」のありのままの姿である。大衆の考えでは，弱者であれ誰であれ，現実の人間はこの欲望・プレオネクシアの固まりのような人・魂を内側の秘めた場所にもっている[13]。

　すると，大衆の論に登場する「個人」は，現実に生きている人間から思考によってポリス的要素を剥ぎ取ったところに立ち現われてくる「魂」の姿そのものだと言えまいか。序章でも見たように，ἴδιος は文脈の中で別の概念と対比され否定的に意味づけられるが，ここでは法やポリスと対比されている。不正行為がそうした個人にとって得であるのは，ポリスを作り上げている法から自由に「他人のもの」を「自分のもの」に

---

　13)　第 9 巻で「不法な欲望」に支配された僭主政的人間が吟味されるのは，こうした人間観を受けてのものである。

する（ἅψαιτο τῶν ἀλλοτρίων 360d4-5）不正行為——窃盗，姦通，殺人といったポリス内で禁じられていること——を実行できるからである。自他の区別も消失し，欲しいものを何でも入手できる人生（？）が想像されているのである。注意すべきは，こう理解された「個人」はポリスの中で政治活動に携わらない「私人」（ἰδιώτης）とは区別されるという点である。後者は，ポリスの公的規範を前提し，ポリス内の公的空間ではなく私的空間で私生活を送る人である。他方，この箇所の「個人」はポリスの公的規範それ自体が無に帰したところで浮かび上がってくる人のあり方であって，いわばポリスの「外部」に生きる人なのである。そういう意味で，公の最も対極に位置する私的存在だと言えよう。

(6) 生の判定

最後にグラウコンは，正しい人と不正な人とではどちらが幸福な生を送るかを判定するようソクラテスに求める。その際，彼は重要な条件を追加する。それは，正しい人には不正な人であるとの評判を，不正な人には正しい人であるとの評判を付加するという条件である。名誉や褒美に関わる評判は結果として生じるものであるため，先に考察から除外されたのだが，判定のハードルを上げるため，あえて逆対応的に導入される。その結果，正しい人は不正な人と思われるため種々様々な拷問すら受けるだろうが，不正な人は正しい人と思われる限り，ポリスを支配できるし，望むがままに姻戚関係を結べるし，契約も自由にでき，不正をすることで益を得るわけである。また，争い事も公私にわたって（καὶ ἰδίᾳ καὶ δημοσίᾳ 362b6）勝利し，敵より多くを獲得し裕福になって「友を益し敵を害する」こともできる。神々には犠牲を十分に捧げ，正しい者よりずっとよく仕え，人間に対しても望む者は誰でも世話をして，神々にも愛されるに相応しい者となる。かくして，公私ともに不正な人は正しい人よりも「よい生」が用意されているのである。

グラウコンが列挙する公的私的な諸要素はどれも現行ポリスで通用している幸福観に基づいている点に留意すべきである。彼はあえてポリス内でよい評判／悪い評判をもつことが市民にどのような影響を及ぼすのかを語り，付け加えているわけである。この操作によって，彼の要求する生の判定が単に抽象化された個人の生の評価に留まらず，ポリス内で

第 5 章　問題と方法（第 2 巻）　　129

現実に公私共に生きている正しい人／不正な人の比較に関わるようになる。この点は生の判定の最終局面となる第 9 巻で問題化されるだろう。

（7）アデイマントスの補足
　グラウコンの「挑戦」に続いて，アデイマントスが補足を加える。彼はまず，人々が正義をそれ自体で賞賛するのではなく，そこから帰結する評判や神々からの報酬のゆえに讃えているというポリス社会の現実を指摘する。これは不正にも当てはまり，人々は不正行為の結果たる罰ゆえに不正を非難しているのである。次に彼は，正義は美しいが苦しいのに対して，不正は快いもので，醜いのは人々の評判と法律・慣習の上だけであり，結局は不正の方が正義よりも得になる，といった説を紹介している。この説によれば，神々ですら不正な人にうまく丸め込まれ言いなりになるのである[14]。こうした事情から，正しい生より不正な生がより幸福であると信じられているのも無理からぬことなのだ。
　アデイマントスはこう語りつつ，詩人の引用を数多く試みている。ヘシオドスやホメロスのみならず，ムッサイオスやオルペウス教の教えにも言及しながら，問題の説が物語を通してポリス市民の中に広まっていることを傍証している。詩人のポリス全体に対する影響力という『ポリテイア』篇の主題の一つがここに姿を現わしていると言えよう。
　さらに，アデイマントスはポリスで支配的なドクサが若者にもたらす影響力についても自覚的である。「父親が息子に指図する」（362e6）ように，ポリスはドクサを新規参入者たる若者の魂（νέων ψυχάς 365a7）に繰り返し注入するため，そうした若者が異なるドクサをもつことは極めて困難となる。とりわけ「生まれもよく」（εὐφυεῖς a7），思考力も十分備えた（cf. a7-8）若者ならかえって一層，流行するドクサを元手に世間を渡っていこうとするだろう。疑いなく，アデイマントスは自身とグラウコンが直面する問題として告白している。ただ彼らの場合，見逃せないのは「全生涯，この問題だけを考察して過ごしてきた」（367d7-e1）ソクラテスとの個人的な交わりがあったことだ。常日頃もう一つ別の見方と触れ合うことで，ドクサに違和感を抱き疑いの目を向

---
14) 第 1 巻で見たケパロスの姿勢との類似に注意したい。

ける態勢はできている。だが，まともな説明を聞いたことがないため，ただ「途方にくれている」（ἀπορῶ 358c6）のであった。そうしたアポリアの中で，二人の優秀な若者は「どのような人としてどう歩みを運べば，できる限りよい生を送れるのか」（365a8-b1）という自己自身の〈生の選択〉をめぐる問と格闘していたのだ。対話篇の今後の進行において，〈現実〉と真摯に向き合う二人の心の叫びは，常に通奏低音として鳴り響いているのである。

(8) 結 論

この節の最後に，「グラウコンの挑戦」が公と私の問題にどう関わっているかを三つの側面から整理しておきたい。

第一に，グラウコンとアデイマントスの関心は徹頭徹尾彼らが生きる現実に向けられている[15]。したがって，グラウコンが紹介する大衆の正義観（社会契約説）は，ポリス成立以前の状況を一般的な形で想像してはいるが，実のところ，民主政アテネの現実を完璧に反映している[16]。民主政下の市民は，序章でD・コーエンの分析を基に見たように，民会・劇場・法廷を舞台として民主的（契約的）に公的コードを作り出すが，それこそがここで言われている法・正義に他ならない。公的政治的空間で人々を縛り上げる「評判のポリティクス」の生み出す外的強制力——対他関係を律するきまり——こそがそれである。

第二に，正義によって外的に制限されるのは，ἰδίᾳ で表現された「個人」のプレオネクシアである。大衆の考えでは，正義は第三種の善（A3）に属するので，現在／将来の益／害を差引勘定すると益がまさるのでなければならない。その事情は以下のようになるだろう。

　　公的利益（共通善）の増大：安全（生命・私有財産），法の下での形
　　　式的平等
　　私的利益（現在）の減少：限定付きの自由，プレオネクシア（他人
　　　のものを自分のものにすること）の抑圧

---

15) Ferrari (2003), 11-36 は兄弟を ἀπραγμοσύνη のゆえに政治的活動を忌避し私的生活に没入する貴族主義的 quietists と特徴づける斬新な解釈を提出している。

16) グラウコンの説と関連する諸思想については Adam (1963a), 68-69 参照。

私的利益（将来）の増大：評判（名声・名誉）ゆえの役職，結婚その他の獲得？

　法によって安全が平等に保証されるが，個人のプレオネクシアは抑制を余儀なくされ，それ自体で個人にとって「よい」不正はもはや困難となる。しかし「正しい人」との評判によって，結果として（本来のプレオネクシアならぬ）ある程度の欲望の充足は達成されることになる。もっとも，法の目をかいくぐって「正しい人」と評判を得る強者——すご腕の不正な人や法やポリスを自身に都合よく作り上げる独裁僭主——の場合は，やりたい放題の自由（ἐξουσία）が備わり，プレオネクシアの実現が可能になるだろうが，これは物語の中で憧れの対象として語られるのみである。

　第三に，大衆の正義観の根底にはそうしたやりたい放題の自由への憧れがある。個人にとっての幸福は自由を通じて実現すると大衆は考えるからである。この「個人」は生身の人間からポリス性を剥ぎ取ったときに残る抽象的な何かである。問2でグラウコンがこの「個人」のことを考えながら魂に内在する不正の力を問うているなら，それは人間の中でも最も私的なものとしての魂だろう。かくして，ἴδιος たる個人は魂と同一視されることでポリスという公と対置される。

2　「ポリスと魂の類比」という方法

　二人の若者の性格と議論を賞賛しつつも，要求に応えることの困難さに途方にくれた（ἀπορῶ 368b3）ソクラテスは一つの方法を提案する。ちょうど小さな文字を遠くから読むよう命じられた者が，同じ大きな文字を先に読んで比較する場合と同様に（368c8-d7），大きな文字に当たる〈ポリスの正義〉をまず考察し，その成果を魂へと適用して，小さな文字の〈魂における正義〉を探究しよう——第4巻末迄と第8・9巻で重要な役割を果たす「ポリスと魂の類比」の登場である[17]。この節では，

───────

17）　これまでの流れと後の展開を見越して，便宜上，「魂の正義」と記したが，この箇所に「魂」という語は見当たらない。

新たに導入されたこの方法をこれまでの議論の流れを踏まえて解釈し，公私をめぐる文脈の中での捉え直しにつとめたい。

ソクラテスは「文字」の比喩に続けて，「正義は——我々の主張では——一個人にも属する一方，どこかポリス全体にも属する」(368e2-3) と確認する。一個人より大きいポリスにはより大きい正義があって学びが容易だろうから，最初に諸ポリス内で正義を探究し，その後，一個人の内でも小さいものと大きいものの特徴上の類似を調べながら正義を考察しよう，と提案するのである。この提案で驚くべきは，二種類の正義への言及がなされていることだ。少なくとも第2巻に入ってからは正義の種別化は見当たらず，この展開は唐突に思える。だが「我々は主張する」（φαμέν 368e2）との表現は聞き手の理解を何らか前提してもいよう。それは何か。

第1巻にこの類比の「先取り」とされる議論（350e-352d）がある[18]。第4章第3節 (3) で見たように，そこではポリス（やその他の共同体）に不正が宿る場合と一個人に不正が宿る場合の類比を通じて，不正な人の行為不可能性が説明されていた。この箇所との関係で重要なのは，ポリスが「不正」と呼ばれるのは，他のポリスに対して不正な仕方で行為する（隷属化を試みる）からではなく，ポリスの市民間に憎悪による内戦を惹き起こす〈不正〉が備わるから，という点である。ポリスにおける不正は第一義的に市民の関係の内に見出されるのである。他方，個人についてはその内面が省みられた上で，他者に向けた行為が不正によって不可能になることが語られた。不正についての議論は，形を変えて正義についても当てはまるだろう。そうすると，ポリスにおける正義はポリス市民たちの間に存在し，個人の正義はその内面に存在することになる。かつての議論を傾聴していたアデイマントスがここでの区別に異議を唱えていないのだから，第1巻の区別を「我々の主張」としてもち込むことも十分可能だろう。

さてそうだとすると，二種類の正義／不正の区別は直前の「グラウコンの挑戦」をどう引き継いでいるのだろうか。グラウコンが紹介する大衆の見解によれば，正義は市民間の契約に基づくポリス内の公的規範で

---

18) Cf. Adam (1963a), 56; Kahn (1993), 138-39.

あったのに対し，不正の方は，生身の人間からそうしたポリス性が思考によって剥ぎ取られて露出した魂の内部で働く力だった。そしてグラウコンがソクラテスに要請したのは，その不正と対置して，正義が魂内でどんな力をもつのかを示すことだと考えられる。そうであれば，ここの二種類の正義の区別は先の議論を直接受けていると言えまいか。すなわち，市民間に存在し対他関係を律するきまりとしてのポリスの正義と個人の内面に存在する魂の正義がそれぞれ問題化されていると解釈できまいか[19]。ソクラテスが方法を導入する際に，アデイマントスが何ら疑念を抱かず，対話が滞りなく進行していくのは，（第1巻も含めた）議論の流れに乗っているからだとすれば，この解釈も支持できるように思われる。

さて実のところ，二種の正義をこう解釈するとき，ソクラテスが「グラウコンの挑戦」のために採用した戦略が透かし見えてくる。大衆の正義観と人間観はあるねじれた形での公私の混合を前提としていた。すなわち，人間は自分自身の生命や私有財産の安全のために公的規範を必要としているが，その実，個人的には（ἰδίᾳ 360c7, d1; cf. 344a3）公的規範を破る不正行為を善として求めているという公私のねじれである。「ポリスと魂の類比」は公私のねじれた混合をときほぐす方法となるのだ。ソクラテスは方法的に公と私——相補的対概念として内的関係にある——をあえて分離し，各々をロゴスによって（λόγῳ 369a6, c9）いわば「抽象的に」論じていこうとする戦略（abstraction）を採用する。まず，先の社会契約説とは異なる仕方で，ポリス社会がどのようにして生じるのかを根本から説明し，同時にポリスの正義と不正の定義を市民のあり方に注意して試みる。次に，ポリスの説明とは独立して魂の本性・はたらきと構造を解明する。最後に，ポリスと魂の構造上の同型性（isomorphism）とはたらきの一致に基づき，ポリスの正義／不正の説明を魂の正義／不正の究明に類比的に役立てるわけである[20]。この方法的戦略は人間を軸にして説明し直すとこうなる。ポリスの正義／不正の解明は，人間の公的側面としての市民のあり方に関わり，市民間の本来あるべき関係を明らかにすることであるのに対し，魂の正義／不正の解明

---

19) 不正についても同様に市民間のポリスの不正と個人内の魂の不正が問題化される。
20) ポリスの考察と魂の考察の独立性を強く主張し論じたのは，Ferrari (2003) である。

は，人間の私的側面としての魂のあり方に関わり，魂のあるべきあり方を明らかにする。すなわち，一人の人間を構成する公私の両側面を思考の上で抽象的に分けて，それぞれの正義／不正を考察していくわけである。

　こうしたソクラテスの抽象的考察法は，グラウコンらの具体的で切実な問題意識——民主政下でいかに生きるべきか？——を一旦括弧に入れることで対象を向こう側に置き，その本質を主体から距離をとって考察することを可能にする。以後，ソクラテスと対話者は自らが生きる〈現実〉からあえて一歩退き，ポリスの建設者（379a1）でもある「立法者」（νομοθέτης, 458c6, 497d1）の役を演じながら想像力を駆使して〈理想郷〉を描き出していく。この作業を端緒として，続く一連の議論——魂の三区分説，諸徳の定義——は種々の原理を承認し，そこからの論理的帰結を導く仕方で理路整然と進行していくのである。

第6章

公私の分離：正義論（第2-4巻）

はじめに

　グラウコンが提出した二つの問題に対してソクラテスは「ポリスと魂の類比」という方法を使って答えていく。この方法は第2～4巻では正義をめぐって，第8・9巻では不正をめぐってそれぞれ主導的に用いられるが，本章は前半の正義論を考察する。そこでの対話はポリス（公）と魂（私）を方法上分離して，ロゴスによってそれぞれの本性(ピュシス)を探究しながら，ポリスと魂のはたらきを見事に発揮させる徳のあり方を明らかにしていくものである。プラトンはどのような原理に訴えて正義をめぐる説得的な議論を展開しているのだろうか。

1　理想的なポリスの建設：あるべき公の創造（第2巻）

　まず語り手ソクラテスが試みるのはポリス共同体をロゴスでもって（λόγῳ 369c9）作り上げることである。この「ロゴスでもって」は「現実にではなく言葉の上で想像力を駆使して」という意味だが，同時に「理(ことわり)に訴えながら原理原則に基づいて」を意味しもする。聞き手（読者）は自らの理性を働かせながら，議論について行くことを要求されているのである。

(1) 四, 五人からなる最も必要なものだけのポリス

ポリス建設の第一の段階は「我々の各々は自足（αὐτάρκης）しておらず, 多くのものを欠いている（ἐνδεής）」(369b8) ことの確認に始まる。多くのものを欠く人々が「必要」(χρεία c2) のために一つの住処（μίαν οἴκησιν c2）に集まってきて, 互いの不足と必要を交換によって補い合い協力しながら暮らす共同体（συνοικία c3）に「ポリス」という名前が付けられる。こうしてポリスは「不足と必要の原理」(ἀρχήν b9) と「交換の原理」に基づき, 互いに分け与えたりもらったりしながら, 必要なものを不足なく暮らすことが「自分（αὑτῷ）にとってよりよい」(c7) という考えから誕生する。この時点では, 自分と他人は共同し合う公的存在である（κοινωνούς τε καὶ βοηθούς c3）と同時に, 一つの家（οἴκησις）に共に暮らす私的存在であるという意味で, 公と私は分離せず一体化している。

以上を確認した後で, ソクラテスは改めてロゴスによるポリスの建設に着手する。人々の生存のために（τοῦ εἶναί τε καὶ ζῆν ἕνακα 369d2）最も必要なものは食料であり, 次に必要なのが住居, そして衣服の類である。身体の世話に従事する人（τῶν περὶ τὸ σῶμα θεραπευτήν d9）を数え上げれば,「最も必要なもの」(ἀναγκαιοτάτῃ d11) だけのポリスは四, 五人を成員とするだろう。

(2) 真実のポリス

だが, 四, 五人の人々が集まってきただけでは真に「ポリス」とは呼べない。「交換の原理」を満たさないからである。次のステップが重要だ。

> T1 369e3-370a4:（A）これらの各人は一人で自分の仕事を皆に分け与えるべきなのか, 例えば, 農夫は一人でいながら食物を四人に供給し四倍の時間と労力を食物の供給のために費やし他人と交わるべきなのか, それとも,（B）他人のことは気遣わず自分のためだけに食物の四分の一を四分の一の時間で作り, 四分の三は家や衣服や靴の供給のために過ごして, 他人と交わって厄介事を背負い込むことなく, 自分で自分だけのために自分のことをしなければならない

第 6 章　公私の分離：正義論（第 2-4 巻）　　137

のか。

　アデイマントスは（B）よりも（A）の方が楽（ῥᾷον 370a6）だと答える。なぜ各人が一つのことだけをして交換する方が楽なのか。他人と交わる面倒が増すだけではないか[1]。
　こうして T1 では「自己」の捉え直しがなされている。先にポリスの誕生を支えるのは「自分にとってよい」との考えであると述べられたが，その「自己」はポリス成立以前のいわば「個人」としての自己であり，生存を目的としながら身体の世話をする主体である。（B）の自己がそれに当たる。「自分のことをすること」（τὰ αὑτοῦ πράττειν 370a4）——後に正義の定義として定式化される——は，個人としての自己に執着する限り，ポリスの成立に何も寄与しない。それに対して，（A）の「自己」は第一義的には食物を生産する農夫を指すが，それだけでなく，他人に生産物を提供する者として公的役割を果たす主体をも指示するよう拡張して用いられている。自己の規定に他者との関係という公的側面が含まれるのである。
　次に別の原理が導入される。各人は生まれつき仕事に向き不向きがあって，それぞれの生まれ（φύσις；資質）[2]に適した仕事に従事しなければならないという「適性原理」である。この原理についてソクラテスは説明を与えず，アデイマントスも求めていないが，人は生まれつき異なっているのかどうか，仮にそうであっても，どうやって生まれの違いや自身に適した仕事が分かるのか，という問がすぐさま浮かぶ。ただ，人のピュシスが何かは続く初等教育論以降で問題となるため，その中でこうした問は答えられると期待し，ここでは議論の前提として「適性原理」を受け入れよう。
　続いて，人は一人で多くの技術に従事するより，一つの技術に専念した方がより見事に仕事ができることが同意されるが，これは（B）多く

---
　1)　Santas (2001), 81-82 のアダム・スミスに関する考察を参照。
　2)　この対話篇のキーワードの一つである φύσις については登場の度に微妙にニュアンスを変えながらも，同時に文脈の違いを越えて同一の何かを指示するように使用されている。本書第 2 部では文脈毎に適した訳語を与えるが，時折「ピュシス」のルビを添えることにする。

の技術を一人で行使することの方が，(A) 多くの人と交わることよりもずっと厄介であり，暇を失うことになる点の同意であり，T1 の厄介事（πράγματα ἔχειν 370a3）の要素に応えたものになっている．

そして最後に，仕事に相応しい時機（καιρός cf. 370b9）を逸してはならないとされて，議論の結論が導かれる．

> T2 370c4-6: 以上より，一人の人が一つのことを，生まれに従い時宜に適って，他の厄介事から暇を得て，行う場合に，それぞれのものはより多く（πλείω），より見事に（κάλλιον），より容易に（ῥᾷον）生まれてくるのである．

こうして適性原理を基礎として採用された分業の原則，あるいは，「一人一業の原則」から量・質ともに効率よく「もの」が生産されていく．

効率性が否定されないなら，技術の本質に絡む道具的連関（ὄργανα 370d1）の中で専門分化は進んでいく．農夫も大工も機織りも使用する道具を自分で作ってはならず，むしろ道具制作の専門家に任せねばならない．ポリス内の役割分担は家畜を飼う人々も要請するだろう．止まることのない分業化はポリスの成員をさらに増やすことになる．

生産物の量と種類が増えると，ポリス内でまかなえないものは「不足と必要の原理」に基づき別のポリスから輸入しなければならない．ポリス間の分業の開始である．ポリス間のやり取りのため輸出用に過剰な生産も必要になるから，農夫その他の職人の数も増やさねばならない．そして物資を運ぶ商人，海を渡る貿易商が生まれてくる．

ポリスにおける交換形態は，この時点では物々交換ではなく，もはや売買だとされている．その場所として市場・アゴラが作られ，売買のために信じ合える割り符としての通貨（νόμισμα σύμβολον 371b9）が生じる．このように，生産者と購買者の中間に小売人と金銭が介在するならば，生産者はアゴラへ行って自ら生産物を売る時間を浪費せず仕事に専念でき効率は一層高まるだろう．

最後に，体力があって身体が強く賃金を得て働く労働者が加わって，ポリスは完全なるもの（τελέα 371e9）に成長したと宣言される．

さて，後に「真実の」（ἀληθινή 372e6）と冠せられるこのポリスの特徴は何だろうか。「不足と必要の原理」「交換の原理」は相変わらず機能しているが，加えて「適性原理」と「分業の原則」（「一人一業の原則」）が導入されて，より高い効率が求められる社会になっている。その結果，余剰を前提とする貿易のために，生存の必要を越える生産が要請され，ポリス内でも市場・アゴラや通貨・金銭が生じ，専門分化は進行して成員の数も種類も増大する。確かに，このポリスが他のポリスと没交渉で存在するとは考えにくいため，貿易その他の拡張は止むなしとしよう。だが，生存と効率の二つの目的がどういう関係になっているかは定かでない。そもそも先にT1で分業の原則に連なる（A）が選択されたのは「より容易・楽である」との理由だからで，既にこの時点で効率性への関与は始まっていたのだ。とは言え，効率性の強調が生存を危うくしているようには思えない。しかし市民の「自己」はポリス内の役割に特化され，最も必要なものだけのポリスの場合と異なり，生き生きとした他者との直接的な交渉も減り，黙々と仕事だけをこなす存在になり下がってしまった，と言いたくもなろう。だが，生存と効率を共同生活の目的と認めてしまえば，ポリス建設の「真実」性に対する反論とはなりにくい。このように，ポリスを評価する天秤は上下に揺動して止むことがない。

さてでは，このポリスに正義と不正は見出せるのだろうか。アデイマントスは「わからない」と不知を表明した後で，「これらの市民自身が互いに対して何らか使用しあう（χρεία τινί）ことの内に（ある）」（372a1-2）とかろうじて答えるが，この答自体はポリスの正義／不正が市民間の関係に属するという当初の了解を越えるものではない。さらに議論を追っていく必要がある。

(3) 「一種健康なポリス」内での暮らしぶり

ここでソクラテスは話題を変えて，このポリスに暮らす人々の生活様式（διαιτήσονται 372a4-5; δίαιτα 373a1）について語り出す。ポリス市民の分業化された仕事を強調してきたこれまでの語りと違って，市民が営むつましい暮らしぶりを描写するのである。生の基本要素である衣食住を中心に記述しながら，市民が子供たちと食事を楽しんだり，神々

を讃える歌をうたったり,「互いにいる時を喜び, 財を越えて子供はもたず, 貧困や戦争に気をつけている」(372b7-c2), といった余暇や日頃の信条も述べている。話に割り込んで来たグラウコンに「ごちそうなしの食事」と茶化されて, ソクラテスはさらに質素なおかずを数え上げ[3], 最後に「そうして平和の内に健康と共に人生を過ごし, おそらくは, 老人となって死を迎えて, 子孫に別のそのような人生を譲り渡すことだろう」(d2-4) と締めくくる。

グラウコンが「豚たちのポリス」(372d5)[4] と呼ぶ「真実のポリス」(e6) は, 確かに「一種健康な」(ὑγιής τις e7) 共同体である[5]。先には不明であった, 他者との生き生きとした直接的交渉も当然存在する。理由は説明されないが, 貧困も戦争もない暮らしぶりであって, その限りでは否定し難い魅力を備えた「小国寡民」である。注意したいのは, 上の (2) で語られたのが人々の公的側面だとすれば, ここで述べられているのがポリス内の公的役割から独立しているという意味で「私的」生活だという点である。確かに, 食物・衣類・家の制作には従事するが (372a5-7), 記述の重点はあくまで衣食住が用足りていることにあり, 仕事の専念にはない。ポリスの公的仕事以外の私的な暮しぶりが平和で健康的であることが強調されている。

しかしながら, 今までのポリス建設の流れから指摘すべきは, こうして生まれてきた「健康」はあくまで身体を基盤にしたものにすぎないということである。この特徴を「真実の健康なポリス」は生存と身体の世話のために建設された「最も必要なものだけのポリス」から引き継いでおり, 人間の「魂」に対する視線は欠けているように見える。無論, この点に関しては, ソクラテスの方法的意識との関係で十分な注意が必要だ。ポリスと魂をあえて分離する方針で対話は進んでいるのだから。そうだとしても市民が人間である限りにおいて, ポリス生活に魂の側面を無視できないのではないか。次にグラウコンが問題にするのは, まさし

---

3) いくつか例示すると, 穀物, 葡萄酒, 大麦と小麦を原料とした菓子とパン, 塩, オリーブ, チーズ, 野草, 畑の野菜, 無花果, エンドウ豆, 空豆, 銀梅花や樫の実など。

4) この意味について, Burnyeat (1999), 231 は, 豚を「どん欲さ」でなく「無知」の象徴とみなし, 生き方について知らない文明化以前の人々のポリスの喩えとして理解する。

5) Adam (1963a), 101 は「真実のポリス」という呼称について, ソクラテスの皮肉を読み取っている。

第 6 章　公私の分離：正義論（第 2-4 巻）　　　　　　141

(4) 熱でふくれあがったポリス

　グラウコンはソクラテスに「一般に当然と信じられているもの」（ἅπερ νομίζεται 372d8）をポリスに付け加えてほしいと要求する。すなわち，寝椅子に横になったり，食卓で今日口にしている料理やデザートを食したり，といった彼にとっては当たり前のことをポリスに認めてほしいと頼むのであった。対話篇の進行にとってこの要求は大きな変化をもたらす。なぜなら，これまで正義の探究は，第一に，人々の評判（つまりは一般的信念）を度外視し，第二に，ロゴスによって一種抽象的に（つまりは具体的現実的な諸要素を無視して）推し進められてきたのだから。ソクラテスは，「贅沢に暮らすポリス」（τρυφῶσαν πόλιν e3）を考察するのも，ポリスの正義と不正が生成する次第を知るために，悪くはあるまいと判断し，健康なポリスが「熱でふくれあがって」（φλεγμαίνουσαν e8）いく様子を語り始める。

　「ある人々」（τισιν 373a1）には健康なポリスでの「必需品」も生活も十分でなく，寝椅子などの家具類，豊かな食生活，華やかな装飾品，金や象牙などの贅沢品が欠かせない。贅沢な生活を手に入れるには，ポリスはさらに大きくなる必要がある。狩猟者もそうだが，画家や詩人といった模倣を仕事とする人々（μιμηταί b4），彼らに奉仕する者たち[6]，子供たちの世話をする者も必要だし，身なりを整えてくれる人も大切になる。料理の専門家，食材の提供者もポリスの住人となろう。贅沢になれば不摂生から病人が増え，医者もいる。市民の数は増加の一途をたどるのだ。

　グラウコンの要求から始まっていることからも容易に想像できるように，「ある人々」とは（彼もその一員である）民主政アテネの上流市民を指すと思われる[7]。彼らにとって当たり前の「文化的生活」を営むのに「必要なもの」が導入されているのである。すると，ポリス建設を推し

---

　　[6]　詩人の導入は後の展開にとって重要である。ホメロスやヘシオドスの叙事詩であれ，抒情詩であれ，あるいは悲劇や喜劇であれ，民主政アテネで文化の中心に位置していた具体的な詩がポリスに流入してくるのである。

　　[7]　Cf. Burnyeat (1999), 231.

進める対話のロゴスがある変容を蒙っていることに気づかれよう。少なくともここでは上流市民の「ロゴス・理性」に訴える限定付きの議論が展開されていると言える[8]。

さて、このポリスは「生存の必要」という主要原理から遙かに離れて、既に「贅沢な暮らし」のために建設されるに至っている。ここには上流市民の思い描く文化的な「幸福な暮らし」の像が反映しているからだ。このポリスが生まれたのは、ただ「生きる」だけでは満足できず、「よく生きる」ことを求めた結果なのである。「魂」という語は見られないが、「心を豊かにする」暮らしぶりがイメージされているとも言えよう。身体から魂へのこの転回が健康なポリス内の私的生活への不満から生じたという点に注意したい。「真実のポリス」の市民は公的には自分の仕事に専念し、私的には健康な生活を送りながら、公私の独立性は保たれていたように思われる。しかし「贅沢なポリス」では私的生活を「豊か」にするために、分業の原理によって職業を増やすという形で、公的領域にある変貌が生まれている。このことの含意は後に考察されよう。

(5) 戦争の発生と守護者の要請

贅沢ポリスになると、これまでの領土は小さすぎ、牧畜や耕作のためにさらに広い土地が必要になる。そこで近隣の人々の土地を切り取ると、逆に相手から切り取られもし、ついには戦争が発生する。お互いに必要なものの限度を越えて無際限に（ἄπειρον 373e1）財の獲得へと自ら（αὑτούς d9）を解放することの結果である。ソクラテスは戦争が生み出すものが善か悪かの判断を保留するが（e5-6）、戦争の発生由来だった「財の獲得への無際限な自己解放」がポリスにとって公私共に（καὶ ἰδίᾳ καὶ δημοσίᾳ）諸悪の原因となることは確言する（e6-8）。「不足と必要の原理」が侵害されているのは明らかだが、この自己解放がいかなる仕方でどんな諸悪の原因となるかは説明されない。

---

[8] この限定は、対話の聞き手と当初の作品の読み手が同様の人々であることを前提としていようが、面白いことに「真実のポリス」に比べて、今日に生きるわたしたちにとってもより身近な議論になっているのも否めない。ソクラテスがこの考察も「悪くない」と判断するのも頷ける。

第6章　公私の分離：正義論（第2-4巻）　　　　　　　　　　　143

　ところで，戦争に従事するのはどのような人々か。「市民が自らのポリスを守るべく武器を取って立ち上がればよいではないか」（cf. 374a3）と考えるグラウコンに対して，ソクラテスは，戦争は技術によって遂行されなければならないこと，一人一業の原則より生産者などの技術者が戦争に関与してはならず，むしろ戦争の専門家が必要になること，その育成には多大なる時間と気遣いを要することを順に説いていく。そしてポリスを守り敵と戦うことを仕事（ἔργον e1）とする「守護者」（φύλακες）の存在を要請するのである。

　その上でソクラテスは守護者の「生まれ」[9]（ピュシス）の特定に取りかかる。身近なため「適性原理」の適用が容易な生産者とは違い，ポリスの守護に相応しい生まれは判然としないためである。ソクラテスは血統のよい猟犬の性質を手がかりとして考察を進めていく。よく躾けられた犬は身体的には鋭い感覚をもち獲物をすばやく追跡し，捕まえて力強く戦う。この犬は気概に満ちた勇気のもち主でもあり，その魂全体（ψυχὴ πᾶσα 375b2）は恐れ知らずの不屈の固まりである。人間の守護者の場合も同様に，身体が強く，敵には気概に溢れ厳しく接するだろう。だが，身内である市民には穏やかに付き合えるのか。この問にも犬の例が役立つ。怒りっぽく優しいという相反する性格（ἦθος 375c7）が番犬（あるいは牧羊犬）には同居可能だからだ。躾のよい犬は知らない者にはひどい目にあったことがなくても吠えるが，知っている者にはかわいがってもらった経験がなくても愛嬌をふりまく。ソクラテスはこのような生まれの状態を真に「哲学的」と呼ぶ。その見かけを学び取るか知らないかで身内か敵かを判別し，本来性（οἰκεῖον）と異他性（ἀλλότριον）を知と不知で区別するものは学びを愛するもの，すなわち，知を愛するものであるから。それゆえ，守護者も身内の見知った者に対して穏やかであろうとするなら，生まれにおいて知を愛し，学びを愛する者でなければならない。結論はこうなる。ポリスのすぐれた立派な守護者たらんとする者は，生まれにおいて知を愛し，気概に溢れ，すばやく力強くなけれ

---

[9]　この箇所のφύσιςは「生まれ」と訳されるが，ἦθος（375c7）と言い換えられるように，後天的に備わる性格を意味してもいる。この二面性は犬の形容に用いられるγενναῖοςが「血統のよい」と「躾のよい」の両方を意味することとも関係している。「生まれ」が何かについては，後に「金属の神話」において明らかになる。

ばならないのである[10]。

このように守護者はこれまで同様「一人一業の原則」に基づき導入されるが、公的役割が最大である（μέγιστον 374e1）だけに、生まれの記述についても詳細を極めている。但し、犬の比喩からもわかるように、守護者はあくまで主人たるポリスとその市民のために働くのであり、何か自分自身の私的利益を求めているわけではない。この点は後に問題にされよう。

2　初等教育論（第2・3巻）

次いでソクラテスは守護者の養育・教育の仕方を考察することが、ポリスの中に正義と不正が生まれてくる次第を知る役に立つと述べ、建設中のポリスで行われる教育のあり方について詳述し始める。この議論は、子供たちの中から守護者になるべき者を選抜する意図をもちながらも、同時に、ポリスの子供がどのように教育され市民となっていくのかを明らかにしているという意味で、市民教育論であり公教育論であると言える。この節では、ソクラテスが語る教育論の核心部分に絞って、子供が市民になることの意味がどう捉えられているのかを見ていきたい[11]。

第2・3巻の教育論は子供——乳児から青少年までを含む——が成長過程で様々なことを蒙りながら性格形成していく仕組みを説明する初等教育論である。ソクラテスはまず、ギリシアの伝統的な教育方法に則って[12]、子供に最初に与えるべき教育は体育ではなく音楽・文芸

---

10) ここの箇所で用いられる「哲学的」（φιλόσοφον, cf. 375e9, 376b2, 9, c2, 4)「気概的」（θυμοειδές cf. 375a11, b8, c7, 376c4）といった魂を形容する表現は、明らかに、後に導入される「魂の三部分説」の「理知的部分」（λογιστικόν)「気概的部分」を先取りしている。だが、ここの「魂」がまず犬の魂として導入され、人間と関係する限りで、その性格が語られている点に注意したい。同様に、人間の魂の場合も、ポリス内での役割と関係する限りで、その性格が捉えられており、ポリスと原理的に独立した「魂」それ自体の議論とみなしてはいけない。

11) 音楽・文芸の後で体育が考察されるが、省略する。体育教育については、高橋 (2010)、263-77 の綿密な考察を参照。

12) 古代ギリシアの伝統的教育については、Marrou (1948); 邦訳 (1985) に詳しい。ま

(μουσική) であり，中でも作り話・物語（μῦθοι）を語り聞かせることだとする（376e-377a）。こうした物語を，幼年期（παιδία）には乳母・母親や老人・老婆が，成長してからは詩人たちが話して聞かせるが，聞く側の子供たちの方は徹底して受動的である（377c-378d）。次にソクラテスは初等教育の重要性について（一般化した言い方だが）こう説明する。

> T3 377a11-b2: 知っての通り，どんな仕事でも，はじめが最も重要で，特に何であれ若くて柔らかいものにとっては，そうではないか。なぜなら，特にその時期にこそ形成されるのだし，それぞれの者に人が捺そうと望むままの型がつけられるからだ。

物語を聞くことでそこに含まれる型（τύπος）が子供に刻印され，そのようにして魂の造型がなされるのだ（cf. πλάττειν τὰς ψυχὰς αὐτῶν [sc. παίδων] τοῖς μύθοις 377c4-5）。そしてこの「型」はすぐさま「ドクサ・考え」と言い換えられる。

> T4 377b4-8: では我々は次のことをそう簡単に許してよいものだろうか——偶々出会った者によって偶々作られた物語を子供たちが聞いて，成人後に彼らがもたねばならないと我々が思うようなドクサとは，大抵の場合反対のドクサをその魂において受け取るのを。

物語を通じて外から入ってきたドクサは子供自身のものとして内化し「型」として定着する[13]。教育論は次いで，性格のよさ・徳を生み出すのに役立つドクサを含んだ物語を残し，悪しき性格・悪徳を形成すると予想されるドクサを含んだ物語を削除していく（377d-392c）[14]。

た，本書第1章で考察したプロタゴラスの教育論と類似している事実に注意したい。
 13) Cf. Lear (1992), 184-215, (1993), 137-59; 関村（1997）．
 14) いわゆる「詩人追放論」であるが，ここではその詳細に触れない。栗原（2013b），193-209参照。ロゴスで建設中のポリスが現に存在しているポリス・アテネと重なり合っているのに気づかれよう。取り扱われる徳は順に「敬虔」（377e-386a），「勇気」（386a-389b），「真実」（389b-d），「節制」（389d-392a; 390d以下は金銭欲からの「自由」も含む）である。「正義」は人間に関わる規定として特徴づけられるが，正義の考察途中であるため現時点では

物語の「内容」の議論に続いてソクラテスは、それがもつに相応しい「形式」について考察する（392c-398b）。そこでの議論が教育論との関係で読まれるべきならば[15]、ソクラテスは、学習の原初的形態である〈模倣〉を若者たちがどう遂行すべきかに関心を向けていると言える。彼によれば、若者は「彼らに相応しいもの、すなわち、勇気ある人々、節制ある人々、敬虔な人々、自由な人々、そして全てそのようなことを早く子供の頃から真似すべきであって、逆に賤しい性格の物事は、実際に行ってもならないし、それを真似るのが上手な人間であってもならない」（395c4-7）のである。指針なくして、若者は、言葉遣いでも振る舞い方でも、誰であれ何であれ、生活の中で手当たり次第出くわすものを真似しがちである（cf. 396a1-4; 377b4-5）。では模倣は若者に何を生み出すのだろうか（cf. 395c8-d3）。

次の引用はこの問に直接答えたものではないが、若者の性格形成にも応用できる。

> T5 396d3-e1: 自分自身に相応しくないような人が登場する場合には、節度ある人は（…）本気で自分をより劣った人に似せようと意図せず、そうすることを恥じるだろう。それは一つには、そのような人を真似ることには慣れていないからでもあるし、一つにはまた、自分が心で軽蔑しているような、より劣悪な人たちの型（τύπους）に自分をはめこんで形づくるということを、嫌悪するからでもある（…）。

ここでは、模倣が自己を「型」（τύπος）へとはめ込み形づくることと理解されている。この理解が学習の初期形態である模倣にも当てはまるならば、それは「型」の内化と言えるだろう。「型」は先にドクサと言い換えられていたのだから、模倣はドクサの内化でもある。模倣対象に含まれるドクサもしくは「型」の内化を通じて、若者の性格は形成されていくのである[16]。

語り得ないとされる（392a-c）。
15) Cf. Havelock (1963), 20-35; 邦訳 (1997), 137-51; 関村 (1997), 58-83.
16) 抒情詩と音楽の考察が続く。抒情詩のリズムと調べは若者の美・醜の感覚——好

以上から，少年期の性格形成に関して周囲から蒙る影響の大きさがわかる。子供は物語を聞くことを通じてドクサを内化させ徳や悪徳の所有へと習慣づけられ，若者は模倣により周りの人々に自らを似せていく。この点に関しては，青少年が物語や模倣対象を自ら選択することはないという意味で，その受動性が強調されている。彼らは，少年時代から偶々出会う人々や出来事を見聞・模倣するよう強いられるのだ[17]。ソクラテスのこの語りからは，子供・若者が自己の規範を熟慮し選択するとは解釈できまい。いわば一方的に周囲で支配的なドクサが子供・若者に刷り込まれ，性格が決定されていくのである。
　さてこの教育論は公私の問題にどういう光を当てているだろうか。まず明らかにされているのは，ポリスで支配的なドクサが公的規範（型）として子供に注入され，子供がポリスにとって有用な市民となっていく仕組みである。徳を備えた「よい人」の像は既に市民たちの間で共有されている。ポリスへの新規参入者である子供は物語を通してそうした像を刷り込まれ，成長してからは模倣を通して徳ある性格を形成して有徳な人になっていくのである。そのためこの教育論は市民教育論であると同時に，道徳教育論でもある。
　それゆえ，道徳教育に物語の作り手である詩人が果たす役割は大きい。乳幼児の教育が「家」で行われるとしても，乳母や母親が語り聞かせる「小さな物語」には詩人たちの「大きな物語」と同じ型・ドクサが存在するため（cf. 377c8-d2），結局は詩人による教育と同じ効果が生じることになる。そのため教育に関して公と私の区別はさほど重要ではない。公的規範である道徳は「家」の中から叩き込まれるのである[18]。
　したがって，公私において教育される「魂」についても，市民として

き・嫌いの感覚――を養う。リズムと調べの美醜は歌詞（言葉・ドクサ）のそれに基づき，歌詞の美醜は魂の性格のそれに基づくので，性格が善く美しく形づくられるためには，まず優美なリズムと調べを抒情詩に表現しなければならない。現行の醜悪で複雑なリズムや多種多様な脚韻を備えた抒情詩の制作を許してはならない（398b-403c）。

17）この〈強制力／暴力性〉はドクサがムーシケーを通して「気づかれぬまま（λανθάνειν）」（cf. 401c2, 8, 424d2）青少年の中に入り込んでくるという事実に最も顕著に認められる。また確かに401e-402aには，ロゴス・理を獲得する以前の若者が自ら美・醜を感知するとあるが，美・醜の規準がムーシケー教育を施すものに基づく点で，この感知に積極的な自発性を読み込めない。

18）本書第1章第3節（2）参照。

の自己を表すにすぎない。仮に「家」内部で通用する規範がポリス内の道徳と対立するようなことがあれば、ポリス市民（公民）と区別された私人としての自己理解が見出されようが、市民教育＝道徳教育を論じるこの議論の中では二種類の規範の対立は存在しない。この点は「ポリスと魂の類比」の方法から帰結することでもある。

　最後に、この教育論について特筆すべきは、この議論からポリス建設が「理想的ポリス」の建設へと変貌を遂げているという点である。すなわち、ロゴスによって理性的に構想されたあるべきポリスへの変貌である[19]。これまでは「最も必要なものだけのポリス」「真実で健康なポリス」「熱でふくれあがった贅沢ポリス」の建設が順になされてきたが、教育論の開始と共にソクラテスとその対話者たちが「立法者」（νομοθέτης）として教育に関わる法の制定に乗り出すと[20]、その法を基礎とした「理想的ポリス」の建設も同時に始まるのである。音楽の規範を決定していく過程でソクラテスは次のように言う。

　　T6 399e4-7: さっき贅沢に暮らしていると言ったポリスを我々は気づかぬ内に再びすっかり浄化した（διακαθαίροντες）ことになるのだ。（…）さあでは残っている部分も浄化することにしよう。

　理想的ポリスは法の制定を通じて「熱でふくれあがった贅沢ポリス」を浄化することで生まれるが、これは取りも直さず、適切な音楽・文芸（ムーシケー）と体育の教育を受けて、魂に節制と勇気を調和した形で備えた守護者の誕生を意味する（cf. 410e-411a）。そしてその守護者からさらなるテストを通じて選抜された「完全なる守護者＝支配者（ἄρχοντες）」が残りの「補助者（ἐπίκουροι）＝援助者（βοηθοί）」と共に、外からの敵と内なる友のためにポリスを守護することになる[21]。ポリス内に支配者・

---

19) 今後、教育論と共に構想され出した「あるべきポリス」に「理想」という言葉を冠して「理想的ポリス」と呼ぶことにする。日本における『ポリテイア』篇の受容と「理想」という語の緊密な関係については納富（2012）が丁寧に解明している。

20) 法の制定を表す語の初出は398b3だが、そこでの「最初に戦士たちを教育しようと試みたときに制定した（ἐνομοθετησάμεθα）型・規範」が379aから始まる型・規範の制定を指しているのは明らかである。

21) 支配者となる者は子供時代から①記憶力があり騙されにくいこと（413c8-d1），②

補助者（戦士）・生産者という市民の三区分が確立するのである。

3 〈市民の誕生〉をめぐる物語（第3巻）

『ポリテイア』第3巻末尾で，ソクラテスは初等教育論を締め括る神話を物語る（414d1-415d4）。

> T7 414b7-c2: 我々は必要のために生じる虚偽——それについては先程語っていたのだが——の内で，何か一つ生まれに関する虚偽を語って，とりわけ支配者自身を説得し，さもなくば，他の市民を説得するようなどんな工夫があるだろうか。

この「生まれに関する虚偽」（γενναῖον ψεῦδος）[22]である物語はフェニキア産（Φοινικικόν τι）とされ[23]，古くから他の様々な場所で語られてきたのだが，アテネでは異なり，説得には多大な努力を要するとされる（414c4-7）。こうした事情からソクラテスが躊躇いつつも語り出す物語について考察したい。市民の公的役割がどのようにして決まるかが問題になっているからである。

(1) 〈市民＝同胞〉説
ソクラテスがまず守護者自身を，それから他の市民たちを説得しようとする物語はこれまで詳述されてきた養育と教育に関わっている。守護者に対する説得はこうだ。

労苦・苦痛・競争に打ち勝つこと（d3-4），③恐怖や快楽に負けないこと（d6-e1）を示す三種類のテストに合格しなければならない。重要なのは，そのような人は自分自身（αὑτοῦ e2）とムーシケーのすぐれた守護者となり，自分自身（ἑαυτῷ e5）とポリスにとって最も役立つ人となると語られていることである。ここでの「自己」（cf. ἑαυτόν e4）も，ポリス的役割や市民教育との関係で語られている限り，ポリス市民としての「自己」が考えられていると思う。

22) 通常 γενναῖον は noble と訳され「高貴な嘘・虚偽」が問題になっているとされる（e.g. Grube (1992), 91; Rowe (2012), 118）が，これが同時に「生まれに関する嘘」であることは注意さるべきである。LSJ (1996), 344, の第一義は true to one's birth or descent である。

23) 「テバイ神話」と呼ばれる建国神話。テバイを建国したカドモスはフェニキア出身。

――君たちが蒙り，自身をめぐって生じていると「思っていた」（ἐδοκοῦν 414d5）ことはどれも夢のようなものであって，真実のところ，君たちはあのとき大地の下で形づくられ（πλαττόμενοι d7）養われ，武具もその他の道具もそこで製作されていたのだった。全てが完成したとき，母なる大地が君たちを送り出した。その結果，君たちは今いる土地を母であり養い手であるかのように考慮し，敵が攻めてきたならその土地を守り，あたかも同じ大地から生まれた兄弟であるかのように他の市民のためにいろいろと思考をめぐらすことだろう[24]――。

　神話の始まりはこうして守護者たちの「出生」を物語る。教育は全て誕生以前の夢のような出来事にすぎなかった。また新たなる血縁関係も発見され，自分たちが今暮らしている土地（＝ポリス）が母で，そこで共に生活している市民は皆同じ腹から生まれた同胞だったのだ。こうして自己のアイデンティティが新たに語り直されていく。この出生譚が，守護者がポリスと市民を守護する理由を語っていることに注意したい。ポリスの公的な仕事が，誕生と養育を司る「家」の倫理によって説明されているのである。守護者にとって公と私はこの時点で一致していると言える[25]。

(2) 金属の神話

　次いで神話はヘシオドス『仕事と日々』（109-201）のモチーフを借り，金・銀・銅・鉄の四種類の金属になぞらえて市民の区分を語り出す[26]。ポリスに暮らす者は皆兄弟である。神は各市民を形づくりながら（πλάττων 415a3），誕生時に，支配の力をもつ者に金，補助者には銀，農夫やその他の職人には鉄や銅を，それぞれ混ぜ合わせたのである。どの種族の人々も種族を共にしているのだから，大抵の場合，自らと似た人々を生むことになるのだが，時に，金から銀の子供が生まれてきたり，銀から金が生まれてきたり，他にも全てお互いからそのように生まれてきたりするだろう。

---

24) Slings (2003), 128 と同様に，δὴ (414e2) で読み，βουλεύεσθαι (e3), ἀμύνειν (e3), διανοεῖσθαι (e5) は πείθειν (d3) の目的語とみなす。Cf. Slings (2005), 56.
25) 第3章『メネクセノス』論参照。
26) 二つの神話の関係については，Schofield (2006), 284, 290 参照。

第 6 章　公私の分離：正義論（第 2-4 巻）　　　151

　これはある意味驚くべき展開である。第二世代以降の誕生を語る神話のこの部分では，いわば血縁関係の絶対性が否定されているのだ。微妙な言い廻しに注意しよう。「種族を共にしている」（συγγενεῖς ὄντες 415a7）という表現は父子の血縁関係を文字通り表すもので，例えば，支配者の父が子供を生む場合，両者は支配者という種族を共にしていると言える。だが，金の父から金の子供が生まれたと言えるわけではない。その後，子供は教育を受けて，多くの場合，支配のはたらきを見事に発揮させる徳を備えた支配者になるが，その際はじめて支配者たる父親が自身に似た者を「生む」（γεννῶτε b1）と語られ，金の父から金の子供が生まれると言えるのである。つまり，地下における教育の効果に応じて，人はそれぞれの仕事に相応しい金属（＝徳）を与えられて，固有の種族に属し「生まれる」のであり[27]，この神話によると，人間は二度生まれる———一度目は親から肉体的に独立した存在として（＝「第一の出生」），二度目は社会的役割を担った者として（＝「第二の出生」）———ことになる。二度目の誕生は養育・教育を受けた結果を意味する。そうであれば，「第一の出生」時にどの種族に属そうが，教育によって備わる能力に違いが生じるため，結果として「第二の出生」時に親と社会的役割が違ってくることも十分ありうるわけである。

　またそうであれば，この神話は初等教育が原則的には「第一の出生」で生まれてくる子供全員に与えられることを含意している。公的教育の機会の平等である。神が市民を「形づくる」（πλάττειν, cf. 414d7, 415a3）と物語られているが，これは，ソクラテスたちが制定した規範・型（νόμος, τύπος）に従って実施される，ポリス全体による教育が子供たちを市民へと形づくっていくことを意味しよう[28]。親が誰であろうと子供は同じ教育を受け，その中で彼らの社会的役割が徐々に定まっていくのである。

(3) 神の命令と「生まれ」の意味
　かくして神は支配者に「第二の出生」時の種族判別を命ずるが，この

---

[27]　金属が徳の象徴であることについては，『メネクセノス』篇 247b5-7 とその箇所に対する第 3 章第 3 節（1）の考察を参照
[28]　その意味で，この単数形の「神」は法を制定するある知的な力の神格化である。

識別能力はすぐれた守護者になるには何よりも大事になってくる。まず子供の魂の内にどの金属が混ざっているかを見定めること，自分の子供に銅・鉄が混ざって生まれてくる場合，憐れむことなく，その「生まれ」(φύσει 415c2) に相応しい職務を与え，職人や農夫へと押しやること，逆に，職人や農夫から金や銀が混ざった者が生まれてくる場合，それぞれ守護者や補助者にすること——鉄や銅の守護者がポリスを守護する場合，ポリスは滅んでしまうとの神託を授かったかのようにして——以上が神の命令である (cf. 423c-d)。

種族間の流動性が強調されても，これはあくまで「第二の出生」の話である。それゆえ，「生まれ」(ピュシス)は教育の結果備わる能力を意味し，その能力に相応しい公的仕事・役割が決まってくるのである。本章第1節の議論を想い出そう。そこでは「適性原理」によって人々の仕事が定まっていた。教育論を経ることによって，人々のもつ「生まれ」は「第一の出生」において予め決定されておらず，教育を経て獲得されるものと理解し直される。「あるべきポリス」の建設開始以来，「適性原理」が関わるのは「第二の出生」であり，「生まれ」は公的役割としての「仕事に適した性格」を意味するのであった。

(4) 神話の受容

最後にソクラテスが人々にこの神話を信じさせる手立てがないかと訊ねると，グラウコンはこう答える。

> T8 415c9-d1: これらの人々自身がいかにして納得するに至るかということであれば，工夫のもち合わせは全くありません。しかしながら，彼らの息子たちやその次の世代の人々，またその後に続く人々であれば，大丈夫でしょう。

グラウコンの答は示唆的である。現にソクラテスたちが教育を施してきて大人になった支配者は（さらにはその他の市民も）自分たちの存在の起源を十分承知している。彼らにとって，ポリスの建設と共に進行していた教育のプロセスは決して「夢のような」出来事ではなかったのだ。しかし，後の世代になると，既にポリスはできあがっており，その起源

第 6 章　公私の分離：正義論（第 2-4 巻）　　　153

についてはもはや想像の対象となっている。起源を語る「ポリス建設の神話」が確固とした像として親の世代で既に「岩盤」化してしまっているなら，その子供たちはその神話を鵜吞みにする形で受け入れ，その上で生活するしかない[29]。市民たちは同じ母なる大地から生まれた同胞であること，支配者は支配者としてポリスと市民を守護するのは当然であること，市民の生まれは神から与えられた金属によって決まっており変えられないこと——こうした神話を人々は生の基盤として確信しきっており，仮に何かを疑うとしても，疑うことそれ自体がその基盤の上で行われる限り，基盤自体を疑う術(すべ)を人々は端からもたないのである。

4　守護者の「幸福」（第 3・4 巻）

　神話に続いて，ソクラテスはそのようにして生まれた守護者がどのような生活を送るのかを語っていく。その質素すぎる暮らしぶりに驚いて，アデイマントスは守護者が全く幸福でないと疑問を呈するが，ソクラテスはポリス全体のことを考えるよう注意を喚起する。この一連のやり取りは，公のあり方について考えるヒントを与えてくれるだろう。

(1) 守護者の暮らし

　ソクラテスは守護者（とりわけ補助者たる戦士）をできるだけすぐれた者にする仕方について「分別ある人」（τις νοῦν ἔχων 416c5）の考えを紹介していく。まずは，守護者をポリスの法に従わない内なる敵に対処し，かつ，外敵の攻撃を防御でき，さらに神々への犠牲式を執り行える場所に住まわせる。そして彼らの住居は夏の暑さと冬の寒さに耐えられるだけの質素なものでなければならない。金儲けにいそしむ者たちが暮

---

[29]　岩盤化した「神話の体系」をプラトンは φήμη (415d4) と表現している。この φήμη について Adam (1963a), 197 は「民の声」(vox populi) であって神託ではないと註記するが，その「民の声」が疑いを越えて共有されて共同体の基盤を形成する「神話」である限り，LSJ (1996) で第一義とされる「神に由来する神託のような言葉」という側面を備えている。解釈のこの部分は大学院時代に学んだ丹治 (1979) や関口 (1998) から発想の刺激を受けている。「岩盤」や「神話の体系」はウィトゲンシュタイン『哲学探究』217,『確実性の問題』95, 97 から借用した。

らすような家に住まわせると，あたかも羊を守るべき牧羊犬が狼に変身して群れに襲いかかるようになるからだ。他の市民に対して穏和であるよう，金銭への欲望を抑える教育を施して，最善の守護者に育てねばならない。

次に，守護者の暮らしからは「私的なもの」（ἰδίαν 416d6）が排除される。万やむを得ない分を除けば，財産も住居も財宝も私有は許されない。生活必需品に関しては，節度を保つ勇気ある戦士が必要とする量ですませ，守護の報酬として他の市民から最低限与えられる。共同食事を常とし，共同生活を営む（κοινῇ ζῆν e4）。金銀については，神から与えられたもの（徳）を魂内に所有しているから必要としない。

以上の暮らしが守られれば，守護者は救われるし，ポリスを救うことになるが，私的に（ἰδίαν 417a7）土地・家・金銭を所有したりすると，家財管理人や農夫になってしまうし，市民の敵となって憎しみ合い，陰謀を企みながら一生を送ることになる。外敵よりも内なる敵を恐れ，ポリス全体を滅亡に限りなく近づけてしまうのだ。そうならぬように暮らしに関する法の制定が必要だろう。

さて，守護者の暮らしは私有財産（土地・家・金銭）が徹底して排除されている点に特徴がある。一旦私有財産を認めると，すぐに現状への「飢え」（λιμοῦ 416a4）が生じ，悪しき習慣（κακοῦ ἔθους a5）から放埒（ἀκολασίας a4）になって本来の仕事を忘れ，守るべき市民に悪行を加えてしまう。ここで大切なのは，私有財産の排除が「ただしい教育」（ὀρθὴ παιδεία, cf. c1）に加えて（πρὸς τοίνυν τῇ παιδείᾳ ταύτῃ c5）課されるべきものと語られていることだ。例えば，人間を魂の奥底から放埒へと突き動かそうとするプレオネクシアを抑制するには「ただしい教育」だけでは不十分だと表明されているのだろうか[30]。教育内容が不明である点と共に，この点に留意しておこう。

また私の排除は裏返せば公への専念に他ならない。守護者は共同食事などの共同生活を送る。守護者は一体となって，他の市民から与えられる報酬で暮らしながら，自分の仕事をこなしていく。こうした禁欲

---

30) プレオネクシアなる欲心は，外的な「もの」の飽くなき追求ゆえに，自己の規を越えていき，自己を破壊する衝動として働く。この問題については，「真の僭主」を扱う第10章第3節参照。

第 6 章　公私の分離：正義論（第 2-4 巻）　　　155

的生活が守護者だけのもの（cf. μόνοις αὐτοῖς [sc. φύλαξι] τῶν ἐν τῇ πόλει 417a2-3）であり，他の市民には当てはまらない点が強調されているのも見逃してはならない。一般市民の生活については守護者のそれとの対比で想像されるのみであり詳細は語られない。

(2) アデイマントスの疑問

以上の暮らしの描写にアデイマントスは疑問を抱く。ソクラテスは守護者を全く幸福（εὐδαίμονας 419a2）にしていないと訴えを起こす者も出現するのではないか。ポリスは真実のところ守護者のものなのに，ポリスから他の市民が授かる恩恵（ἀγαθόν a4）すら自らは受けていないのだから。アデイマントスが列挙する恩恵とは土地，屋敷，家具調度品，神々への私的な（ἰδίας a7）犠牲，客人のもてなし，金・銀，その他至福であろうとする人々に備わると信じられている（νομίζεται a9）品々である。守護者はこれらを欠いて公的な仕事を黙々とこなしているだけではないか。

すると被告ソクラテスは告発事項をすすんで追加する。守護者は望んでも，私費旅行（ἀποδημῆσαι … ἰδίᾳ 420a5）もできないし，遊女(ヘタイラ)に金を与えることもできない。また幸福だと「思われている」人たちが消費するようなことを望んでも無理である。前提となる潤沢な私有財産を欠くからだ。守護者は「よい」と思われているものの私的な所有と消費が全面的に禁じられた暮らしを営まねばならない。

ではなぜ守護者の暮らしぶりが告発理由になるのだろうか。それは，一つにはこれまでのポリス建設が上述の財の私的所有と消費を認めていたからだと言える。例えば，家具調度品（κατασκευήν 419a6-7）の寝椅子や食卓は先に贅沢ポリスへと拡張する際に「一般に当然と信じられているもの」（ἅπερ νομίζεται 372d8）として所有が許可されていたのである（κλῖναί τε προσέσονται καὶ τράπεζαι καὶ τἆλλα σκεύη 373a2）[31]。加えて，よそのポリスの支配者・僭主なら当然至極なこと[32]が許されていないのも不満の種となりうる。守護者の質素すぎる私的な暮しぶりに着目した，ソクラテスへの告発はこうした「幸福」について

---

31)　「ヘタイラ・遊女」については ἑταῖραι（373a3）参照。
32)　クセノポンの『ヒエロン』参照。

の常識的見解（δοκοῦντες 420a7）を反映している。

　さらに他方，幸福の形式的理解について言えば，やりたいことが何でもできて，欲望・願望（βούλεσθαι, cf. 420a5, a6）が満たされれば幸福であるとの「幸福＝欲求充足」説が前提とされているように思われる。「ギュゲスの指輪」でも含意されていたこの説を支える人間観からすれば，ポリスを支配する公的権力（ἐξουσία）を所有しているのに，それを「幸福」のために行使しないのは理解不能である（cf. 419a3-5）。

　こうしてソクラテスの考えは，守護者にその公的貢献に相応しい私的な「幸福」を与えるべきという，これまでの議論を踏まえた厳しい告発に曝され，弁明を余儀なくされるのである。

（3）全体の幸福と部分の幸福

　ソクラテスの「弁明」（cf. ἀπολογησόμεθα 420b1）はあくまでポリス全体の幸福を優先するという方針に沿ったものになる。最初に彼は「（これまでと）同じ途を進めば，語られるべきことを発見すると思う」(b3-4) と述べて[33]，「（いわゆる「よいもの」を欠きながら）これらの人々（守護者）が最も幸福であるとしても何ら驚くに値しないだろう」(b4-5) と仄めかしつつも，実際にはポリス建設の目的に沿った説明を与える途を択ぶ。その目的とは，一つの階層だけが際立って幸福になるのではなく，できる限りポリス全体が幸福になることだった。なぜなら，そうしたポリスにおいて正義を発見でき，最悪の仕方で治められているポリスにおいて不正を発見できると考えられていたからだ。ところで，ソクラテスはこう語るが，ポリス全体の幸福とポリスの正義の関係について，そうはっきりと宣言されていたわけではない（cf. 369a6, 371e11, 372e4-6, 376c-d）。とは言え，正義と幸福の関係は第 1 巻から問題になってきたため，「ポリスの正義はポリスの幸福を生む」との想定も大目に見よう。重要なのは，類比の方法によってポリスの正義が魂の正義から区別されてきたように，ポリスの幸福も公的幸福として私的な「幸福」と原

---

[33]　「同じ途」（τὸν αὐτὸν οἶμον）は，「ポリスと魂の類比」の方法と解する。現段階の途の歩みは理想的ポリスの建設途上にあるため，公的要素が重要視される。Adam (1963a), 206 参照：" The 'way' is simply that each class must do its own appointed work, if the city is to be happy and harmonious whole."

則区別されるべきで，その実質たるポリス市民全員の幸福も本来各市民の私的財の所有と消費にはないということである。

　ソクラテスはこの事情を人間の彫像に彩色する比喩によって説明する（420c5-d5）。彫像に色を塗っているとき，「なぜ人の一番美しい部分である目に一番美しい紫の顔料を用いず，黒く塗ったのか」と文句をつける人に対する適切な「弁明」（ἀπολογεῖσθαι 420d2）はこうなる。「目が目に見えなくなるほど目を美しく描いてはいけないのであって，他の部分にしても，それぞれに相応しい色（τὰ προσήκοντα d4-5）をあてがって全体を美しくしなければならないのだ」。部分は全体あっての部分である。全体の中での役割を度外視して部分の美しさを強調しすぎると全体の美しさが損なわれる。部分には全体の美のために相応しいあり方があり，その相応しさを失うことは，部分がもはや部分として機能しないことを意味するのである。この比喩は，色の色としての「固有の（ἴδιον）美」と全体と調和する「相応しさ（προσῆκον）の美」を対比させながら，美しい人全体の描きを目的とする人物像の彩色では，後者の美が求められ，前者の存在価値が括弧に入れられることを示している。美しさを幸福に変えて考えると，守護者とポリス全体の関係もよりはっきりするだろう。

　まず，部分と全体の関係は農夫や陶工といった生産者の場合にも当てはまる。生産者に贅沢三昧を許して快楽のために好き勝手にやらせて私的に「幸福」にしたら，ポリス全体が幸福になるという目的も達成されるだろうか。いや，この場合，農夫は農夫でなくなり，陶工は陶工でなく，その他の生産者も相応しい仕方でポリスを構成する特性（σχῆμα 421a2）を失ってしまい，ポリスの幸福もあり得ないだろう[34]。

　ポリス全体のよき統治と幸福の要（καιρός, cf. 421a9）である守護者の場合，事態はより深刻である。先に（2）で見たように，贅沢な暮らしのために法とポリスを守るという本来の仕事を放棄した「見せかけの守護者」はポリスを滅ぼしてしまうからだ。大切なのは，ポリス全体が幸福であること，支配者・補助者をはじめとして全市民が「自分の仕事」（τοῦ ἑαυτῶν ἔργου c1）のできるだけ最上の作り手となること，

---

[34]　高橋（2010），101-108 は金銭・富に対するプラトンの関心からこの箇所を読もうとする。

そしてポリス全体が成長して見事に建設されれば，自然（ἡ φύσις c4）が各階層に幸福の分け前を与えてくれるよう任せることである。

　以上，ソクラテスの「弁明」は各階層が「自分の仕事」に専念することの重要性を強調する。生産者については，仕事に支障のない程度の私的な贅沢は許されようが，守護者の場合は，私有財産もその他の娯楽も認められず公的役割に徹しなければならない。しかしそのことによって，ポリス全体の幸福に貢献するばかりでなく，自らの存在も確保されることになるのである。自分の仕事をしない場合は「自己」が消失し，そもそも「自分の幸福」を云々することも意味がなくなるのである。かくして，自分に相応しい公的はたらきを見事に発揮することに公的な「幸福」があるという点では，徳の主題化は未だなされていないとしても，第１巻末で議論された徳と幸福に関する理解が反映しているとも言えるだろう。ポリスと魂の類比の方法に基づいて考察している限り，現段階では正義と幸福を公的に取り扱うべきであり，安易に私的な要素を導入してはならないのである。

(4) ポリス建設完了まで

　次いでソクラテスは，ポリスの建設者・立法者（νομοθέτης, cf. 427a4）として守護者に次々と命令を下しながら，ポリス建設に関わる最後の仕上げをしていく。おおよそ五つの事柄が問題になっている。第一に，守護者は富と貧困に気をつけ，市民が自己自身と自分の仕事について怠惰で無配慮（ἀργὸς … καὶ ἀμελής 421d7）にならないようにすべきだ。第二に，守護者は戦争については，巧みな拳闘士のように，二つ以上のポリスを相手にして，外交も用いながら戦うべきである。内部分裂したポリスはもはや単一のポリスとは呼べず，複数のポリスを内在させているために組しやすいだろう。第三に，守護者はポリスを適正な大きさにとどめる工夫をすべきである。第四に，養育と教育には特別に配慮し，音楽・文芸（ムーシケー）と体育の規範を守るよう努めなければならない。教育が保全されたらポリスの体制（πολιτεία 424a5）はうまく走り出し成長するだろうし，習俗の法規定も必要なくなるだろう。最後に，宗教に関する法については，デルポイのアポロンに相談して決めてもらうことにしよう。

第 6 章　公私の分離：正義論（第 2-4 巻）

かくしてソクラテスは「アリストンの子よ，君のポリスはもはや建設が終了したことになるのだ」（427c6-d1）と高らかに宣言するのである。

5　公的な徳（第 4 巻）

　ここに至ってようやくソクラテスたちは正義の発見に挑むことができる。まず取り掛かるべきはポリスにおける正義である。第 5 章第 2 節で明らかにしたように，彼らは「ポリスと魂の類比(アナロジー)」という方法に則り，ポリスの正義と魂の正義を明確に分けた上で，ポリスをロゴスによって建設しながら，最初にポリスの正義を発見しようとしてきたのである。復習を兼ねてこの点を確認しよう。

1. 「ポリスが生まれてくる次第をロゴスによって観察するなら，我々はポリスの正義と不正が生じてくることもまた見ることができるのではないか」（369a6-8）
2. 「では一体それ〔必要なものだけのポリス〕のどこに正義と不正があるだろうか」（371e11）
3. 「そういう〔贅沢な〕ポリスをも調べてみると，おそらく正義と不正がいかにしてポリスに生まれてくるかを見ることができるだろうから」（372e4-6）
4. 「果たしてそのこと〔守護者の教育〕を我々が考察すれば，全てをそのために考察している目的——いかにして正義と不正がポリスの内に生じるか——に役立つことになるか」（376c9-d2）
5. 「人間についてそうした議論が語られねばならないということに関しては，正義がどのようなもので，その所有者に——そのようであると思われようと思われまいと——本性上得になると我々が発見した場合に同意することになるだろう」（392c2-5）
6. 「我々はそのような〔最も幸福な〕ポリスにこそとりわけ正義を，また最悪の仕方で治められているポリスにこそ不正を発見するだろうと思ったからだ」（420b8-9）
7. 「一体〔このあるべきポリスの〕どこに正義があり，どこに不正

があるか，両者は互いにどう異なっているか，また幸福であろうとする人が，全ての神々と人間に気づかれようと気づかれまいと，どちらを所有していなければならないのかを何らか見て取ろうとするならば……」(427d3-7)

　ポリスの建設目的がポリスの正義と不正の発見であることが宣言された後（= (1)），最も必要なものだけのポリス（= (2)），贅沢ポリス（= (3)）の建設が順次なされ，正義と不正の在処が問われる。守護者教育の考察についても目的はあくまでポリス的正義と不正の生成過程の理解にあり（= (4)），贅沢ポリスが浄化されて「理想的ポリス」が一応の完成をみた際にも，その発見が期待されている（= (6) (7)）[35]。このように終始一貫してポリスにおける正義が探究対象（τὸ ζητούμενον 428a6, cf. a4）だったのだ。

　さて今や，ポリスはただしく（ὀρθῶς 427e7）建設されたのだから，そのポリスは完全によきもの（τελέως ἀγαθήν e7）であることが期待できる。そうしたポリスは知恵・勇気・節制・正義の諸徳を備えているのが明らかなので[36]，その内部にある徳を一つずつ発見していこう。最初に正義を知り得たら，それで十分だし，他の三つが認識されても，残りの一つという形で特定されるだろう。この方針に沿って，ソクラテスたちは以下，知恵・勇気・節制・正義の順でポリスにおける諸徳を発見していく。諸徳の特徴をまとめていこう。

(1) 知恵（σοφία）(428b-429a)

　ロゴスで建設されたポリスが「知恵ある（σοφή）ポリス」(428b4)と呼ばれるのは，「よき熟慮」（εὐβουλία b7）という一種の知識によってよく熟慮する（εὖ βουλεύονται b8）からである[37]。だがポリスは，

---

35) 但し (5) と (7) 後半は直接「グラウコンの挑戦」を引き受けているため，ソクラテスの方法的戦略から事実上逸脱していると言える。
36) なぜこれら四つに限定されるのだろうか。例えば，敬虔の徳はどうなるのか。自由も徳と数えられることもある。
37) 「よき熟慮」（εὐβουλία）については，悲劇やトゥキュディデスの使用に加えて，第1巻のトラシュマコスによる言及（cf. 348d2）や『プロタゴラス』篇においてプロタゴラスが家を斉えポリスを支配する知（318e5）として教授を約束している（本書第1章T1参照）

同様によく熟慮する大工その他の制作者の技術知によって「知恵ある」と呼ばれることはない。知恵あるポリスの知識は，ポリス内の一部の市民のため[38]でなく，ポリス全体のために，いかにしてポリスが市民や他のポリスと最もよく付き合っていけるかを熟慮する知識なのである。そうした知識はポリス全体の守護に関する知識であり，市民（πολιτῶν d1）の中でも「完全なる守護者」（d7, cf. 414b1-2）たる少数の支配者に属するもので，それのゆえにポリスは真に熟慮と知恵をもつポリスと呼ばれるのが相応しい。したがって，生まれに即して建設されたポリス(ピュシス)は，その最も小さい部分によって，また，指導し支配するその階層の内にある知識によって，知恵あるポリスとなる。こうしてソクラテスらは，知恵がどのようなもので，ポリスのどこにあるかを発見するに至る。

この議論は「術の類比」と絡めた呼称の由来[39]からアプローチしている点に特徴がある。ポリスは大工の知識ゆえに「大工の知をもつポリス」と呼ばれ，農夫の畑を耕す知識のゆえに「農業の知をもつポリス」と呼ばれるとされるが，大工の技術や農業の技術は第一義的にはその所有者が「大工」「農夫」と呼ばれることを可能にするものである[40]。ポリスがその技術・知識のゆえに同様に呼ばれるとしても，それはあくまで派生的に特定の階層・種族の名前を引き継ぐことによる。したがって，守護し熟慮する知識である知恵の場合も同様に，第一義的に「知恵ある」と呼ばれるのは支配者であり，この「知恵ある市民」に由来して派生的に「知恵あるポリス」と呼ばれることになる。この呼称の派生関係には注意しておきたい。

(2) 勇気（ἀνδρεία）(429a-430c)
ポリスが「勇気ある」あるいは「臆病な」ポリスと呼ばれるのは，戦争に従事する戦士階層によってである。ポリス内の他の市民が臆病で

ことから，当時のソフィスト思潮の中である重要な位置を占めていた概念だと想像できる。
38) ὑπὲρ τῶν ἐν τῇ πόλει τινός (428d1-2) の中の τῶν と τινός の性は男性ととる。
39) 「Xのゆえに（διά c. acc.）「X」と呼ばれる」という表現については，428b12-13, c1, 2-3, 5-6, 8-9, d8-9, 429a9 参照。
40) 技術が人のあり方を決定するという議論については，Grg. 460b1-7 を論じた野村 (2004), 5-11 参照。

あったり勇気があったりしても，ポリス全体がそのように呼ばれることはない。ポリスの活動の中で勇気という徳が最も際だって発揮される場面は戦争だからである。

　では勇気の中身は何か。ソクラテスは勇気を恐ろしいものについてのドクサ・考えの保持だとする。そのドクサは教育の中で立法者から法律の形で告知されてきたものだが，それを苦痛・快楽・欲望・恐怖といったあらゆる試練を通して投げ捨てず保持することこそが勇気である。

　腑に落ちないグラウコンにソクラテスは比喩を用いた説明を加える。羊毛を紫に染める場合，染物屋は①数ある色の中から白い種類（φύσιν 429d6）を選び出し，②できる限り染色を受け入れるよう丹念に下準備をしてから③染色すると，④色は深く染み入るため，洗剤を使っても使わずとも，色落ちは不可能である。ちょうどそのように，ソクラテスたちも①戦士を選び出し，②音楽・文芸(ムーシケー)と体育で教育し，③できるだけ見事に法を信じ込ませた上で，法に含まれる恐ろしいことその他に関するドクサを深く染みこませてきた。その結果，④戦士たちの考えは快楽・苦痛・恐怖・欲望といった強力石鹸でも洗い落とせなくなったのである。そしてソクラテスは，こうして生まれた戦士たちが所有する勇気を「恐ろしいこととそうでないことについての，ただしい，法に適ったドクサを万事を通じて保持する能力」（430b3-4）と規定する。

　先に第3節で，「金属の神話」に基づき，初等教育はポリス内の全ての子供に与えられていると解釈されたが，この箇所では選抜された戦士に勇気の教育が与えられるとある。ここに矛盾はないのだろうか。第2節で詳しく検討しなかったが，初等教育は乳幼児の頃から青年期まで幅広い年齢層をカバーしている。プラトンの執筆当時，若者を意味する νέος という語は30歳頃まで使われたという[41]。であれば，「初等」教育にしても，いくつもの段階があったと考えるのが自然だろう[42]。であれば，ある段階で戦士に相応しい若者が選抜され，相応しい特別の教育が

---

41) Golden (1990), 107-108; cf. LSJ (1996), "1. *young, youthful* (of children, youths, and of men at least as old as 30 v. X. *Mem.* 1.2.35.)."

42) 例えば，第3巻始めで紹介される勇気の教育はホメロス等の詩句に含まれる恐怖を掻き立てる要素を排除する中で果たされるが，これは子供も大人も（387b），また若者（388d）も区別なく受けるものと考えられているようである。

第6章　公私の分離：正義論（第2-4巻）　　　163

与えられたと読めるように思われる[43]。「金属の神話」では，市民の誕生の際に神（＝立法者）が金属を与えると神話的に表象されるが，公的役割が決まる「誕生」の時期について，市民毎に年齢が異なっていても差し支えないだろう[44]。

　では②が「下準備」と特徴づけられているのは何を意味するのか。教育論冒頭でも，子供の頃に注入されて型となるドクサは，成人後に彼らがもたねばならないドクサと反対のものであってはならない，とされていた（377a-b）。初等教育で身につく考えはその後の人生においても変化しづらく，だからこそ慎重に配慮しながら内化させねばならない。そして一旦それが基盤になれば，後に受け入れるドクサも簡単には放棄されず，固定的なもの（μόνιμον 430b8）になろう。この箇所の議論はこうした幼少からの行き届いた教育的配慮を意味すると思われる。

　最後に，この種の勇気が「ポリスに関わる（πολιτικήν γε）勇気」（430c3）とあえて限定が加えられている点に注意したい。魂における勇気，あるいは，勇気そのものは未だここでは規定されていない点が強調されているのである。ソクラテスの方法的意識の一貫性を示す重要な表現である。

(3) 節制（σωφροσύνη）（430d-432b）

　ソクラテスは節制が一種の協和や調和に似ていると言って探究を開始する。そして，節制を①ある種の秩序（κόσμος τις 430e4）であり，②快楽と欲望の統御であるとした上で，②に関して一般に流布している「節制＝己に克つこと（κρείττω αὑτοῦ 克己）」という考えに触れる。彼によるとこの表現はおかしい。「自分に克つ」との表現は克つ自分と負ける自分がいることを前提としていて，「自分に負ける」ことをも含意しているからだ。無論，人々はこの表現が矛盾しているとは考えておらず，これが意味するのは，同一人物内に魂に関してよりすぐれたもの

---

[43]　416b-cで語られる初等教育後に守護者に施される「ただしい教育」のことである。戦士の教育の実際については，第5巻第14章以下で語られる。

[44]　第5巻では，可能的には守護者でも，戦士の教育のため戦場に連れて行かれて，隊列を離れたり，武具を放棄したり，臆病なふるまいをしたりすると，職人や農夫へ送り出されると語られている（468a6-8）。これは「第二の出生」において銅や鉄が与えられることを意味するだろう。

とより劣ったものが内在していて，本性上すぐれたものが劣ったものを支配する場合に，「自分に克つ」と呼ばれ賞賛され，逆に，悪しき養育や交際のため，すぐれたものがより劣った大群に征服される場合，「自分に負ける」放埓な人として非難されるということである。

ソクラテスは②に関するこの一般の考えを建設されたばかりの「理想的ポリス」に適用して節制の説明を企てる。一般にポリスには種々様々な市民がいるが，多数の劣った欲望や快楽・苦痛が女や家僕の内に，また「自由人」の中でも多くのつまらぬ者たちの内に存在する一方で，生まれも最高によくて最上の教育を受けた少数の人たちには，知性（νοῦ 431c5）とただしいドクサを伴う思考によって導かれる，単一で適度な欲望が存在する。理想的ポリス内には，市民間の支配／被支配関係に応じて，被支配者の劣った欲望が支配者のすぐれた欲望と思慮（φρονήσεως d1）によって征服されているのが見出せる。先に確認された「克己」の理解により，このポリスは「節制あるポリス」と呼ばれねばならない。

次にソクラテスは①の秩序について述べる。ポリス内の支配者と被支配者の間に，どちらが支配すべきかに関して同一のドクサ・意見が存在している場合，そのポリスに節制が内在していることになろう。支配者と被支配者の両方が同一のドクサを所有しているのだから，この節制は両者共に内在していることになる。このドクサが調和（ἁρμονίᾳ 431e8）をもたらし，それの命ずるままに秩序が生成し，この秩序を前提としてすぐれた者の欲望が劣った者の欲望を支配することになるのである。こうした節制はポリス市民（πολιτῶν e4）全員に内在するという点で，知恵や勇気とは異なる。節制あるポリスは節制ある市民全員から構成されているのだ。そして節制はポリス全体に浸透することによって，各階層がそれぞれの特性――支配者の思慮，補助者の力，生産者の数・金銭その他――を活かしつつ同じ歌を合唱することを可能にする。そうした「心の一致」（ὁμόνοιαν 432a7）こそが節制であり，それはポリス内で，また各人の内でどちらが支配すべきかに関する，劣った者とすぐれた者の間の本性に従った協和（συμφωνίαν a8）なのである。

このソクラテスの説明は，初等教育が全市民に与えられることで節制が身につくことを前提としている。第3巻の節制をめぐる教

第6章　公私の分離：正義論（第2-4巻）　　165

育論（389d-392a）は①支配者への従順（389e-390a）と②自己支配（390a-392a）を教育する重要性を強調し，②を（a）飲食性に関する快楽（390a-d），（b）金銭欲（390d-391c），（c）不法な欲望（391c-392a）に分け，それらを自分で支配する必要性を語っていた。この箇所との対応関係は明らかだろう。被支配者の場合，ヌースや思慮をもたずとも，②に関して，知を有するすぐれた者の支配を通じて，自己内に欲望間の秩序が生成し，間接的に知に基づく自己支配が可能になるのである。②に先立つのは①である。支配と被支配に関して支配者と同じドクサを所有することで被支配者は支配者の意向に従い，その知を受け入れるわけだ。ソクラテスは節制についての一般に流布するドクサを手掛かりとしつつも，その根底にある，心の一致・協和としての節制理解を打ち出したのである[45]。

(4) 正義（δικαιοσύνη）（432b-434c）
ソクラテスは正義の所在が見えづらい点を強調した後，突如発見の喜びを口にする。正義はポリス建設当初から〈自分のことをする〉（τὰ αὑτοῦ πράττειν 433a8, b4, d8, cf. 434c9, 435b5）という原理として身近にありすぎたために気づかれなかったのだ。振り返ると，この原理はまず「最も必要なものだけのポリス」の市民（πολιτῶν 370c8）が多くの仕事をせず自らの生まれ(ピュシス)に応じた一つの仕事に専念することとして登場し（370b），贅沢ポリスでも守護者を導入する際に活用され（374a），また守護者の教育に際しても多に関わる模倣・真似を禁止するために働いた（394e）。あるべきポリスの各市民は一つの仕事をすべきという理由から詩人の語り方（単純叙述と真似の混合体）も決定された（397e-398a）。守護者に限らず他の市民（πολίτας 423d3）も各人が生まれに応じた仕事を果たすことで，自身とポリス全体の一性の保持が可能になると論じられてもいた（423d）。このように，市民が自分の生まれの割り当てに応じて一つの仕事に専念するという正義の原理は，ポリ

---

45) 節制論の最後で触れられるἐν ἑνὶ ἑκάστῳ（432b1）について，魂における節制の先取りであるとの解釈もあるが（cf. Adam (1963a), 236），その必要はない。ここではあくまで市民が問題になっているのであり，ポリスの中にも各市民の中にも支配に関する同一のドクサが内在していることを表現していると読めばよいだろう。

スの建設と保持に役立つ点で，他の諸徳に勝るとも劣らぬ働きをしてきたのである（433d）[46]。

ソクラテスが新たに「正義＝自分のことをすること」という規定に与える解説は二つである[47]。第一に，支配者に課される裁判の仕事について言えば，支配者が判決を下す際に狙いとするのは各人が他人のものを自分のものにしないことと自分のものを他人に奪われないことである。こうしたことが正しいことなのだから，各人の自分本来の状態や行為（ἡ τοῦ οἰκείου τε καὶ ἑαυτοῦ ἕξις τε καὶ πρᾶξις 433e10-434a1）が正義であると同意されるだろう。これは正義を取り扱う裁判に関する一般的見解を基にしている[48]。

第二に，大工や靴作りなどの生産者が，生産者の間で仕事を交換したり，一人で複数の仕事を行ったりしても，そうした不正がポリスに加える害は大きくないが，それとは別にポリスを滅亡へと導く場合もある。それは階層を越えて他人の仕事をする階層間の変動（μεταβολήν 434b6）と余計な干渉（πολυπραγμοσύνην b6）の場合である。例えば，生産者階層が富・数・力に任せて戦士階層に進もうとしたり，戦士が支配階層に混じろうとしたり，一人でその全てを試みたりすると，ポリスは最大の害悪を蒙ることになるだろう。すなわち，三種族がそれぞれに多くの仕事を行い，互いに変化し合うことは自分のポリスに対する最大の悪行であり不正なのである。正義は不正の反対であるから，各階層がポリス内での自分本来の仕事に専念することが正義であり，ポリスを正しいポリスにするのである。

さて，この正義の捉え方は，節制の場合と同様，正義が問題のポリスの全市民に関わる徳であることを示している。各市民は正義の原理に与り自分の仕事をする「正しい市民」であり，知恵の議論で呼称の由来に

---

46) 正義は①他の三つの徳に生じる力を与え，②それが内在する限り，生じた三つの徳に存続を与える，とされる（433b）。①については，正義がポリス生成の第一原理であったため，理解しやすいが，②についてはどうだろう。支配者と戦士に関しては自分のことをし続ける限り，支配と戦争の遂行を見事に成し遂げるだろう。節制についても，それぞれが支配者と被支配者の分をわきまえて，別の仕事をしないことが，節制が働く条件になると言えるだろう。

47) プラトンによる正義の規定がもつ歴史的背景（特にヘシオドスのディケー観との関係）については，佐野（2011），14-23 が参照さるべきである。

48) 自分のものをもつことと行うことの融合については，Gutlueck (1988), 20-39 参照。

ついて考えたように，ポリスが「正しい」という呼び名をもつのも，正しい市民から構成される限りにおいて，と言うべきだろう．

以上により，ポリスにおける諸徳は「完全な仕方でよいポリス」の市民が各人のはたらきに応じて所有する徳であることがわかった．あくまでポリスとの関係から見られた限りでの人間の卓越性である．正義について言えば，「グラウコンの挑戦」で紹介された大衆の正義観が見事に改変されていることがわかる．大衆の考えでは，正義は契約に基づいて対人関係を律するポリス内の公的規範だった．それが長大な議論を経て，〈市民としての自分のことをし，余計なことをしないこと〉という自己のあり方を第一の基盤とする見方へと把握し直されたのである．

6　魂論と私的な徳（第4巻）

(1) 移行部（434d-436a）

ポリスにおける正義と不正の確定作業を終えたソクラテスらは，次いで魂の正義／不正の考察に取り掛かる．その前に「ポリスと魂の類比」の方法を導入した時点を振り返り，ソクラテスは，よきポリスで見出された正義を一人の人間に適用して同意されるならそれで結構だが，「一人の人において何か別のものが現われた場合には再びポリスへと戻って吟味するだろう，そしておそらく相互に比較考察し擦り合わせて，ちょうど火打石からのように，正義を輝き出せるだろう」（434e4-435a3）と言う．このソクラテスの発言から，彼らの目標は魂の正義というより，あくまで正義それ自体の探究にあるように思える．その意味で，第2巻冒頭で見たグラウコンの問1「正義／不正とは何であるか」をしっかり引き受けていると言える[49]．

---

49)　さらに重要なのは「〔正義それ自体〕が明らかになれば，それを我々自身において確かめることができるだろう」（435a3-4）と続いていることだが，これは第5章第1節で触れた，対話篇全体に通奏低音として流れる〈生の選択〉のモチーフが顕在化した現象である．このモチーフの中心巻における重要性については第8章第1節で取り上げる（第10章第3節(4)も参照）．

類比の方法に従えば，ポリスの場合，三つの種族の情態（πάθη 435b7）と性格（ἕξεις b7）に基づき諸徳が規定されたので，魂の場合にも同じ三つの種類（εἴδη c1, 5）が内在するなら，それらの同じ情態（πάθη c1）のゆえに，同様の諸徳が存在することになるだろう[50]。こうして魂の構造を内側から明らかにするという容易ならぬ考察が始まるのであった[51]。

(2) 魂の三部分説（436a-441c）

本格的な考察に入る前にソクラテスはありうべき誤解を解こうとする。ポリスの評判（αἰτίαν 435e4）がその内の個人に由来する場合に，「我々の各人にポリス内のものと同じ種類の性格（εἴδη τε καὶ ἤθη e1）が存在する」といった言い方をするが，このような簡単に分かることを今は問題にしてはいない。例えば，トラキアやスキュタイは気概的で，アテネは好学的，エジプトやフェニキアは金銭愛好的であるといった評判は明らかにその共同体内の人々が同様であることに由来し，「住民に共同体と同じ種類の性格が存在する」と言えるが，これはポリスの諸徳の考察でも前提だった呼称の由来と同じ仕組みで，ここで取り組むことではない[52]。

理に適った仕方で規定するのが困難なのは，人が学んだり怒ったり欲望をもったりするとき，それぞれ魂内の別々の何かによるのか，それと

---

50) 第1巻末の「はたらき（ἔργον）からの論証」（352d-354a）に従えば，Xの徳はXのはたらきを見事に発揮させるものと定義される。はたらきの同一性が徳の同一性を保証するわけである。

51) ソクラテスは，「今我々が議論において採用しているような，そうした方法からはこのこと（τοῦτο）を厳密な仕方では（ἀκριβῶς）把握しない」（435c9-d2）と言い，「それ（τοῦτο）へと導く別のより長く困難な道」（d2-3）があることを示唆している。二つのτοῦτοについては，現在の方法が「ポリスと魂の類比」を指すと考え，Adam (1963a), 244-45と同様「正義等の定義」ととる。「長い道」については第8章第7節（4）で問題にする。魂の正義はあくまで類比の方法に相応しい仕方で（ἀξίως d4）議論されるにすぎないのである。

52) この箇所を典拠の一つとして，「ポリスと魂の類比」の構造を〈全体―部分〉の関係で読む解釈があるが（cf. Williams (1973); Lear (1992))，プラトンの意図を全く捉え損なっている。むしろ，ポリスと魂を全体と部分で発想してはいけないとの注意である。したがって，「我々の各人にポリス内のものと同じ種類の性格が存在する」（435e1-2）を，例えば「我々の各魂の内に好学的部分・気概的部分・金銭愛好的部分が存在する」と解してはならない。Ferrari (2009), 407-13; 高橋（2010），40-43 も参照。

第6章　公私の分離：正義論（第2-4巻）　　169

も魂全体によるのか，という問題である。まずソクラテスは魂のはたらきを区分する原理を確立しようとする（436b9-437a9）。

T9 436b9-c2: 同じものが，同じ観点で，同じものとの関係で，同時に，反対のことを行ったり蒙ったりすることはあり得ない（οὐκ ἐθελήσει）[53]。その結果，それらにおいてそうしたことが起こっているのを発見するならば，同じものでなく，複数のものがあるということを知るだろう。

ソクラテスはこの「無矛盾律」の原理を明確化した上で，順に①欲望的部分 ≠ 理知的部分（437b1-439e2），②欲望的部分 ≠ 気概的部分（439e2-440e5），③気概的部分 ≠ 理知的部分（440e6-441c3）を証明し，固有のはたらきをもつ三つの部分が魂に内在することを示す。
ソクラテスが①のために用いる例は「飲む／飲まない」である。のどが渇いている限り，魂内に飲み物への欲望があるが，その飲み物が熱かったり冷たかったり，多かったり少なかったりしても，欲望それ自体は本性（ピュシス）において内的関係をもつ（οὗπερ πέφυκεν 437e5, cf. e8, 439a7）飲み物それ自体を欲望するのであり，欲望がそれ自体で「かくかくの」性質を備えた飲み物を欲望することはない[54]。のどの渇きをおぼえている魂を飲まない方へと引っ張るものが何かあるとすれば，それは渇いていて飲むことへと導くものとは異なる何かでなければならない。同じもの（＝魂）が自身の同じもの（＝欲望的部分）によって同じもの（＝飲み物）に関して同時に反対のことをすること（＝飲むこと／飲まないこと）は先に確立した原理に基づいて不可能だからである。例えば，水腫のような病気のときは，水を飲むことは制限されるべきである。のどが渇いていて水を飲みたくても，「なぜ飲んでいけないのか」「飲んだときどうなるのか」等を考えて水を飲まないことがあるだろう。思考・推論に基づいて飲むことを妨げるものが飲むことを命じるものより強い（κρατοῦν 439c8）からである。ソクラテスはこうした例に訴えて，魂

53）　LSJ (1996), 479, I.2 によると，ἐθέλω は否定辞と共に用いられると殆ど δύναμαι と同じ意味になる。
54）　ここから議論は善と欲望の関係をめぐって脱線する。

の内部に渇きその他の充足を求める欲望的部分（ἐπιθυμητικόν d8）と推論的思考を行う理知的部分（λογιστικόν d5）とがあることを証明する。

次に②について、怒りの主体は欲望的部分に似ている（ὁμοφυές 439e3）とするグラウコンに対して、ソクラテスはまず欲望が怒りに勝つ場合をレオンティオスのエピソードを使って説明する。レオンティオスはペイラエウスからの帰途、城壁の外側に屍体が横たわっているのを感知する。屍体を見たいという欲望をおぼえながら、同時に、そういう自分に怒り顔を背ける。長い葛藤の末、欲望に負け、両目をかっと見開き屍体に駆け寄って言う。「おまえたち、さあ見ろ、呪われた目よ、美しい光景を満喫せよ」。この話は怒りと欲望が互いに別物として戦い合う時があることを告げている。

ここに既に存在証明がなされた理知的部分が絡むと両者の対立はより明瞭になる。欲望が論理的思考に反して人を強制するとき、怒りをおぼえることはあっても、逆に理(ことわり)に逆らって怒りが欲望を助ける経験はないからだ。理知的部分がはたらいているとき、怒りは欲望と対立する。この点はさらに怒りと正義の内的関係から解説される。人が怒りを発動させるのは、自分が正義に与していると考える（δοκοῦντι 440c7; cf. ἡγῆται c6）ときであって、不正に関与していると思っている（οἴηται b9）ときには、怒りは生じにくい。正義の把握は理知的部分によってなされるので、怒りは理知的部分の指導の下で共に働くことになる[55]。これはポリスの牧者である支配者と牧羊犬たる補助者の関係に似ている。するとグラウコンの当初の意見（cf. 439e4）に反して②が示されたとしても、今度は怒りを司る気概的部分（τοῦ θυμοειδοῦς 440e1-2）が理知的部分と同じものに見えてくる。③の証明が必要な所以である。

しかし③についてグラウコンに迷いはない。理知的な思考ができない幼児でも生後すぐに怒り出すし、大人でも理に全く与れない人もいれば、大抵の人は成長してやっと与るといった事実からもわかるように、二つの部分は区別さるべきなのだ。ソクラテスは獣の例を付加した上

---

55) この議論は戦争に参加する戦士をイメージしているように思う。戦争が正しい戦争なのか不正な侵略なのか、陣営で寒さや飢えで苦しむのは正義と不正のどちらによるのかなどの問題を連想させて、気概的部分と戦士の連関を暗に構築しようとしている。

第6章　公私の分離：正義論（第2-4巻）　　　　　　　　　171

で，ホメロスから「胸を叩き，心を言葉で非難した」とのオデュッセウスの台詞を引用して，善悪について推理思考する部分と推論に与らず怒るだけの部分を区別する。

さて以上の①②③の議論の特徴は何か。①では，欲望がその本性において何を対象にするかに焦点が当てられていた。また②では，その終わりで「気概的部分は，悪しき養育によってだめにならない限り，本性上（φύσει）理知的部分を補助する」（441a2-3）とされ，両者の本性上の繋がりに根差した協働が欲望的部分との区別に用いられていた。③でも，幼児や獣など本性的に理に与れない例に触れられる。このように，以上の議論は魂の本性（ピュシス）の分析を通じて，相互に還元不可能な三つのはたらきを析出した点に特徴がある[56]。公私論との関係で言えば，この議論はポリスの議論から全く独立に進められており，魂の所有者がポリス市民であることを前提にしてはいない。公的役割を度外視して，魂のはたらきがその本性に即して純粋に析出されているのである。確かに，怒りを正義と結びつけて説明するとき，怒りの社会性が浮かび上がるが，「自分のことをする」という哲学的正義観の読み込みは期待されておらず，一般的にも理解可能な怒りと正義の本性的連関だけに光が当てられているのである[57]。

(3) 魂における諸徳の定義（441c-444c）

長大で綿密な議論を経て，ようやく魂内に三つの種族があることが示された。思考を司る理知的部分，怒りを始めとする感情の座であり，よく教育されると理知的部分を助けることになる気概的部分，「それによって恋し，飢え，渇き，その他諸々の欲望を感じて興奮する」（439d6-7）欲望的部分である。ソクラテスはポリスの三つの種族を「金儲けを仕事とする種族」（χρηματιστικόν），「（支配者を）補助する種族」（ἐπικουρητικόν），「熟慮する種族」（βουλευτικόν）と，そのはたら

　56）　この点で Santas (2010), 84-88 の解釈に賛成する。Santas はプラトン魂論の機能性解釈と行為者性解釈の内，魂の本性上の諸機能が区別されているこの箇所は前者が妥当すると考える。対話篇中の行為者性解釈を支持するように見える箇所では，教育を受けた魂の諸機能が議論されており，魂の部分が行為者のように語られているにすぎないと言う。

　57）　但し，牧人と牧羊犬の比喩の箇所はレトリカルな効果を狙って，ポリスとの類比に言及している。

きによって名づける（441a）が[58]、魂の場合にも同様のはたらきを認め得たため[59]、ポリスに知恵があるのと同じ仕方で個人（ἰδιώτην c9）にも知恵があり、ポリスに勇気があるのと同じ仕方で個人（ἰδιώτης c11）にも勇気があり、節制も同様だと断言する。但し、正義の場合はやや詳細に内容も含めて説明する。

> T10 441d7-e1：（…）かのポリスはその内に三つある種族のそれぞれが自分のことをすることで正しくあった。（…）我々の各々も、その内にあるものの各々が自分のことをする場合に、この人は正しい人であり、自分のことをする人であろう。

かくして、ポリスと類比的になされる魂の諸徳の内容規定は以下のようになる。

> 知恵：魂全体と各部分に役立つことに関して理知的部分が所有する知識（cf. 442c4-7）
> 勇気：ロゴスによって「恐ろしい／恐ろしくない」と告知されたことを気概的部分が保持する力（cf. b10-c2）
> 節制：理知的部分が支配し他の部分が支配されるという考えの一致に基づく三つの部分の友愛・協和（cf. c9-d2）
> 正義：魂の各部分が自分のことをすること（cf. 441d11-e1）

こうして「ポリスと魂の類比」の方法に基づき、魂の正義の定義まで辿り着いたが、これまでの議論は公と私の問題について一体何を明らかにするのだろうか。

先の魂の部分説から当然予想されることだが、魂の諸徳の定義にポ

---

58) ポリスの正義が最終的に定義される箇所では "χρηματιστικοῦ, ἐπικουρικοῦ, φυλακικοῦ γένους" (434c7-8) と三種族が名づけられている。最初の χρηματιστικόν については、その直前で δημιουργὸς ὢν ἤ τις ἄλλος χρηματιστής (434a9-10) と並置され、δημιουργός が既に何らか χρηματιστής であるかのようにみなされている。

59) 欲望的部分については、「本性上（φύσει）金銭をどん欲に渇望する部分」（442a6-7）と後述される。金銭への欲望が欲望的部分を特徴づけるという点については、高橋 (2010), 163 を参照。

第 6 章　公私の分離：正義論（第 2-4 巻）　　　　　　　　　　173

リスに関わる要素が殆ど見当たらない点に留意したい[60]。またこの相互の独立性と絡み，ポリスとの対比で「個人」（ἰδιώτης, cf. 441c9, c11, 442d4）という語が使われている事実は，ポリスの諸徳を説明する際の「市民」（πολίτης, cf. 428d1, 431e4）の使用と鮮やかな対照をなし，一際印象的である[61]。ポリスの徳の定義で判明したのは，ポリス全体の呼称は市民の呼称に由来するということだった。ポリスとの関係の有無により市民／個人の使い分けが意識されているなら，人間を二つの異なる倫理的観点から見ることが可能になる[62]。例えば，ポリスの中で自分の公的仕事をしている人は正しい市民であるし，魂内で三つの部分が各々の仕事をしている場合，そうした正しい魂をもった人は正しい個人である，というように。この事情に関係して，従来，正しいポリスの市民は正しい魂のもち主でなければならないのかどうかといった問が立て

---

60)　但し，理知的部分と気概的部分に対する養育・教育への言及（441e7-442b4; cf. 441a3）はポリスとの関係を示唆するかもしれない。だが確かに，ポリスの守護者教育（3. 411e-412a）と同内容を示唆するが（ὥσπερ ἐλέγομεν 441e7），この時点でムーシケーと体育以外に魂それ自体の教育をプラトンが考えていると想像するのは難しい以上，ポリスとの関係を強く読込む必要はない。また「真に自分のことを学ぶ」（442a4-5）と語られている点は，ムーシケー・体育の中身の違いをも仄めかしている。
　　この問題については，Burnyeat (2013), 220-24 も参照。Burnyeat はプロタゴラスの教育論（Prt. 325c-326e）を参照しながら，ムーシケーと体育が魂の教育に用いられる事実に言及し，理想的でも，そうでなくとも，ポリス内の「まともな（decent）」価値群を内化した人は不正行為を行わないとし，いわゆる "vulgar test" 問題に決着をつける。

61)　πόλις と対置された ἰδιώτης の例：449a4, 495b4, 6, 501a5, 536a5, 540a9, 544e4, 545b5, etc.（『クラテュロス』(385a) では名辞をめぐって市民の集合体たる πόλις の公的（δημοσία）慣用と ἰδιώτης の私的（ἰδίᾳ）使用が鋭く対比されている。）Rubinstein (1998), 127-30 によれば，ἰδιώτης は殆ど専門用語として用いられる場合，集合体たる τὸ κοινόν や πόλις と対置されてアトム的構成員たる πολίτης と同義たりうる。プラトンはこうした常識的な「個人＝市民」理解に抗して，魂としての個人の捉え方を打ち出していると言えるかもしれない。Hansen (1998), 88 の指摘の後半部を参照："In conclusion: the Athenians did not connect the opposition between public and private with the opposition between the *polis* and the individual. They might well oppose the *polis* against the individual, but in such cases they distinguished between the individual as a private person and the individual as a citizen, because in their opposition the *polis* was identical with the sum of its citizens."

62)　人間を市民として見るか個人として見るかは二つの独立したアスペクトの違いであって混同は許されない。Williams(1973) や Lear(1992) の〈ポリス：全体＝魂：部分〉説はポリスと個人を因果的に関係させる点で間違っている。両者が依拠する二箇所の内 435d-436a については既に論じた。もう一つの箇所である 544d-e については後述。二人への効果的な批判としては，Ferrari (2003), 37-83, (2009), 407-10 参照。

られたりしたが[63]，こうした問はポリスと魂の独立性を前提とするこの箇所の文脈を完全に捉え損なっている。正しい個人が正しい市民であったり，その逆であったりすることを示唆する記述は存在しないのである[64]。

だが，この箇所で二種類の倫理（とりわけ正義）の関係についてソクラテスが口を閉ざしているわけでもない。彼はポリスにおける正義——市民としての〈自分のこと〉をすること——を魂における正義——本当の意味で〈自分のこと〉をすること——の一種の影（εἴδωλόν τι 443c4）と呼ぶ[65]。靴作りが靴を作り大工が家を建てるというように，人がポリス内で生まれに応じた役割（φύσει c5）を遂行する限り，その人は「正しい市民」である。しかし真実のところ，正義は自己に属するものの中の外的行為（τὴν ἔξω πρᾶξιν c10）に関わるのではなく，内的行為（τὴν ἐντός [sc. πρᾶξιν] d1）に関わり，真に自分自身と自分のことに関わる。すなわち，正義は自己・魂の内にある各部分が別の部分のことをしたり互いに余計な手出しをすることを許さず，真に固有のこと（τὰ οἰκεῖα d4）をよく配置して，自分で自分を支配し秩序づけ，三つある部分を調和させ，しっかり結び合わせる。そして（強調点をふった）内的行為[66]の結果，正しい人は自分自身と友となり，多くの人々[67]から完全なる一人の人へと生まれ変わって，調和した節制ある人となる[68]わけだ。そうしてようやく正しい人は金銭の獲得や，身体の世話，政治的

---

63) 例えば，Vlastos (1981), 111-39 参照．

64) 無論，ポリス論の中で「魂」への言及がないわけではない．既に見たように，その場合は，魂がポリス的役割との関係で省みられているのである．また，本章 T10 についての松永（1993）の議論がぜひとも参照さるべきである．松永は T10 に「ポリスと魂の類比」が崩れる場面を見出し，魂における正義が真の意味での「自己」の存在原理であることを論じる．

65) 松永（1993），221-43 は二種類の正義とその関係をめぐって極めて独創的で刺激的な考察を展開している．前註参照．

66) 『ゴルギアス』篇における内的行為については，栗原（2013b），30-31, 41-42 で論じた．

67) πολλῶν (443e2) の文法的性は男性にとる．市民的役割としての外的行為に関する記述を参照：καὶ τοὺς ἄλλους πολίτας, πρὸς ὅ τις πέφυκεν, πρὸς τοῦτο ἕνα πρὸς ἓν ἕκαστον ἔργον δεῖ κομίζειν, ὅπως ἂν ἓν τὸ αὑτοῦ ἐπιτηδεύων ἕκαστος μὴ πολλοὶ ἀλλὰ εἷς γίγνηται (423d2-5).

68) 二つの分詞（γενόμενον 443e1-2, ἡρμοσμένον e2）は内的行為がもたらす結果を表している．

なこと，個人的な契約などの外的行為を正しく実行するのである。

単に内的行為と外的行為を観察可能性によって区別するなら，市民としての行為と個人としての行為の両方を共に観察可能な外的行為と呼べるだろう。しかし，最後に列挙された正しい人の外的行為は魂内の正義に直接的に関わり（cf. 443e4-444a2），魂の徳から発出する行為であって，ポリス市民としての正しい行為とは区別さるべきである。正しい人の行為はポリス内ではたらく規範から独立して成立する自己――魂のあること――に基づく行為なのである。市民の行為の正しさ（ὀρθῶς ἔχειν 443c5）は魂内の正義の何か影の如きものなのだ。二種類の正義のいわば「存在論的差異」については記憶に留めておこう[69]。

(4) 正義と幸福（444c-445e）

続いて不正の規定がなされる。先にポリスの不正は，三つの種族が自分のことをせず，他の種族の仕事をして余計な干渉をすることと定義されたが（cf. 434a-c），同様に魂についても，不正とは三つある部分間の一種の内乱，余計な干渉，別の部分の仕事をすることであり，本性上（φύσει）隷属するのに適したものが支配し，逆に支配が相応しいものが隷属する状態だと説明される（444b1-5）。かくして，魂の不正も正義と同じく魂の自然本性のあり方に則して規定されるのである。徳と悪徳を性格づけるのは，魂の自然本性によって決定される魂の構造と部分のはたらきに対する相応しさ（προσῆκον b4）や適切さ（πρέπειν b4）の有無なのである。

以上，長い道のりを通って，正義と不正が定義されるに至った。次に試みられるべきは，グラウコンが発したもう一つの問（＝問2）に答えることである。正しい人が幸福なのか，それとも，不正な人が幸福なのか。ソクラテスは，健康と病気との類比を用いて答えていく。まず行為と徳／悪徳の関係を明らかにし，次いで徳／悪徳を性格づける。

---

69) 魂の正義が私的交わりで生成することと「金銭の獲得について，身体の世話について，また何か政治的なこと，私的な契約に関して何か行う場合には，もはやそのようにして行う」（443e2-4）に見られる生成後の私的公的活動（所謂 "vulgar test"（442d-443b）も参照）とは区別されねばならない。この点は第8巻で議論される不正の場合にさらに触れる。

1. 健康的なことは健康を生み，病的なことは病気を生む。
2. 同様に，正しいことをすることは正義を生み，不正なことをすることは不正を生む。
3. 健康を生むことは身体内の要素を自然本性に従って勝ったり負けたりするよう組織することであり，病気を生むことは自然本性に逆らって互いが互いを支配したりされたりするよう組織することである。
4. 同様に，正義を生むことは魂内の要素を自然本性に従って勝ったり負けたりするよう組織することであり，不正を生むことは自然本性に逆らって互いが互いを支配したりされたりするよう組織することである。
5. 徳は一種の健康であり魂の美とよい状態であるが，他方，悪徳は病気であり魂の醜さと弱さである。
6. 美しい仕事は徳の所有へと導き，醜い仕事は悪徳の所有へと導く。

その上でソクラテスは第2巻で提起された問題を振り返る。

> T11 444e6-445a4: 正しいことをすることや美しい仕事をすること，そして正しくあることは，そうあるのが気づかれようが気づかれまいが，得になるのか，それとも，不正をすることや不正であることが，罰も受けず，懲らしめを受けてよりよくなることもない場合に，得になるのか，どちらなのか。(Cf. 380b)

グラウコンは病気との類比を活用して答える。身体のピュシス・自然本性（φύσεως 445a6）がだめになると，どんな飲食・富・権力が手に入っても生きるに値しない（οὐ βιωτόν a7）のに，他方，生の原理である魂の自然本性（φύσεως a9）が攪乱されだめになっているとき，悪徳・不正を除去し正義・徳を獲得させる行為以外なら，望むことが何でもできて生きるに値するとしたら，今までの考察はお笑い種になるだろう，と。

これまでの探究を踏まえたグラウコンの答は見事であると同時に，い

くつかの限界も露呈している。一方で，魂論が解明した魂の本性に訴えている点で，探究の継続性に根差した回答になっているし，また，直前の類比を幸福と不幸という生のあり方にまで発展させている点も評価できよう。だが他方，魂が身体より重要であることを前提とし，不治の病気で不幸をイメージして，類比的に生の原理たる魂に基づく不幸を想像している点については，後者の不幸の中身が判然としない分，曖昧さが残る[70]。さらに，幸福について積極的な説明が与えられていないことも問題である。「生きる」ことが何を意味し，そのよいあり方がどういう内容をもつのかは未だ謎のままである。最後に，第4巻の最後に登場した魂と身体の関係で人間を捉える方法は，例えば，『パイドン』篇に特徴的だったと言えるが，この『ポリテイア』篇の最大の特徴の一つであるポリスとの関係で人間を考える見方と異なっており，その意味で，これまでの探究との繋がりを欠く考察になっていると言わざるをえない[71]。著者プラトンは意図的に第4巻のこの部分の結論を（先の正義／不正の定義も含めて）あくまで暫定的なものに留めたことが予想できるのである。

　まさしくソクラテスは，探究をここで終わりにせず，ポリスと魂の考察を悪徳の形相に集中して続けようとするのであった。

む　す　び

　本章では，第2巻冒頭の「グラウコンの挑戦」で提起された二つの問にソクラテスらが「ポリスと魂の類比」の方法を用いて答えていく過程を順に追ってきた。まずソクラテスはロゴスによってポリス共同体を建設していく。これは諸原理に基づいてあるべき「公」（κοινωνία）を創出していく試みに他ならない。その過程で，自らの現実を生きるアデイマントスから私的生活への率直な不満をぶつけられて，ソクラテスは贅

---

[70]　病気との類比で不幸を説明するやり方は初期対話篇にも登場する；cf. *Cri.* 47a-48a, *Grg.* 511e-512b. この類比については，栗原（2013b），59-62で論じた。

[71]　逆に，第4巻のこの箇所までは「ポリスと魂の類比」の方法に基づく限り，魂において正しい人と不正な人の考察がポリスとの関係に言及されないのは自然だとも言える。

沢ポリスの建設へと向かう。生まれに即した分業体制（一人一業の原則）によって守護者が導入されてからは，その教育のあり方が問題になる。初等教育は市民を作り出す公的な道徳教育でもあり，それは同時に贅沢ポリスを理想的ポリスへと浄化することにもなった。

ポリス内での公的役割を決定する初等教育は，その意味で各市民に「ピュシス・生まれ」を付与する教育でもある。ソクラテスはこの次第を「神話」の形で語り，ポリス建設の基盤とする。するとアデイマントスは守護者の私的生活について疑問を差し挟むが，ソクラテスは守護者がポリス全体の幸福のため公的生活に専念することの意味を語って，理想的ポリスの建設をひとまず終了する。

こうしてできた「完全によい」理想的ポリスは四つの徳を備えているはずである。ソクラテスはポリスの構造と各階層のはたらきに訴えて，諸徳を定義していった。もし魂も同様の構造とはたらきを有していれば，同じ徳がその内部に見つかるだろう。この予想の下にソクラテスは魂の自然本性に注目しながら，魂の三部分を確定した。その上でポリスと類比的に，魂の諸徳を定義するのに成功したのだった。こうしてポリスと魂の両方において，正義が「自分のことをすること」と定義され，第2巻冒頭におけるグラウコンの第一の問に答が与えられ，そしてすかさず第二の問に対して，身体的健康／病気との類比により「不正な人は生きるに値しない」と答えられたのである。

本章で見た第2～4巻の探究で特徴的なのは——「ポリスと魂の類比」の方法が採用された結果とも言えるが——ロゴスによって考察対象のピュシス（生まれ・自然本性）を抽象的に明らかにするという著者プラトンの終始一貫した姿勢である。プラトンは「グラウコンの挑戦」を支える二人の若者の切実な問「民主政アテネで今この私はいかに生きるべきか」を一旦括弧に入れながら，ポリスという「公」と魂という「私」とが本来何なのかを原理的かつ理性的に暴き出してきたのだ。しかし時折，現実からの疑問が呈されている点も見逃せない。現実世界に生きる人間の多くは「公」「私」を別々に明確に分けて生きていけない。両方を何らか共に生きているのである。そして，現実に生きる人間にとって，公と私の二つがどういう関係であるべきなのか，実際どうあるのかをプラトンは第5巻以降で議論していくのである。

第7章
公私の統一（第5巻）

はじめに

　前章で考察したように，プラトンは第2〜4巻で人生を構成するポリス共同体という公的要素と魂という私的要素をあえて方法的に分離し，それぞれを独立に探究してきた。しかし「中心巻」と呼ばれる第5〜7巻では，これまでの「ポリスと魂の類比」の方法が表舞台から姿を消す。このテキスト的事実は，「中心巻」が『ポリテイア』篇全体の筋からの「脱線」であり，その他の巻とは位相の違う別立ての「形而上学」的議論が展開されている，との解釈を生んだ[1]。だが，第5章で見たように，類比の方法が暫定的に採用された背後に，あくまでグラウコンとアデイマントスの〈今ここでの生〉に対する関心に応える意図が存在するのなら，方法の不在はむしろ中心巻こそが本筋で，プラトンが二人のアクチュアルな問に直接答えを与えようとしていることを意味するのではないか。事実，プラトンは中心巻で公と私をもはや分離させず，積極的に関係づけて論じようとしているのである。

　中心巻でプラトンは，第4巻でひとまず完成させた「完全によいポリス」（427e7）の中身に関して不明だった部分に読者の注意を向けさせ，その明確化を目指しつつ，当のポリスの実現可能性を探っていく。その中で「大波」と呼ばれる当時の常識を覆すパラドクスを三つ提出する。

　1）　Cf. Cooper (1999), 142-44; Kraut (1992), 316-23. より最近の結びつけの試みについては Scott (2000a), (2015) 参照。

すなわち，守護者となる男女が同じ教育を受け同じ仕事に従事すること（第一の大波），守護者が妻子を共有すること（第二の大波），そして哲学者がポリスを支配すること（第三の大波）である。これらがいずれも公と私の再考を促す重要な問題であるのは疑いない。第一の大波では，「家」という私的空間を司るべき女性が公教育を受けて守護者となって戦争に赴きポリスの統治に関わる。第二の大波では，守護者にとって自分に固有の「家」は消滅し，守護という公的仕事に専念する者全員が一つの家族になる。第三の大波では，ポリスの政治活動から背を向けて私的な探究活動に従事する哲学者がポリスを支配する公的仕事を余儀なくされる。当時の（そして今日の）公私に関する常識をのみ込もうとする大波を乗り越えんとするプラトンの論拠は何で，その狙いは一体どこにあるのだろうか。この章では最初の二つの大波の議論を追っていこう。

1　第一の大波

これまでの議論の延長線上で，不正なポリスと不正な人・魂について語ろうとしていたソクラテスを，ポレマルコスとアデイマントスが突如として妨げる。彼らは，ポリスの建設過程の第4巻冒頭で詳述されなかった格言「友のものは共のもの」（κοινὰ τὰ φίλων 449c5; cf. 424a2）に関して，市民の共同の仕方がいかなるものか（τίς ὁ τρόπος τῆς κοινωνίας 449c8）説明してほしいと要求するのであった。トラシュマコスまでもが応援に加わっては[2]，ソクラテスも断り切れない。守護者が女と子供とどう交わるべきか，子供の誕生と教育の間にある養育はどうあるべきかといった，多くの人々が懐疑の目（不信感 ἀπιστίας 450c7; cf. c8, 9, d3）を向けるであろう事柄をめぐって，ソクラテスは祈るような気持ちで（cf. εὐχή 450d1）[3] 彼が構想する共同性の可能性と最善性に

---

[2]　450a-b. 第1巻のトラシュマコスとの態度の違いは明らかである。498c でソクラテスはトラシュマコスと仲直りしたと告白している。

[3]　中心巻では「祈り」（εὐχή, cf. 450d1, 456c1, 499c4, 540d2）が鍵概念になる。Miller (2009) は，ギリシア語 εὐχή が英語の ideal に相当すると述べ（540），アリストテレスの理想的な政体を部分的にプラトンのそれと比較しながら論じている。

ついて語り出す[4]。

(1) 概略と「慣習」からの反論（451c-452e）

ソクラテスが「女のドラマ」（τὸ γυναικεῖον [sc. δρᾶμα] 451c2）と呼ぶ「第一の大波」の議論は男たちを守護者にしたのと同じやり方で始まる。すなわち，羊の群れを守る牧羊犬の比喩を用いた考察である。当時も今も羊の番をするのは牡犬ばかりでなく牝犬の仕事でもある。牝犬は専ら家に居て子犬を産み育てるのでなく，牡犬と共通の仕事（κοινῇ πράττειν 451d6）をしなければならない。そのためには同じ養育と教育が与えられるべきである。同様に，人間の女性にも男性と同じ仕事を課すのであれば，音楽・文芸（ムーシケー）と体育を教え，戦争に関する技術も身につけさせるべきである。そうすると慣習に反した（παρὰ τὸ ἔθος 452a7）おかしなことが多数出てくるかもしれない[5]。女たちが年齢を問わず体育場で裸になって男たちと一緒に運動したり，武器を手に取って乗馬したりするといった数々の革新的な変化が見られるだろう。伝統重視で保守的な「気取った人たち」（τῶν χαριέντων b7）はその改革を醜いことと馬鹿にして笑い飛ばす（κωμῳδεῖν d1; cf. γελωτοποιεῖν d8）だろうが，論理的思考（ロゴス）によって明らかにされた最善のことを笑うのは中身のない人がすることであり，見かけに目を奪われて，規準を善でなく快（ἡδεῖς b3）に置いて美醜を判定する甚だ無思慮な人に属する[6]。

以上，ソクラテスがこの問題に取り組む姿勢はロゴスでポリスを建設し，守護者選抜の教育を構想していたときと全く同じである。そうであれば，女性が男性と同じ仕事につくなら同じ自然本性（ピュシス）を備えている必要がある。次に問題になるのはこの点である。

---

[4] この部分（450c-451c）には著者プラトンから読者への警告が感じられる。確信もなく手探りで議論を組み立てることは恐ろしく危険なことであり，笑いを提供するだけである。真理に躓いて，自身のみならず友人をすら破滅させる恐れがある。美・善・正義について欺き手になることの罪は大きいのだからアドラステイア（cf. *Phdr.* 248c2）への帰依が必要である。こうしたことは友人よりも敵の間で冒すべき危険なのだ。

[5] クセノポン *Oec*7.17ff. に見られる家の内・外の対比，男の徳，女の徳の対比など参照；cf. Dillon (2004), 13.

[6] アリストパネスのような喜劇詩人が念頭に置かれているのかもしれない。第5巻の最初の二つの大波とアリストパネスの関係については，Adam (1963a), 345-55; Halliwell (1993), 224-25; 納富 (2012), 259-63 参照。

(2) 可能性（452e-456c）

ソクラテスは論争状況を仮想する。問題は，女性の本性（ピュシス）が男性の本性と①全ての仕事（ἔργα 453a2）に関して共同できるのか，②一つの仕事についてのみ不可能なのか，③ある仕事は可能だが，別の仕事は不可能なのか，④戦争に関する仕事はどうなのか，である。ソクラテスは論争相手の役割を演じて自ら論を組み立てる。相手は④について女性には不可能だと考える。すなわち，「一人一業」の大原則がある。各人は本性に従って（κατὰ φύσιν b4）一つだけ自分のことをする（τὸ αὑτοῦ πράττειν b4）のでなければならない。しかるに，女と男の本性は全く異なっている。女と男のそれぞれにその本性に従った仕事を命ずるのが相応しいのだから，男女が同じ仕事をしなければならないという主張は間違っており，大原則に反し自己矛盾をきたしている。（したがって，守護が男の仕事である限り，女は守護してはならない。）

ソクラテスはこの矛盾対立論法（ἡ δύναμις τῆς ἀντιλογικῆς τέχνης, 454a1-2; ἀντιλογίας b2）を駆使した告発に対して，哲学的問答（διαλέκτῳ a8）とは違い，語られていることを形相に即して（κατ' εἴδη a6, cf. b6, c9）分割しながら考察することができず，名辞（オノマ）のみに即して争論的に矛盾を追求していると批判する。本来なされるべきは，同じ本性に同じ仕事を，異なる本性に異なる仕事をあてがうとき，(a) 本性の同／異はどんな形相についてなのか，(b) 何（の仕事）に関係づけて（πρὸς τί b7, cf. d1）同／異を分けているのかを考察することである。例えば，(a) 髪（形相）の有無の点で本性が反対だからといって，(b) 靴作りに関係して，一方に靴作りを許し，他方に禁じるなどあってはならない。(a) 有髪か無髪かは (b) 靴作りの技術とは本性上無関係だからである。

以上を確認して，ソクラテスは再度説明に乗り出す。先には曖昧だった男女の違いは専ら (a) 女が子を産み男が子を産ませるという点にある。だがこの形相上の違いが (b) 守護の仕事とどう関わるかは示されていない。そこで，守護の仕事に相応しい資質・本性が男女の種族のいずれかのみに固有か否かが考察されるべきである。(b) ポリスの運営に関わる人は (a) 学びが早く記憶力にすぐれ，身体を心に十分付き従わせるようなよき本性（εὐφυῆ 455b5, c2）を備えていなければならな

いが，こうした点で男が女よりも卓越しているわけではない。つまり，(b) ポリスの運営の仕事に関しては，女が女だからとか，男が男だからとかいった理由によらず，(a) 両方に同じように本性が配分されているのである。但し，女も男も本性上そうした仕事一切に与るとしても，全てに関して女が男よりも弱くある点に配慮すべきだが。それゆえまた，守護者を選抜する基準も同様であり，守護者になる女性は本性(ピュシス)において音楽・文芸に長じ，体育に長け，知を好み，気概があるのでなければならない。ソクラテスは結論する。ポリスの守護に関して女の本性と男の本性は，弱い／強いの違いを除けば，同じであり，そうした能力を備えた女たちは同じ能力の男たちと同じ暮らしをし，共に守護しなければならない。また，教育も同様に与えられねばならない。このような法の制定は，本性に即しており，不可能でも祈りに似たものでもないのであって，現状の方が――ソクラテスは現実世界・アテネに触れる――むしろ本性に反しているのである（上記①への肯定的回答）。

　この男女の公的役割共有論が当時のアテネの常識を遙かに超えた考えだったのは言うまでもない。序章でも見たように，男は民会や法廷などの公的な場所で政治に従事し，女は家から外に出ずに家政を司るといった公私の役割分担が普通だった時代において，ロゴスに基づいて導かれた結論である。但し，今日の研究者たちの中には，その歴史的意義に瞠目しつつも，女性が男性より全てに関して弱いとする点には批判の目を向ける人々もいる[7]。男女の強弱の事実問題はさておき，守護の仕事内容が既に男性中心的な基準で特定されていること自体が女性の弱さを際だたせるとの批判である。実際，ポリス建設にそうした基準が紛れ込んでいるかは定かでないが，ここでプラトンが「ピュシス」を二つの異なる範囲に用いていることに注意したい。女と男を種族として見る場合が一つ，女性一人ひとりを個人としてみる場合がもう一つである。後

---

7) 例えば，Annas (1981), 181-85. Murray (2011), 176 は「プラトンが取り扱っている人間本性の典型は男性的なものであるから，女性の守護者に必要とされていることは単に女性が自らを男性へと変化させるべきだということだ」と述べている。瀬口 (2002), 68-71 は女性の「弱さ」には $ἀσθενέστερον$ という語が，男性の「強さ」には $ἰσχυρότερον$ という語が一貫して用いられており，この箇所では知的能力の優劣ではなく，身体的な力の強弱のみが問題になっていると指摘し，プラトンは守護に関する知的能力に男女間の格差を認めていないと論じている。

者のピュシスは，守護者に相応しい女性を選び出すときの個人の能力(ピュシス)(455e6)を意味する[8]。この議論でも大原則とされた「一人一業」の原理は，変形的に前者のピュシスに適用されたが，第一義的には個人に関わるものである。したがって，ここでもこの基本方針からプラトンが「女が女だから，男が男だから」(455d7)という理由づけにこだわることはありえない。むしろプラトンは，各市民が個人として何に向いているのかを最重要視し，その上でその能力(ピュシス)に適した仕事をあてがうべきことを論じているのである。そうだとすると，この議論が当時の「常識」との兼ね合いで男女の公的役割の共有を語っていても，その根底に流れる思想は，よりラディカルに男女の区別を前提にすることすらやめて，個人を見つめることに徹するべきといったもののように思える[9]。

(3) 最善性 (456c-457b)

女性に同じ教育を与えることが可能であるとの議論に引き続いて，それが最善でもあることが論じられる。男性の場合，守護者にすべく相応しい能力をもった者たちを選び出され，相応しい教育が授けられた。そうした守護者たちは市民の中で最善である。女性の場合も，守護者としてできる限り最善の者となることがポリスにとってよいことだろう。そのために音楽・文芸と体育による教育が与えられる必要がある。であれば，これを法で制定することはポリスにとって最善であることになる。

先の可能性の議論に比べて，この議論はシンプルでわかりやすい。可能性が認められたら，抵抗なく受け入れられる議論のように思える。ただ，この箇所の最後でソクラテスが発する言葉は重く響く。彼は，最善のために体育に従事する裸の女性たちを笑う者は「笑いという知恵の果実を熟れる前に摘み取る者」[10](457b2)にすぎず，何について笑い，何をしているかを知らないと批判し，実に見事に語られているし，これからも語られ続けるであろう，「有益なものは美しく，有害なものは醜い」という諺を紹介して論を締めくくる。笑いを作る者たちに対するプ

---

8) Cf. Ferrari (2013), 132 n.1.
9) 但し，ここで言う「個人」は公的役割を担う市民のことである。
10) ピンダロスの詩句 "ἀτελῆ σοφίας καρπὸν δρέπ(ειν)" (Fr. 209) に "τοῦ γελοίου" を挿入して引用している。

ラトンの態度は限りなく厳しい。彼の議論をロゴスに従わずに冗談にして笑い飛ばす者への警句でもあろう。真面目であること（σπουδάζειν 452c6, cf. d10; σπουδαῖκός e5）への要求は読者にも向けられているのである。

2　第二の大波

　第一の大波を何とか逃れ得たソクラテスたちは，それより大きな波に直面する。守護者の男たちは守護者の女たちを共有し（κοινάς 457d1），誰も私的に（ἰδίᾳ d1）家庭を営んではいけないし，子供もまた共有であり（κοινούς d2），親は自分の子供が誰か，子供は自分の親が誰か知ってはいけない，といった大波である。本書のテーマである，公と私の問題が対話篇中で最も明確に主題化される箇所とも言えよう。守護者階層ではほとんど全てが共有され，私的所有は許されないと法制化する「第二の大波」は何を主張しているのか。また，このような法律はポリスにとって最善なのか，仮に最善だとしても実現可能なのか。ソクラテスたちの対話をできる限り丁寧に追っていこう。

(1) 現実からの遊離（457d-458b）

　ソクラテスはこの法律の最善性については議論の余地はないが，実現可能性については最大の反論が生じるだろうと述べ，前者の証明を避けようとするが，グラウコンは許さず，両方の説明を求める。そこでソクラテスはある比喩を語って譲歩を申し出る。怠惰な人が独り散歩しながら，あれこれ空想しては楽しむ。願い事が実現するかどうか気をもんで嫌にならないように，あたかも実現したことにして，その上でどうするかを考えて快をおぼえる。そして一層魂を怠惰にしていく。ソクラテスは自虐的にちょうどそのような気分だと告白し，守護者の妻子共有については実現可能だと前提して，第一に，支配者が妻子共有の法を定めていくやり方と，第二に，法の実行が何よりもポリスと守護者にとって役立つということを先に考察しようと提案する。

　この出だしは来るべき「第二の大波」の途方もない衝撃を予想させ

る。「第一の大波」と同様，可能性と最善性が問題になってはいるが，先の大波の可能性が主張自体の論理的無矛盾性——「一人一業」の原則と女性のピュシスに矛盾しないので論理的には可能——を意味していたのと違い，今回は当該の法に基づくポリスが現実に存在しうるかという実現可能性に焦点が当てられている。その場合，実現不可能だという不信（ἀπιστίαν 457d4）はあらゆる努力を妨げかねないため，むしろそれを逆手に取って努力をやめ怠惰になって，順序を変え，法の具体化とその最善性から始めて，いわば「楽しみながら」（χαίρουσιν 458a6）論じようとするわけである。直前で真面目であることを要求していたプラトンのアイロニカルな方針転換は読者を戸惑わせようが，むしろ読者も細部に目くじらを立てず想像力（διάνοιαν a1）を働かせて，自身の常識を超えた思考を楽しむ余裕が求められているのかもしれない。衝撃に耐えきれず思考停止に陥らないように。

(2) 法制化と法の最善性（458b-466d）

まずは守護者の妻子共有の法制化について議論がなされる。その柱は結婚と子作り・子育てである。考察に先立ち，理想的ポリスの法制化の構造が確認される。現在の議論ではグラウコン（ソクラテス，アデイマントスも含む）が立法者（νομοθέτης 458c6）である。立法者が制定する法に自らも従い，かつその法を模倣しながら命令を下すのが，守護者の中でも年長の支配者であり，支配者の命令にすすんで従うのが，守護者の内で年若の補助者・戦士である。法制化を進める主体が対話者と支配者であり，法で縛られるのが補助者であるという二重構造がこの箇所の基本となっている。続く議論で「守護者」とある場合，若い補助者を意味している点に注意しておこう。

【結婚】
さて，「第一の大波」で選抜された女の守護者たちは，男の守護者たちと家を共有し共同食事をとる一方で，私的には何も所有しない状態にある。男女が一緒にいると恋の必然性により互いの肉体的交わり（μεῖξιν 458d3）へと導かれるが，幸福な人々のポリスにおいて無秩序な性交は敬虔でないし，支配者の許すところでもない。法制化の第一段階は性的交わりを公的制度である「結婚」と同一視し，できる限り神聖

第7章 公私の統一（第5巻）

化することである。最も有益な結婚こそが神聖なものだろう。ソクラテスは，家で飼われている犬や鳥を例にとって，優れたオスとメス同士の「交配」として結婚をイメージする。優秀なものから優秀な子供が生まれ，そのことが種（γένος 459c1）の繁栄をもたらすわけだ。若い守護者の場合，優秀であればあるだけ，結婚という「種付け」の機会を多くもち，劣等な者は限りなく減らされねばならない。支配者は劣等な者たちからの不平不満に備えて，裏では計算され管理された結婚をあたかも「くじ引き」（κλῆροι 460a8）の結果に見せかける巧妙な嘘を用いる[11]。このからくりを知る者は支配者しかいない。

　法制化の第二段階は，新郎新婦たちが一堂に会する集団結婚式を祝祭と犠牲式にして大いに盛り上げ，ポリスお抱えの詩人にも結婚に相応しい讃歌を作らせることである。但し，結婚の数は支配者のコントロール下に置かねばならない。戦争や流行病のことも考慮して，ポリスの大きさが変わらぬよう常に人口管理が必要だからである。また，戦場その他で武勲を立てた優れた若者は褒美として複数の女性と同衾する自由（ἐξουσία 460b2）が惜しみなく与えられねばならない[12]。褒美という口実と共に，できるだけ多くの優秀な子供を生む「種付け」（σπείρωνται b4）があるようにである。

　さて，以上の結婚をめぐる法制化は徹底した目的至上主義的発想によっている。守護者の群れが優秀者で満ちるという目的のためには，優秀な子供が生まれる必要がある。そのためには優秀な男女が交わる必要がある。プラトンが性欲を人間の本性に根ざした自然（ピュシス）のものとみなしているのは疑いない（ἀνάγκης ... τῆς ἐμφύτου 458d2）が，性行為を最も私的な営みで公的介入が許されないとする考えにはピュシスの裏付けを認めない。例えば，一夫一妻制で家をもち，子供を産んで育て上げるという「常識」は共同生活を営む守護者にはもはや有効でない。個人に属する飲食への欲望が共同食事という形でその私的快楽を剥奪されたように，性的欲求も公的制度の「結婚」へと解放されるのである。優秀な守護者は別々の相手と数多く「結婚」できるし，そうでない者は全く「結婚」できないこともありうる。もし望むなら，戦場で勇気を奮うほ

---

11)　「薬」（φαρμάκοις 459c3）と呼ばれる有用な嘘については，389b4 を参照。
12)　戦場での武勲に対する褒美については 468b3-c8 でさらに解説される。

かない。何らかの手段で自らの徳を公的に示すより他に術(すべ)がないのである[13]。守護者の間では，私的要素はそれほどまでに消失している。

祝祭化した集団結婚式も守護者の群れの結束を強める役割を果たしている。それはくじで択ばれた者たちが集うと同時に，戦争の英雄たちが誉れを受ける公的行事であるに違いない[14]。神々しい雰囲気の中で「結婚」の公的意味が高められていくのだろう。守護者集団が優秀なまま統一性を保つことにこの法制化の目的はある。

【子作り・子育て】

養育専門の支配者は生まれた子供たちを親から引き離して養育所に隔離して育児の世話をする。乳が必要になるときだけ，母親を連れてきて，乳を子供に与えさせるが，自分の子供に気づかぬよう工夫する。女守護者の子作り（παιδοποιίας 460d6）の大変さを軽減して，本来の守護の仕事に集中できるよう，細々した子育ては専門の乳母や保母が行う。こうした法の整備にも「一人一業」の原則が機能しているわけである。

次に法制化されるのは子作りの年齢制限である。優秀な子供は親が体力・知力共に壮年の盛りのときに生まれるとされ，女性の場合は20歳から40歳までの20年間，男性の場合は25歳から55歳の30年間だけ子作りが許される。この原則から外れる子作りは三通りある。第一に，上であれ下であれ，制限年齢の外側であるにもかかわらず，公共のための出産（τῶν εἰς τὸ κοινὸν γεννήσεων 461a3-4）を目指す「結婚」にこっそり混じって子供を産むならば，その行いは公的祝祭である「結婚」の意義への重大なる違反であり，敬虔でもなく正しくもない。第二に，制限年齢に違反していないが，支配者が結びつける「結婚」に与らずに子供を生む場合，第一のものと同じ法が適用され，その子供は庶子で神聖でない者として扱われる[15]。第三に，制限年齢を超えた男女の場

---

13) 劣等な守護者は「結婚」できず私的性欲を満足させられないことに対して不満をもらせない。プラトンの目的論的思考からすれば，それがその守護者「自身」のためなのである。

14) 勇敢な戦士のための犠牲式については468c9-e4でさらに解説される。

15) どういう扱いかは明示されていないが，嬰児の間に命を奪うのか，あるいは，他の階層へと移されるのか，どちらかだと思われる。別の文脈だが，『法律』篇では市民を別の土地へ植民させる方途が語られている（5. 740e; cf. 11. 923d, 930d-e）。

合は，自由に（ἐλευθέρους b9）交わることが許されるが，妊娠しても中絶されるか，仮に産まれても育てられることはない。またこの場合，男は娘，母，娘の子，母の母と交われず，女は息子，父，息子の子，父の父と交わることができない。このような人間関係は血縁で考えると制度上識別不可能なので，法に基づくものとなる。「結婚」後，十ヶ月もしくは七ヶ月後に生まれる子供は皆「息子」「娘」であり，逆に親は全て「父」「母」である。「孫」「祖父母」についても同様であり，その結果，これらの「親族」が互いに性的関係を結ぶことはない。但し，「姉妹」「兄弟」と呼ばれる同時期に生まれた者たちについては，くじに当たるならば，法によって「結婚」することになるだろう。

　このような子作りと子育てに関する法は結婚のそれに負けず劣らず今日の常識を遙かに超えている。だが反面，子育ては社会全体の仕事であり，母親も外で仕事をする自由を与えられるべきだという考え方自体は，今日でもかなり一般化してきたとも言える。それでも血縁関係に執着する「常識」は根強い。プラトンは血縁ですらいわば「神話」に他ならず，法によって「血縁」を作り上げる発想をとっている[16]。また，中絶や嬰児殺しはこの文脈の目的至上主義によるが，同時に徹底した遵法精神の反映でもある。神々と人間に対する裏切りには，最大の罰が与えられるのである。

【ポリスにとっての最善性】
　守護者の妻子共有に関する法規制の内容を説明した後に続くのは，この法規制がポリスにとって最善であることの証明である。ポリスのあり方を悪くする最大のものは，ポリスをバラバラにし実質上多くのポリスにしてしまうものである。他方，最大によいものは，ポリスを一つに結びつけるものである。ポリスを一つにするのは，できる限り全ての市民が，同じことが生じたり滅びたりするのに喜んだり苦しんだりして，快楽と苦痛を共有すること（ἡ … ἡδονῆς τε καὶ λύπης κοινωνία 462b4）である。逆に，ポリスやその市民たちが同じことを蒙っているときに，極端に苦しんだり極端に喜んだりする人が出てきたならば，そうした快苦の個人化・私化(わたくし)（ἰδίωσις b8）がポリスの結びつきを解消することに

16）　プラトンはここで近親相姦のタブーに配慮しているように思われる。

なる。このような快苦の個人化が生まれるのは,「わたし(自分)のもの」「わたしのでないもの」といった表現がポリス内で同時に発せられないからだ,とソクラテスは語る。反対に,殆どの市民が同じものについて同じ仕方で「わたしのもの」「わたしのでないもの」と発言するポリスは最もよく治められている。彼が用いる比喩は秀逸である——ある人が指を痛めたとして,魂との身体的交流全体が魂内で支配する組織に達して感知し,部分が苦痛をおぼえるとき同時に,その全体が一斉に痛みを共にする,あたかもそのようにして,「人が指を痛がっている」と表現する。最もよく組織づけられたポリスでは,市民の一人が,善であれ悪であれ,何か蒙ると,ポリスは全体として,蒙っているものが「自分の一部だ」と言い,全体で一緒に喜び,一緒に苦しむだろう[17]。

ソクラテスたちは,以上の考察を自分たちのポリスに適用して考える。まず市民がお互いをどう呼び合っているかという「呼び名」の慣例に関して他のポリスと比較すると,他の多くのポリスでは,支配者と被支配者は相互の隔たりを意識しながら,互いを「主人」「奴隷」と呼び,支配者の間では,党派の違いに基づいて「自分に属する者」「他に属する者」と呼び合っているが,問題のポリスでは,支配者と被支配者の間では力関係を逆転させてお互いを「守り手・補助者」「報酬付与者・養い手」と呼び合い,さらに支配者の間では「兄弟」「姉妹」「父」「母」「息子」「娘」「祖先」「子孫」と身内の呼称を用いている。またこの呼称の立法化は行為の立法化と相即しており,例えば,父親については,恥や世話,親への従属といった行為が神々への敬虔や人々への正義と結びつけられて法制化されている。但し,法と言っても,それは生まれてすぐの幼児の頃から「人々の声」(φῆμαι 463d6; cf. 415d4)として耳元で囁かれ歌われていた「神話」に他ならない。市民である限り疑う余地のない,血肉化した自己の最奥にある「恥」(αἰδώς 465b1, cf. 463d2)や「恐れ」(δέος 465b1, 2)に関わる信念(δόγματος 464a1, cf. d3)である。こうした信念を共通の岩盤とするポリスにおいてのみ,一人の市民がよくなしたり,悪くなしたりするとき,「わたしのものがよくなす」

---

17) 敷衍すると,共同体の小部分が全体の犠牲になっても他の大多数が無関心である場合,それはよく治められていない悪い共同体ということである。少数者の痛みや苦しみを共有できる共同体を作り上げるか否かにとりわけ為政者の倫理性が問われている。

「わたしのものが悪くなす」という表現を全員で声を合わせて口にすることになる。ところで，この種の信念や表現には快楽や苦痛が一緒に伴って生じるが，このポリスの市民たちはとりわけ「わたしのもの」と名づける同じものを共有して，快苦も共有するだろう。そうした状態の原因（αἰτία a8）は何にも増して守護者の妻子共有なのである。

　プラトンがソクラテスに展開させる論理は実に鮮やかである。守護者の妻子共有は，守護者からあらゆる私的なものを奪っていく。真の守護者であろうとするなら，自分の家・土地・財産はもたず，他人から守護の報酬を受け取り，共同のために費やす。さらに，結婚もその都度の公的儀式で結ばれるだけの関係にすぎず，子供が生まれたとしても，すぐに引き離されて私化できない。「いわば身体以外は何も私有（ἴδιον）せず，他は皆共有（κοινά）なのだ」（464d7-8）。公人・権力者にプライバシーはない。しかし逆説的ではあるが，徹底して「自分（わたし）のもの」を共有化することで，その範囲がポリス全体へと拡張することになって，かえってポリス内の全てが「自分（わたし）のもの」になる。まずは守護者仲間が一つの「家族」として構築される。次いで，快楽と苦痛の共有を通じて，ポリス市民全員が「自分（わたし）のもの」となっていくのである[18]。それはあたかも，一人の人間と同じで，魂に相当する守護者（特に魂内の支配的組織に相当する支配者）は身体である生産者たちの痛みを共に感じて，最善の方法を考え適切な指示を与えていく。かくして，このようによく治められたポリス，すなわち，バラバラにならず統一性のある最大善を実現したポリスを生み出す原因は，紛れもなく守護者の妻子共有なのであった。

　したがって，気づかれるべきは，ソクラテスの論理がある種の利己主義を前提しているということであろう。先に指摘したように，この論理は徹底した目的論的思考によって貫かれている。つまり，ポリス全体の最大の善が確保されるためには，何が一番有益な方法なのかが常に問題になっていたのだ。この考え方は全体の目的のために個人が犠牲になるという発想と結びつけられやすい。しかし，ソクラテスの論理の説得力

---

18) 守護者たちが「自分たちの間で内戦を引き起こさないならば，他の市民が彼らに対して，また互いに対して分裂するのではないかと恐れることはない」（465b9-11）とあるように，この順序が重要である。

は「自分のため」の善を求めることをむしろ肯定しているところにある。ただ「自分」の理解が現行制度を支える「常識」——公から切り離された個人としての「自分」——と異なっているにすぎない。「家」は「自分」のものだから大切にすべきといった「常識」に従いつつ、「家」の内実を「ポリス全体」というようにドラスティックに変更することによってパラドクスを導いているのである。換言すれば、「自己」や「わたし」の意味内容の捉え直しによって、利他的であると同時に利己的な倫理の構築を目指しているのである。

【守護者の幸福】

最善性の議論を終えて、ソクラテスは第4巻冒頭でアデイマントスから出された疑問を再度取り上げる。私有財産を一切認めないことで、守護者を幸福にしていないではないか。この非難に対する答は第4巻のそれとは異なる。以前の説明では、ポリス建設の目的は一つの種族だけを幸福にすることにはなく、ポリス全体をできる限り幸福にすることにある、という点を強調していた[19]。しかしこれだと守護者が幸福でないことが含意されているようにも聞こえてしまう。ソクラテスは守護者の幸福をはっきり宣言する。守護者はオリンピックの勝者よりも美しい勝利を勝ち取っている。自らの力でポリス全体の保全（συμπάσης τῆς πόλεως σωτηρίαν 465d8-9）という勝利が生まれ、子供らと共に守護者自身にも十分な養育がなされ、生前にはポリスから誉れを受け取るし、死後には相応しい埋葬を与えられるのである[20]。守護者が守護者であるとの自己同一性を保つこと、そのようにして自分＝ポリスの生が秩序をもって安定し、最善のものとなって満足いくこと——ソクラテスは守護者の幸福をこう語るのであった。

(3) 実現可能性

想像力を働かせ楽しみながら、守護者の妻子共有論を語ってきたソクラテスは、次にそうした結びつきが実現可能なのか、実現可能だとすれば、いかにしてなのか、という問題に取り掛かる。しかし彼が語り始めたのはこれまでの話の細部に対する補足でしかなかった。

---

19) 本書第6章第4節参照。
20) 英雄の埋葬については、468e5-469b4 参照。

第 7 章　公私の統一（第 5 巻）　　　　　　　　　　193

① 　戦士の教育（466e-468b; 416c への補足）
② 　戦場での武勲への褒美（468b-c; 460b への補足）
③ 　勇士に名誉を与える儀式（468c-e; 459e-460b への補足）
④ 　英雄の埋葬（468e-469b; 465e への補足）

　ソクラテスがさらに続けて，敵に対する戦士の振るまい方について解説し（469b-470b），ついには「戦争」と「内乱」の区別を説き始める（470b-471c)[21]に至ると，業を煮やしたグラウコンが「突如として」（ἐξαίφνης 472a1）当該ポリスのあり方（ἡ πολιτεία αὕτη 471e2）の実現可能性とその方法について説得しようと試みていないとソクラテスを非難するのだった。ソクラテスは告白する。

　21）　この箇所は第 3 章で考察した『メネクセノス』篇と関係が深い。プラトンは「戦争」（πόλεμος 470b5）と「内乱」（στάσις b5）という名辞の存在を前提とし，「戦争」は他者的（ἀλλότριον b7）で異者的な者（ὀθνεῖον b7）への憎しみについて，「内乱」は自己的（οἰκεῖον b6）で同族的な者（συγγενές b6）への憎しみについて用いられるとする。彼によると，ギリシア人とバルバロイの間の憎しみは，ピュシスにおいて（φύσει）敵対しているので「戦争」であり，ギリシア人同士の憎しみは，ピュシスにおいて友であるので「内乱」であって，そうした状態は病気による内部分裂である。普通に通用している意味での「内乱」は，実際はポリス内の「内戦」（στάσις）なのだが，その場合，自分を育ててくれた母・乳母たるポリスを害して畑の作物を刈り取ったり家を焼いたりするなら，「ポリスを愛する者」（φιλοπόλιδες d8）とは呼ばれまい。ロゴスで建設された完全によいポリスの場合，内戦は生じ得ない（cf. 464d8-e2, 465b9-11）。その市民たちはギリシア人でよい人々であり穏和な人々である。ギリシアを「自分のもの」と考え，宗教も他のギリシア人と共有している。ギリシア人と戦うことがあっても，それは「自分の人々」との不和である「内乱」であって「戦争」ではない。和解を意図して衝突するのである。相手のポリスに対しては好意をもって懲罰を加える。「ギリシアを愛する者」（φιλέλληνες 465e8）として，「内戦」の場合と同様，相手ポリスの畑を荒らしたり家を焼いたりしない。むしろ，相手ポリスに働きかけて，少数の内乱責任者が罪なく苦しんだ市民によって罰を受けるよう強いられるようにするわけである。
　さて明らかにこの議論は文脈上「脱線」気味である。にもかかわらずこれを加えた理由は，プラトンが執筆当時のポリス間の戦争状態にかなり直接的な批判を加えたかった点にあると思う。グラウコンは議論の最後に言う，「我々の市民たちは敵対者たちにそのようにのぞまなければならないし，バルバロイに対しては，今日ギリシア人が互いに対してのぞんでいるように，のぞまなければならない」（471b6-8）。プラトンはギリシアの分裂が危機的状況にあるとの認識の下に，解決の途を見出そうとしている。（したがって，この箇所のバルバロイに対する敵対的態度をプラトン自身のものとして読む必要はない。ピュシスにおいて全き他者であり敵対的であるとの記述は，むしろピュシスを超えた友愛の可能性すら示唆しているように思われる。）

T1 472a3-7: おそらく君は知らないのだ。やっとこさ二つの大波を逃れて出た（ἐκφυγόντι）わたしに，君は今や最大で最も困難な第三の大波を導いている（ἐπάγεις）のだよ。それを目にして耳にしたら，君は許してくれるだろう，わたしが適切にもぐずぐずしながら，これほどの逆説的な議論（παράδοξον λόγον）を語り考察しようとするのを恐れていたことを。

驚くべきことに，ソクラテスの告白は，既に「第二の大波」の議論が終了し[22]，次なる大波にのみ込まれつつある状況に触れている。これまでの大波も「常識」（ドクサ）を超えている（παράδοξος）点では途方もなかった。だが今度の波はそれ以上だと言うのだ。そこで章を改めて，ソクラテスの話に耳を傾けることにしよう。

む　す　び

第5巻前半部の二つの大波の議論は，ポリスを守護する立場にある者が公的存在として私的要素を限りなく剥奪されるべきであることを論じている。当時も今も「常識」外れに響くこの議論は，しかしながら，守護者のピュシス——ポリスを守護する者はいかにあるべきか——に則してロゴスに従って論じられている限り，抗いがたい力でもって読者に迫ってくる。「常識」の方がおかしいのではないか，なぜそうした「常識」がまかり通っているのだろうか。人々の中に，自らの正義観・幸福観・社会観・人間観について何らかの疑念が生まれるとしたら，著者プラトンの目論見は成功したと言えるだろう。

だがプラトンの読者への挑発は止まらない。彼自身がそうであろうとしている「哲学者」をめぐる「常識」に彼の思考の限りを傾けて，その転覆を図ろうとするのである。そしてついに対話篇の主人公たる二人の若者の〈今ここでの生〉のあり方が俎上に載せられるのであった。

---

[22] ἐκφυγόντι（472a3）のアオリスト分詞は現在形の ἐπάγεις（a4）に先立つ時を示す。

第 8 章
公私の結合へ：第三の大波（第 5・6 巻）

―――――

はじめに

　第 5 巻〜第 7 巻の「中心巻」では公と私の問題がはっきり主題化されている。前章では，守護者の生活から私的要素が消滅し，その殆ど全てがポリスという公共のために捧げられる次第を考察した。しかし，その議論は「ポリスと魂の類比」の方法で析出された「理想的ポリス」の細部を補充する意図で進められていたため，第 2 巻冒頭で前面に出ていたグラウコンとアデイマントスの〈今ここでの生〉に対する関心に直接的に応えるものになってはいなかった。しかし，「第三の大波」はまさにその点にまっすぐに光を当て，民主政アテネに生きる若者が，公と私に関わりながら，どのような生き方をなしうるのかを問題にしている。本書第 2 章で見た，私的生活を送りながら，逆説的に政治的な公的生活に関わったソクラテスとは違った仕方で，哲学者が公私を結合する特殊なあり方が明らかにされているのである。若者にとってそうした哲学者はどのような意味をもつのであろうか。この点に留意しながら，議論の流れを辿っていこう。

1　「第三の大波」導入部：理想から現実へ（第 5 巻）

　さて，「第二の大波」の議論を何か中途半端な形で終わらせたソクラ

テスは,これまでロゴスによって建設され法制化されてきた理想的ポリスの実現可能性に関しては,さらに「三つの内でも最も大きく最も困難な波」(472a4) が存在すると言う。この「第三の大波」とは何か。その導入部分を引用しよう。

1 「我々は正義と不正がどのようなものかを探究しながらここまでやってきた[1]。(…) しかし正義がどのようなものかを発見するならば,果たして我々は,正しい人もかのそれと少しも異なっていてはいけないのであって,あらゆる仕方で正義と同様でなければならないと当然視するだろうか。それとも,もしその人ができる限りそれに近似しており,万人の中で一番かのものに与っているならば,満足するだろうか。(――後者のようで満足するでしょう。)」(472b4-c3)

2 「してみると,模範像のために,正義そのものがどのようであるかを探究してきたのだ,そして完全に正しい人が――生じるとして――どのような人として生じるかを,そしてまた不正と最も不正な人を〔同様に〕探究してきたのだ。その目的は,そうした人々へと目を向けて,幸福とその反対に関する彼らの状態が我々に顕わになるなら,我々自身についても,かの人々〔最も正しい人／不正な人〕にできる限り似た者となれば,かのもの〔幸福／不幸〕に最も近い定めをもつだろうと自ら同意するよう強制するためだった。それはこのことのため――それらが実現可能であることを証明するためではなかったのだ。」(c4-d2)

3 「優れた画家の場合,最も美しい人間がそうであるような模範像を描き,一切の要素を絵に十分に備えさせはしたが,そうした人が現実に生じうることをも証明できないからといって,それだけ技量が劣ることになると君は思うか。(――ゼウスに誓って,そうは思いません。)」(d4-8)

4 「我々もよきポリスの模範像をロゴスによって作ってきたのでは

---

[1] ここでの「探究しながら (ζητοῦντες)」(472b4) の現在分詞,(2) の「探究してきた (ἐζητοῦμεν)」(c4) の未完了過去は正義と不正の探究が第4巻で終了したわけではなく,未だ進行中であることを示している。

第 8 章 公私の結合へ：第三の大波（第 5・6 巻）　　197

ないか。」(d9-10)
5 「では，そのことのために，語られた通りにポリスが統治されうることを証明できないからといって，我々がよく語っていることの価値が劣ることになると思うか。（――思いません。）」(e2-5)
6 「もし君のためにこのことにも努力しなければならないとしたら，すなわち，いかにして何に即してよきポリスの実現がとりわけ最も可能なのかを証明しなければならないとしたら，再びそうした証明に対してわたしに同じことを同意してほしい。（…）語られる通りに行われうるのか，それとも人にはそう思えないとしても，実践(プラクシス)は言説よりも少なく真理に触れるのが自然なのか。（――後者の意見に同意します。）」(e6-473a4)
7 「ロゴスで語ってきた通りに，そうしたことが全き仕方で実践(エルゴン)によっても生じうると示さねばならないとわたしを強制してはいけない。語られてきたことにできるだけ近い仕方でポリスが治められるのを我々が発見できたなら，君が命じていることの実現可能性を発見したことになると言いたまえ。」(a5-b1)

　この「第三の大波」の導入箇所は中心巻全体の狙い（σκοπός）を決定しているという意味で特に重要である。なぜなら，ソクラテスはこの点の同意を対話相手から得て，いわゆる「哲人王」を論じ始め，第 5・6・7 巻の長い議論を経て，哲学者が支配に戻る「洞窟帰還」でよきポリスの実現可能性の説明を完結させるからである[2]。ではソクラテスは何に焦点を当てるよう提案しているのだろうか。
　まず (1) (2) でソクラテスはこれまでの探究の対象と目標を想起している（ἀναμνησθῆναι 472b3）が，驚くべきは第 5 巻で法制化を目指していた「完全によいポリス」の文脈を遥かに超えた時点にまで遡っていることである。他ならぬ「グラウコンの挑戦」の想起である。第 5 章第 1 節で見たように，グラウコンらが求めたのは問 1「正義／不正とは何か」，問 2「正義／不正は所有者を幸福／不幸にするのか」だった。そして要求の背後には二人の若者の生の選択をめぐる切実な関心が渦巻

---

[2]　哲学者の洞窟帰還とよきポリスの実現可能性の関係については，第 9 章第 2 節参照。

いていたのである。無論,ソクラテスの慧眼は二人の関心をしっかり見抜いていた。彼は (1) (2) で二つの問を振り返るばかりでなく,「われわれ自身」(ἡμῖν αὐτοῖς) に注意を向けることで, 自己の今ここでの生のあり方を問い返す姿勢を如実に示している。まさしく探究の本来の目的が,「われわれ自身」の幸福のために今ここでいかに生きるべきかを理解し, 自分自身に対して同意を強制することにある, と明かされるのである。

第4巻までの「ポリスと魂の類比」の方法とのスタンスの違いは明らかだろう。ソクラテスはもはや正義／不正を対象として向こう側において抽象的に論じる姿勢をとっていない。むしろ探究者自身が正しい人になるか不正な人になるかを問題とし, その生の選択と幸福／不幸の関係を明示的な仕方で問い始めているのである。無論その際, 第4巻までのロゴスによる描像がお役御免になったわけでなく, 探究対象の模範像 (παράδειγμα, cf. 472c4) としての役割が明確化されたと言うべきである。しかしこの正義／不正の模範像はあくまでロゴスの探究による抽出物である限り,〈今ここ〉という具体的な生の現場での生成が要求されるものではなく, 関与する探究者自身が生の現場で何らかその存在に与る (μετέχῃ c2) よう努力するものと言える。

次に (3) (4) (5) は, 理想的ポリスの語りを優れた画家の比喩によって説明し, 第5巻の当面の議論に戻って二つの大波を反省している。(1) (2) との関連で重要なのは, 語られてきた理想的ポリスが模範像 (παράδειγμα 472d9, cf.d5) として特徴づけられていることである。前章で見たように, 二つの大波の議論には第3・4巻で建設中のポリスで語り残した点を補完する狙いがあった。そのため類比の方法の精神を受け継ぎ, ポリスのあるべきあり方をロゴスで語る極めて抽象的な論になっていた。しかし「第二の大波」が実現可能性の問題に直面することで, 抽象性から現実性へと一気にシフトする流れに変わったのである。その点を踏まえて, 画家と絵の比喩を見てみると, 優れた画家が描く像は「最も美しい人」の模範像 (παράδειγμα d5) として描かれている限り, 像を「美しい」と認識すること自体に, 鑑賞者自身の「美しい人」についての見方や自己自身の美しさへの反省が含まれているはずである。そして, 優れた画家の卓越性は〈最も美しい人〉を再現

する能力と共に，鑑賞者を反省へと促す力量に関わっている。同様に，優れた「描き手」たるソクラテスの〈よき語り〉（εὖ λέγειν e2）の評価は，理想的ポリスを再現する能力にあると共に，聴衆に自身の生きているポリスへの反省を促す巧みさに関わるのであって，決して具体的ポリスとして生成する可能性の理論的証明に基づきはしない。ソクラテスが意図するのは，自ら優れた語り手として，議論に参与する者の現実的具体的関心にきちんと応えることである[3]。

最後に(6)(7)では，以上の事情を踏まえてもまだ理想的ポリスの実現可能性に拘泥する場合があると語られる。真理（ἀλήθεια, 473a2）に触れる度合いについては実践（πρᾶξις, cf. a1）よりも理論（λέξις, cf. a2）が勝っていると同意されるため，原理的には，二つの大波に関してロゴスで（λόγῳ a5）語ってきたことが現実に（ἔργῳ a6）実現可能であることを証明すべき理由はない。実現可能性に執拗にこだわる場合でも，ロゴスによる抽象的説明にできる限り沿った形での実現の語り（cf. ὡς … ἐγγύτατα τῶν εἰρημένων 473a7-8; εἰς τὸ δυνατόν d7）でありさえすれば満足すべきだろう。このように実現可能性を〈理想との近似〉によって読替えること[4]は二つのことを含意する。第一に，とりわけ第二の大波に関するソクラテスの話は，実現可能性をあえて度外視した「空想上の宴」（cf. 457e-458b）を享受しながらの，ロゴスによる理想追求の産物だった。ここではこの点に〈現実との妥協〉という重大な限定が付いたと言える。今後語られる理想的ポリスに二つの大波で示された最善性をめぐる様々な工夫をそのままの形で想定する必要はない。

もう一つの含意は，中心巻でソクラテスらが遂行していく言語活動の性格に関わる。「哲人王」という第三の大波を克服すべくなされる議論は，一方で現実のポリスのあり方を見据えながら〈理想との近似〉の意味で「実現可能」なポリスを建設するという実践的性格（ἔργῳ）を帯びるが，他方それでも現実のポリスを具体的に建設するわけではなく，あくまでロゴスによる描き——対話での「建設」——に留まるため，こ

---

[3] プラトンにおける〈美〉とパラデイグマの役割については，栗原（2015），140-50参照。

[4] Burnyeat (1992), 177-78 もこの読替えを重視する。

の意味での「実現可能性」を決して楽観しているわけでない。ロゴスによる真理の把握は，それだけでは必ずしも具体的な現実化を保証しないのである[5]。

2 現実のポリスへの視線：哲人支配のパラドクス（第5巻）

以上の注意を加えた後で，ついにソクラテスは，どんな問題があるため，現実（νῦν 473b5）の諸ポリスにおいてよい統治がなされていないのか[6]，そして，ポリスの何が変化すれば，そのポリスは理想的なあり方に近づきうるのかを探究し示そうとする。人々が嘲笑し決して認めることがないような最大の波の到来である。

> T1 473c11-e1：諸ポリスにおいて哲学者たちが王となって統治するか，現在（νῦν）「王」や「権力者」と呼ばれている者たちが本当の意味で十分に哲学をして，政治的な力と哲学とが合致すること，他方，現在は（νῦν）それぞれの方向へ離れて歩んでいる人たちの多くの自然的傾向性（φύσεις）[7]が必然的に（ἐξ ἀνάγκης）閉め出されること——こういったことがないならば，諸ポリスにとって諸悪の止むことはないのだよ，愛するグラウコン。また人間の種族にとってもそうだと思う[8]。そして今ロゴスで語ってきた当のポリテイア[9]は，それ以前には決して可能な限り生まれることはないし太

---

[5] 全時間の内一人でも哲学者が救われ支配する可能性への言及（502a-b）や真の哲学者の自身のポリスでの政治参加可能性の問題（592a-b）については，Burnyeat (1992), 177; 184-85 参照。

[6] 本章第4-6節で考察される。

[7] 「自然的傾向性」と訳した φύσεις は教育や習慣によって形成された性格を意味し，第2-4巻で支配的だった用法とほぼ一致していると解する。政治家や哲学者は自らの性格ゆえにそれぞれの道を歩んでおり，何らかの必然性がなければ，同じ道を歩みたがる。ここではその傾向性の除去（ἀποκλεισθῶσιν）が求められている。

[8] なぜ τῷ ἀνθρωπίνῳ γένει (473d6) が付加されているのだろうか。ギリシア固有のポリスの限定を取り去った全人類の幸福が普遍的な視座から眺められているのだろうか。

[9] 著作名を『ポリテイア』のままにしたように，この第2部ではギリシア語 πολιτεία を原則訳さないが，ポリスの「政治体制」を意味することから「政体」という訳語を用いる場合もある。

第 8 章　公私の結合へ：第三の大波（第 5・6 巻）　　　　　201

陽の光を見ることもないだろう。

　T1 でソクラテスは，ポリスの中で哲学と政治という相異なる二つの活動が一人格内で合致すること———「哲人王」[10]の誕生———が諸悪の存在しない理想的なポリテイアに可能な限り接近するための必要条件だと考えている。これこそが，現実のポリスのミニマムな改革であって，「理想的ポリス」に最大限に接近する（ἔλθοι 473b7）方法だと言うのである。彼は続ける。

　T2 473e1-4: このことが前からわたしに語ることをひるませていたことなのだ。どれほどたくさんのことが常識を越えて（παρὰ δόξαν）口にされることになるかを見ていてね。というのは，別の仕方では（ἄλλῃ）[11]誰も（τις）私的にであれ（ἰδίᾳ）公的にであれ（δημοσίᾳ）幸福たり得ない（οὐκ ἂν ... εὐδαιμονήσειεν）ことを見るのは（常識人には）難しいからだ。

　T2 は，ソクラテスのこれからの逆説的(パラドキシカル)な語りが人間の公私にわたる幸福に関わっていることを示している。ここで注目したいのは，「哲人

　10）　本書では，T1 で語られる〈支配＝哲学〉を成立させる二種類の人々を区別なく表現する際に，多くの場合，伝統的な呼び名に従って「哲人王」を使用する。

　11）　OCT 旧版の Burnet（1902）は ADF 写本に従って ἄλλῃ（sc. πόλις）と読んでいたが，OCT 新版で Slings（2003），210 は，Jowett and Campbell（1894a），233; Adam（1963a），331; Shorey（1930），508 と同様，ἄλλῃ を採用する。だが幸福の主体である τις についてはどちらの陣営も共に「ポリス」を指すと解釈するが，「私的にポリスが幸福である」というのは理解しづらいため，ここでは「人」と解する。否定辞（οὐ）＋ ἄν ＋ τις（人）＋ 希求法の例として，Prt. 344c8-d1, Grg. 464a5, Smp. 182b3, 212b4, 216b1, Phd. 108a3, Prm. 133b6, Ti. 89c3-4, Lg. 633c6, 650a5-6, 676a2-3, 739a5, 821a7-8, 828d7 参照。なおロエブ新版（Emlyn-Jones and Preddy（2013a），540-41）は ἄλλῃ を採用しながら，"… anyone, either as an individual or as part of the state, can achieve happiness in any other way" と訳出する誤りを犯している。Rowe（2012），192 は Slings（2003）のテキストを用いて "… there's no other way for anyone to be happy, whether in private or in public life" と訳すが，ἄλλῃ を採用する場合の訳として一番自然に思われる。この箇所の文献学的な考察については，納富（2015），64-67 を参照。写本通り ἄλλῃ を採用する納富（2015），66 は本書の読みが可能であることを認めつつも，「第 5 巻では論じてきたポリスが最善であるか，可能であるかが問題であり，本節前後で個々人の幸福は論点になっていない」と解するが，「第三の大波」を論じ出す，中心巻のまさにこの箇所から人間の公私にわたる幸福が主題になるというのが本書の主張である。

王」が統治するポリスの実現が単に人々の公的な生活を幸福にする条件であるばかりでなく，私的な生活にも関わっているとされていることである。この点は，これまでの理想的ポリスの描写が守護者の私的生活を徹底的に排除してきた点と鮮やかなコントラストをなす。無論，一般市民の私的生活についても，それが制限されていたとは言えないが，殆ど語られないままであった。理想・理論から現実への転回と同時に，今後の議論が何らか私的な幸福のあり方にも関わってくると予想される。

腹をくくったソクラテスに対してグラウコンは，来るべき波乱を予感し「手強い者たちが大挙して，上着を投げ捨て裸になって，手当たり次第武器を取り一目散に駆け寄ってくる」(cf. 473e6-474a3)[12]と警告を発しながらも，自身は彼に好意をもって励ましたり，優しく答えたりして手助けすることを申し出る。

ソクラテスの「第三の大波」への対応はこうなる。彼はまず哲学者とはどういった存在なのかを定義する。そして哲学者にまつわる二つの偏見の原因を解説する。一つは「役立たず」というもの，もう一つは「大悪党」というものである。どちらの評価も哲学者の側に原因がないことを示した後で，哲学者が哲学者になる教育について語っていく。そして最大の学問対象である〈善〉のイデアに関しては，「太陽の比喩」「線分の比喩」「洞窟の比喩」を用いて説明を与えて，哲学者が支配者になる理由について述べる。最後に，哲学者教育のプログラムについて詳細に触れて「第三の大波」を何とか乗り切っていく。この章では，第6巻最後までの流れを辿っていこう。

---

12) この連中は誰のことか。Adam (1963a), 331 は実践的な政治家（カリクレス等）やイソクラテスとその支持者という可能性を提出している。神崎 (2009), 165-167 は Ober (2005), 234 のコメントを援用し，アゴラのオルケストラに設置された〈僭主殺し〉のハルモディオスとアリストゲイトンの像が念頭に置かれていると指摘する。その上で，理想的な国家を哲学者による統治によって実現可能であると論じるソクラテスが「言論によって一種の内乱を遂行する者であり，それは民主主義的な大衆からは「僭主殺し」のターゲットになるに十分な企てであると，少なくともグラウコンには思われた」(166-67)と書き，斬新な解釈を展開している。

3 哲学者とは誰か（第 5 巻）

　従来，第 5 巻の最終部分でソクラテスが繰り広げる議論（474c-480a）については多くの研究者がイデア論との関係で重要な考察を展開してきた[13]。この節ではイデア論への言及は最小限に留めて，これまで通り公と私の問題に注意を集中してテキストに密着する。そのことによって見えてくるのは，民主政アテネにおける哲学者と大衆の対立である。

　ソクラテスの哲学者の定義は「哲学」の原語 φιλοσοφία（知を愛すること）の分析から始まる。ソクラテスは φιλεῖν（愛すること）について，何かを愛し欲求している人はその部分ではなく全体を愛しており，したがって，哲学者とは知 σοφία 全体を欲求する者であると言う。つまりは，全ての学問を味わい，喜んで学ぶこと（μανθάνειν 475c7）へと向かう人である[14]。この名目上の定義にグラウコンがすかさず反論する。もしそうなら，見物好きの人（φιλοθεάμονες d2）や聞くのが好きな人（φιλήκοοι d3）といった多くの奇妙な連中が哲学者になってしまう。彼らは哲学的な議論にはすすんで赴いたりしないが，ディオニュソス祭の折りには好奇心一杯にポリスの中ばかりでなく村々まで走り回って聞きまくっているのだから。この反論の背後に存在するのは，当時のアテネではこうした見物好きの人々が一般庶民の中に数多く存在し，むしろ代表的ですらあったという事実である[15]。別のところで，「技芸の愛好者」（φιλοτέχνους 476a11, cf. 475e1）に加えて「（政治好きの）実践家」（πρακτικούς 476a11）とも呼ばれているように，アテネの大衆は普段から劇場のみならず，民会や法廷といった公的な場所へ出向いては何が

---

[13] 今日最も影響力のある論者は Fine (1990) であろう。田坂（2011a），43-68, (2011b), 36-46 は Fine を批判し，本節で考察を省略した存在論と認識論に関わる重要な論点について，テキストに内在した緻密な解釈を提出している。ぜひ参照されたい。

[14] 「全体性」が強調されている点に注意。知の「部分」しか愛さない人は，どれほど情熱的であっても，その部分に特化した愛好者（マニア・オタク）でしかない。

[15] 久保（1992），23 によると，「ソポクレース，エウリーピデースの時代には，劇場の観客のほとんど全部はいわば演劇関係者であり，誰もかれも演劇通と言ってよい程度の理解を有した」。アテネ市民にとって，見物好きであることは政治関与の主たる形態だったのである。

行われるのか興味本位で見聞きする。彼らにとって，ポリスへの公的関与はこうした形なしには存在しないとも言える。

ソクラテスは，そうした連中は哲学者と似て非なる者だと答え，イデア論に訴えて両者の違いを説明していく。見物好きの連中はイデアとイデアを分有するものを区別できず，後者を本当にあるものと勘違いして生きている[16]。例えば，彼らは〈美〉のイデアとそれを分有する「美しい声・色・形」の区別ができないし，真に存在するのは今ここで具体的に出会っている個々の美しいもの——人によって現われ方が異なり，時間・場所の限定も受ける——しかないと考えている（νομίζων 476c1, c2）。彼らの精神（心 διάνοια b7）は〈美〉のイデアの本性(ピュシス)を見ることも愛好することもできないのである。それに対して哲学者は両者を区別し，本当に存在するものたる〈美〉のイデアが何であるかを常に探究している。今ここで出会っているものはその似像でしかないことを承知しているからだ。かくして，真実ならぬものを真実と思いなしている人々は夢を見ながら生きており（ὄναρ ζῆν, cf. c3），真実を探究し像を像とただしく思いなしている（ἡγούμενος cf. c7, d1）哲学者は目覚めて生きている（ὕπαρ ζῆν cf. d2）とされるのである。前者の精神（διάνοιαν d4）は間違って思いなしているので，「ドクサ」であり，後者のそれはただしく思いなしているので，「知」（γνώμην d4）である。

こう論じられると，見物愛好者は「真実ではない」と怒り出すかもしれない。ソクラテスは続ける。しかし彼ですら，多くの美しいもの（πολλὰ καλά）が醜く現われたり，その逆であったりするのを否定せず，その意味で「美しいもの」と「醜いもの」という反対物の一致を認める限り，それらが「純粋に美しい」とか「純粋に醜い」とか主張はしない。そして，それらを純粋な美と純粋な醜の間にある中間のものとし，それに対応する認識能力をドクサと呼ぶことを承認する——純粋な美と純粋な醜に対応するのはそれぞれ知と不知である——ならば，自身が愛着をもっているのがドクサの対象であることを認め，それゆえ自らがドクサ愛好者と呼ばれることも否定できないだろう。他方，常に同一性を保つイデアを実際に見る人々については，純粋にあるものと関わっ

---

16) この点は後に（493e-494a）想起されて「大衆」（πλῆθος 494a1, 3）の特徴と明示される。

ている限り,「知っている」と何らか言わねばならないし,そうした知の対象を愛好している限り,「哲学者」と呼ばねばならない,とソクラテスは説明を締めくくる[17]。

　先にも指摘したように,見物好きの人々は大衆を代表している。「美やその他について多くの人々(大衆)が信じている多くのこと(τὰ τῶν πολλῶν πολλὰ νόμιμα)はどこか純粋な仕方でそうでないものと純粋な仕方でそうであるものの間で転げ回っている」(479d2-4)と書きつつ,間違いなくプラトンは民主政アテネの大衆が〈評判のポリティクス〉の中で夢を見ながら生きいている様子を浮かび上がらせている。ドクサは大衆が追い求めている公的な価値であり,かつ,彼らの私的な精神状態(ディアノイア)でもある。彼らは劇場,民会,法廷での公的行事を私的に楽しんで生きているのだ(=公私混合の生)。こうして,哲学者とは誰かを論じると同時に,その影として大衆の生き方を議論の中心にもってきて,両者を比較しながら民主政アテネの現実を浮き彫りにしようとするプラトンの戦略が透かし見えるだろう。

4　哲学者「役立たず」論：「船の比喩」(第6巻)

　以上の議論は,哲学者が常に同一のあり方を保つイデアを把握できる人々であることと,大衆が多様なあり方をする多くの個物の内に漂う人々であることを明らかにした。では,どちらにポリスの法と慣習を守護する役目を担わせるべきだろうか。守護者は本来,真実在を認識し,魂内にその明瞭な見本像(παράδειγμα 484c6)をもちつつ,ちょうど画家のように,常に真実在を見ながら,できるだけ精確に再現することを目指して,この世の美・正義・善に関する法習(τὰ ἐνθάδε νόμιμα καλῶν τε πέρι καὶ δικαίων καὶ ἀγαθῶν c8-9)[18]を制定し,制定され

---

17)　この対話を通じて,見物愛好者に自身を「ドクサ愛好者」とただしく考える自己理解(=魂の向け変え)が生まれたことに注意したい。この箇所のポイントは,自己や世界をどう考えて生きているかという精神(διάνοια 476b7, cf. d4)のあり方を描出することにある。二種の精神の違いはドクサに支配されているのか,ドクサの根拠が存在することを信じる思考に支配されているのかの違いである。

18)　先に見た τὰ τῶν πολλῶν πολλὰ νόμιμα καλοῦ τε πέρι καὶ τῶν ἄλλων (479d2-

た法習を注意深く維持していく。こうした守護者であるためには三つの条件が満たされねばならない。①真実在の認識，②この世での経験（ἐμπειρία d5），③諸徳の所有の三条件である。ソクラテスは哲学者こそがこれら三条件を満足させることを証明すべく，まず哲学者の本性(ピュシス)が①と③を保証することを論じようとする。

(1) 哲学者の本性論

ソクラテスは①についてはこれまでの議論から容易に同意できると考えている。哲学者はその本性において常に存在し生成消滅することのない実在に関する学問を愛求し，しかもその全体を愛求している。少なくとも，素質・本性の点では，哲学者は①の条件を満たすだろう。

次に③に進み，彼は守護者とならん人が所有すべき徳を哲学者が本性においてもちうるかを検討する。第一に，虚偽を憎み，真実を愛すること。これは哲学者が知を愛する人であり，知と真理が親近的であることから，明らかに所有可能な徳である。ソクラテスは二番目の徳にすすむ前に，欲求の特性について確認する。

> T3 485d6-8: 我々が理解するところでは，ある欲求が何か一つのものに強烈に傾き向かっている人の場合，その人の他のものへと向かう欲求はより弱くなるものだ，ちょうど水流が用水路によって別の方向へと逸らされてしまうように[19]。

T3の「水流の比喩」では，欲求の特性が哲学者の学問への愛求に適用され，魂の快に専念する哲学者は肉体的快楽には関心をもたない節制ある人とみなされる。この節制の徳は金銭にも関わるので，哲学者は金銭愛好者でもなく，それゆえ，けちでなく金銭から自由になって，魂も狭量でなくなり度量の大きさを備え，全時間と全存在を観照するようになる。そうすると人間の生は大したものに思えなくなって死への恐怖が

---

3) との対比が意識された表現になっている。

19) 「水流」に喩えた，欲求一般の特性についてのこのコメントが，文脈上とりわけ，どのような人生を送りたいかという「よき生の願望」に適用されている点に留意したい。中心巻はあくまで人間の生のあり方をめぐっている。

消失して勇気が生まれる。こうした人は調和美を備えた人として以上の悪徳を総合した不正から解放され，全体徳としての正義をもち穏和で付き合いやすい。さらに，哲学的素質をもつ人は頭の回転が速く，何でも簡単に学べる能力をもち，記憶力もよい。最後に，真理と同族的な適度さも有している。以上の考察により，哲学者は本性において，記憶力があり，よく学び，度量が大きく，魅力に富み，真理・正義・勇気・節制と友であり同族である人であることが判明した[20]。

こうして①と欲求の特性を結びつける方法によって，哲学者が③も本性上満足させることが示せたので，哲学的本性が教育され（παιδεία 487a7)，年齢を重ねる毎に②経験も増していけば（ἡλικία a8），成長した（τελεωθεῖσι a7）哲学者にポリスを委ねることが説得的になるだろう。

(2)「船の比喩」

ここで突然アデイマントスが話を遮る。問答に不慣れな人は，今のように次から次へと議論を進められたら，ちょうど将棋の名人と対局している時のように，いつの間にか手も足もでなくなり，最後には議論から閉め出されて，何も言えなくなる。問題の一つ一つについては，ソクラテスに反対しないが，「現実」（νῦν 487c4; ἔργῳ c6）を見ると，どうも腑に落ちない点が残ると疑問を呈するのである。抽象的な議論をソクラテスと戦い合わせる理論派グラウコンと違い，これまで同様，常に「現実」を注視し「常識」を批判の俎上に載せる現実派アデイマントスの面目躍如といった発言である。彼は続ける。こう言う人がいるかもしれない：

---

20) 哲学的本性・素質の枚挙は何回か繰り返される。ここに原語を記録しておこう（品詞については名詞と形容詞の区別をしない）。
487a: μνήμων, εὐμαθής, μεγαλπρεπής, εὔχαρις, ἀλήθεια, δικαιοσύνη, ἀνδρεία, σωφροσύνη
489e-490c: ἀλήθεια, ὑγιές, δίκαιον, σωφροσύνη, ἀνδρεία, μεγαλοπρέπεια, εὐμάθεια, μνήμη
494b: εὐμάθεια, μνήμη, ἀνδρεία, μεγαλοπρέπεια
503c: εὐμαθεῖς, μνήμονες, ἀγχίνοι, ὀξεῖς

T4 487c6-d5: 哲学の世界に飛び込んで，教養の仕上げ (πεπαιδεύσθαι) のためにそれに触れた上で若いときに離れずに，必要以上に長く時を過ごした人たちは，その殆どが，「大悪党」(παμπονήρους) とは言わないまでも，全くのひねくれ者になる。最も優秀だと思われていた人たちも同様に，あなたが賞賛する仕事 (哲学) によって被害を蒙りポリスに役立たない人間となる。

アデイマントスは当時の哲学者観を典型的に表現しているであろう[21] この現実的な見方についてソクラテスの意見を求めるのである。

すると，不思議なことにソクラテスはこうした見方が真実であると認定し，最初に，最も優れた哲学者が「役立たず」である事態の原因を語り，次に，素質にすぐれた人の殆どが「大悪党」となる理由を説明していく。

ソクラテスは哲学者「役立たず」論のためにポリスを船に譬える比喩を導入する。ここに航海中の船があるとしよう。船主は身体も大きく力も船内の人々全員を凌駕しているが，耳が遠く目も利かない。操船技術も大したことない。他方，船員たちは舵を取りたくて争い合っている (στασιάζοντας 488b3) が，操舵術を学んだこともない。むしろその技術が教授不可能とすらうそぶき，可能だと言う人がいたら徹底的に罵倒する。舵取りになるべく船主のところに押しかけてはあらゆる手立てを講じて頼み込む。他の船員が舵取りになりそうな場合，殺害したり船から追放したりする。また，自分が支配できるよう薬や酒を用いて高貴な船主の気持ちを縛り付けつつ，実際は飲み食いに耽りながら彼らに相応しい仕方でいい加減に航海する。さらに，船主を説得・強制するのに協力する者を賞賛し，「航海に長けた者」「操舵術を弁えた者」「船のことを知っている者」と呼ぶ一方で，自分に協力しない者を「役立たず」と非難する。真の操舵術については知りもせず。船を真に支配する者は年・季節・天・星・風その他，当の技術に相応しいこと一切について配慮するのが必然だが，船員たちは操舵術が同時にそうした気象や天空の技術や経験的訓練を必要とすることなど考えてもみないのである。こう

---

21) 第2章で見たカリクレスの哲学者観を参照。また，第3章で取り上げたトゥキュディデス『歴史』のペリクレスの発言を何らか下敷きにしているのかもしれない。

した状況下で真の舵取り人は文字通り「星を見る人」「おしゃべり」「役立たず」と彼らによって呼ばれることになるわけだ。

　ソクラテスが言うように，この比喩が意味するところは「明らか」だ。民主政アテネの現実を映し出しているのである。大衆という船主はポリスの支配権をめぐり争い合う船員の政治家たち（τοὺς νῦν πολιτικοὺς ἄρχοντας 489c4）に一見言いようにコントロールされている。他方，真にポリスの支配について知識をもつ哲学者は「役立たず」との評判も気にすることなく，ポリスの片隅で真実在の探究に黙然と勤しんでいる。先の哲学者 vs. 大衆の対立図式に政治家が加わることによって，あたかも「山羊鹿」（トラゲラポス）（τραγελάφους 488a6）の絵のように事態は一気に複雑化してくる。民主政である限り，ポリスで一番力をもつのは大衆だが，政治家の意のままに操られかねない様子だし，政治家はブレインを使って自らの支配に知による正当化を与えようとしているが，全くの虚飾に過ぎない。あくまで支配権の行方は賞賛や非難といった〈評判のポリティクス〉（ドクサ）によるか，さもなくば，殺害や追放といった暴力によっている。大衆も政治家もドクサと暴力が渦巻く公的生活にどっぷり浸かっているのである。

　哲学者は違う。彼らは私生活で自分の学問研究に没入し公的生活を全く省みないため，さながら異なる世界に住んでいるかの如くである。だが，現実世界の航海を成功させる操舵術たる支配・守護の技術は，同時に（ἅμα 488e1），真実在について天空を眺めるかのように観照して理解することを伴わねばならない。問題はここに生じる。確かに，ポリスを支配する術に真実在の認識が必要だとしても，哲学者は哲学者として自らの研究に没頭しているため，その学問を政治に活かす気がない。彼らは公と私のはっきりした分離を前提して専ら私的に生きているのだ。したがって，哲学に従事している人たちの内，最も優れた人々がポリスにとって「役立たず」なのも真実なのである。

　だがソクラテスは，哲学者が「役立たず」であることの責任（αἰτιᾶσθαι 489b5）は決して彼ら自身にはなく，役立てない大衆にあると言う。ちょうど，舵取りが船員に支配させてくれと頼みにいった

り,「知者が金持ちの家を訪ねる」[22]のは「自然」（φύσιν b6）ではなく，金持ちであれ貧乏人であれ，病気の人が医者の家を訪ねたりするのが必然であるように，本来，支配される側から支配する者を訪ねて支配を依頼するのが筋なのである。大衆が頼もうとしない理由の一つに哲学者を中傷する政治家たちの存在がある。彼らは自らの支配権が奪われないように，大衆に常日頃から哲学者のことを悪く言い続けているのだ。「船の比喩」が露わにするのは，こうした民主政アテネの不自然な権力構造であった[23]。

5　哲学者「大悪党」説：堕落論（第6巻）

続いてソクラテスは，哲学的素質（ピュシス）を備えた人の多くが悪徳（πονηρίας 489d11）に染まって「大悪党」（παμπόνηρος）になっていく必然性について考察し，哲学がその原因ではないことを示そうとする。議論は二段階からなる。まず，哲学的才能豊かな若者が周囲の影響下で堕落していく過程が説明され，次に，「哲学」の美名に誘われて「哲学者」を自称する者たちが哲学の悪評を生んでいるという点の指摘がなされる。

(1) 堕落論 1：大衆の影響力

ソクラテスは哲学的素質を再度枚挙し[24]，これら全てを兼ね備えて生まれてくる人が稀であることを確認した上で，そうした賞賛にたる素質こそが所有する魂を破滅にもたらし哲学から引き離すという，実に驚くべきことを口にする。「奇妙なこと」とつぶやくアデイマントスにソクラテスは，その他の「よきもの」（身体的美，富，力，有力者との姻戚関係等）も破滅の要因として付け加えた上で，植物でも動物でもそれぞれ

---

22) Ar. Rh. 1391a8-12 によるとシモニデスからの引用か。
23) 哲学者が支配することに極端な警戒心を示し，大衆と哲学者を分離しようとする政治家の姿勢は，先に 473e-474a で見た攻撃的な人のイメージと重なるだろう。本章註 12 参照。
24) 本章註 20 参照。

に相応しい養育条件（季節・場所等）をもたなければ，潜在能力が高ければ高いほど，より悪い状態に変化して成長するように，最上の素質を備えた魂ほど，不適切な環境で育てられれば，大きな不正や究極の悪徳（τὴν ἄκρατον πονηρίαν 491e3）を身に付け「大悪党」になっていくと語る[25]。まさに民主政アテネの生活環境がそれに当たるのだ。

そう言うと，大衆（οἱ πολλοί 492a5-6）は反対するかもしれない。若者たちはソフィストたちによる個人的な（ἰδιωτικούς a7）教育によって堕落させられるのだ，と。ソクラテスはそうした反論を一顧だにしない。そうしたことを語っている人，すなわち，大衆こそが「最大のソフィスト」（μεγίστους … σοφιστάς b1-2）であり，最も完全な仕方で教育して，老若男女を問わず，あらゆる人々を自分たちが望むような者へと作り上げているのだ。ここでソクラテスは職業教師ソフィストによる私的教育と大衆による公的教育を区別し，民主政アテネでの公的教育のあり方を描写していく。

民会，法廷，劇場，戦陣その他大勢が共通に集まる公的空間（κοινόν 492b7）で，大衆は群れをなして腰を下ろし，大声で野次を飛ばしながら，発言や演技・ふるまいに非難を浴びせかけたり賞賛を与えたりする。無論，非難や賞賛は善／悪，美／醜，正／不正に関する評価を表す。わめき声や拍手の音が空間内の岩で二倍に反響する中，若者はどんな「心臓」[26]をもちうるだろうか。個人的に教育を受けたことがどんな助けになるだろうか。むしろ，非難と賞賛によって押し流されてしまい，大衆と同じことを「美しい／醜い」と言って，同じことを行う，同じような人になってしまうのは大いなる必然であろう。

大衆は非難・賞賛の言葉で（λόγῳ 492d5）説得できぬ者に対しては実力行使（ἔργῳ d5）に出る。法廷に召喚して市民権剥奪，金銭没収，死刑といった懲罰を加えるのである。こうなるとソフィストが個人的な言論（ἰδιωτικοὺς λόγους d9）を駆使して対抗することなど大いに愚かである。ソクラテスは，民主政においては（cf. ἐν τοιαύτῃ

---

25) ソクラテスは「神々の内のどなたかがそのピュシスに手助けを与える場合を除いては」（492a4-5）と例外を語っている。神の介入のモチーフは以後繰り返される。

26) 諺の引用。アウグスティヌスの cor 概念を緒にして，プラトンの「心臓」（καρδία）の興味深い用法を考察したすぐれた研究に出村（2001）がある。

καταστάσει πολιτειῶν 493a1）大衆の教育に逆らって別様に若者の性格を徳に向けて教育することは過去・現在・未来のいつの時点でも成功することはない，と非常に悲観的な判決を下すのであった[27]。

では個人的に授業料を取って暮らす職業人（τῶν μισθαρνούντων ἰδιωτῶν 493a6）ソフィストたちは一体何をしているのだろうか。ソクラテスは，彼らは大衆が公的空間で集まっているときに考えている意見（τὰ τῶν πολλῶν δόγματα a8）を「知恵」(ドグマ)（σοφίαν a9）と呼んで教えているだけだと，厳しく言い放つ。ソフィストは，大衆という大きくて力のある動物にえさをやりながら，その怒りや欲望について，どのように近づいて触るべきか，機嫌がよいのか悪いのか，その理由は何か，どんな事に出くわすと声を発し，どう声を掛けるとおとなしくなったり怒ったりするのかを，長い間の付き合いから学んだ猛獣使いであり，そうして得た「知恵」を技術に作り上げて教育に赴くのである。しかし，大衆のドグマや欲望が関わる美／醜，善／悪，正／不正について真実のあり方は全く知らず，大衆の考え（δόξαις c2）(ドクサ)に基づき，その喜ぶものを「善」と，嫌がるものを「悪」と呼ぶのみで説明を与えることもできない。また大衆が必要としているものを「正しい」「美しい」と呼ぶが，「必要・ニーズ」と「善」が本性(ピュシス)においてどれほど異なっているかを知らないし，他人に示すこともできない。ソフィストとはそれほどにも奇妙な「教育者」なのである[28]。

多種多様な大衆がもつ怒りや快楽を「知恵」と考える教育者は他にもいる，とソクラテスは続ける。絵画・音楽(ムーシケー)や詩・政治が関わる公的空間を舞台として活躍する教育者たちである。画家・詩人・政治家といったポリス文化の担い手は，必要以上に大衆を自分たちの主人として崇めて，大衆が賞めるように絵を描き，詩を作り，ポリスを運営していく[29]。だがそうした作品の善／悪，美／醜といった価値の真実について

---

27) 但し，これは「人間的」（ἀνθρώπειον 492e5）な運命であって，神の定め（θεοῦ μοῖραν 493a1-2）が救う「神的」（θεῖον 492e5）な運命は例外としている。アポロンに召喚されたソクラテスやムーサ女神に愛されたプラトンのことを考えてよいのだろうか。

28) 本書第1章で見た「プロタゴラスの演説」参照。ニーズはあくまで何か別の善いもののために「必要」なのであって，それ自体で求められる善とは区別される。ニーズの価値を強調する人は善について説明を与えることが本来求められるのである。

29) この箇所を参考にすると「船の比喩」で政治家のブレインとして登場したのはソ

はやはり彼らも説明できないのである。

　以上が，哲学的素質が劣化していく第一段階の説明である。プラトンは民主政アテネをモデルにして，大衆がいかにして自分たちと同じ「市民」を拡大再生産していくのかを丹念に描写している。大衆がライバル視するソフィストも，一見大衆を操作しているかに見える文化の担い手も，実のところ，大衆が若者に自らと同じドクサ・欲望・情念を植え付けるための道具にすぎない。第2・3巻の初等教育論で見たように，特に民主政ポリスに生まれる人は，幼少時より，家族をはじめとする周囲の人々から物語を通してポリスで通用しているドクサを聞かされ続けて，魂内に民主政的な考え方をする思考の型(テュポス)を備える。それゆえ，成長過程で私的にソフィストから教育を受けようが，成人してポリスの公的空間へと参入し，直接，詩人や政治家といった文化の担い手から「教え」を授かろうが，大衆のドクサの受容を簡単に行ってしまう。若者はポリス内のドクサを自らの道徳規範として内化させ，自然と「市民」になっていくわけである。

　ドクサが善・美・正義といった価値に関わっている点も重要である。まさしく哲学者たちはそうした価値の真実のあり方を探究し続けるのであった。しかし，若者は哲学に触れなければ，市民の一員としてもはや価値について疑うことなく生きていける。ポリスが何を「必要」(ニーズ)としているのかを把握しさえすれば，善・美・正義の中身は「自明」だからである。そうして哲学的素質は開拓されないまま失われていく。最後にプラトンはこの箇所をこう締めくくる（cf. 494e-494a）。多くの美しいものは認めても〈美〉そのものを認めていない限り，大衆は哲学者たり得ない。そういう大衆が哲学者を非難するのは必然であり，大衆に好かれたいソフィストも非難を重ねる状況下で哲学的素質が保全されることはあり得ないのである。

(2) 堕落論2：私的影響力

　ここから哲学的素質が堕落していく説明の第二段階に入る。幼少時より哲学的素質において格段に秀でており，身体もそれに応じて傑出した

フィストだったとも推測可能である。いずれにせよ，大衆の考えを見抜き従う点で協働しうるのである。

子供の場合，身内（οἰκεῖοι 494b8）も市民も，成長したら，自分らの目的のためにその子を役立てようと望むだろう。将来開花するはずの才能を見越して媚びへつらいながら，その子にひれ伏すこともあろう。すると，彼が大きなポリスの名家で金持ちに生まれ，見え麗しい偉丈夫だった場合，途方もない希望に満たされるのではないか。ギリシアもバルバロイも手玉にとれると思うほどに自惚れて，知性を欠いたまま（ἄνευ νοῦ d3）虚しい期待と野心で一杯になる。註釈者が例えばアルキビアデスを想定する[30]，この才幹豊かな若者に哲学者が近づき，「知性がないから，その奴隷となって獲得を目指しなさい」と忠告しても[31]，心身に充ち満ちている悪が妨げて彼は聞く耳をもたないだろう。

だが，その若者が生まれのよさと哲学的忠告への親近性ゆえに何かを直感し，哲学に惹かれるとしたらどうだろう。しかしその場合は，哲学者がどんなに説得につとめても，周囲の大人たちは若者を党派（ἑταιρίαν 494e2）に引き込んで利用すべく，彼を取り囲み，あらゆる手を用いて説得されないようにし，他方，哲学者に対しては私的には（ἰδίᾳ e5）計略を用い，公的には（δημοσίᾳ e5）裁判に引き込んで邪魔をする。その結果として，この優秀な若者は哲学からどんどん離れてしまうのであった。

最善の仕事に関わる最も優秀な哲学的素質は，かくの如く破滅（ὄλεθρος 495a10）と堕落（διαφθορά a10）に至る。優秀だからこその堕落であり，その意味ではこの素質自体が富その他「よきもの」と共に堕落の原因であろう。そしてこうした優秀な素質をもつ人々からポリスと個人に対して最大の悪をなす「大悪党」が生まれてくるし，うまく流れが変わると善をなす人たちも生じうるのだ。

プラトンは（1）で若者に対する公的影響力を一般的に語ったが，この（2）では優れた哲学的素質の持ち主に絞って私的な影響力について解説している。もはや大衆は背後に退き，ポリス支配を目論む政治家たちが前面に出ており，彼らが自分の党派を強くして，支配権をめぐる戦い（στάσις）に勝つべくその指導者を養い育てていく過程に焦点

---

30) Jowett and Campbell (1894b), 282.
31) 『アルキビアデス 1』篇の主題である。

が当たっている[32]。「ソクラテス裁判」も背景にあると想像可能なこの箇所で浮かび上がるのは，優秀な若者を政治と哲学とで引っ張り合いをしているイメージである。哲学者は政治という公的な表舞台には登ることなく，あくまで私的に真実在の探究をし，「知性と真理を生んで真実に生きる」(490b5-6) ことを目指す。だが多くの場合，若者たちは政治的野心から哲学を見捨てて，「自らに相応しくもなく真実でもない生 (βίον) を生きる」(495c1-2) のである。若者の綱引きに参戦しても，百戦錬磨の実践家たる政治家から公私の両面攻撃を受けては，素人 (ἰδιώτης) の哲学者に勝ち目はないように見える。だが素直に筋を辿ってきた読者にはある疑問が浮かぶだろう。例えば，哲学者プラトンならどう攻撃をかわし，反撃できるのだろうか。こうしたモチーフも見え隠れする場面ではないだろうか。

(3) 自称「哲学者」たち

さて，若者に捨てられ孤児となった哲学の所に言い寄ってくる輩が登場する。ソクラテスが哲学に対する中傷の最大の原因と考える，自称「哲学者」たちである。彼らこそが，哲学に対してよく言われる悪口——「哲学と共にいる奴らは何の値打ちもなく (οἱ μὲν οὐδενός)，他方，その多くがたくさんの悪事に値する (πολλῶν κακῶν ἄξιοί εἰσιν)」(495c4-6)[33]——の元凶なのだ。では彼らは一体どういった連中であろうか。

自称「哲学者」が誰を指すかは，諸説あって定かでない[34]。巧みな

---

32) この点は第 9 巻で僭主的な人間の誕生が描かれる際にさらに展開される。

33) Adam (1963b), 27 が記すように，この悪口は 487c, d, 489d で言及された哲学への非難を受けている。しかし言い廻しが微妙に違っている点が興味深い。この箇所の表現がおそらくプラトン執筆時の哲学への悪口の原型であり，その内容と真実がこれから明かされることを意味しているのではないか。それに対して，これまでの議論は，プラトンが原型を変形して「役立たず」論と「大悪党」論を哲学的に構築し，文脈の中で自身の主題に活用した，と解釈できまいか。

34) Adam (1963b), 28 は，まずアンティステネスとキュニコス派のディオゲネスが念頭に置かれているという説を紹介するが，内容上，キュニコス派の哲学ではなく，ソフィストや弁論家が相応しいと否定する。ソフィストで言えば，プロタゴラスやエウチュデモスとディオニュソドロスという説を紹介し，弁論家で言えば，イソクラテスの可能性も示唆する。その上で結論的に，この箇所全体の感じとして，プラトンは当時よく知られていた現象——優秀で野心的な若者たちが小手先の技術 (handicrafts) を捨て「文化」に没入する習慣——を

比喩を用いてソクラテスが彼らについて指摘するのは，①哲学に手を染める以前には彼らはつまらぬ技術に没頭していたこと，②哲学に未だ残るよき評判に彼らは惹かれていること，③哲学と一緒になっても教養（παιδεύσεως 496a5）に値しない彼らが生み出すものは，真の知（φρονήσεως a8）ではなく，彼らに相応しい小手先の詭弁（σοφίσματα a8）にすぎないということである。

後の箇所（500b）では，この「（技術という）外から（哲学へと）来た輩」（τοὺς ἔξωθεν 500b3）はどんちゃん騒ぎをして，仲間内で非難し合い，喧嘩好き（φιλαπεχθημόνως ἔχοντας b4）で[35]，ゴシップネタで盛り上がる，哲学に相応しからぬ連中と批判され，大衆が哲学につらく当たる原因（αἰτίους b2）だと認定されている（cf. 535c6-9）。

この人々が誰であれ（あるいは，同時代の一思潮であれ），プラトンが揶揄も含めてこのように厳しく真面目に応対している限り，自らの著作を通して大衆を哲学に対する「誤解」から解放する意図があるのは間違いない。第6巻はいよいよこれから大衆と向き合うプラトンの姿勢を顕わにしていくのである。

6 哲学者の生きる道（第6巻）

以上のような現実を凝視すると，哲学者がこの世で生きることは不可能に思えてくる。ソクラテスは哲学と交わる人々のほんの少数だけが生き残ると言い，五つのパターンを示す。

①追放されることで，周りに堕落させる者がおらず，気高くよく育てられた性格（ἦθος 496b2）が本性通りに哲学に留まる場合
②小さなポリスに偉大な魂が生まれ，ポリスの政治（τὰ τῆς πόλεως b4）を軽蔑・無視する場合
③少数の優れた素質の人が他の技術を正当に軽蔑してそこから哲学

記述しているとする。Cf. Shorey (1935), 48-49.
35) Adam (1963b), 40 はイソクラテスがこの箇所をプラトンによる当て擦りとみなしたと指摘し，『アンティドシス』（260ff.; φιλαπεχθήμονας）を引用している。

に至る場合
　④堕落要件は全て備えていたが，病気のため政治活動（τῶν πολιτικῶν c3）から遠ざかった，テアゲスの場合
　⑤ダイモンのしるし（τὸ δαιμόνιον σημεῖον c3-4）のため政治活動から遠ざかった，ソクラテスの場合

　哲学的素質を開花させたこれら少数の人々は甘く幸いなる哲学の実を味わいつつも，大衆の狂気（τῶν πολλῶν … τὴν μανίαν 496c6-7）を十分に目撃して推論する。ポリス政治については健全なことをする人は誰もいない。正義を助けようとしても共に戦ってくれる人もいない。野獣の群れの中で，不正に加担する気は毛頭ないが，とは言え独りで立ち向かう力もなく，ポリスと友を益する前に滅び，自分自身と他人にとって役立たずとなるのが関の山だ。こう考えて，哲学者は静寂を保ち（ἡσυχίαν ἔχων d6），「自分のこと」をしながら（τὰ αὑτοῦ πράττων d6），ちょうど冬に強風で砂塵が舞う中，家壁に身を寄せ避難するように，他人が法を無視してやりたい放題しているのを見ても，自分自身は不正と不敬虔な仕業には手を染めず浄らかでいて，この世での生を生きながらえ，美しい希望と共に神聖でよい状態のままあの世へと解放されるとすればそれでよし，とするのである。
　大衆の狂気の嵐は哲学者に「静寂主義者」（ἀπράγμων cf. 620c）の生き方を択ばせる[36]。それでも哲学という「自分のこと」ができるなら正しい生き方が可能だというわけである。民主政下の哲学者が採るべき道を指し示す重要箇所だろう。だが，注意すべき点がある。それは，この哲学的生き方は哲学者ソクラテスが択びとったものでは断じてなかったということだ。本書第2章で考察したように，ソクラテスは彼独特の仕方で——こう言ってよければ，「積極的に」——ポリスの政治に関与していたのである。したがって，セミパブリックな空間で活動した哲学者ソクラテスを排除するかのようなこの記述は公と私の明確な二分法によって支えられており，政治という公的生活と哲学という私的生活を

36）静寂主義者については Carter (1986) が主題的に論じている。またグラウコンとアデイマントスを静寂主義者と特徴づける Ferrari (2003) とその解説である荻原（2011），24-32 も参照。

相互排他的に捉えているように思われる。それゆえ，哲学者が「自分のこと＝正義」をしているとしても，民主政ポリスに生きる市民としての「自分のこと」をしていないわけだから，その自己はどこか欠落していると言わざるをえない。そこでソクラテスはこう続けるのだ。

> T5 497a3-5:（これらの哲学者は最小のことを成し遂げたわけではないが，かと言って）最大のことをやり遂げたわけでもないね，相応しいポリテイアと出会って。なぜなら，相応しいポリテイアにおいて，哲学者自身が一層成長するだろう（αὐξήσεται）し，個人のものと一緒に公共のものを救うことになるだろう（μετὰ τῶν ἰδίων τὰ κοινὰ σώσει）から。

哲学者に相応しいポリテイアにおいては哲学者が自ら成長するのみならず公（τὰ κοινά）と私（τὰ ἴδια）を共に救うことになる。「自己」「私」「公」を語って，公私論の中核を占めるであろう発言の真意はこの時点では明かされない。しかし，支配に与る哲学者の「自己」が欠落部分を補完されるばかりか，「成長」するとまで語られている意味は大きい。「自己」とは何かという根源的な問が答えられぬまま読者に残されるのである。

7 〈善〉のイデアの学び（第6巻）

(1) 最善のポリテイア

次に，ソクラテスは哲学者に相応しいポリテイアが何かを問題にする。

彼は現行の数あるポリテイアの中には存在しないと明言する。外国産の種が別の土地に蒔かれると，その土地のものに同化し固有性を喪失するように，哲学者の種族もどのポリスであろうとも自分本来の力を失い別種の性格へと堕落するからだ。（堕落の次第は既に語られた。）最善の種族である哲学者に相応しいのは最善の（ἀρίστην 497b7）ポリテイアなのである。すると，最善のポリテイアとはこれまで建設してきたポリス

第 8 章 公私の結合へ：第三の大波（第 5・6 巻）

におけるポリテイアと同じかどうかという疑問が生じよう。それについて，ソクラテスはこう答える。

　T6 497c7-d2: 他の部分では（μὲν）そのポリテイアだ。他方（δέ），まさにこの点が先にも言われたのだが（μέν），すなわち，立法者として法を制定したときに君もまたもっていた（ポリテイアの）ロゴスと同じポリテイアのロゴスをもつものが何か常に一つ，ポリスの内になければならないのである。

　T6 の理解は難しい。まず，これまで建設してきたポリスとは何か。「第二の大波」までで建設されていた理想的ポリスなのか。それとも「第三の大波」で実現可能性を目指して構想されている，より現実的な「哲人王」のポリスなのか。μέν-δέ の対比構造がヒントになるように思われる。T6 の最初で（μέν）最善のポリテイアと建設中のポリスのポリテイアとの同一性が語られているのだから，「他方」（δέ）以下で両者の違いが付帯条件として明らかにされていると推測できる。だが，その違いは問題のポリテイアのロゴスがポリスの内にあるか外にあるかに関わっており，ロゴスの内容それ自体は同一なのである。外にあるロゴスはアデイマントスが立法者としてもっていたものとされており，それは第 2 巻から専ら理想的ポリスの建設の際に用いられていた。言い換えれば，理想的ポリスはソクラテス，グラウコン，アデイマントスが立法者としてロゴスに基づいていわば無から作り上げたものであり，その意味で法律制定のロゴスはポリスの外に立つ対話者内にあった。理想的ポ̇リ̇ス̇は立法者によって外側から建設されたのである。それに対して，最善のポリテイアに基づくポリス——以下，「最善のポリス」と呼ぶ——においては，そ̇の̇内̇側̇に同じロゴスがなければならないと言われている。これは支配者が同時に立法者をも兼ねることを意味すると解釈するのが自然であろう[37]。そして理想的ポリスの立法者たちが哲学者としてロゴスに基づき理想的ポリスを建設しているように[38]，問題の「最善の

---
　37) 第 7 章第 2 節（2）で確認した「法制の構造」では理想的ポリスの支配者は外なる立法者（ソクラテスたち）を模倣すると語られていた。
　38) 厳密に言えば，共に立法者の扱いをされている，語り手のソクラテスと聞き手のグ

ポリス」における支配者＝立法者も哲学者でなければならないことになる。そうだとすると，実際のところ「哲人王」のポリスが問題になっているわけだ。すなわち，哲学者に相応しい最善のポリテイアとは，「哲人王」のポリスを構成するポリテイアのことなのである[39]。

(2) 大衆と哲学

このことは，T6 に登場する二つ目の μέν（497c7）が ἀλλά（d4）で対比的に受けられている点から確かめられる。上で解釈された内容は先に語られていたのだが（μέν），しかし（ἀλλά）十分には明らかにされなかった，それというのも，その論証が長く困難であることが判明した事柄への恐れのゆえである（d4-6）。対話者が恐れていたのは「第三の大波」と直面することであり（cf. ἐδεδοίκη 472a6; πεφοβημένου 503a8），他ならぬ哲学者がポリスの中でどう生まれ，生き残りうるかどうかという難問に取り組むことであった。問題の「哲人王」のポリスが成立するためには，ポリスが哲学を滅ぼさないようにする方法について考えねばならない。ソクラテスがこれから試みるのは，まさにそのことである。彼はあくまで「哲人王」のポリスを念頭に置いて，そこでは現行とは違った形で哲学教育が施されるべきだと言い，第 7 巻後半で詳述される哲学者教育のプログラムを紹介するのである。

	現行	最善のポリス
子供時代	哲学の開始：家政と金儲に入る時期まで	年齢に相応しい教育と哲学 身体へのケア
青年期	最も難しい言論に関する部分で離れる	年齢に相応しい教育と哲学 哲学への奉仕
成人期	専ら聞き手，片手間のこと	魂の成熟と共に魂の哲学的訓練 政治や軍隊の実務
老年期	小さな事を除き哲学の熱意消失	仕事からの自由，哲学に専念

ラウコン・アデイマントスを区別すべきかもしれない。だが，ソクラテスのロゴスはディアロゴス性を特徴とする限り，また，哲学者が知者ではない限り，この区別は差し当たり不必要であるようにも思える。

39) それゆえ，哲学者は自らの語る最善のポリテイアをいかに生きうるかが新たな主題として浮かび上がると言うこともできよう。本章 T5 は哲学者の実践的課題を語ってもいるのだ。

第 8 章　公私の結合へ：第三の大波（第 5・6 巻）　　221

　アデイマントスが一生を哲学と関わりながら過ごすといった生涯学習的な内容に驚き，トラシュマコスをはじめ聞き手の多くが反対するだろうと言うと[40]，ソクラテスは，このことの説得については生まれ変わっても止めはしないと強く宣言する。語られていることに大衆（τοὺς πολλούς 498d8）が納得いかないのは驚くべきことでなく，第一に，そうしたことが実際に生じるのを見たことがないからであり，第二に，美しく自由な言論についても十分に聞いたことがないからなのである。第二の理由について，ソクラテスは大衆が法廷や私的な付き合いで馴染んでいる言論は洗練されたレトリックを用いて争論に勝つことを目指し評判を得ようとする言論にすぎず，知ることに懸命になって真実を求める哲学の言論を彼らは知らないのだと言う。ソクラテスが大衆に向ける眼差しは熱い。彼は再度「哲人王」のポリスの実現可能性について言及するが，大衆が聞いたことがないのであれば，その大衆に〈哲学の言葉〉を聞かせてあげたいとの思いに満ちあふれている。

　　T7 499b2-c4: （…）真実によって強制されて（ἠναγκασμένοι）我々はこう語ったのだ，すなわち，悪党ではなく役立たずと今語られた，これら少数の哲学者を何らかの強制力・必然性（ἀνάγκη τις）が偶然にも（ἐκ τύχης）包み込んで，彼らが望むにせよ望まないにせよ，ポリスを配慮しポリスに聞き従うよう課すか，あるいは，現在の権力者もしくは王の息子たちか，または，彼ら自身に何らかの神的な息吹によって真の哲学への真なるエロースが襲いかかるかするまでは，ポリスもポリテイアも人も同様に完全なものとなることはないだろう，と。これらのどちらか，あるいは，両方が不可能だとする説明はないとわたしは主張する。もしあるとすれば，我々は虚しくも祈りに似たことを語っていると正当に笑われることになるだろうから。

　T7 では，本章第 2 節の T1 で引用した主張が部分的にアレンジされて繰り返されている[41]。重要な改変は二点ある。一つ目として，現実の

40）　本書第 2 章第 2 節（2）で見た，カリクレスの意見を参照。
41）　本章 T5 の「哲学者自身が一層成長するだろうし，個人のものと一緒に公共のもの

ポリスの王や権力者に加えて，その息子たち（ὑέσιν 499b8）が哲学者になる可能性に言及している点に注目したい。後に見る 502a に至っては，王・権力者の子供（ἔκγονοι 502a6）が哲学者となることのみが問題になり，現に権力を握っている者たちはもはや度外視される。これまで「哲人王」のポリスは現実のポリスのミニマムな改革によって生まれる，できる限り理想的ポリスに接近したものと特徴づけられていたが，現実のポリスには見られない革命的な哲学者教育が主題化されることで，現実からより遠くなり，理想に近づけて捉えられるようになったと言えるかもしれない。だが，為政者の「二世」という誕生時から権力を約束された者に光を当てることで，むしろ逆に，教育さえうまく行けば，「哲人王」のポリスの実現可能性についてより説得力が増すように思える[42]。但し，教育プログラムが公的に課されるか，個人的に課されるかで説得力に違いが生じるかもしれない[43]。

　二つ目の改変は「強制・必然性」のモチーフの強調にある[44]。神的な契機が一緒になることで「偶然性」の要素も加わりながら，「哲人王」の実現が人間の力を越えた外側からの力の働きかけを必要とすることに力点が置かれているのである。この強制のモチーフがソクラテスらにも適用されている点が重要であろう。ソクラテスたちに言論を命じているのは探究対象でもある「真実」（τὸ ἀληθές 499a5）なのである。真実それ自体が自らを顕わにするよう哲学の自由な言論を動かしている驚くべき実態がここに見られるのだ。ソクラテスは続ける。

> T8 499c7-d6: それで，もし哲学を極めた者たちにポリスを配慮するよう強制するある種の必然的な力が，無限に遡った過去において生じたか，あるいは，我々の目の届かぬどこか遠く離れた，バルバ

を救うことになるだろう」とも一致することから，T6 で問題になっていたポリスが「哲人王」のポリスであることが確かめられよう。

42) 最善の政体が僭主政から最も容易に生まれうるという論点については，『法律』篇 709e-712b を参照。

43) 例えば，プラトンの学園アカデメイアを考慮に入れるとすれば，どうか。支配者の二世がアカデメイアで学ぶ状況を想定すれば，むしろより現実味が増すとは言えまいか。山本（2011），14 は「最後の作品『法律』で「夜明け前の会議」を書いている時，プラトンは疑いもなくアカデメイアを念頭に置いていた」と指摘している。

44) 本章 T1 でもこのモチーフは現われていたが，強調されていなかった。

第 8 章　公私の結合へ：第三の大波（第 5・6 巻）　　223

ロイの住む場所において現在生じているか，あるいはまた未来において生じることがあるとすれば，次の点について我々は議論で戦う用意がある，すなわち，語られてきたポリテイアは，ムーサの女神ご自身がポリスの支配者になられる場合に，生じたし，生じているし，生じるだろう，という点については。なぜなら，女神の支配は実現不可能ではないのだから。我々も不可能だとは語らない。難しいことだとは，我々からも同意されているのだけれど。

　ソクラテスの主張は時空を遥かに超えていく。「全時間」(τὸν ἅπαντα [sc. χρόνον] 498d7; cf. 502a10) にまで言及することから，彼は逆説的に不可能であることを示唆しているという解釈も可能かもしれない。だが，一連の議論の流れはむしろ，ソクラテスにそう語らせる著者プラトンの思いの強さを読み取るよう促しているように見える。T8の主張に大衆 (τοῖς … πολλοῖς 499d8) は同意しないとの推測をアデイマントスから引き出した後，ソクラテスは「大衆を悪く言ってはいけない」とたしなめ，大衆と争い合わず，むしろ励まし，哲学者とは誰かをきちんと示して，彼らの勘違いを正すとすれば，別の考え(ドクサ)をもってくれるだろうと言い，問題は哲学をしていると考えている自分たちの方にあるのだと指摘する。哲学は異なる声に耳を傾け，考えをぶつけ合う対話活動である。「自己」に言及しながら，プラトンはこの箇所で立ち止まって一連の議論を想起するよう読者に促している。
　ところで，哲学者の定義については第 5 巻の最終部分で試みられた。確かにそこでは，哲学者と大衆の対立に焦点が当てられていたが，必ずしも敵対的な関係ではなく，実在や認識に対する態度の対立を語りながら，大衆の哲学者観を正していたのである。第 6 巻に入り，大衆の間に広まる哲学者に対する悪評が取り上げられ，民主政ポリスにおける大衆の狂気に光が当てられた。静寂主義の哲学者は家壁に寄り添うかのようにして私的生活を送るのである。しかし，ソクラテスたちは哲学者の悪評の根を深く掘り下げ，哲学にその原因がないことを解明することで，再び，大衆の勘違いを訂正していた。アデイマントスを大衆の立場に立たせ，「壁」ではなく大衆の傍らに立ち，擬似的な形であれ共同での探

究を試みるこのソクラテスの姿勢は決して静寂主義ではない[45]。ソクラテスに言わせれば，悪意のない穏やかな人が怒っていない人に怒りをおぼえたり，悪意のない人に悪意をおぼえたりしないのであって，怒りや悪意の主体は大衆（τῷ πλήθει 500a7）ではなく，とげとげしい本性(ピュシス)をもつ「少数の人々」なのである[46]。

　さてここで著者プラトンの実践に眼を向ければ，彼はこのように哲学者と大衆の関わりを書きながら，「哲人王」の議論を進めてきている。この実践は瞠目に値する。彼は民主政アテネで現に執筆しており，出版して著書が流通すれば，大衆すら彼の作品を手に取りうるし，大衆の読書が実現すると，またもや哲学者と大衆の関係が新たに生まれることになる――この点を今の文脈の理解に読み込む必要があるのではないか[47]。民主政で真の支配者たる大衆がプラトンの議論に万が一にも説得されて哲学に親しむなら，ある意味で哲学者も支配者となりうるのだという可能性が示唆されていると言えまいか。不可能だという理由で説得を試みなければ，「哲人王」のポリスは生まれ得ない。全時間への眼差しは，むしろ，誰にとっても，〈今〉がそのときだと言えない理由はないという厳然たる事実を浮かび上がらせる。無論，「万が一の可能性」かもしれないが，それを目指すことなしにプラトンが言葉を虚しく記していたとは考えにくいのである。「真実」によって強制されて書かれた彼の作品にムーサの女神の支配を認めざるを得ないからである。

(3) 哲学者による支配

　続いてソクラテスは哲学と支配の一致の内実について語る。自称「哲学者」たちのように，仲間内でいざこざを起こしそれを楽しんでいるような暇（σχολή 500b8）は真の哲学者には存在しない。なぜなら，哲学

---

45) 但しプラトンの場合，死者ソクラテスを主人公とし過去のアテネを舞台としている点で，より一層間接的に大衆と関わっている。

46) 大衆と対比されている「とげとげしい性格の少数の人々」はこれまでの流れからすると政治家たちを指すと考えるべきだろう。哲学者と対立し大衆や有為な若者を自分の側に引きつけてポリスの支配権を確保しようとしているのである。

47) Cf. Ferrari (2013), 138-40. 納富 (2012), 270:「二千四百年という時と，古代ギリシアと日本という空間と文化を超えた対話において，プラトンの「理想国」は，私たちに向けて書かれた，自身と社会の理想として，こうして実現されていくのである」（強調：納富）。

者は精神（διάνοιαν c1）を神的で秩序ある真実在へと向けて模倣しながら人間にとってできる限り神的で秩序あるべく自分自身を形成するのに忙しいからである。この哲学者にある強制力が働いて，観照している真実在を公私にわたって（καὶ ἰδίᾳ καὶ δημοσίᾳ d6）人間の性格（ἤθη d6）に再現しようとするなら，世俗的な（δημοτικῆς d9）節制や正義などの徳を見事に作りあげることだろう[48]。ソクラテスはこの過程を「画家の比喩」を用いて説明する。

① 画家は画布のようにポリスと人々の性格を取り上げてきれいに浄める
② ポリテイアの形を下書きする
③ 自然においてある正義・美・節制等と人間の内にある像とを何度も見較べ，混ぜ合わせる作業を通じて「人間の像」を作り出す
④ 修正を加えながら人間の性格をできる限り神に愛されるものにしていく

哲学者＝支配者がこのような仕方で神的な模範像（τῷ θείῳ παραδείγματι 500e2）を用いてポリスとその市民を描く場合にのみ[49]，そのポリスは幸福になるだろうとソクラテスらが語るとき，真実が語られていると大衆が気づく（αἴσθωνται d11）ならば，彼らは哲学者たちに怒りをおぼえないし，こう語る者たちに不信感を抱かない。アデイマントスは大衆が「気づく」なら，と条件を付けて同意するが，ここでも，大衆の真実の感知・学びがモチーフになっていることがわかる。ソ

---

48) 公私の問題に直接関係しているこの部分の解釈は二つの意味で難しい。第一に，「私的に」は何を意味するのか。「公的に」は哲学者が支配者として市民に徳を植えつけていくことを意味するだろう。支配者が「私的に」同じことを行うことがあるのか。第二に，「世俗的な徳」とは何か。「ポリスと魂の類比」の方法によって，ポリス的な徳と魂の徳の区別が存在した点は既に確認した。前者を意味すると解釈するのが自然だと思われるが，その場合，先の「私的に」ポリス的な徳を市民に作りあげるという意味が分かりにくくなる。支配者はあくまで「市民」の一員として公的役割を果たすのだから。本書第9章註10参照。
49) 守護者を画家に譬える比喩は既に第6巻の冒頭（484c-d）で用いられていた。ここの「模範像」は同じく魂内にある真実在の知のことを指すのであろう。また，第5巻の「第三の大波」の導入部分（472d）でも語り手ソクラテスを画家に譬える比喩が用いられていた。その画家は大衆に向き合う著者プラトンのことでもあり，この箇所との関連は深い。

クラテスは真実に強いられるかのように大衆と交わり，説得に努めているのである。

　しかし，ソクラテス自身大衆の説得にはある意味で楽観的であり，むしろ，怒ってもいない人に怒り，悪意をもっていない人に悪意をもつようなとげとげしい性質の「少数の人々」への対応に問題を感じている。この人々は第5巻で「手強い者たちが大挙して，上着を投げ捨て裸になって，手当たり次第武器を取り一目散に駆け寄ってくる」(cf. 473e6-474a3) と言われた人々に他ならない[50]。第6巻前半の議論は，彼らが哲学者を目の敵にして大衆に告げ口する政治家であることを明らかにしている[51]。ソクラテスはこうした政治家たちですら以上の議論で穏やかになってくれることを期待しているが，片やアデイマントスの方はより慎重に「彼らが節度をもってくれるなら」($\sigma\omega\varphi\rho o\nu o\tilde{u}\sigma\iota\nu$ 501c10) と厳しい条件を付けて同意する。

　するとソクラテスは，彼らが怒りの矛先をおさめてくれるよう同じ主張を再度繰り返す。哲学者が実在と真理の愛好者でその本性は最善と親しい関係にあり，哲学者がポリスを支配するまでは，ポリスにとっても支配者にとっても悪が止むことはなく，ロゴスによって物語ってきたポリテイアが現実に完成を迎えることはない，と。アデイマントスは未だ彼らへの警戒心を解くのをためらうが，ソクラテスは彼らがすっかり温和になって説得されたと言うことにしようと提案する。そう言えば，彼らも「恥ずかしい」($\alpha\dot{\iota}\sigma\chi\upsilon\nu\theta\acute{\epsilon}\nu\tau\epsilon\varsigma$ 502a2) 思いで同意してくれるだろう[52]。

　哲学者がポリスの支配者になることについて，ソクラテスはこのように大衆や政治家に対して執拗に繰り返しロゴスで語りかけていく。彼はロゴスの基にある真理に彼らの目を向けさせようと試みつつ，同時に，真理の光の中で彼らが自分自身何者なのかを知る契機を提供しているのである。真理こそが哲学者に対話的議論を試みさせる根源だったのだ (T7 499b2-c4 参照)。ここに読者の立場を読み込めば，現実にコミット

---

[50] $\delta\iota\alpha\tau\epsilon\tau\alpha\mu\acute{\epsilon}\nu o\upsilon\varsigma$ (474a2, 501c5-6) という同じ形容がなされている点からも，$\check{\epsilon}\varphi\eta\sigma\theta\alpha$ (501c6) が473e-474aを指すことについては明らかである。Adam (1963b), 43 参照。

[51] 本章註 12, 23 参照。

[52] カリクレスやトラシュマコスが真理に直面した際の反応を参照せよ。

するプラトンの声を聞き取ることは容易だろう[53)]。

さて，ソクラテスは「哲人王」のポリスが生成しうるもう一つのケース——王または権力者の子供が本性において哲学者となること（502a）——に対しても反論の余地がないことを確認した上で，結論を導く。全時間という尺度の下，哲学的素質をもちつつも堕落を免れた全ての者たちの内で，一人でも哲学する支配者が現われ，かつ，その一人にポリスが従うとすれば，「哲人王」のポリスは実現可能だと大衆・政治家ですら同意できよう。実現可能なら，最善であるということは先に十分に語られた。かくして，法制について，これまで語ってきたことが実現すれば，最善であること，そして実現は困難ではあるが，不可能ではないことが今や結論されるのである[54)]。

(4) 最大の学問対象：〈善〉のイデア

次にソクラテスが考察するのは，ポリテイアの守り手がどのような学問と実践から生まれてくるか，そして何歳からそれらに従事すべきかという問題である。ソクラテスは第3巻412c-414bの支配者選抜の議論を想起するよう求めている[55)]。その意味では理想的ポリスの議論が再開されたかのようだが，しかし今やその支配者が哲学者でなければならないという条件が加わったため，「最善のポリス」の議論であるのは明らかだ。支配者が備えなければならない能力と哲学者の資質との突き合わせが企てられた後で，支配者の候補者が「最大の学問対象」（τὰ μέγιστα μαθήματα 503e3, cf. 504a3, d2-3, e3-4, 505a2）に耐えうるかどうかが問題になる。そこで登場するのが他ならぬ〈善〉のイデア（ἡ τοῦ ἀγαθοῦ ἰδέα 505a2）であった。ただソクラテスは〈善〉の説明に先立って第4巻の議論を振り返っているので，その部分を見ておこう。

---

53) プラトンは大衆や政治家に読者として語りかけているのでないかもしれない。むしろ，問題意識をもった読者に大衆や政治家とはどういった存在なのかを理解させ，免疫力を高めた読者が別の仕方で大衆や政治家と付き合うことを狙っているのかもしれない。長い目で見れば，その交流は間接的に大衆や政治家の自己知に繋がっていくだろう。

54) ここにも「哲人王」のポリスと最善のポリスの同一視が認められることに注意したい。

55) ἐλέγομεν (502e3) については Jowett and Cambell (1894b), 298; Adam (1963b), 46 参照。

ソクラテスはまず，第4巻で魂の三つの種類を分けて正義・節制・勇気・知恵の定義を検討したことを思い起こさせる（504a4-9）。そして，彼はさらに遡って435c-dに触れながら，四つの徳を最善の仕方で見て取るには「別のより長い回り道」（ἄλλη μακροτέρα ... περίοδος 504b2; cf. ἄλλη … μακροτέρα καὶ πλείων ὁδός 435d2-3）があることを指摘しつつ，当座は厳密さ（ἀκριβείας 504b5; cf. ἀκριβῶς 435d1）に欠ける「ポリスと魂の類比」の方法に従った論証で満足しようと同意していたと語る[56]。だが今や，厳密さを欠く不完全なものでも十分だからこれ以上探究しないという怠惰な気持ちはポリスと法の守護者には許されず，そのような者はより長い回り道（τὴν μακροτέραν [sc. περίοδον] 504c9）を進み，最大の学業を苦労して学ばねばならないのである。ここでの「ポリスと法の守護者」が哲人王のみならず，グラウコンたち探究者をも指示している点に注意したい。グラウコンらはあるべきポリスの立法者（cf. 379a1, 458c6, 497d1）だったのだ。それゆえ，ソクラテスは対話相手のグラウコンたちの心情と対話の対象である守護者の心情とを重ね合わせて語っている。哲人王になるためにも，現在の議論を理解するためにも，「より長い回り道」を歩んで〈善〉を学習しなければならないのである。

　続けてソクラテスは，より長い回り道が取り扱う最大の学問対象は正義などの諸徳より大きいと述べて，守護者は諸徳についてもこれまでのように下絵（ὑπογραφήν 504d6）を観るだけでなく，最も完全な仕方でその制作（ἀπεργασίαν d7）を成し遂げねばならないと言う。「長い回り道」の道行を示す言葉である。先に（3）で見た501a-bには，哲人王はポリスと人間を浄めた後，ポリテイアを下書きし（ὑπογράψασθαι 501a9），その後でようやく色を塗り始めるとあった。これらの箇所を共に考慮に入れると，「守護者」として重ね描きされている探究者グラウコンたちと探究対象である哲人王は，下書きした後には，できる限り厳密な仕方で（ὅτι ἀκριβέστατα 504d9; ἀκριβείας e2）

---

[56] αὐτά（504b1）は「魂の三部分」ではなく「四つの徳」を指すと考える；cf. Adam (1963b), 48.「類比」の方法はあくまで〈正義〉等をそれ自体で明らかにするための便宜的方法だったのだから。第4巻と第6巻の対応関係をめぐる近年の研究状況については，田中伸司 (2015), 17-22 参照。

真実在とこの世のものを見較べ色を塗りながら，最善のポリスを描き完成させねばならないだろう（cf. 501b）。すると今後の議論の展開上，どうやらそのことに最大の学問対象である〈善〉のイデアは関わってくるように思われる。いわゆる実在界と感覚界の往復運動に〈善〉が関係しているということである[57]。

ところで，ソクラテスは〈善〉がその他の徳や知識に対して益をもたらすことを強調した後，「善＝快」とする説と「善＝知識」とする説を紹介し，それぞれを否定する。また，そうした論争の存在に劣らず確かなこととして，多くの人にとって，正義や美は実際にはそうでなくてもそう思われるものであれば選択し，そう思われるように行為したり所有したりするが，善の場合は，善と思われるものを所有することに満足する者は誰もいないのであって，皆，実際によいものを求めていて，そう思われること（δόξαν 505d8）はもはや軽蔑するのである[58]。善が評判・思われ（ドクサ）の範疇に入らないという特徴は，本対話篇の進行が常に民主政アテネを支配する「評判のポリティクス」を意識したものだったことに新たな楔を打ち込むことになるだろう。そしてこの善があくまで「自分にとっての善」であるからには，自分にとって何がよいのかがわからないままでは，正義にしても美にしても「評判」を気にしてはいられないのである。

> T9 505e1-506a2: 一切の魂がそれを追い求め，それのために全てを行う，それが何かであると予感はもちながらも，行き詰まり，一体何であるかは十分には把握できず，他のものについてのような確固たる信念も用いることができないし，他方，それのゆえに他のものについても何らか益があるのかどうか射損ねる，そうしたそれほどのものに関して，我々が全てを委ねる，ポリスにおけるかの最上の者たちがそのように暗くあってはならないと我々は言うことにしよう。

---

[57] したがって，「最大の学業」をディアレクティケーと同一視する Adam (1963b), 50 の解釈に反対する。先取りして言えば，「洞窟」の中に戻ることも〈善〉の学びに含まれるということである。

[58] この点は初期対話篇のソクラテスの主張と一致する。栗原（2013b）第 4 章参照。

つまりは，正義や美がいかにして善なのかが知られないならば，その点で知を欠く者を自分たちの守護者として所有しても何の価値もない。正義や美を十分に知るために，それらに先立ってまずは善を知る必要がある。そういう形で善・正義・美を知っている者（ἐπιστήμων 506b1）こそがポリスを監督する場合に，ポリテイアは完全に秩序づけられるのである。

ソクラテスは善の正義や美に対する優越性を以上のように語り，支配者になる者が善の知識を得る意味を裏付ける。だが，そこまでは言えても，興味深いことに，ソクラテスですら善とは何かを語ることができないと告白せざるを得ないのであった。アデイマントスは「どう思っているかでよいから話してほしい」とソクラテスに頼み込むが，知識によらないドクサは醜いものと断られる。するとグラウコンが口を挟んできて，「正義や節制その他についてと同じ仕方でよいから善について話をしてほしい」と懇願する。それでもソクラテスはできないと恐れ，笑われるのがオチと言いつつ，善を直接語るのでなく，善の子供である太陽を語ることで許してもらうことにする。

ソクラテスはこれまで自分たち探究者と哲人王となる者を重ねながら語ってきたが，ここにきてその間の乖離を強調する。哲人王は善の知識をもっているはずだが，探究者である彼自身はその知識をもっていないと主張するのだ。アイロニーの遣い手ソクラテスのことだから文字通りに受け取ってよいかはわからない。だが彼がそう語ることで，アデイマントスとグラウコンが善についての不知を自覚し，探究への意欲を掻き立てられたのは確かだろう。T9 で語られている魂の状態を自ら意識したわけである。すると，語り得ないものを何らか語る術（ὁδός）はないのか。グラウコンは「ポリスと魂の類比」の方法を応用してほしいと要求する。より長い道を進むことを諦めて，より簡単な短い道を提示してほしいとの依頼である。このことで最善のポリスの彩りは薄れていくかもしれない。それでも何かほのかに見えるものもあるだろう。先の方法は探究にとって十分有効だったのだ。しかし今回ソクラテスは「類比」の方法ほどの厳密さすら確約せず，さらに精度の低い「比喩」という「短い道」を申し出るのだった。では，その新たな方法によって何が見えてくるのだろうか。

(5)「太陽の比喩」と「線分の比喩」

グラウコンの要求に応えてソクラテスはまず〈善〉を太陽に譬えながら説明していく。有名な「太陽の比喩」である。以下のように図示化できよう。

図1　太陽の比喩

ちょうど「ポリスと魂の類比」が両者の構造と部分のはたらきの一致によって支えられていたように,「太陽の比喩」もほぼそれぞれの構造と要素のはたらきの一致を基礎とした比較になっている。「ほぼ」と限定を付けるのは,〈善〉と太陽の関係が親と子の因果関係になっており,それに応じて,認識と存在にも因果関係があるからである[59]。例えば,〈美〉が美しいものの原因であり,〈美〉の学びを前提とする〈美〉の想起が何かを「美しい」と感覚判断することを生みだしているといった因果関係が存在するのである[60]。

本書の主題との関係で興味深いのは,魂が真理と実在――〈善〉に由来する――が照らしているイデアへと固定される（ἀπερείσηται 508d4）場合,魂はそれを認識しヌースをもつことになるが,闇と混じ

---

[59] 508b-e の読みについては,山本（1993），123-28 が独特の考察を展開している。山本は比喩に見られる "ὧν ὁ ἥλιος καταλάμπει"（c9）と "οὗ καταλάμπει ἀλήθεια τε καὶ τὸ ὄν"（d3-4）の間の対応のズレに注目する。太陽に喩えられるものとして「善のイデアの他に真理などという得体の知れないものが登場」（125）しているからである。そこで従来他動詞と解されてきた 508d4 の καταλάμπει を自動詞とみなして 508d3-4 を「真理と存在とが輝き出ているところ」（124）と訳し，Adam (1963b), 59 と同様，ἥλιος を「太陽」ならぬ「陽光」と解して,対応する 508c9 の καταλάμπει も自動詞とみなすのである。本書では,二つの καταλάμπει は共に他動詞，ἥλιος は「太陽」と考える。確かに,山本が論じるように,比喩の対応関係にズレはあるが,〈善〉のイデアが真理を提供するものである以上（τὴν ἀλήθειαν παρέχον d10; cf. 517c2-3），真理によって〈善〉がイデアを照らし出すのだから,実際には見かけほどのズレはない。むしろこの箇所は,真理とは何かを探究することを通じて〈善〉の何であるかが輝き出す可能性を語っていると思われる。認識に関して光が太陽の本質的はたらきであるように,真理の輝きが〈善〉を構成するのである。

[60] プラトンの想起説については,栗原（2013b）第5章とその「補論」参照。

り合った生成消滅するものに固定される場合は，ドクサを上へ下へと転変させてぼんやり判断する，と記されていることである（d3-8）。これは図1で言えば，前者が右側の認識の構造をそのまま表すのに対して，後者は魂が左側の感覚事物に囚われている事態を表していることになる。魂が本来のはたらきを止めて，ドクサに巻き込まれている事態の説明なのである。魂の固定のされ方に従って，魂はヌースをもったり，ドクサをもったりするわけである。

　存在との関係で認識のあり方をさらに分けて捉えているのが，次に続く「線分の比喩」である。やはり図で示してみよう。

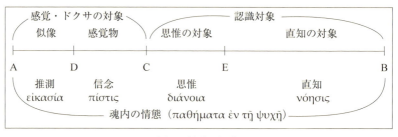

図2　線分の比喩

　この「線分の比喩」では先の「太陽の比喩」で二分割されたドクサの対象（δοξαστόν）と知の対象（νοητόν）がさらに二分割されている。ADとDCは像と実物の関係であるが，CEとEBは厳密にはそのような関係とは言い難い。むしろ探究方法の違いによって分けられている。CEの「思惟」とは自明な原理を仮設として立てて，感覚的な像を手助けとして用いながら，結論を導いていく思考である。他方，EBの「直知」は感覚の力は一切使わず，イデアのみを思考の対象として，仮設（ὑπόθεσις）を文字通り下（ὑπό）に置いて（θεσις < τίθημι），そこから上へと昇っていきもはや仮設を必要としない万物の究極原理（＝〈善〉）にたどり着き，そして今度は逆に戻ってくるといった思考である。CEとEBとで探究方法が像と実物の関係に類似の関係にあるかは定かでない。しかし探究の順序としてはCEが先で，そこで訓練を積んだ上でEBに進むことになるのは明らかだ。しかし，このような動的な視点から探究・学びの実際を眺めることは，むしろ次の「洞窟の比喩」に相

応しいと言えよう。
　ところで，〈善〉をめぐるこれら二つの比喩は存在と認識の根幹に関わる重要な比喩であるが，公と私の問題については寄与する部分がそれ自体では多くない。しかし続く「洞窟の比喩」ではこれら二つの比喩が何らかアレンジされつつ，公と私の問題に直接光を当てて対話篇の中でも極めて重要な哲学的洞察が披瀝されることになる。章を改めて，考察していこう。

む　す　び

　本章で取り扱った「第三の大波」は「第二の大波」までで完成に近づいた理想的ポリスを限りなく近似的な形で実現可能にする「哲人王」のポリスを論じるものだった。そのために「哲学者とは何か」「哲学者の悪評は何に由来するのか」といった問題が考察されて，大衆と政治家の説得が試みられた。しかし考察の過程で「最善のポリス」の理念が語られ，哲学者の支配の実際が複雑な経路を通って説明されることになった。最後に，「最善のポリス」における哲人王の教育プログラムに話が及び，二つの比喩を通して最大の学問対象である〈善〉のイデアが何なのかが語られることになったのである。
　公と私の問題については，二つのことに光が当てられた。一つは，哲学者の私的生活と公的生活に関わる問題である。とりわけ民主政下の哲学者は大衆の狂気という嵐の中で静寂主義的に私的生活を送ることを余儀なくされているが，そういう哲学者でも一種の強制力によって支配を命じられることがありうる。つまり，私的生活を止めて公的生活を送る可能性がありうることが「哲人王」のポリスの実現可能性の問題として論じられたのである。
　もう一つは，哲学者プラトンの著述による公的コミットメントの問題である。民主政アテネにおける公的コミットメントは，アゴラなどのセミパブリックな空間で一種の政治活動を行ったソクラテスのような例外はあったものの，公的空間での活動が主であった。プラトンは本対話篇の中で，哲学者ソクラテスを擬似的な仕方であれ，大衆や政治家との

対話を試みさせることで，読者に対する哲学的対話を企てているのである。読者の立場がどうであれ，著作内の主張に納得が行き，考えが変わろうものなら，遠回りであるとしても公的な影響力をもちうるかもしれない。プラトンはこのような新しい公的コミットメントの試みを自覚的に行っているように思われる。

　対話篇の内と外に関わるこれら二つの試みは，真理を蝶番にして結び付いている。真理のもつ強制力が哲学者を動かしているのである。その真理は〈善〉に由来するという。では〈善〉はいかにしてポリスと人々を悪から解放するのであろうか。この問に答えるのが「洞窟の比喩」となろう。

第 9 章
「洞窟の比喩」(第 7 巻)

―――――

はじめに

　前章で考察した第 6 巻後半部では,最善のポリスの支配者となる哲学者が学ぶべき最大の学問対象＝〈善〉のイデアが「太陽の比喩」と「線分の比喩」によって説明されていた。第 7 巻では第三の比喩である「洞窟の比喩」が導入され,それに基づいて〈善〉のイデアの教育とそれに伴う哲学者教育のプログラムが詳述されていく。こうした教育を受けた哲学者が支配者になることで最善のポリスが実現するとされるのである。だが,この説明の要となる,哲学者が支配の仕事を引き受けるか否かは,哲学者が政治に背を向け公的な仕事から離れ,徹底して私的な観照的生活を送りたがるという傾向性から言って,簡単には答えられない難問となる。プラトンは洞窟の外に出て〈善〉のイデアを学んだ哲学者が洞窟の中へと帰還し支配に赴く理由をソクラテスに論じさせる。この説明が説得的であれば,最善のポリスの実現可能性についてもある確かさをもって語りうるだろう。それゆえ,この哲学者の「洞窟帰還」をめぐる考察は,中心巻,ひいては対話篇全体を理解するための鍵となる議論である。
　だが,「洞窟の比喩」は同時に「われわれ」が生きている〈現実〉をも照らし出す装置として機能している。比喩が暴き出す〈現実〉は,プラトンが向き合っている民主政アテネの〈現実〉であると同時に,時空を超えて,彼の読者が生きている世界の〈現実〉でもある。そこで

「洞窟の比喩」では、〈善〉はこうした「われわれ」の〈現実〉にどう関わりうるのか、また、〈善〉を学んだ哲学者はどう自らの公と私をこの〈現実〉において調和させうるのか、そして、その決断はそれに立ち会う「われわれ」にどういう影響を及ぼしうるのか——といった諸点が問われているように思われる。そして、この〈現実〉への眼差しが、第2巻以降の議論の根底にあったグラウコンとアデイマントスの問題意識を見据えているのは間違いない。最善のポリスを語りながら、現実のポリスや社会に読者の目を向けさせ、自己の生きる方途を自ら探らせるというプラトンの方法に留意しつつ、第7巻の議論の解明を目指すことにしよう。

1 「洞窟」の内と外

ソクラテスはグラウコンに「教育と無教育に関する我々のあり方（φύσιν）を次のような状態と比較せよ」（514a1-2）と命じて、いわゆる「洞窟の比喩」を語り出す。彼の話は（1）比喩本体（514a2-517a7）と（2）その解説（517a8-519c7）からなる。順に見ていき、（3）最後に、「洞窟の比喩」が本書の課題である公と私の問題にどういう光を当てるのかを考察したい。

（1）比喩の内容
比喩は四つの部分から構成されている。
（ｉ）洞窟の構造（514a2-515a4）
外光が全く届かないほどに長い入り口をもった洞窟の中にいる人間たちを想像してみよう。彼らは子供の頃から足と首が縛られているため、動くことも周りを見回すこともできず、洞窟の奥底に座らされてじっと正面の壁ばかりを見つめて生きている。そうした囚人の背後の遙か上方に火があり、その火と彼らの中間の少し高いところに横に伸びる道があって、その道に沿って低い塀が築かれている。塀は、ちょうど人形遣いが人形劇をする際に自分の姿を隠すのに用いる衝立のようになっていて、その塀に沿って人々があらゆる種類の道具や人間・動物の石像・木

第 9 章 「洞窟の比喩」（第 7 巻）　　　　237

像を塀から上に出るような仕方で運んでいる。その中には話をする人もいれば，黙っている人もいる。

（ⅱ）囚人の現状（515a5-c3）

ソクラテスのこうした描写にグラウコンは「奇妙な比喩（εἰκόνα）と奇妙な囚人の話ですね」（515a4）と反応するが，ソクラテスは囚人が「われわれに似ている」（a5）と言い，囚人の認識状態にフォーカスを移して話を続ける。

子供の頃からそうした環境にいる囚人が専ら見てきたのは，第一に，後方の火から照らされて前方の壁に浮かび上がる自分自身や横並びにいる同胞たちの影であり，第二に，塀に沿って運ばれるものの影である。囚人は会話しながら現に見ているものを「本当にあるもの」（τὰ ὄντα 515b5）と名づけ（ὀνομάζειν b5），牢獄内で反対側から運び手の声が反響して聞こえると，運び手が動かす像の影――囚人にとって「本当にあるもの」――が発していると考える（ἡγεῖσθαι b9）。囚人にとって，人工物たる像の影以外に「真実」（τὸ ἀληθές c2）を信じる（νομίζοιεν c2）術（すべ）をもたないし，別の世界があるなど想像もつかないからである。

ソクラテスのこの部分の説明は「無教育」（ἀπαιδευσίας 514a2）に関する「われわれ」のあり方をめぐっている。「無教育」とは，本当には影でしかないものを実物であり真実であると考えている〈世界に関する無知〉であり，そうした自らの状態に気づいていない〈自己に関する無知〉である。自己の影を見ながら，自己の本当の姿を見ていると考えているのである[1]。

（ⅲ）囚人の解放と学び（515c4-516e2）

だがこうした囚人に何かしら学びの契機が生まれるとしたらどうだろう。ソクラテスは「教育」（παιδείας 514a2）のあり方について説明を

---

1) 「自己の影」については，Brunschwig (2003), 145-77 がその存在を無視しがちな解釈に抗して丁寧な議論を展開している。特筆すべき考察は，洞窟内の囚人が首と足を鎖で縛られているのに対し（514a5-b1, 515a9），手の拘束に関しては言及されておらず，この点が自己認識に決定的であるとする部分である（163-64）。囚人間での栄誉についても挙手によって与えられる（χειροτονεῖν）のである。例えば，藤沢訳で「子供のときからずっと手足（σκέλη）も首も縛られたままでいる」（514a5-b1）と訳されている中の σκέλη は「脚」を意味し「手」は含まれない。Cf. LSJ (1996), 1606, "*leg* from the hip downwards."

開始する。教育は縛めから解放すると同時に愚昧（ἀφροσύνης 515c5）の癒しにもなる。ソクラテスはまた教育や学習が人間の本来のあり方（φύσει c5）であることをも示唆している[2]。

　囚人の内の一人が「突然」（ἐξαίφνης 515c6）縛めを解かれ，立ち上がって頭を廻らし歩き出し，火を見つめるよう強制される。だがそうしたことは全て彼にとっては苦痛であり，眩しさのあまり，かつて見ていた影の実物である人工物をも見ることができない。彼を解放した人が「以前見ていたものは愚にもつかぬもので，今や実在により一層近づいていて向き直り，よりただしく目を向けているのだ」と言って，塀の上で運ばれているものを一個ずつ指さしながら，「何であるか」と問うて囚人に答えるよう強制するとしても，彼は困惑し（ἀπορεῖν d6），今目にしているものよりもかつて見ていたものの方がより真実であると考える（ἡγεῖσθαι d7）だろう。また解放者が火の光それ自体を見るよう囚人に強制するなら，目に苦痛をおぼえ，見ることのできる昔の影へと向き帰ろうとして逃れ，その方が実際のところより明瞭だと思う（νομίζειν e2）だろう。

　それでも解放者がそこからさらに囚人をでこぼこした急勾配の坂道を登るよう力尽くで（βίᾳ 515e5）引っ張り上げ，洞窟から外へと連れ出して太陽の光の下へ至るまで自由にさせないとする。その場合，囚人の苦しみも困惑も止むことなく，光の眩しさで目は満たされ，本当の意味での「真実在」も何一つ見ることはできまい。それら上方のものを見ようとするなら，「慣れ」（συνηθείας 516a5）が必要だからだ。慣れていくプロセスはそのまま学習の諸段階を構成する。まず，ものの影なら容易に見ることができよう。次に，人間その他が水に映った像を見る。影よりも輪郭・構成・色彩もより明瞭に見て取れるだろう。そうして像の実物を直接に見ることにする。さらに，地上のものから，天空の星々や天空それ自体を見るようにするが，これも最初は夜に月や星の光を見ることが簡単だろう。そして最後に太陽を，もはや水やその他の場所に映ったその影像としてではなく，それ自体として直接にそのある場所に見て，どのようなものなのか観照することができるだろう。

---

[2] Cf. Adam (1963b), 91.

そうした後で，かつての囚人は，太陽こそが季節と年々を提供し，洞窟外にある全てのものを統括し，また何らかの仕方でこれまで見てきたかの一切のものの原因であると推論し思考するようになるだろう（συλλογίζοιτο 516b8）。彼が最初の住処やそこでの「知恵」，かつての囚人仲間のことを想い出しても，自らに生じた変化のゆえに，自分の方が幸福だと思い，仲間たちを憐れむようになるだろう。洞窟内での影の動きを鋭く察知しつつ記憶に基づいて将来を予測する能力をもつ者に与えられる名誉・賞賛・栄誉も，彼にとっては欲求対象とならず，囚人の間で尊敬される人々を羨むこともない。評判に基づき生きるドクサの人生（δοξάζειν … ζῆν d7）は彼にとって何の意味もなくなっているのだ。

　教育のプログラムを経てきた人には，このような認識の大転換が生じている。そうだとすれば，ここでの教育は単純に一般知識の増大を意味するのではなく，人生の見方や幸福観の転回に関わっていると言える。教育は囚人を縛りつけていたものを裁ち切り，知を求め学び続ける自由を与える。すなわち，これは哲学者を誕生させる教育なのである。

　(iv) 哲学者の下降（516e3-517a7）

　ソクラテスは，新たに生誕した哲学者が洞窟の元いた場所に戻る事態に触れる。哲学者は昔と同じ場所に座る。これが「突然」（ἐξαίφνης 516e5）の変化なら，彼の目は暗闇で充たされるだろう。目が闇に慣れる前でよく見えない時期に，ずっと縛られている囚人たちと影の識別をめぐって争い合うことになったらどうだろう。人々に笑いを提供し，上方へ行って目をだめにして帰ってきたのだ，上へ行くのは試みることすら価値がない，と悪口を言われるだろう。彼が別の囚人を解放し導き挙げようと試みるなら，人々は何らか彼を捕まえ殺せるものなら，殺してしまうに違いない。

　研究者の指摘[3]を俟つまでもなく，この記述は史的ソクラテスの死と重ね合わせて読まれることが期待されている。こうした悲劇の彩りを帯びて「洞窟の比喩」は結ばれるのである。

---

3) 例えば，高橋（2011），50-53 参照。

(2) 比喩の解説

比喩を語り終えたソクラテスは続いて，この比喩を先に語られた二つの比喩と結びつけて解説を加えていく。「太陽の比喩」と「線分の比喩」は世界を感覚界と知性界に大きく二分割する点に特徴があった。「洞窟の比喩」での牢獄の住まいが感覚界に対応し，そこでの火が感覚界の太陽に対応する。上方への登攀と上方のものの観照が知性界への魂の上昇とみなされ，「線分の比喩」が動的に解釈し直されている。さらに〈善〉のイデアは知性界で最後にかろうじて見られるものとされ，「線分の比喩」では線分の知性側の一番端に位置し，先の運動の終点となると解される。

ソクラテスは次に，哲学者となった囚人が〈善〉の学習時に抱く推論的思考について「太陽の比喩」と結びつけて考える。すなわち，哲学者は①太陽になぞらえられた〈善〉のイデアが万物にとって全てただしいことと美しいことの原因であり，②感覚界の太陽とその光を生み，③知性界においては自ら主宰者として真理とヌースを提供すると推理・思考し，さらに④私的にであれ公的にであれ（ἢ ἰδίᾳ ἢ δημοσίᾳ 517c4），思慮深く行為をしよう（ἐμφρόνως πράξειν c4）とする者は〈善〉のイデアを見なければならないと思考せねばならない（cf. συλλογιστέα b9）。

以上が，ソクラテスによる三つの比喩の関係づけだが，細部の対応付けにこだわれば，様々な問題が湧出することは諸解釈者が指摘する通りである[4]。ここではそうした難問には目をつぶり，最後に触れた哲学者の〈善〉のイデアをめぐる思考内容にのみ注意を払おう。まず，「洞窟の比喩」では強調されなかった，洞窟内でも〈善〉のイデアが（間接的であれ）原因として働いているという②の内容は重要である。〈善〉のはたらきを全体として学ぶのであれば，学習は洞窟内でのそのはたらきにも及ぶ必要が出てくるからである[5]。

---

[4] 最近の見解として，Scott (2015), 84-101 参照。「線分の比喩」の四つの領域と「洞窟の比喩」の人工物の影／人工物／人工物の元となる実物の影／実物がどう対応しているかは定かではない。とりわけ，数学的対象がどの領域でどう取り扱われているのかについては論争があり，決着はついていない。

[5] ②が515b-cにおける哲学者の思考内容に含まれているとするならば，ἐκείνων ὧν σφεῖς ἑώρων τρόπον τινὰ πάντων αἴτιος（516c1-2）は文字通りに解されるべきで，

この点は④にも関わってくる。実のところ，④について三つの比喩はどれもこれまで明瞭に語っていなかったように思われる。例えば，三つの比喩は本書の主題である公と私について論じていなかったし，〈善〉のイデアの認識と思慮深い行為の関係について触れた箇所も見当たらない。そうだとすれば，④は新しい要素であり，比喩を超えた何かが新たに指し示されていると読む必要があるだろう。そうすると案外簡単に答は導き出せる。先に見たように，「太陽の比喩」は認識の二種類のあり方を対比するものであった。それはドクサとヌースの対比である。「線分の比喩」も大きな二分割はドクサの対象と知の対象の区別に基づいていた。そしてそうした対比が動的に捉え直されたのが「洞窟の比喩」である。そこで無教育とは，世界と自己のあり方について知らないのに知っていると考えている魂の情態であり，これがドクサの生き方の根底にある。他方，ヌースとは，イデアとそれを分有するものを取り違えることなく，世界と自己のあり方を正確に見て取る魂の情態である。ここでの教育は単なる知識の注入・増大ではなく，人生観や幸福観の転換を通じて哲学的な生き方を身につけていくプロセスであり，取りも直さずドクサからヌースへの転換を意味するのである。第7巻までの筋を丁寧に辿ってきた読者は，大衆や文化の担い手たちのドクサの生が公的な生活であり，ヌースに基づく哲学者の生が私的な生活に二分割されていたことを想起しよう。すなわち，比喩が洞窟内の公的な政治の生とそこから離脱し洞窟の外で暮らす私的な哲学の生の対比を譬えているのに容易に気づくはずである。

さてそうだとすれば，④が語るのは，〈善〉のイデアの認識こそが洞窟の内と外の両方に役立つ思慮の徳（φρόνησις）を生んで行為を導くということだろう。先に②の考察で垣間見たように，〈善〉のはたらきは「洞窟」の外と内，公私の両方にわたっており，いずれを欠いても認識の完全性が損なわれることになる。したがって，公私において思慮深く行為しようとする人は，無論公的場所で政治に明け暮れる人でないことは言うまでもないが，驚くべきことに，洞窟の外でイデアを観照しながら一生を送る哲学者でもないことになり，そうであれば，④の推論思

〈善〉のイデアが洞窟内の認識対象の原因でもあることを意味していることになる。

考ができる人は何らか洞窟内への帰還を企てている人と言わざるを得ないのである。

ソクラテスは①から④までの内容を述べた後で，驚かずに次のことも共に考えるべきと語る。すなわち，地上に至った人たちは人間に属することを行う気にならない（οὐκ ἐθέλουσιν τὰ τῶν ἀνθρώπων πράττειν 517c7-8）のであって，その魂（αἱ ψυχαί c8-d1）は上方で時を過ごすことを切望するのである。これは比喩に従えば，もっともなこと（εἰκός d1）なのだから，と。ソクラテスは哲学者にとっての公と私の乖離を強調するが，彼に「驚くな」と言われても，論述の流れからすると不自然な感じは残る。先の④がかえって浮き上がってくるからだ。

ソクラテスが驚くべき（θαυμαστόν 517d4, cf. e2）でないこととして続けるのは，「洞窟の比喩」後半部の解説である。洞窟の中に戻った哲学者を待ち受けているのは，その周囲から巻き起こる笑いの渦である。上方の神的なことを離れて洞窟内の人間的なことに従事すると，哲学者は視力を欠く者のように失敗を繰り返し，笑いを提供する。暗闇に十分慣れる（συνήθης γενέσθαι d7）前に，法廷などの公的空間で正義の影やその影の元の像（「人工物」）について，〈正義〉そのものを見たことがない住人が心の奥底でどのように信じ込んでいるか（ὑπολαμβάνεται d10）を論争するよう強制されても，同様の結果になるのは明らかだ。私的にイデアの観照生活を送ってきた哲学者は公的生活には慣れておらず，大衆の正義観に馴染んでいないのである。ソクラテスがここで哲学者の公的活動の悲喜劇的性格を強調しつつも，慣れの重要性に触れている点に注意しておきたい。大衆のドクサの内容をも熟知し，そうしたドクサを抱く理由を把握する慣れが求められているのである。

こうした説明を加える中で，ソクラテスはヌースをもっている人（εἰ νοῦν γε ἔχοι τις 518a1）の洞察を紹介し，本来あるべき「笑い」についてある知見を提供する。目の混乱には二種類あって，目が光から闇へ向け変わる場合と，闇から光へ向け変わる場合である。魂の場合も同様である。ヌースをもっている人は，魂が混乱し何かを見損なうとしても，そのことで無分別に笑ったりはしない。むしろ，明るい生から慣れない生へとやってきて暗闇の中で視力を失ってしまっているのか，ある

いは，多大なる無知（ἀμαθίας a7）から明るみへと至り，輝かしいものによる眩しさに充たされているのかを考察し，後者の魂であれば，そうした情態と生のゆえに幸福だと判断し，前者の魂であれば，憐れみをおぼえるのである。仮に地上に行った後者の魂を笑うつもりになる場合でも，その人の笑いは下方へ赴いた前者の魂に対する笑いよりもおかしみを帯びる度合いは少ないだろう。

　次いでソクラテスは，こうしたヌースをもっている人の「生」（βίου 518a6, b3）をめぐる洞察に倣って，教育（παιδεία, cf. b8）の本性について語り始める。彼はまずソフィストと目される人々の教育観を批判する。彼らによると，教育とは魂の中に知識（ἐπιστήμης c1）がないから自分たちが注入してやることを意味する。あたかも盲人の目に視力を植え付けるようにしてである。これはいわゆる「知識注入型」の教育観である。だが「洞窟の比喩」が指し示しているのは全く異なる教育観であった。各人（ἑκάστου c5; ἕκαστος c6）の魂の中には学び取る（καταμανθάνει c5）能力と器官（ὄργανον c5）が元から備わっているのであり，ちょうど目を闇から光へと回転させるには身体全体と一緒でなければできなかったように，本来の教育は内在する能力・器官を魂全体と一緒に生成するものから向け変え，実在と実在の中でも最も輝かしい〈善〉まで観照しながら上昇することができるようにしなければならない。つまり教育とは，その内在する力をいかにして容易に効果的に転回させるかに関わる，向け変えの技術（τέχνη … τῆς περιαγωγῆς d3-4）なのである。したがって，この技術は決して見る力を注入することではなく，その力をもってはいるが，ただしく養育されなかったためその力を本来向けるべきものに向けていない人に対して，向け変えを工夫する技術である。

　諸註釈者が指摘するように[6]，ここで学びの能力や器官と語られているものが，ヌースに関わっているのは間違いない。「洞窟の比喩」では語られずとも，「太陽の比喩」でイデアの学びが生じる際にヌースに言及されていたからである（508c1, d5, 8）[7]。何よりも重要なのは，魂の向

---

　6)　例えば，Adam (1963b), 98 参照。また，この箇所と内容の点で直結する『饗宴』(212a1, a3) の関係代名詞 "ᾧ" も参照。

　7)　「線分の比喩」では 511d1, 4。器官を魂の三部分説における理知的部分（τὸ

け変えが生成消滅する感覚事物からそれらの原因根拠である真実在たるイデアへとなされるという点であり，そうであれば，これはドクサに従って生きる大衆の生からヌースをもって生きる哲学者の生への向け変えを意味するに違いない。先のヌースをもつ人の洞察は何よりも「生」のあり方と魂全体の「情態」（πάθος, cf. 518b2）に関わっていたのである。第5巻（474c-480a）の対比に従えば[8]，洞窟の暗闇の中で「夢を見て生きる」（ὄναρ ζῆν, cf. 476c3-4）ことから太陽の光の下で「目覚めて生きる」（ὕπαρ ζῆν cf. d2）ことへの生と魂全体の向け変えなのであった。そしてそうした向け変えが誰にでも起こりうるとされる点が重要である。ソクラテスは「各人」の魂について語っているのであり，特別に選ばれた知的エリートだけの話をしていない[9]。

第6巻の記述を思い出そう。民主政ポリスに生まれた子供たちは，大衆が生み出す環境の中で，同じ大衆の一員となるように養育される。その最終段階では民会・法廷・劇場といった公的空間で〈最大のソフィスト〉たる大衆と同じことを考え，同じことを口にするように強いられ「市民」となることで「教育」が完成するのであった。ソクラテスが打ち出す教育観はまさにその反対の効果を強調する。「必要」を「善」と同一視するような公的空間における常識・ドクサから離れて，まずは徹底的に私的空間に閉じこもって存在そのものを探究する哲学への魂の向き変えこそが教育だからだ。ソクラテスはこうした教育が万人に開かれていることを明示しているのである。

さて，こうした教育観は徳についての常識をも覆すことになる。ソク

λογιστικόν）とするかどうかについては，同一視する高橋（2010），213-16参照。他方，『ポリテイア』篇中心巻では，三部分説的でない初期対話篇のソクラテス的魂論や『パイドン』篇の魂論が展開されているという説については，Sedley(2013)参照。この点に対する本書の基本的スタンスは，魂の三部分説はあくまで抽象化された人間理解に資するものに過ぎず，中心巻では「よく生きる」こととの関係でヌースとドクサの対比を軸とした魂全体のあり方が問題になっている，といったものである。その意味で，ソクラテスの「魂の気遣い」や「汝自身を知れ」との命令が主題化される魂の捉え方を重視している。

8) 本書第8章第3節参照。魂全体の情態は「精神」（διάνοια 476b7, cf. d4）と呼ばれていた。

9) この点は「太陽の比喩」との関係でも重要である。人なら誰でもができている感覚判断の根拠としてイデアの学びが剔出されている限り，ヌースをもちうるのは知的エリートだけではない。プラトンの大衆への眼差しはいつもこの学びの可能性に向けられていた。無論，これは大衆が最善のポリスで哲人王となりうる可能性を語るものではない。

第9章 「洞窟の比喩」（第7巻）

ラテスは続ける。魂の徳と一般に語られているものは，実際は身体の徳に近いことになる。なぜなら，正義・勇気・節制などの徳は習慣と訓練によって後から魂の中に内化されるからだ。他方，思慮の徳（ἡ [sc. ἀρετή] … τοῦ φρονῆσαι 518d11-e1）は何かより神的なものに属する。神的な何かはその能力を決して失うことはなく，向け変えの如何によって有用・有益にも無用・有害にもなるのである[10]。ずる賢い悪人の魂が向け変えの悪い例として挙げられている。その人の魂は向けられているものを鋭く見るのだが，悪徳に従うよう強制されているため，その鋭い視力は悪事のために用いられるのである。これは子供の頃から養育もただしくなされないまま（cf. d6），飲食その他の快楽に耽ることで魂の視線が下へと向けられてしまったことによる。しかしながら，このような人でも，生成消滅するものから解放されて，真実在（τὰ ἀληθῆ b4）へと向け変えられるならば，その人の同じ神的な器官が真実在を最も鋭く見ることになるのだ[11]。

最後にソクラテスは「洞窟の比喩」の解説をこれまでの議論からの必然的な帰結を語ることで締めくくろうとするが，この最終部分は議論の流れを遙か「第三の大波」にまで遡り，ポリスの支配者の条件を問題にするに至っている。彼は言う。教育を受けず真理を経験していない者たちはポリスを十分に支配することはできない。なぜなら，常にそれを狙って公私ともに（ἰδίᾳ τε καὶ δημοσίᾳ 519c4）行為しなければならない人生の一目標（σκοπόν c2）をもっていないからである。また，教育の内に完全に過ごす（διατρίβειν c2）ことが許されてしまっている人

---

10) Αἱ … ἄλλαι ἀρεταὶ καλούμεναι ψυχῆς（518d9）とは何か。いくつかの解釈が可能である。
　(1) 第4巻の「魂の徳」：知恵（σοφία）を含む場合，含まない場合がある。
　(2) 第4巻の「ポリスの徳」：同上。
　(3) 第6巻の δημοτική ἀρετή（500d9; cf. Phd. 82a11-b3）：習慣と訓練で身につく。
　(4) 一般的に理解されている諸徳：プラトンの哲学的知見から独立；この解釈はここのプロネーシスが徳の一性の要として捉えられることにより，プラトンの定義する正義等の徳と一般に理解されている徳との対比を語ることになる。
　Sedley (2013), 80-84 は Phd. 69b8-69d3 などを援用して，身体の世話に集中する金銭愛好者や名誉愛好者が所有する似非-徳（似非-節制・似非-勇気）であり，(3) の世俗的徳に相当すると解釈する。因みに Shorey (1935), 136 note b はこの箇所にアリストテレス的な ἠθική ἀρετή と διανοητική ἀρετή の区別を見ている。
11) この例は教育の悪人の矯正可能性を示しているという意味で興味深い。

たちも支配できない。なぜなら，彼らは生きながらにして既に浄福者の島に暮らしてしまっていると考えて，支配をすすんで（ἑκόντες c4）行おうとはしないだろうから。グラウコンは「本当です」と簡単に答えるが，前者については，先に517c3-4で〈善〉のイデアの認識が公私において思慮深く行為することの必要条件とされていたこと，そして後者については，続く517c7-d1で洞窟を脱出して〈善〉の観照にまで至った人は人間に属することをやる気にならず（οὐκ ἐθέλουσιν 517c7），常に上方に留まって時を過ごす（διατρίβειν d1）ことを切望すると語られたことを，それぞれ想起しているに違いない[12]。洞窟から出ようとせず，イデアを知らない者は，ポリスの統治が本来できないにもかかわらず，公的空間で支配をやりたがるのに対し，洞窟から出てイデアを知った人は私的空間に留まり，戻って支配をすることは望まない，という公と私の乖離という事態が出来するのである。こうして「洞窟の比喩」は哲学者の生き方をめぐって公と私の関係が完全に断絶したところでその結末を迎えようとするのである。

(3) 民主政「洞窟」の構造

さて既に触れたように，この比喩が「最善のポリス」のみならず，ある重要な側面で，プラトンが生きた民主政アテネを「洞窟」に譬えていることは明らかである。繰り返しとなる部分もあるが，比喩が『ポリテイア』篇で見てきた民主政ポリスのあり方をどのように説明しているかを考察しておこう。

洞窟の奥底で子供の頃から縛られている囚人は，その殆どが民主政の主役である大衆であろう。縛り上げているものは，彼らがその中で幼少時から暮らしてきた伝統文化であり，その根底に横たわって社会を支える「岩盤」化したドクサ（常識・通念）である。彼らは自らも影として前方の壁面に映し出される「現実」に参加し，そこでの出来事を「真

---

12) したがって，「人生の一目標」は〈善〉のイデアを指すのが自然とも考えられるが (cf. Adam (1963b), 101)，στοχαζομένους (519c3) は既に理解している何かを「見つめながら」という意味よりも，未だ入手できていない何かを「見定めて得ようと狙いつつ」というニュアンスが強く感じられる。その場合は，Irwin (1995), 387 n.21, 389 n.5のように，人生の目標としての「幸福」を指すと解釈するのがより自然であろう。

実」と思いながら生活してきたのであった。「現実」で繰り広げられる物語は善・美・正義をめぐってある。舞台は民会・劇場・法廷であって，大衆はその主要な登場人物として「ポリスにとって何がよいのか」「どのような生き方が美しいのか」「何が正しい行為であり何が不正な行為なのか」を判断しながら生きているのである。

そうした囚人の中に，影の動きに聡く，将来どう影が動くのかを鋭く察知できる人たちがいる。政治家である。彼らは「影をめぐって互いに戦い合い，支配について私闘を繰りかえしている」（520c7-d1）。大衆によって名誉・賞賛・栄誉が与えられたりもする。洞窟内は「評判のポリティクス」の世界に他ならない（cf. δοξάζειν 516d7）。

舞台の演出家，物語の作者は言うまでもなく人形遣いたる詩人たちである。彼らは囚人の背後で善・美・正義の影の本体である「人工物」を運んで 筋（ミュートス）を紡ぎ出している[13]。詩人たちの物語を通じて大衆市民は自らの考え・信念（ドクサ）を子供の頃から培ってきたのであった。しかしながら，このことは詩人が大衆のドクサを操作して自分に都合よくコントロールしようとしていることを意味しない。第6巻（493d）で見たように，他の文化の担い手と同様，詩人も大衆のドクサや欲望・快楽を「知恵」と呼んで，大衆に受け入れられよい評判を立てられるようにと励んでいるのだから[14]。

このように洞窟内の世界は「ドクサの牢獄」とも呼ぶべきポリスの公的空間なのであった。世界のあり方も自己のあり方も知らない人たちが，影を実物であると勘違いし，しかもその勘違いに気づかず，無教育のまま，自分たちは知っていると信じ込んで「知者」として生きる。人々は薄暗がりの中で夢を見ながら眠り続ける，仮象の人生を送っているのである。

しかしながら，縛り付けているものがドクサであれば，そのドクサか

---

13) 無論，人形遣いが誰かは問題的である（cf. Scott (2015), 95-96）。また，運ばれている「像」は誰が作ったのか。これらの問題については，第10巻を考察する本書第11章で取り上げる。

14) 詩人の大衆操作でない点については，栗原（2013b），193-209；田中一孝（2015），129-55参照。それでも詩人が洞窟の入り口により近い位置にいることの意味は大きい。これは，詩人の有する神憑りの力が真実の把握を何らか可能にしていること（『弁明』『イオン』参照）と関係しているように思われる。

ら解放すればよい。ここに解放者が登場する。人々に「何であるか」の問を発し、答えられない困惑状態(アポリア)へと追い詰め、自身のドクサに疑いの目を向けさせる哲学者がそれである。初期対話篇のソクラテスに擬えられた解放者は、まずは囚人を後ろへと向け変えさせる。囚人がどのようなものを見せられていたのかを認識させるわけだ。目の痛みを減じるよう、少しずつ繰り返し丁寧に吟味活動を続けていく。その結果、中には洞窟内の仕組みがおぼろげにわかってくる囚人もいるだろう。これは自分が何を信じていたのかを理解する段階であり、自らの勘違いに気づき、もはや自身を「知者」とは思わなくなる段階である。だが依然として「何がよいのか、美しいのか、正しいのか」についてわからない情態にあるため、公的空間にいながら違和感もおぼえている。グラウコンやアデイマントスのような鋭敏な若者なら、自身のアポリアからさらなる探究へと歩み始めるだろう。魂の向け変えの次なる段階である。

　そこからの教育のプログラムについては第7巻後半で展開されている。数学的諸学科とイデアの学習である哲学的問答法(ディアレクティケー)からなる、この哲学の道行きは「線分の比喩」との対応を示している。人は洞窟内の公的生活から全く離れて、段階毎に魂の向け変えを繰り返す、哲学的な私的生活に沈潜することになる。「人間に属すること」を行おうとは一切思わない。「ドクサの牢獄」の住人からは風変わりな人種とみなされるだろう。

　だが、もし民主政「洞窟」から脱出した人が教育にどっぷり浸かった静寂主義に留まらず、〈善〉のイデアを見た上で、そのはたらきについてしっかり推論的思考をできたとすれば、どうだろう。その哲学者は洞窟の中へ戻るのではないか。これが魂の向け変えの最終段階である。教育と無教育に関する「われわれ」のあり方を解き明かす比喩は、最後にこの地点にまで達するのだ。著者プラトンは公的空間における哲学者の悲喜劇を描写している。悲劇はソクラテスのものである。人々を吟味によって夢から目覚めさせる、本書第2章で考察した、ソクラテスの「政治」活動に過敏に反応する囚人たちはその命を容赦なく奪ってしまう。喜劇は洞窟の暗闇に慣れる前に人間的なことに従事してしまう哲学者のものである。プラトンはこの種の哲学者を「笑い」によって辛辣に批判している。慣れ（συνήθεια）を軽視する勇み足の哲学者に欠

如しているのは，公私にわたる行為を見事に遂行させる思慮深さの徳（φρόνησις）である。〈善〉のイデアの把握は思慮にとって必要条件にすぎなかったのだ。慣れは洞窟内の大衆のドクサに関わる。ドクサの内実を熟知しその由来を理解すべく，哲学者は時間を掛けて労苦に満ちた経験を積み重ねる必要もあるのだ。〈善〉の知識を洞窟内の個別事例に適用できる思慮を備えた上で，哲学者は公的な活動に取り掛かるべきであるという洞察が強調されている。

では，魂の向け変えの最終段階はいかにして可能になるのか。洞窟に戻った哲学者は民主政ポリスにおいてどう悲喜劇を乗り越えて政治に関わりうるのか。思慮深い政治的態度とはどのようなものなのか。こうした問に対して「洞窟の比喩」はそれ自体で答を与えているようには思えない。

より深刻な問題も残っている。それはプラトン自身に関わる問題である。まず，著者プラトンについて言えば，彼の描く「洞窟の比喩」，さらには『ポリテイア』篇それ自体（またその他の対話篇）がそれ自体「物語」であるという否定し難い事実ゆえ，語られていることが洞窟の壁に映る「影」あるいはその本体たる「人工物」でない保証はどこにあるのか，洞窟の外が語られても，その「外部」は物語の「内部」に取り込まれてしまっているのではないか，という問題が生じよう。さらに，哲学者プラトンについて言えば，彼自身は「洞窟の比喩」のどこにいるのか。彼は無論ポリスの支配者でもないし，師ソクラテスのような「草の根」的政治活動を行ったとも言えまい。彼自身は〈現実〉との関係でどこにいるのか[15]。本書第2部で繰り返し問われてきた問題が再び浮上してくるのである。

こうしたプラトン自身に関わる問題は，おそらく哲学そのものの存立可能性をめぐっているのだろう。だが今はこの問題の解決は先送りにして，議論の進行を追っていこう。続けてプラトンは，「洞窟の比喩」を「第三の大波」の流れの中に置いて，政治と哲学——公と私——の調和的結合のあり方を探っていくのだった。

---

[15] 但し，プラトンと政治の関係については既に第2章で一つの解答を与えた。

2 哲学者の「洞窟帰還」問題

ソクラテスは「洞窟の比喩」の解説を終えるに当たって,「第三の大波」の課題に立ち返り,洞窟内にいて〈善〉のイデアを見たことのない者は無論のこと,見たとしても「教育(パイデイア)」に完全に没頭している人にも,ポリスの支配はできないとの意見を述べる。そして,ソクラテスたちポリスの建設者 (οἰκιστῶν 519c8) の仕事を想起する。その仕事とは,まず最善の素質をもった人たちを最大の学問対象である〈善〉へと上昇させて見るように強制し,彼らが十分に見てからは,現在 (νῦν d2) 許されていることを彼らに許さないことである。すなわち,上方に留まって,囚人たちの所に再び下降してそこでの労苦や名誉に関与する気にならない,といったことを〈善〉を見た哲学者に許してはならないのである。

ソクラテスが語る〈現実〉は民主政アテネのそれである。哲学者が静寂主義的に私的生活に没頭する一方で,公的空間の主役たちはその不在を気にも留めないという事態に言及している。〈現実〉のポリスと対比されているのは,建設中の「最善のポリス」であり,〈現実〉のポリスを最小限改変させた「哲人王」のポリスであるが,既に改革が進んだこととして,哲学者教育のプログラムは理想的に機能している。その上でソクラテスは〈現実〉との対比で〈理想〉を再導入し,哲学者が支配者となる可能性について説明を開始するのであった。

(1) 問 題
ソクラテスの発言を受けて,対話相手のグラウコンは『ポリテイア』篇の根幹を揺るがす疑義を差し挟む。

> T1 519d8-9:〔上方に留まることを許さないなら〕我々は彼ら〔善のイデアを学び知るまでの教育を受けた哲学者たち〕に①不正なことをして,②よりよく生きることが彼らには可能なのに,より悪く生きるのを強いることになるでしょうね。

第 9 章 「洞窟の比喩」（第 7 巻）　　　251

T1 は対話篇全体の理解に極めて重要な二つの問からなる。

①　哲学者たちを支配へと赴かせることは正しいことなのか？
②　哲学者たちは支配により，より不幸な生を送ることにはならないか？

　本書第 2 部でこれまで見てきたように，『ポリテイア』篇の中心課題は「正しい人は幸福である」の証明にあった。哲学者が正しい人だとして，正しい人が不幸になれば，それは重大な反証になり（＝②），不幸になってまでも支配しなければならないとすれば，その正当性が問われよう（＝①）。では，正義と幸福をめぐる根本問題に対して，ソクラテスはどう答えているのだろうか。
　事の重大さに鑑み，ソクラテスの応答が期待される 519e1-521b11 には，これまで数多くの解釈が施されてきた。まず①が首肯される点は問題ないが，正義の内容理解には，ポリスと魂の類比との絡みで，①-A 正しいポリスにおける正しい市民[16]，①-B 魂において正しい人[17]，①-C ギリシアの伝統的正義観である相互性（reciprocity）に基づく[18]，という三様の解釈がある。また②については，②-A 哲学者は洞窟に還ることでより不幸になるとし，プラトンは例外を認めているとする「自己犠牲」説[19]と②-B 支配することで幸福になるとする「幸福」説[20]がある。だが，①に関しては，正義観の多様性を認識しながら自説を提示している解釈者は殆ど見当たらず，②に関しても，とりわけ幸福説を唱える論者が専ら『ポリテイア』の他の箇所や『饗宴』といった別の作品に依拠し解決策を探っている点[21]に不満が残る。むしろ試みられるべきは，当

---

16) Aronson (1972), 394-96; Vlastos (1981), 122 n.31; Mahoney (1992).
17) Beatty (1976b), 140-41; White (1986), 239-43.
18) Kraut (1999); Brown (2000), 9-10; cf. Brickhouse (1981), 5-6.
19) Foster (1936); Adkins (1960); Cross and Woozley (1964), 101-102; Bloom (1968), 407-408; Aronson (1972); White (1979), (1986), (2002).
20) Kraut (1973), (1999); Beatty (1976a), (1976b); Irwin (1977), (1995); Mahoney (1992); Vernezze (1992); 高橋（1999）etc.
21) 例えば，最も影響力ある解釈者 Kraut (1999), 237 は，当該箇所も『ポリテイア』の他の箇所も②に答えていないと記し，500b-d を読み込んで解釈する。彼の説とその検討については本章註 38 を参照。Vernezze (1992), 340ff. は，哲学者のイデアへの愛が他人に徳を産む

該箇所を丹念に読み解きながら，その中で『ポリテイア』の正義論や幸福論と精確に関連させつつ，ソクラテスの回答の理解につとめることだろう。

また，本書の主題をめぐってもこの箇所の読解が鍵になることは容易に予想できる。「洞窟の比喩」が示したのは，大衆が生きる公的世界と哲学者が生きる私的世界は同一のポリス内にありながら全く交じり合わない二つの世界であって，仮に哲学者が公的世界に入り込んでも悲喜劇が生まれるだけという公／私が背反する民主政の〈現実〉だった。しかしグラウコンとアデイマントスが要求していたのは，この公と私からなる〈現実〉において正しく生きることがそのまま幸福であることの証明だったのである。「洞窟の比喩」からの流れの中でソクラテスは公と私の矛盾対立の解消を企てているのだから，彼が若者たちの要求に何らか応えていることが期待されよう。

そこで本節では対話篇全体のテーマと公私論の主題に留意しつつ，当該箇所 519e1-521b11 を丁寧に読解し，①と②で問題化された正義と幸福の関係をめぐるプラトンの考えを明らかにしたい。少し注意すれば，ソクラテスが①と②への応答を十分意識し，前半部（519e1-520e3）で「正しい人への正しい要求」であることを論じて（520a6-b1），グラウコンを説得し（e1），後半部（520e4-521b11）で，哲学者のよき生に焦点を当てている（520e4-521a1, b1-2, b9-10）のは明らかである。それゆえ，本節での考察もその順序で進めていく。そして，この箇所は「洞窟の比喩」では不明であった魂の向け変えの最終段階についてプラトンが「対話篇形式」(dialogue form) を駆使して説明している点に特徴がある。対話者グラウコンはソクラテスとの問答の中で，驚愕，想起，学習，速断を次々と経験し，最後に納得に至る。著者プラトンはこのように描くことで，読者にグラウコンの思考を追体験させ，その思考過程が象徴的に示す，洞窟外の哲学者たちの内へと転回＝生の択び直し（魂の向け変え）に立ち会わせているのである。対話者，著者，読者，議論の対象（哲学者）が重層的に対話を交わし合うダイナミックな構造に注意し，文脈と対話篇全体に目配りしながら，プラトンの正義論と幸福論を

べく支配を要すると『饗宴』を使って論ずる。『饗宴』に依拠する点では Irwin も同様。

考察しよう。

(2) 正しい人への正しい要求（519e1-520e3）
　　──私人としての生 vs. 市民としての生

　前半部は大きく三つの部分に分けられる。第1部（519e1-520a5）では，グラウコンの説得に先立って，彼が何を見失っていたかをソクラテスが確認する。失念していたのは彼らが法と同一視される立法者の立場から最善のポリスを建設していたという事実である。次の第2部（520a6-d6）が本論で，そこでソクラテスは自力で哲学者となった人々との対比により議論を進め，οὖν（c1）が導く結論を与える。そしてそのことからの帰結として，哲学者による支配と現実の政治のあり方とを対比させる。第3部（d7-e3）では，グラウコンを説得することの成功と幸福の問題への移行が語られる。順に見ていこう。

> T2　519e1-520a4：また忘れたね（…）法はポリス内のある一つの階級が特別に幸福であるように，と心を向けず，むしろポリス全体の内に幸福が生じるよう工夫するのだ，それも市民たちを説得と強制とによって和合させ，各市民が公（τὸ κοινὸν）を益しうる利益を互いに分かち与えさせ，そしてポリスの中に彼らをそうした人々として作りこみながら，しかしそれは各自が望むことを許すためではなく，ポリスの結合に彼らを法自身が使用するためなのだ。

　諸家が指摘するように[22]，T2はグラウコン（や読者）に第4巻420b-421cと第5巻462a-466cの想起を促している。それらの箇所では，ソクラテスたちは法と同一視される立法者の立場（cf. 379a1, 458c6, 497d1）から「理想的ポリス」を建設していて，ここ同様，あくまでポリス全体の幸福を優先すべきという原則が強調されている。そうしたポリスにおいては，支配者も正しい市民として「自分の幸福」を考慮してはならないのである。「正しい市民」とは，第4巻の規定（434c）が示すように，正しいポリスにおいて資質（φύσις）に応じた自分の役割を

---

22) 例えば，Jowett and Campbell (1894b), 324; Adam (1963b), 102; Shorey (1935), 141.

果たす市民のことである。それゆえ，支配者，戦士，生産者の区別に基づき，各階層が自分の仕事をするときポリスは正しくあるのに対し，例えば，戦士や生産者の資質をもつ者が支配を試みると，不正なポリスが生成するとされる。

　ではこうした原則をグラウコンが失念してしまったのは，なぜか。それはこの箇所に至る議論の流れから明らかだろう。彼は，洞窟の奥底でのポリス的生活から遠く離れた哲学者のイデアを観照する活動に心を奪われていたのである。哲学者に「感情移入」し彼自身も「よりよいもの」として憧れる観照生活に夢中になる余り，法＝立法者の仕事を忘れ，ポリスを優先させるという先の原則を忘れてしまったのだ。換言すれば，グラウコンは哲学という彼の私的興味を優先させすぎて，ポリスの建設という自身の公的仕事をうっかりしてしまったのである。

　さてそうすると，この箇所の「正しい人」は「正しい市民」を意味するのだろうか。結論を急がず，もう一点だけ確認しておこう。哲学が私的活動として捉えられるのは，哲学がそれ自体，ポリスの三階層図式から外れていることからも推測できるが，同時に（少なくともグラウコンの意識では）哲学者が魂の三部分説に基づく正義の体現者であった点からも言えよう。確かに，第7巻のこの箇所に至るまで，哲学者が魂において正しい人だとは明言されていないが，第9巻になると，これは当然視されている（e.g. 580c-583b）。ポリスと魂の類比という『ポリテイア』の方法が，まずはそれぞれが独立に〈正義〉に与ることを前提しているとすれば，魂において正しい人は公的観点から独立して決まらねばならない。グラウコンが先の疑念（T1）を口にしたとき，正しい人が不正を蒙ることになる点に義憤に近い感情を抱いていたはずで，そのとき彼は哲学者を私的な形で，すなわち，魂において正しい人とみなしていたに違いない。そうであれば，問題は，同一人物が魂において正しく，かつ，市民として正しいことが可能なのかと換言できよう。そして議論はまさにこの点に収斂していく。

　続く第2部では，「我々の間に哲学者として現われる人々」を説得する言葉が，自力で哲学者となった人々（αὐτόματοι ... ἐμφύονται 520b3）との対比で，正しいものとして語られている。その対比のポイントは，後者がポリスの仕事に就く必要がないのは，ポリスに何も

負っていない（αὐτοφυές b4）からだが，それに対し，前者は法の養育と教育によって生み出されたため，事情が完全に異なっている点にある。これは，当該の哲学者の今現在のあり方が既に公的性格（cf. τὸ κοινόν a1）を帯びていることを示している。彼らは，〈法〉がポリスの一性と市民の幸福のために教育し（πεπαιδευμένους b8）作り出した（ἐμποιῶν a2; ἐγεννήσαμεν b7; cf. τροφήν b4, τρόφιμοι d7）いわば「官製」哲学者であるから，ポリス性・他者性を自己の存在内に刻印され，否応なく公的性格を身に纏っているのである。無論，彼らは同時に他の人々よりも卓越した哲学的〈生まれ〉(ピュシス)を備えており（βελτίστας φύσεις 519c9），この生まれが彼らの独自性を特徴づけ，それゆえ，教育さるべく選抜されたとも言えるだろう。かくして，彼らの「何であるか＝本質」を構成する二つの側面があることがわかる。すなわち，元から備わる哲学的〈生まれ〉という私的側面と教育により培われた支配に関わる〈育ち〉という公的側面である[23]。このような形で，彼らは哲学と支配の両方に与る力をもっている（δυνατοὺς ἀμφοτέρων μετέχειν 520b8-c1）のだ[24]。

しかしそうなら，どうしてこれが「正しい人への正しい要求」の根拠になるのだろうか。第4巻における二種類の正義規定（cf. 433a-434d; 441c-444a）を想起しつつ，「正しい人」を私的側面と公的側面のどちらか一方だけで解釈するとき，他方の意味では，不正な要求になるというジレンマに直面することになるのだ。なぜなら，魂において正しい人にとり公的支配は「自分のこと」ではないし，他方，正しい市民として生きる場合，私的な哲学活動はやはり「自分のこと」ではないからだ[25]。ではどう解釈すべきか。

第3部に目を向けてみよう。

T3 520d7-9：それでは君はこう思うかね，育て児たちがそれを聞い

---

23) 〈生まれ〉と〈育ち〉から自己のあり方が規定されるという発想は『ポリテイア』の随所に見られる。また他者性が内化し自己を構成するという（特に第2・3巻の教育論で強調される）考えについては，栗原（2013b），196-207参照。
24) Ferrari (2003), 30-31, 108も哲学者の出生や養育・教育という状況を重視する。
25) それゆえ，先に紹介した解釈①-A, ①-Bは共に難しい。

て，我々に従おうとしないだろう，つまり，殆どの時間は相共に清らかな所に住みつつ，各自が順番に（ἐν μέρει）ポリス内で労苦を共にすることをのぞまないだろう，と。

　T3 でソクラテスは，問題の哲学者たちが順番に支配をするのであって，一人の哲学者が洞窟帰還の後ずっと支配し続けるのでないとの主張——520c1（ἐν μέρει ἑκάστῳ）ではさりげなく触れた主張——を確認する。直後でグラウコンが強く同意することから，この確認がもつ意味は重要だろう。それは何か。後半部で頻出する言葉を先取りすれば，ソクラテスのこの確認によりグラウコンが哲学者の〈生全体〉（βίος, ζωή）を眺める視座を獲得したとは考えられまいか。つまり，彼が件の哲学者を，私的公的両側面からなる〈生全体〉を過去・現在・未来を通して生きる主体として捉えるようになったと解しうるのではないか。本書でこれまでそうしてきたように[26]，この主体を〈人格〉と呼べば，ソクラテスたちは「正しい個人」でも「正しい市民」でもない「正しい人格」を問題にし出したと言えるのではないだろうか。〈人格〉は三部分説により理解された魂ではない。仮にそうなら，公的に支配者として生きている間は，私的に私人として観照活動する哲学者でないのだから，別人格が生成していることになり，その場合，生全体の担い手という人格の規定に反するからである。もとより市民でないことは言うまでもない。両方の担い手なのである[27]。この箇所の読解には，こうした主体の存在が要請されよう。であれば，唐突に登場したとも言える人格の正しさをどう理解すればよいのだろうか。

　M・F・バーニェットはある講演の中で"extrapolation"（外挿法的推定）という概念を導入して，『ポリテイア』のテキスト上には明示されていない〈正義〉のイデアの内容を案出している。すなわち，〈正義〉

---

[26] 本書第3章第3節（2），第4章第3節（2）参照。

[27] この節の元になった学会発表（2005年）の際に，野本和幸氏より「人格」はギリシア語では何かと問われた。「仮面」が原義の persona を連想させる「人格」は趣旨に合わないとのこと；高橋（2010）第V章注19参照。この的確な疑問にギリシア語では ψυχή（三部分説的理解によらず，ヌースとドクサの対比を基盤とした魂（cf. 612a3）——本書第10章第2節では〈人＝魂全体〉と表現した）だと答える。persona にしても私の理解に類似の見解があると加藤（1998）等を援用して論じたいが，詳述は別の機会に譲る。

第 9 章 「洞窟の比喩」(第 7 巻)　　257

を共に分有することにより，ポリスにおける正義と魂における正義は存在するのだから，両方に共通する要素を抽象する工夫で，そこから〈正義〉の内容が推定できるというわけである。それによると「正義は，要素からなる全体と各要素の善のために調和して一緒に働く諸要素のシステムによって具現化される」[28]となる。バーニェットの狙いは，プラトンが対話篇中に表面上書いていないことも，自分と同じ問題を一緒に考えるよう読者を誘っている限りで，テキストを超えた読み込みを正当化することにある。まさにその同じ姿勢が（既存の正義観に拠らない）この箇所の読解には必要だろう。ここで問題になっている「正しい人格」は，そのそれぞれが自己の存在から切り離せない二つの側面を備えている限りにおいて，この〈正義〉規定が適用可能である。つまり，人格に正義が宿ることで，生を構成する公私の各要素――〈支配者であること〉と〈哲学者であること〉――がそれぞれの固有性を保ちながら，ある緊張関係の中で調和的に働き，その結果，全体としての善が実現する，と。全体としての善（＝幸福）が何であるかは後半部の考察に譲り，ここで強調すべきは，人格に正義が成立することで問題の哲学者の〈自分のこと〉が実現するということである。この〈自分・自己〉は三部分説に理解された魂でも社会的役割の担い手たる市民でもない。中心巻が全体としてそうであったように，この箇所においてもソクラテスたちは，魂とポリスの類比を基軸とした正義論の枠組みを突出した議論を展開しているのだ[29]。

さて，後半部の議論に移る前に，前半部の未読箇所に注意を払っておこう。それは取りも直さず，後半部への導入になるはずだから。

　　T4 520c1-d5：だから各自が順番に他の人々が住む所へ下り，暗いものを見るのに慣れねばならない。というのは，慣れれば，諸君は美しいものや正しいものやよいものについて真実を見たことがある

---

28)　Burnyeat (2001), 8. Santas (2001), 157 は二種の正義が共有するものを「正義の形式的原理」と呼んでいる。
29)　〈自己〉概念の捉え直しにより正義を理解するという方途は，『ポリテイア』の正義観の連続性と独自性との観点から，伝統的な reciprocity の正義観を唐突に導入して解決を図る（①-C）より優れている。『メネクセノス』篇の考察（第 3 章第 3 節）が示唆するように，人格的正義の基盤の上に本来の reciprocity は成立すると考える（cf. 351c6-352d1）。

ので，彼処にいる人々よりも無限によく見て，それぞれの影について，それが何であり，また何のそれであるかを知るだろうから。そしてそのようにして，我々と諸君とのためにポリスは目覚めた形で治められることになるだろう，夢現つにではなくて。なぜなら現在多くのポリスが，互いに影について争いをし，支配をめぐり，あたかも大変よいものであるかの如く，内戦をしている人々によって治められているのだ。しかし，おそらく，真実はこうである。支配しようとする人々が支配することに最も熱心でないポリスが最もよく最も内戦なしに治められ，その反対の支配者をもつポリスはその反対であるのが必然なのだ。

注目すべきは引用最後の部分である。「反対」（τὴν δ᾽ ἐναντίους ἄρχοντας σχοῦσαν ἐναντίως 520d4-5）という語が示すように，ソクラテスは再び対比の手法を用いる。今度の対比は，哲学者が支配するポリスと現実のポリス（νῦν c7, e3）の間のそれである。前者は，哲学者が地下生活に慣れると洞窟外で得た善・美・正義の理解を用い支配することで，最もよく治められ，そしてその場合，哲学者の支配への熱望は最も少ないとされる。後者では逆に，内戦に満ちた最悪の統治がなされていて，その原因は支配者たちが支配を何か非常によいものだとする（ὡς μεγάλου τινὸς ἀγαθοῦ ὄντος d1-2）点にある。こうして，ポリスのあり方の違いが支配者たちの支配への態度の対比で説明され，グラウコンもこれに鋭く反応する。

T5　520e1-3：なかんずく彼ら〔哲学者〕の各々は支配を必要なものとして引き受けるでしょう，各ポリスにおける現在の支配者とは反対に。

ここに先行研究でも特に重視されてきた言葉 ἀναγκαῖον（520e2; cf. 540b4, d7-e1）が登場する。この語は度々現われる「強制」概念（520a8, 521b7; cf. 499b5, c7, 500d5, 539e4）と相俟って，哲学者が本意でなく洞窟に帰還すること，そしてそれゆえ，支配に赴けばより不幸になるとの

自覚を示していると解釈されてきた[30]。しかし，本意か否かについては，520e1 の ἀδύνατον がソクラテスの問「労苦を共にするのをのぞまないか」(οὐκ ἐθέλουσιν συμπονεῖν d8) に答える「それは不可能です。もちろん，すすんで労苦を共にします」を意味するため，明らかに「本意」だと解釈すべきである[31]。また，幸福/不幸の自覚の問題についても，支配への二つの態度の対比から幸福の自覚の方を読み取るべきである。というのは，現今の支配者たちが支配を大いなる善とみなすのは彼らの幸福観によってであり，対比的に，哲学者が支配を「必要なもの」と考えるのもその幸福観に由来するはずだからだ。つまり，幸福のために「必要なもの」としてすすんで支配に赴くわけである[32]。

だが重要なのはむしろ，グラウコンが哲学者の幸福の形をどのようなものとして理解していたか，である。彼はもはや件の哲学者を説得できたと考えているようだが，ソクラテスはこの点について慎重である。問題の幸福観を把握しきったかのようなグラウコンの応答に満足せず，彼は「その理由はこうなのだ」(οὕτω γὰρ ἔχει 520e4) と，さらに続けて二種類の支配者の幸福観について述べていくのである。

(3) 真の哲学者の生とは？ (520e4-521b11)

前半部では，哲学者の私的側面のみに目を奪われていたグラウコンが哲学者の自己内にあるポリス性・他者性に気づき，洞窟帰還の基礎に

---

[30] 先行研究については Brown (2000) 参照。

[31] ここでの「従わないことは不可能である/のぞまないことは不可能である」という二重否定は強い肯定(「必ず従う/必ずのぞむ」)と解すべきである (litotes); cf. Brickhouse(1981), 7-8. 最近の解釈者たちは，哲学者が支配に赴く時点に着目してそう解釈している；Mahoney (1992); Vernezze (1992), 336; 高橋 (1999), 34-35.

第1巻 346e3-347e2 の語法を参考にすると，人が ἀνάγκη なしに支配を ἐθέλειν する場合は，ἑκών であり，支配を ἀγαθόν だと思っているのに対し，ἀνάγκη から支配を ἐθέλειν する場合は，支配を ἀναγκαῖον だと思っていると言える (ἐθέλειν: 347a4, b2, 7, c1, 4)。重要なのは，支配がそれ自体 ἑκών の対象でないとしても，ἐθέλειν されるときには，幸福な生との関係で引き受けられているということである。ここではその意味——ἑκών でなく ἐθέλειν の意味で——で「本意」を理解する。第1巻当該箇所の解釈については，栗原 (2013b) 第7章参照。

[32] この「必要」は後に判明するように，道具的ではない内的な構成要素である。したがって，「自己犠牲」説は成立しないと考える。また〈強制〉の側面がテキストにある事実をどう説明するのかという——最初の発表時に中畑正志氏と高橋雅人氏から問われた——問題については，本節 (4)「むすび」で「哲学者の学び」との関わりで考察する。

〈自分のこと〉をさせる正義があると認識していく次第が語られた。そして彼は支配を幸福な生の必要要素として捉え返すに至ったのである。だが，幸福に関してソクラテスは，グラウコンが理解したとも，哲学者たちを説得できたとも思っていない。読者は未だ哲学者の魂の向け変えに立ち会えていないのだ。そのためソクラテスは後半部で，支配を必要とする幸福な生の具体的な描きを試みる。幸福な生とは一体いかなるものか。

> T6 520e4-521a8：君が，支配しようとする人々に，支配よりもよい生を発見するだろうなら，よく治められるポリスが，幸い，生じることが可能なのだ。なぜなら，そこのみにおいて真の富者たち，すなわち黄金によってでなく，幸福な人（τὸν εὐδαίμονα）が富んでいなくてはならぬもの，つまりよくて思慮深い生（ζωῆς ἀγαθῆς τε καὶ ἔμφρονος）によって富む人々が，支配することになるだろうから。他方，貧者が自分自身のよきものを飢え求めながら，そこにおいて善を掠奪せねばならないと考え，公的なよいものに向かうなら，それは不可能だ。なぜなら，支配することが争いの的になると，そうした戦争は身内や内輪のそれであって，彼らをも他の市民をも滅ぼすからだ。

"εἰ μὲν …, ἔστι … γάρ …"（520e4-521a4）と"εἰ δὲ …, οὐκ ἔστι … γάρ …"（521a4-8）の並列構造（パラタクシス）に，先述の対比——あるべきポリスで支配する哲学者と現実の支配者の幸福観の対比——を用いて「よく治められるポリス」（πόλις εὖ οἰκουμένη a2; 520d3-4, 521b8-9; cf. 464b2），すなわち「最善のポリス」の実現可能性／不可能性を説明しようとするソクラテスの意図が窺われる。この具体的描写の助けで，グラウコンは洞窟外の哲学者たちを説得できると確信したのであろう（ἀληθέστατα 521a9）。T6に続くソクラテスとの三つのやり取り——上述の対比を展開して当該箇所全体を締め括る——には，彼の確信に満ちた応答が認められる。T6を分析する前に，簡単に見ておこう。

（ⅰ）真の哲学者は自らの生を高く評価し，現実の政治的支配の生

を下に見る（521b1-3）
（ⅱ）真の哲学者は支配をエロースの対象とせず，逆に，そうする者たちは互いに争い合う（b4-6）
（ⅲ）ポリスの最善の統治に最も思慮ある者たち（真の哲学者たち）は現実の政治家よりよい生（βίον ἀμείνω）を送り，別の名誉を得る（b7-11）

　このやり取りについて，この部分の要約たる第7巻最終部分（540d1-e2）を参照しながら，二点だけ指摘する。第一に，最終部では「最善のポリス」の実現が真の哲学的支配者（οἱ ὡς ἀληθῶς φιλόσοφοι δυνάσται 540d3-4）が生成する場合にのみ可能になると語られている。すると 521b2 の「真の哲学」（τῆς ἀληθινῆς φιλοσοφίας）は，諸家の解釈[33]と異なり，イデアの純粋観照でないポリス的実践をも含んだ活動を意味しよう。第二に，真の哲学者たちが得る名誉は，現今の支配者に与えられる名誉（cf. 516c-d; 540d4-5）と対比された，支配という正義の実践それ自体に生じるものである（cf. 519d6; 540d7; cp. 592a1-4）。それゆえ，ἔχουσι（521b9）の現在形は未来形の代わりに用いられている[34]。以上二点からわかるのは，イデアを観得した哲学者が支配に下り洞窟内の暮しに慣れ，現実世界で経験を積み「労苦を共にする」（συμπονεῖν 520d8; cf. 519d6, 520b3）ことで初めて「真の哲学者」となって，正義に基づく名誉を受けるということである。
　著者プラトンは一連の議論をこのように結論づけることで，グラウコンがソクラテスと一緒になって立法者の仕事を果たし，哲学者の説得に成功したことを仄めかしている。比喩的に語れば，グラウコンの傍らで以上の議論を聞いてきた哲学者は，この時点で初めて自身の生を正義と幸福との関係で捉え直し，洞窟の外から内への転回を成し遂げたのだ。テキストに隠された，真の哲学者への魂の向け変えはまさしくここに認

33）　例えば，Kraut (1992), 337 n.34 は 520e-521a に「哲学者の純粋な観照的活動が政治的活動よりもよい」との主張を読み取る。Kraut (1999), 235-6; Beatty (1976b), 545, 568, et al.; White (1986), 26-7; Mahoney (1992), 272; Brown (2000), 2, 6; Cooper (2004), 263 も同様。
34）　Cf. Smyth (1920), 421-22, §1879.

められよう[35]。

　ではソクラテスは〈よき生＝幸福〉を具体的にどう語ることで，グラウコンを納得させ，哲学者の魂の向け変えに成功したのだろうか。
　T6 に戻ろう。最初の文にあるように，グラウコンや帰還に臨む哲学者同様，読者もまた支配に従事する真の哲学者が現実の支配者よりよく生きることを「発見する」（ἐξευρήσεις 520e4）必要がある。真の哲学者が送るよき生の内実は一体何か。それは，当の哲学者が思慮あるよき生を送る幸福な人＝「富者」と語られていることから，〈思慮ある生〉（ζωῆς ... ἔμφρονος 521a4）であるに違いない。ἔμφρων という形容詞は『ポリテイア』でこの箇所にしか見当たらないが（cf. ἔμφρονος βίου Ti. 36e4），副詞形 ἐμφρόνως は共に πράττειν を修飾して二箇所見られる。その内，箇所的にも隣接する 517c4 が重要である[36]。前節（2）で見たように，ソクラテスによれば，「公私いずれにおいても思慮ある行いをしようとする者」は〈善〉のイデアをこそ見なければならない。つまり，生を全体として捉える「公私いずれにおいても」（ἢ ἰδίᾳ ἢ δημοσίᾳ 517c4）という句が示唆するように，人がその一生を思慮ある仕方で生きるためには〈善〉のイデアの把握が必要だと語られるのだ。この見解は 519c2-4 と響きあっており，そこでは「教育を受けず，真理に無経験な人々」は生における唯一の目標（σκοπόν c2）——それを狙って公私において（ἰδίᾳ τε καὶ δημοσίᾳ c4）行う全ての行為をなさねばならない〈幸福の生〉[37]——をもっていないとされる。逆に言えば，〈善〉のイデアを学ぶことによってはじめて，公私における諸行為がうまく行く幸福な生が可能になるのである。但し，〈善〉の学びは幸福な生の必要条件であり，その実現については洞窟内での「慣れ」（συνήθεια, 516a5, 517a2; cf. 520c2, 3）がさらに求められることを忘れてはならない。思慮（φρόνησις）の徳はその両方の要素によって成立するのである。真の哲学者は大衆のドクサに慣れ，大衆と共に苦労す

―――――――――
[35]　「対話篇形式」の観点からはさらに，(a) ソクラテスによるグラウコンの説得，(b) 彼ら立法者による哲学者の説得，(c) 著者プラトンによる読者の説得の三つがこの時点で重なり合って同時に生成したと言えるかもしれない。
[36]　396d1-2 には，節度ある人が叙述に際して模倣すべき善き人（τὸν ἀγαθόν）は思慮深く行為し誤らない，とある。
[37]　本章註 12 参照。

る。かくして，517c4 に見られる ἐμφρόνως πράττειν という語句が 519c2-4 と呼応して，真の哲学者が〈公私共に思慮ある生を送る幸福な人〉との像が結ばれるだろう。

　実のところ，本書第 8 章第 7 節で見たように，ソクラテスは既に第 6 巻 500b-d でこうした生き方を真の哲学者（cf. ἀληθινῆς φιλοσοφίας 499c1）の自己形成と市民教育という形で描いていた。自己形成の実質は哲学者になることであり，それは魂における正義を備える作業を中心とし，ポリスとの関係や市民的役割から独立して私的に（ἰδίᾳ）成立する——人間に可能な限りで神的で秩序ある人となる！（500d1-2）——のに対し，市民教育の方は，市民的徳（τῆς δημοτικῆς ἀρετῆς d9）としての節制や正義に関わり，哲学者自身もさらに加えて備えなければならないようなものである。「私的にも公的にも」との句（d6）に再度注目すれば，私的な教育活動がソクラテスのエレンコスを連想させる（*Ap.* 31b3, c4, 33a2, b7, 36c3; cp. *Grg.* 521d6-8）一方，公的な教育こそが問題の哲学者による思慮に基づく支配の中心にあると言えるだろう[38]。

　さて残された問題は，こうした思慮ある生がなぜ当の哲学者にとって幸福だと言えるのか，である。この問に答えるには，当該箇所を『ポリテイア』全体——幸福の何たるかを追究してきた——の光の下で眺める必要がある。第 7 巻に至るまでの，正義と幸福の関係をめぐる『ポリテイア』篇の主張を急ぎ足で振り返ろう。本書第 4 章で考察したように，第 1 巻末尾でソクラテスは，正しい人が不正な人よりも幸福であることを証明する。その際，まず〈徳＝卓越性〉（ἀρετή）が「それぞれのものがそれによって自らの〈はたらき〉（ἔργον）を見事に果たすようになる，それ」と定義され（353b2-d2），魂の徳が正義であることから，正義によって魂はその〈はたらき〉を見事に果たすとされる。魂の

38）幸福説の代表者 Kraut (1999), 242-49 はこの 500b-d を重視し「イデア模倣説」を提唱している。それによると，イデアを模倣する哲学者は，イデア間に不正のない調和が存する限り，自身も他者との間に正義と調和の実現（＝幸福）を目指す。それゆえ，支配は正しくかつ幸福に寄与すると解釈できる。だがこの解釈はテキスト上，支持されない。500b8-d4 は，哲学者が人間界を無視しイデアを眺めて自己形成を行う様子のみの記述であり，それに続く「もし哲学者がただ自分自身を形成するだけでなく，彼処で見るものを人間たちの性格に公私共に配置するよう実践する何らかの必然性が生じる場合，彼が節制や正義やその他全ての市民的徳の拙い作り手になるだろうと思うかね」（500d5-9）が市民教育を自己形成とは独立のものと語るのは明らかだからである。イデアの模倣は市民教育を含まないのである。

〈はたらき〉の一つに〈生きること〉があるから，正義によって魂は生きることを見事に果たす——よく生きることになる。ギリシア語で〈よく生きること〉は〈幸福〉と同義ゆえ，正義により人は幸福なのである（353d3-354a11）。かくして，正義は幸福の原因・根拠として働くが，それがいわば形式的・定義的関係にあることが強調されている。

G・サンタスが的確に論じたように[39]，〈はたらき〉に訴えたこの議論は『ポリテイア』篇全体の展開のために重要な布石となっている。であれば，この議論の欠陥としてしばしば指摘される，正義の中身と〈生きること〉の内容を補完できれば，正しい生が定義的に幸福だと言えるのではなかろうか。この箇所の哲学者の場合，その〈はたらき〉は，哲学と支配の両方に与りうる者（δυνατοὺς ἀμφοτέρων μετέχειν 520b8-c1）として，思慮深く各活動を生きることにある。すると，正義が人格に宿り，生の両側面を調和させることで，〈はたらき〉が見事に発揮され，思慮ある生という幸福が実現すると解釈できよう。

次に第4巻の魂における正義の説明を参考にしよう。第6章で見たように，正義は魂の三部分説との関係で，魂の三つの部分に固有の〈はたらき〉をさせる力と定義される。正義により，理知的部分は知恵を備えて他の部分を支配し，気概的部分は理知的部分を助けて勇気を発揮し，欲望的部分は他の二つの部分に従って，過剰な欲望をもたないようになる。続いてこうも言われる。

> T7 443d3-e2：〔人は正義によって〕真に自分のことをよく整え，自分で自分を支配し秩序づけ，自分自身に親しい者となって（φίλον γενόμενον ἑαυτῷ）（…）多くの者であることを止めて，完全な意味で一人の人間になって（ἕνα γενόμενον），節制ある調和のとれた者となるのである。

T7は，第1巻における正義と幸福の定義的関係を前提にすれば，正義によって実現する「正しい個人」の幸福の内実を示すものと言える。すなわち，私的領域での人間の幸福——正義により成立する魂の状

---

[39] Santas (2001), 66, 105-106 n. 16. Burnyeat (2002) の Santas 批判にも拘らず，この論証の『ポリテイア』全体における重要性は否定できない。

態——は〈自己愛〉と〈自己同一性〉においてあると示唆しているのだ[40]。第4巻までの正義観と幸福理解は，実にこのような高みにまで達していた。

　魂の三部分説を前提としたこの正義論・幸福論は，第7巻の当該テキストで，公私からなる生全体の主体＝〈人格〉に応ずる形で変容を蒙り，再登場する。もう一度，T6を見てみよう。その後半部に，最善のポリスが実現不可能な場合が述べられている。それは，自分自身の善いものを欠く，飢えて貧しい人々が，善（τἀγαθόν 521a6）を公の場から掠奪せねばならぬと考えて公事に赴く場合のことで，その際，彼らは支配をめぐって内戦（οἰκεῖος ... πόλεμος a7-8）を惹き起こし自身や市民を滅ぼしてしまうのである。「自身の善いもの」（ἀγαθῶν ἰδίων a5）を欠くから公共の善（τὰ δημόσια [sc. ἀγαθά] a5）を私する公私を混同した〈公私混合の生〉は，自己の善に関する思い違い（οἰόμενοι a6）に基づく，彼らの人格破綻の現われであり，自己同一性の喪失を端的に示している。また，他者からの掠奪は他者に対する愛情の欠如によると同時に，自身の生のあり方への無関心に由来しているとも言える。自分にとって何が本当によいのかを考えることを拒絶した状態（自暴自棄）にあるのだから。すると，こうした「貧者」と対比的に語られる「真の意味での富者」については，自己の幸福（τἀγαθόν）を思慮深く反省・認識し，その実現に必要な（ἀναγκαῖον）内的構成要素として支配を実践するため，内戦によって自他を破壊することなく，むしろ自分の富＝思慮を惜しまず他人に分与し，平和を築き上げる姿が想像できる。これは，公私のあり様が見事に融和した人格の同一性と自他への愛の完成形である。真の哲学者が織りなす幸福の形をこう描きうるとすれば，それは第4巻の記述の延長上に見出される自然な展開のように思われる。

　既に見た，第6巻 496a-497a における静寂主義の私的哲学者（cf. 496b4-5, c7-8）との対比はこの描写を補強する。不正なポリスに生きる哲学者は公的仕事に従事することなく——試みれば，ポリスや友のために何か役立つことをするよりも前に身を滅ぼすことになり，自己自身に対しても他人に対しても，無益な人間として終わると考え——私的領域

40）　この箇所の魅力溢れる解釈として，松永（1993），221-43 参照。Cf. 栗原（2013b），204-206.

で「自分のことをしながら」（τὰ αὑτοῦ πράττων d6）静かにこの世での生を送る（τόν τε ἐνθάδε βίον βιώσεται e2）。「自分のこと」とは哲学に他ならず，その意味で私的に「正しい人」として生きるわけである。著者プラトンがここで，彼が出会い決定的な影響を受けた史的ソクラテスの姿を何らか念頭に置きつつも（cf. τὸ δαιμόνιον σημεῖον c3-4），こうした静寂主義的哲学者から区別していることは既に述べた。続けて彼は〈真の哲学者〉の幸福に言及する。

> T8 497a3-5：しかしまた〔私的哲学的生が成し遂げるのは〕最大のものでもないだろう，もし自分に相応しいポリテイアに生まれ合わさなかったらね。というのは相応しいポリテイアの中で彼自身一層よく成長し，彼自身のものと共に，公のものをも救うだろうから（μετὰ τῶν ἰδίων τὰ κοινὰ σώσει）。

先に指摘したように，哲学者に相応しい最善のポリテイアとは第6・7巻で語られる最善のポリスの政体を指し[41]，したがって，そうしたポリスの成立に寄与することは，直接，自身の成長＝幸福の完成を意味するのである[42]（499b3-c1; cf.501d7-9, 540a8-b7）。ここでも，洞窟に戻り支配することが決して自己犠牲でなく，人格的自己の〈はたらき〉の完成――公私の融和的救済――に貢献することが確認できるのである[43]。

---

[41] この最善のポリスが，第5巻までの「正しいポリス」と単純に同一視されていない点は重要である（松永（1993），192 補註2）。ソクラテスは言う「他の点ではそれが最善のポリテイアだ。しかしまさにこの点が先にも言われたように，立法者たる君も法を制定する際に保持していた政体に関するロゴスと同じものをもつ要素がポリス内に何か一つ常に存在していなければならないのだ」（497c7-d2）。これは，第5巻までの「正しいポリス」内に，次いで導入される哲人王が不在であることを意味する（cf.543d1-544a1）。立法者ソクラテス等が「外部」から作りあげたポリスの支配者は「知恵」（σοφία）によりポリスの一性を保持するため何が<u>有益なのか</u>を知ることはできても，<u>なぜそれがそうなのか</u>を語るロゴスは有しておらず，〈善〉のイデアを認識した真の哲学者のみがそのロゴスをもちうるのである。

[42] 高橋（1999），35; Ferrari (2003), 102-103, 107-108 もこの点を強調する; cf. Ober (1998), 236-38; Schofield (2006), 39-40 n.39.

[43] この点は，僭主独裁的人間が「自己の内なるポリテイア」のあり方が悪いために，最も不幸だと判定されたにも拘らず，その人が私人（ἰδιώτης 579c6）として生きる（ἰδιωτεύων d1）のでなく，<u>実際</u>に僭主独裁者となる場合に，さらに一層不幸になると語られていること（579c-580a）に逆対応している。このことの意味については第10章第3節で詳論する。

(4) むすび

　本節では，グラウコンが提起した「洞窟帰還」問題に対するソクラテスの応答を生全体の担い手たる〈人格〉という概念，第1巻の〈はたらき〉からの論証，さらに第4巻の魂における正義論を援用しながら，解釈してきた。①支配はポリス性・他者性を備えた哲学者の人格的正義に与る限り，自分のことをする＝正しいことであり，②支配により哲学者は「真の哲学者」となり，思慮ある生という幸福——人格の同一性と自他への愛——を実現するのである。従来の諸解釈は，魂とポリスの類比という枠組みに囚われる余り，この箇所におけるプラトンの視座を捉え損なっていたと思われる。それは，真の哲学者を公私／自他が複雑に交錯する現実の〈今・ここ〉で生きる人間と見る視座である。そこから見えるのは，ポリス的役割を専ら担う市民（δημοσίᾳ）でも，三部分説的に抽象化された魂（ἰδίᾳ）でもない，時々刻々と変化する状況の中で生きる具体的個別的人間である。正義はこうした人間＝人格の〈自己・自分〉を成立させるのである。

　そして，真の哲学者の〈自己〉を定義するのが思慮（φρόνησις）であった。この思慮が公私にわたって支配と哲学の両方において見事に働くとき，幸福な生が成就する[44]。真の哲学者は思慮により，自己を常に人格として捉え直しつつ，自己の幸福を反省・吟味し，個々の場面で生全体——公私における他者との関係を含む——にとって何がよいのかを熟慮して出来合いの規則で処理し難い諸状況に対処する（cf. φρονιμώτατοι 521b8）のである[45]。

　また，「対話篇形式」への着眼は，この箇所が対話の重層構造において読み解かれるべきことを明らかにした。グラウコンに焦点を当ててまとめると，第一に，ソクラテスが哲学者は洞窟へ帰還すべきだとグラウコンを説得するとき，グラウコンは洞窟の外で観照生活を送る哲学者の役割を演じており，問答を通じて洞窟帰還の理由を学んでいく。第

---

44) こう理解された人格的幸福は，当然ながら個々人によってその内実が異なる。常に変化する状況のみならず，自己の固有性もまたその都度解釈し直されることで変容しうる。幸福の本質には固定化を許さない不可知論的要素（語り得ぬもの）が含まれている。

45) したがって，公私にわたって働く思慮は第4巻までで建設された「理想的ポリス」の支配者がもつ知恵とは区別されるべきである。後者は目的のために最善の手段を見出すのに働くのであり，目的そのものの善し悪しを究明し理解するためには働かない。

二に，グラウコンは哲学者たちの生みの親たる立法者でもあり，この立場から，最善のポリス建設のために哲学者に対して強制力を行使する。その内実は言葉による説得であって，哲学者の自己を他者性・ポリス性が構成する限り，最善のポリスの実現が自己実現＝幸福でもあるという論理(ロゴス)の力に他ならない。外からのロゴスが真理(アレーテイア)に与ることによって内なる知性(ヌース)を目覚めさせる契機となるのだ。真理のもつ強制力については既に見たところである[46]。かくして，グラウコンがこの二役を演ずることによって読者は哲学者の魂の向け変えに立ち会うことになる。それゆえ，第三に，グラウコンは「われわれ」読者でもある。読者は彼の学びの追体験につとめ，著者プラトンが提示する人間観・正義観・幸福観——各人が最善のポリスに暮らしていないとしても——自らの生活の中でどう活かすかを熟慮し，自己形成を図るように促されるのである（cf. 592b1-5）。

このように，個別の性格を担う登場人物の学びの描きを介して，読者一人ひとりの学びを喚起するというプラトンの方法は，とりわけ対話篇の頂点において，彼の思想の哲学的実践を如実に示していると言えるだろう。

3　教育(パイデイア)による最善への接近

ソクラテスはかくして，最善のポリスにおいて哲学者が洞窟内に戻って支配することが哲学者にとって正しく幸福であることを論ずるのに成功した。次に彼が企てるのは，〈善〉のイデアの把握に至るまでの教育プログラムの詳述である。これは大きく二つの段階に分かれている。第一段階は，算術，平面幾何学，立体幾何学，天文学，音楽理論の順で学ばれる「前奏曲」（προοίμια 531d7, cf. d6）としての予備学問で，「洞窟の比喩」で言えば，囚人が後方への向き変えを果たした後，坂を登っていく間と，外に出て実物の影や像を見る過程に相当する。これらの諸学科には魂を生成する感覚事物から真に存在するイデアへと引っ張り

---

[46]　真理のもつ強制力については，"ὑπὸ τἀληθοῦς ἠναγκασμένοι"（499b2-3）と本書第8章第7節（2）参照。

上げていくはたらきがある。第二段階は，イデアの学習である「本曲」（νόμος 532a1）としての哲学的問答法（διαλεκτική 533c8, cf. 532b4, 534e3, 537c6）である。哲学者は様々なイデア——「洞窟の比喩」との関係では，地上の動物等が〈大〉〈小〉〈等〉などのイデア，天空の星々が〈美〉や徳のイデア，太陽が〈善〉のイデアを指すだろう——を順序よく学んでいく[47]。

ソクラテスは第7巻の最後（535a-541b）で，これまでの議論を踏まえて「最善のポリス」——「カリポリス」（τῇ καλλιπόλει 527c2）と呼ばれるに至る——における教育過程を学習者の年齢を特定しながらまとめ直している。整理すると以下のようになる。

1. 子供時代：算術・幾何学等の予備学問（προπαιδεία）；自由に学ばせる；同時に，音楽・文芸と2・3年間の体育による教育
2. 体育終了後から20歳まで：戦争への引率；見物させる
3. 20歳-30歳：数学的諸学科；ディアレクティケーの素質を見極める
4. 30歳-35歳：ディアレクティケーに専念
5. 35歳-50歳：「洞窟」内での実務・戦争の指揮等；公的経験を積ませる
6. 50歳-：〈善〉のイデアの学習；交代でポリスの仕事・支配に従事；他人を教育し，ポリスの守護者として後に残す
7. 死後：浄福者の島へ行って暮らす；ポリスが公的に記念碑と儀式を制定

ここで哲学者が〈善〉のイデアを観得する際にソクラテスが用いる表現に注意したい。

T9 540a8-b7: 彼ら〔択ばれた者たち〕は〈善〉そのものを見て，それを模範（παραδείγματι）として用いて，各人交代で（ἐν μέρει）ポリスと個人と自分自身とを美しく秩序づける（κοσμεῖν）

---

[47] 第7巻の教育のプログラムとその哲学的意味については，栗原（2013b）第9章で概観した。

のだ，大部分は哲学することで時間を過ごし，順番が来たら，各人はポリスの仕事（πολιτικοῖς）に従事しポリスのために支配しながら——何か美しいこと（καλόν τι）としてではなく，必要なこと（ἀναγκαῖον）として行いながら——そしてそのようにしてその都度他人を自らと同様の者に教育し，ポリスの守護者を代わりに残して，浄福者の島に行って暮らすことになるのだ。

　T9は前節で考察した洞窟帰還する哲学者の生き方を示している。興味深いのは，真の哲学者がポリスと個人と自己自身を交代で秩序づけると表現されている点である。ここで副詞句「交代で」は「秩序づける」を修飾しており，秩序づける行為が交代に担われる一つの仕事として把握されている。そして「順番」（τὸ μέρος 540b2）はこの交代を指すのだから，秩序付けの行為は政治活動・支配活動を意味する。そうであれば，支配の仕事はポリスや個人のみならず真の哲学者自身をも美しく秩序づけることと考えられていることになる。前節でも省みられたように，ここでも読者は497a3-5で哲学者に相応しいポリテイアにおいて哲学者自身が一層成長し公（＝ポリス）と私（＝個人）を共に救うと語られていたことを想起するだろう。無論，支配は決してそれ自体で択ばれるような「美しいこと」ではない。しかし，真の哲学者の生全体が綜合的に反省されたならば，支配は自らの成長や幸福に「必要なこと」として本意から択ばれるのである。

　かくして，「最善のポリス」（カリポリス）は真の哲学者が支配に赴くことによって誕生する。この一番困難な部分が克服されるならば，残りの問題を乗り越えることは容易である，とソクラテスは考える。彼は「最善のポリス」の実現は困難だが，可能であり，全くの「祈り」（εὐχάς 540d2）を語っていたわけではないことを再び強調する。そして，ソクラテスはカリポリスが「哲人王」のポリスであることを確認する。すなわち，現実のポリスで哲学者が支配者になるか，現在の支配者が哲学を行うかとして，哲人王が支配するポリスは，理想的ポリスと違って，未だ諸制度が整っていないが，しかし権力を得た哲人王が一からポリスのあり方を根本的に改革することは不可能ではあるまい。ソクラテスは言う。まず，ポリス内の10歳以上の者を全員田舎へ送り出し，

その子供たちを引き取って，親たちがもつ現在の習慣・性格から切り離して，先に詳述していた慣習や法の中で育てる[48]。そうすれば，語られてきた「最善のポリスとポリテイア」が最も速やかに最も容易に建設されて，ポリスは幸福になりそこに暮らす人々（τὸ ἔθνος 541a6）にも最大の利益が生じるだろう。

ソクラテスが最後に取って付けたような形で差し出す提案をどこまで本気で受け止めてよいかはわからない。グラウコンも「もしそれ〔最善のポリス〕がいやしくも生じることがあるとすれば（εἴπερ … γίγνοιτο），どのような仕方で生じるだろうか（ἂν γένοιτο）をよくお語りになったとわたしには思えます」541a8-b1 と実現に関しては消極的な条件文（Future Less Vivid）を用いて答えている。ともあれ，ソクラテスはこうして「最善のポリス」とそれに似た人[49]についての議論が十分に語られたと締め括るのである。

む　す　び

本章で考察した「洞窟の比喩」と「哲学者の洞窟帰還」問題は対話篇全体のクライマックスであるばかりでなく，本書が主題とする公と私の関わりについても実に貴重な知見を提供している。まず「洞窟の比喩」は「美しいポリス」と並べて，民主政ポリスのあり方をいわば目に見える形で絵画的に表象し，そこに生きる人々の現状を暴露している。とりわけ公私混合の民主政下に暮らす読者をして，自己のあるべきあり方を熟考させる契機を与えているのだ。それに対して，洞窟帰還の問題は，哲学者が自己の本性(ピュシス)に適合した哲学活動を私的に楽しむのでなく，自己の内にある他者性・ポリス性を注視し，その上で公的な活動をも自己の

---

[48] "διεληλύθαμεν τότε"（541a4）は第2・3巻の市民教育論が主に念頭に置かれている。

[49] τοῦ ὁμοίου ταύτῃ ἀνδρός（541b3）については，どのような人でなければならないかを言うのは明らかだとして，ここでは語られない。「ポリスと魂の類比」の議論に戻るかのような結論の付け方については疑問が残るが，ソクラテスが念頭に置いている人が，最善のポリスにおいて公私の調和的結合を果たした「真の哲学者」であるのはそれこそ「明らか」だろう。Cf. Rowe (2012), 421 n.529.

人生全体を構成する必要部分だと理解して，真に幸福であるために支配に戻っていくという認識を引き出した。同様に，自分一人で成長した（αὐτοφυές）わけでない読者も，真の哲学者が最終的に経験する「魂の向け変え＝生の択び直し」を美しいパラデイグマとして，自己の内の固有性と他者性を見つめ直すように導かれる。そして，「自分のこと」をする正義の生が幸福である可能性を理解するに至るのである。

　この第7巻の文脈の中に読者が巻き込まれると，民主政の〈現実〉に生きるこの〈わたし〉が人格としてどう自己と他者の関係を捉え直し，公と私を調和させながら生きることができるかという問が切実なものとして心を占めるようになるだろう。プラトンの狙いはおそらくそこにある。だが，彼はここで議論の歩みを止めない。第8巻以降で，民主政を不正なポリテイアとみなし，他の不正な政体との関係で位置づけ，読者のさらなる自己理解を迫っていくのである。この執拗なまでの考究に読者が懸命について行くとき，少しずつであれ自らの心の奥底に巣喰う「岩盤」化したドクサが砕けていくのを経験するかもしれない。そして不正な生き方が不幸であると納得するかもしれない。不正なポリスに生きていることのリアリティを感じながら，再度，自己に向き直ること，『ポリテイア』の続く諸巻の探究が目指すのは，まさにこれである。

第10章
公私の分離・混合・綜合：不正論（第8・9巻）

はじめに

　これまで見てきたように，プラトンは，第2-4巻で「ポリスと魂の類比」の方法に基づき正しい人が幸福であることの証明を，さらに第5-7巻の中心巻で「最善のポリス」（カリポリス）の描写を，それぞれ完了した。とりわけ中心巻では，哲学者の生き方をめぐって民主政の〈現実〉をも描き出し，今・ここでこの〈わたし〉が人格としていかに生きるべきかを反省する材料を提供したのである。

　第8・9巻で，プラトンは第5巻冒頭で中断していた第2巻で提起された問題に戻り，再び「ポリスと魂の類比」を用いて四種類の不正なポリスと不正な人について考察し，正しい人が幸福で，不正な人が不幸であることの判定を下して問題への最終結論とする。だが実のところ，「最善のポリス」に暮らしておらず，「哲人王」でもない読者にとっては，中心巻の論究よりも，四種類の不正なポリスと不正な人の論定の方がかえって直接的に自らが生きるポリス・社会と自己のあり方を反省する尺度として役立つのかもしれない。

　〈現実〉を生きる「われわれ」との関係という意味では，プラトンが四種類の不正な人について，彼らが自らの不正な生を自分自身で選択しているように描いている点は注目に値する。第2巻でプラトンがグラウコンらに託して若者の生の選択を対話篇の主題としたことに呼応しているからである。またさらに，三つ与えられる不正な生が不幸であると

の最終判定の内,特に第一論証は,第2巻の「グラウコンの挑戦」において大衆が憧れを抱いていると推定された僭主に焦点を当てて,僭主政的な魂をもった人が実際に僭主になった場合が一番不幸であることを証明し,大衆の憧れを完膚無きまでに否定しているが,ここにもまた読者の中にある強固な信念を標的にしてその根拠のなさを暴露する意図が感じられよう。このように企図された第8・9巻の議論には,これまで以上に読者に向けたメッセージ性が色濃く投影されているのである。そして,こうした訴えが公と私をめぐって企てられていることは容易に予想できる。不正なポリスや不正な人は公と私が混合している〈現実〉をその本質としているからである。

　この章では,まず四種類の不正なポリスと不正な人の考察を辿り(第1節),次に不正な生の選択のメカニズムがどのように解明されているのかを考察し(第2節),そして最終判定の第一議論を見ることで,最も不正な人が最も不幸に生きることの含意を探る(第3節)。最後に,第9巻末尾で語られるヌースをもつ人の「自分のポリス」を公私論の文脈で解釈し,著者プラトンが読者に何を要求しているのかを探っていきたい(第4節)。

1　不正なポリスと不正な人(第8・9巻)

　第8巻冒頭でソクラテスは,「完全に統治されるポリス」(τῇ μελλούσῃ ἄκρως οἰκεῖν πόλει 543a1-2)について,第3巻末から第4巻冒頭,そして第5巻で論じられた,守護者間での①妻子の共有,②教育・仕事の共有,③守護者の内で哲学に従事し戦争でも最優秀の者が王になること,④私有財産の禁止と生活の共同,⑤他の市民から毎年の報酬を受け取ること,といったきまり・法をグラウコンと共に確認し,第5巻冒頭での「脱線」(ἐξετραπόμεθα c5)の経緯を想起する。「脱線」がなかったなら,第4巻までで語られた正しいポリスと正しい人からの逸脱型として,四種類の不正なポリスと不正な人が次に語られなければならないはずだったし,以上の五種類の人々を全て見て,最善の人と最悪の人が誰かを同定し,前者が最も幸福で後者が最も不幸であるのか,

第10章　公私の分離・混合・綜合：不正論（第8・9巻）

あるいは反対なのかを考察するはずだったのである。こららの諸点を確認した上で，ソクラテスたちは第4巻までと同じように「ポリスと魂の類比」の方法を駆使しながら，不正について探究を進めていく[1]。

本節では，四種類の不正なポリスと不正な人がどのように語られているのか，とりわけ公私の観点からまとめていく。個々のケースに入る前に，類比の方法の採用をめぐる基本方針と不正の生成一般に関するいくつかの原理を確認しておきたい[2]。基本方針は正義の場合と同様である（545b-c）。

（1）ポリスの不正の形態が大きくわかりやすいため優先的に説明される。
（2）ポリスと魂の両方が同じ性格をもつ三つの部分から成る。
∴（3）（1）（2）より，魂の場合も同様の仕方で不正の諸形態が説明

---

[1] 第7巻末の議論を前提として第8巻冒頭でなされる要約は，「脱線」する前に戻り，第二の大波までで描かれた理想的ポリスをめぐってある。それゆえ，Adam (1963b), 197-98 が註釈するように，「脱線」（543c5）への言及に続いて，グラウコンが「加えて，あなたは一層美しい（καλλίω）ポリスと人を話すことができるようなのですが」（d1-544a1）と言うとき，念頭に置かれているのは，諸制度が既に整えられた理想的ポリスではなく，中心巻で問題になっていた，理想（ロゴス）に近似したポリス（ὡς … ἐγγύτατα τῶν εἰρημένων 473a7-8）とそれと類似した人，すなわち，「最善のポリス＝カリポリス」とそれに類似した人（τοῦ ὁμοίου ταύτῃ ἀνδρός 541b3）のことである。これらが「よい」（ἀγαθὴν 543c8）ポリス・人以上に「美しい」と形容されている意味は大きい。第8・9巻では再度「ポリスと魂の類比」の方法が主導的にはたらく限り，中心巻の主題だった理想に近似したポリスと人の問題は背後に隠れるが，決して忘れ去られているわけではない。時宜に適った仕方で，魅力溢れる美しいパラデイグマとして登場人物と読者に立ち現われるのである。

[2] 544d5-e6 で，人の性格の種類の数とポリティアの種類の数が同数であることが確認されている。この箇所は Williams (1973) や Lear (1992) によって，類比関係にあるポリスと人（魂）の因果関係や全体／部分関係が語られていると解釈されているが，Ferrari (2003), (2009) に従い，そのように読む必要はないと考える。ソクラテスの説明は，ポリティアはポリス内の性格――優勢であるためにポリス内の他の要素を引きずっていく――から生じるというものであるが，例えば，民主政は民衆（δῆμος）が他の人々より優勢であるためにその名前に因んで δημοκρατία と呼ばれるわけである。人々の性格についても，そうしたポリスを構成する人々に因んで呼ぶ以外に他に方法がないということだけがここで語られていると理解する。例えば，自由と平等を求める人々を名づけるには，同様の原理Ⅱを求めている民主政に訴えて，ひいては，その元にある民衆に因んで，民主政的人間（δημοκρατικός）と呼ぶしかないのである。それが二つの相異なる領域のものが構造の類似性に基づき対比される「類比」の方法の精神であって，その類似関係以上に因果関係を読み込むことは許されない。この点については，第6章註 52, 62 参照。

される。

　第4巻までで析出されたポリスと魂の三部分構造が前提となって，正しいポリス・人からの頽落として不正は語られる。原理は三つある。

　　原理Ⅰ：不正の形態は三階層・三部分のいずれかが全体を支配することで決定
　　原理Ⅱ：不正なポリス・人の行動様式は願望対象（最高善）により決定
　　頽落原理：(a) 頽落の原因は支配部分の内戦　(b) 政体（ポリテイア）・人の生成はすぐ上の政体・人から

これらの原理によって不正の形態が決まり，次のように頽落していく。

	原理Ⅰ（支配階層・部分）	原理Ⅱ（最高善）
名誉支配政	戦士・気概的部分	名誉
寡頭政	金持ち・富への欲望	富
民主政	民衆・全ての欲望	自由と平等
僭主政	僭主・権力への欲望	過度な支配・快楽

　各階層・各部分は第4巻で規定された〈自分のこと〉をしておらず，そのため各ポリス・人は不正と特徴づけられる。それぞれの記述は生成と本性の記述から成り立っており，基本的にはその順番で語られている。では具体的にどのように生成し，どのような本性・性格を有するのだろうか。公と私の両側面に気をつけて見ていこう。

　【名誉支配政ポリス】（8.545c7-548d5）
　あるミステリアスな仕方で頽落への道を歩み出した[3]かつての正しいポリスは，今やムーシケーや体育の教育を十分に受けなかった支配者をもつ。支配者は人々をその資質（φύσει 547b5）に相応しい階層に配属させる仕事に関して過ち，支配階層に生産者や戦士が入り込む余地を作ってしまう[4]。そうした混乱状態は内戦を生み，生産者は金儲け

---

3) Cf. 加藤（1996），146-47.
4) この頽落過程中の金，銀，銅・鉄の種族は資質・ピュシスの点でそう呼ばれてお

と土地・家・財産の所有へとポリスを引っ張り，守護者は徳や伝統を遵守する方向へと引っ張る。内戦の結果，妥協的に土地・家の私有化（ἰδιώσασθαι c1）とこれまで自由人だった生産者の奴隷化が認められ，戦争を最高善とするポリスに変容して戦士が支配者となる。

このようなポリスは正しいポリスと寡頭政ポリスの中間に位置づけられるため，支配者は生産活動や金儲けから自由であって体育や戦争用訓練に従事する一方，私有財産（cf. νεοττιὰς ἰδίας 548a9）の持ち主として金銭への欲望を隠しもっている。支配者もポリス全体も気概的要素が支配していることから勝利と名誉を愛し求めるのである。

【名誉支配政的人間】（8.548d6-550c3）

類比的に，名誉支配政的人間は弁舌能力でなく戦争実績に基づいて名誉や支配を愛求する。若い頃は金銭を軽蔑するが，その監視役のムーシケーと混ざった理性(ロゴス)を欠くため，年を取ってからは金銭を愛するようになる。

こうした人間になった原因は家族にあった。父親は自己の配慮を〈自分のこと〉として専ら行い（cf. τὰ αὑτῶν πράττοντας 550a2），金儲けに従事しないし，法廷等で公私にわたって言論活動を繰り広げたりもしない。母親や召使は息子に公的活動や家への配慮が父親に欠如していること，金銭に無関心なことを繰り返し吹き込む。息子は，一方で父親によって魂の理知的部分を涵養されるが，他方で名誉と金銭を求めるよう勧める母親らによって気概的部分と欲望的部分が養われ，妥協的に自らの魂の支配権を中間の気概的部分に委ね，名誉支配政的人間になるのであった。

【寡頭政ポリス】（8.550c4-553a5）

名誉支配政の支配者は法を歪めて私有財産を増すべく競争し始めるが，反比例して徳を尊重する気持ちは減じ金銭を愛好する者になる。そして支配権を財産の多寡に対応させた法律を制定し，この法律を武力と脅迫によって皆に認めさせると寡頭政が成立する。

このポリスは金持ちと貧困者からなる「格差社会」で常に分裂状態に

り，例えば，現在の支配者が実際に金をもっているというわけではない。最初に確認されるように（545d1-2），頽落は支配階層内の内戦から始まるからであり，それゆえ種族間の混合（cf.547a2-5）は支配階層内で生じると解すべきだからである。

ある。金持ちは富を得るべく農業・商業・戦争等に従事し〈一人多業〉の不正な生を送り，貧困者は私有財産を全て失った後，ポリス的役割を何も果たさず暮らし続け，教育の欠如のため「雄蜂」と呼ばれるならず者になったりもする。これが金銭の獲得と所有を第一とするポリスの実態だった。

【寡頭政的人間】（8.553a6-555b3）

　名誉支配政的な父親が将軍等の公職にあったとき，ポリスと衝突して罰を受ける。それまで父親を見習っていた息子も同様に財産を失う羽目に陥ると，恐怖のあまり名誉を求める生活を止め，貧困ゆえに金儲けに走り，魂の支配権を金銭を愛する欲望的部分に委ねる。その結果，理知的部分を殖財に専念させ，気概的部分にも財産所有に関わる名誉だけを求めさせる。寡頭政的人間の誕生である。

　教育のなさゆえ，この人は種々雑多な欲望をもつが，金銭に絡む〈必要な欲望〉によって〈不必要な欲望〉を抑えているため，私的取引などでは「正しい人」との評判を得ている。無論，真の徳によるわけではない。浪費的欲望を目覚めさせる恐怖からポリスで名誉を求める競争をせず，何にも増して富の確保に集中する——そういう生き方をしているのである。

【民主政ポリス】（8.555b4-558c5）

　寡頭政ポリスは富を最高善として追求するあまり，財産を浪費して失うことを禁ずる法や貸借契約を制限する法を制定することをせず，貧困者の増大を妨げない。貧困者が軟弱な金持ちと共同作業を行うと，金持ちの情けなさに気づいてその支配にうんざりし，別のポリスの民主派の援助を得て内戦を目論むようになる。勝利して人々を平等に支配に与らせることで民主政を生み出すのである。

　このポリスの市民は自由に思い通りのことができ，多種多様な生き方が可能である。強制もなく，支配する必要も支配される必要もない。戦争にも平和にも参与する必要もない。公職にも自由に就いたり就かなかったりできる。快適で無政府的なこの政体は等しい者にもそうでない者にも同様に一種の平等を付与する。民主政の自由と平等は虚像でしかないのだ。

【民主政的人間】（8.558c6-562a3）

個人における民主政（ἰδίᾳ 558c6）に目を向けると，寡頭政的な父親に育てられた息子は不必要な欲望を統御し生きていくが，「雄蜂たち」（559d6）[5]と交際する中で種々雑多な欲望や快楽を目覚めさせる。その後，息子の魂を戦場として父親・身内と雄蜂たちがロゴスや欲望を戦わせる。彼本人も様々な内的葛藤を経験した結果，好運と加齢に伴い落ち着いてくると，その都度訪れる快楽に差別なく自身の支配権を委ねることで民主政的人間になる。

この人は平等に欲望・快楽を遇するため，その時々に放蕩者，禁欲主義者，体育家，怠け者，哲学者，政治家，軍人，商人となって，秩序も必然性もない「快適で自由で幸福な生活」（561d7-8）を送る。様々な政体を内に備えた美しく多彩な人間なのだ。

【僭主政ポリス】（8.562a4-569c9）

民主政ポリスが自由を最高善として過度に追求したため，人々は自由を十分に与えない支配者を非難し，支配者に従順な者を無たる「自発的奴隷」（ἐθελοδούλους 562d7）として辱め，私的にも公的にも（ἰδίᾳ τε καὶ δημοσίᾳ d8-9）身分差を認めなくなる。個人の家（τὰς ἰδίας οἰκίας e2-3）や動物に至るまで無政府状態は拡大し，市民の魂（τὴν ψυχὴν τῶν πολιτῶν 563d4）は抑圧に過敏になって法律も一顧だにしなくなる。こうした状況下，公的場所で活躍する雄蜂が金持ちから巻き上げた富を分配しながら，公的活動を厭う（ἀπράγμονες 565a2）民衆を煽動し始める。民衆を味方にし，その指導者として金持ちとの戦いに勝利すれば，雄蜂は既に僭主になっているのである。

僭主も最初は公私にわたって（ἰδίᾳ καὶ δημοσίᾳ 566e1-2）民衆によい顔を見せるが，他のポリスと戦う心配がなくなると，民衆が指導者を必要とするよう絶えざる戦争状態を作り出す。そして反抗する市民（τοῖς πολίταις 567a10-11）を一掃しポリスの「浄化」に努める。信頼できる者を失ってからは，雇われ雄蜂や奴隷上がりの新市民等に囲まれ「幸福」に暮らす。民衆の方は過度な自由の追求の結果，僭主への隷属を余儀なくされるのである。

【僭主政的人間】（9.571a1-576b9）

---

[5] Naber に従った Slings (2003), 320 の κηφῆν ὤν（559d6）を読まず，主要写本通りに κηφήνων を読む。若者は未だ「雄蜂」になっていないからである。

民主政的人間の息子を雄蜂たちが誘惑してくると，父親や身内は平等に欲望を重んじるよう支援する。誘惑しきれないと悟った雄蜂はエロースを植え付け，若者の魂を狂気で満たしてしまう。こうして眠りの中だけで目覚めるはずの不法な欲望が魂全体を支配したとき，僭主政的人間が誕生する。

放蕩三昧のこの人は不必要な欲望を増殖させ，それを満足させるべく金銭を浪費する。借金し私財も使い果たすと父の財を狙い始め，抵抗する両親から「家庭内暴力」で強奪する。その後，ならず者の彼はポリス外の僭主に仕えたり傭兵になったりし，ポリス内では盗みや神殿荒らしなどの悪事に走ったりする。

ポリスで増加した僭主政的人間たちの中で頭角を現わすと，彼はポリス全体の隷属を目指す指導者となっていく。だが支配する前の私的な交わりでは（ἰδίᾳ 575e3），媚び仕えてくる者とは付き合い，人に頼む際は平身低頭何でもやり，用が済めば赤の他人となる。生涯を通じて友もなく，常に支配するか隷属するかし，真の自由も友愛も味わうことがない。かようにも信が置けない最高度に不正な人である。

以上，不正なポリスと不正な人の頽落過程を辿ってきたが，ポリスと魂の類比の方法と公私の問題について何が判明しただろうか。

第一に，不正なポリスと不正な人の「生成」に関する記述において公と私の対比は明白である。ポリスの場合，市民たちが自らのポリス的役割を離れて支配権をめぐる内戦を繰り広げ，本来支配に適さない者が支配者となって法律を制定する。人の場合，ポリスの公的空間から独立した家こそが性格形成の場所で，父親を始めとする家族・親族や召使が影響を及ぼす。悪友らの誘惑もあるが，これも私的交わりの内に入る。ポリスと人とは構造上の類似性を堅持しつつも，互いに独立した記述が特徴的である。

第二に，「本性」の記述については公と私の対比がかなり曖昧になる傾向がある。名誉支配政的人間は公的空間で活動するし，寡頭政ポリスの支配者は〈一人多業〉のポリス的不正を行いつつも，私有財産の増大を目指す。民主政的人間はときに公的活動に従事し，僭主はときに公私にわたって愛嬌を振りまく。僭主政的人間に至っては公私両方で悪事を

第10章　公私の分離・混合・綜合：不正論（第8・9巻）　　　281

行う。

　矛盾したこれら二つの特徴は何を意味するのだろうか。生成の記述が一貫して公と私の対比を保持していることは，第5章第2節で提案された類比の方法——抽象的に人間の公私二つの側面をあえて分離し考察する——に由来すると言える。方法の意図通りに，不正が人間の二面性——ポリスとの関係の有無（市民と個人・魂）——の観点から描かれているからだ。他方，本性の描写になると公私が相互に入り組んでくるのはなぜか。これは類比の方法にとって機能の喪失を意味するが，そうなるのも不正なポリス・個人の本性を語ることが取りも直さず，現実のポリス・個人のあり方を直接反映してしまうからではないか。正義と違い不正の場合は，ロゴスによって抽象的・理念的に想像されたポリスの理想や魂のあるべきあり方ではなく，現在するポリスで現実に暮らしている人々の公私混合の生それ自体が何らか問題になってくると考えられるのだ[6]。

　この点を象徴するのが「雄蜂」（κηφήν）の異名を取るならず者たちである。彼らは寡頭政ポリスで公的役割を何も担わない者として登場し，民主政的人間の誕生にも貢献する。僭主の周りでぶんぶん唸りを発する一方，僭主政的人間を生み出しもする。否むしろ，彼ら自身が僭主政的人間であって，民主政下では民会等の公的空間で政治に専心しているのだ（564d-e）[7]。雄蜂は公私の境界を軽々越えて忙しなく飛び回る。正義の根幹たる〈自分のこと〉の規矩を暴力的に（βία）打ち壊し，公私混合の生の担い手（？）となるのである。結果的に類比の方法はその適用が上手くいかなくなる場所で，最高に不正な人を見出したと言える。

　さてこのように見てくると，第8・9巻の不正なポリスと不正な人の考察は，その本性の記述において，不正なポリスに暮らす不正な人間の生き方を公私の諸要素との関連で多様に描いていることがわかる。「雄

　6）　このことは勿論，本性の記述が特定のポリス・個人の具体的な描写であることを意味しない。

　7）　「雄蜂」とは誰のことか。第6巻の「船の比喩」で船乗りに譬えられた政治家たちか，それとも500bで「外から哲学にやってきた輩」か。後者はどんちゃん騒ぎをしてうるさい連中である点が近いが，哲学への思いは「雄蜂」にはなさそうだ。そうすると前者が相応しいようにも思える。

蜂」のように寡頭制ポリスにおいて僭主政的な人もいるだろうし，民主政ポリスの中に寡頭政的な人もいるだろう。これが「われわれ」の生きる〈現実〉の有り様であって，プラトンは不正の本性について語る際に類比の方法を用いつつも，もはや公私を分けることなく，〈現実〉の有り様に則して，公私混合の実態をそのままに描写することで，読者の反省——「わたしは今どのような不正なポリスに生き，どのような不正な人として生きているのだろうか」——を促し，その自己理解を容易ならしめているのである。

2 不正な生の選択（第 8・9 巻）

　上で見たようなプラトンの〈現実〉への眼差しは，既に不正な生を歩んでしまっている大人たちにのみ注がれているのではない。対話篇の進行中，彼は，グラウコンやアデイマントスがそうであるように，まさに「いかに生きるべきか」という問に直面し，今ここで現実に〈わたし〉の生を択ぼうとしている若者にも配慮を払ってきたのだ。第 8・9 巻で彼が「不正な生の選択」を主題化するのも，その一つの表れであろう。彼は，例えば，名誉支配政的人間の誕生をこう語る。

> T1 550b1-7: 父親は〔息子である〕若者の魂内の理知的部分（τὸ λογιστικὸν）を，他の人々は欲望的部分（τό … ἐπιθυμητικὸν）と気概的部分（τὸ θυμοειδές）を養い成長させる。こうして若者は，生まれは劣悪な人のそれではなかったが，他の人々と悪しき交わりをもったがゆえに，その両方から引っ張られて真ん中へと至り，自己内の支配権（τὴν ἐν ἑαυτῷ ἀρχὴν）を，中間的な部分としての勝利を愛する部分，気概的部分へと引きわたして（παρέδωκε），傲慢で名誉を愛する人間となったのだ。

　ここには二つの特徴が認められる。第一に，「魂の三部分説」（後には「欲望の分類」も）が前提とされ，魂全体を支配する力（ἀρχή）が魂のどの部分に（欲望的部分内ではどの欲望に）付与されるかによって人の

第10章　公私の分離・混合・綜合：不正論（第8・9巻）　　283

あり方が決まる，とされている。第二に，支配権の付与について，周囲からの影響という受動的性格ばかりでなく，例えば「引きわたす」という仕方で，当事者自身が積極的に関与するという能動的性格もが強調されている（cf. ἐγκαθίζειν … ποιεῖν 553c6, ἐνδῷ 561b3, παραδιδούς b5）。この第二の特徴は，若者が自らの生を択ぶという〈生の選択〉のモチーフを鮮明に示しているのである[8]。そこでプラトンは第8・9巻で，魂の三部分説に訴えながら，不正な生を択ぶ若者の選択のメカニズムを解説していると言えよう[9]。この節では，〈現実〉を見つめるプラトンが若者の「不正な生の選択」についてどのような説明を与え，読者に何を訴えたかったのかを考察していこう。

　ところで，不正な生の選択のメカニズムを究明することにとりわけ熱心に取り組んだのはT・アーウィンだった[10]。彼は生の選択を魂の理知的部分が人生の目標（名誉・富 etc.）を熟慮した上で決定することと解釈した。選択主体を理知的部分とするのは彼に限らず自明視されている[11]が，こうした読解はプラトンが不正な生の選択を語るときの視座を捉え損なっているように思われる。プラトンの眼差しは，ある環境で受動的に育てられてきた若者が一種自律的な大人になるまさにその瞬間に向けられているのである[12]。だがアーウィンは，C・ギルが批判するように[13]，選択主体の受動性を軽視し，また若者が自律性を獲得するその意味についても無関心である。この態度は，理知的部分や生の選択についての彼の理解と連動しており，その限りで理知的部分を選択主体とみなす他の論者にも共通すると言えよう。以下で，若者が議論の中心にある点に注目しつつ，まず青少年の性格形成を論じた第2・3巻の初期教

---

8) E.g. 352d, 360d-e, 578c, 617e-619b; cf. Gill (1996), 258.
9) Cf. Gill (1996), 254-55, 257.
10) Irwin (1995), Ch. 17, esp. 284-88; cf. Irwin (1977), 226-34.
11) Cf. Cooper (1984), 20-1 n.18; Lesses (1987), 153; Gill (1996), 255 n.50. Kahn (1987), 88 n.18 は，Irwin (1977) の解釈について「テキスト上のサポートは認められない」と断ずるが，選択主体について異なる見解を与えていない（82 n.8）。また Irwin 批判を展開する Scott (2000b), 30-37 も欲望の部分に影響された理知的部分が選択主体かと推量している。Cf. Annas (1999), 128-36.
12) νέος: 549a9, c2, 550a5, 559d5, 561a2 et al., νεανίας: 549b10, 559e5; cf. Gill (1996), 256.「自律性」については，本章註25を参照。
13) Gill (1996), 257-75; cf. Scott (2000b), 28-36.

育論を振り返ることで生の決定の受動性に光を当て，次に第8・9巻における生の選択の意味を考察してアーウィンの解釈を批判し，その上で第4巻等を参照しながら，受動性と能動性の関わりを捉えた別の解釈を提出したい。

(1) ドクサの内化による性格形成

第6章第2節で見たように，第2・3巻の初等教育論は，子供が成長過程で周囲の影響を様々に蒙りながら性格を形成していく仕組みを明らかにしている。まず，乳幼児の頃から周囲の大人により物語を聞かされることにより，物語の中に含まれる型（τύπος）が子供に刻印され，その魂の造型がなされる（377a-b）。この型は「ドクサ・考え」（377b6）であって大人たちの信念と同種の信念が子供に備わるようになる。

子供を育む社会が極めて同質的な社会である場合，周囲の大人たちの信念(ドクサ)はそのままその社会で支配的な考えであり，詩人らを通じて物語化されて広まり浸透している「人々の声」（φῆμαι 463d6; cf. 415d4）に他ならない。子供はそうした物語・神話やドクサが表現された文化一般を知らず知らずの内に吸収し自らのドクサとしながら成長する。

また初等教育論では，ドクサの内化である子供の学びはさらに模倣を通じてなされると語られるが，模倣対象を自ら選択することはないという意味で，やはりその受動性が強調されている。

子供時代の性格形成がこのように受動的であるのは，未だ理(ロゴス)を獲得していない点に理由がある（cf. 401e-402a）。自らに提供される物語を受け入れることが自分にとってよいのか，模倣対象がよい性格の持ち主なのか，といった点について自分で考えて自分で択ぶ〈自己〉が生き方の原理（ロゴス＝アルケー）に基づいて成立していないからである。生の選択こそが生の原理の決定を意味するのだから当然とも言えよう。したがって，プラトンの初等教育論に基づくならば，子供・若者が自己の原理を熟慮し選択するとは解釈できまい。彼が強調しているのは，性格形成が圧倒的に周囲の影響下で行われるという〈暴力性〉[14]であって，そ

---

14) Cf. 6. 492a-493e; esp. ἡ Διομήδεια λεγομένη ἀνάγκη（493d5-6）. 第1章第3節で見たプロタゴラスの教育論に特徴的な暴力性（ἀναγκάζειν, Prt. 326a1, b2, c7-8, d4, 7）も想起せよ。

こには子供・若者が積極的に生きる原理を自ら探究し発見するといった自発性・能動性が入り込む余地はないのである。

(2) 〈不正な人間〉の生成

第8・9巻でプラトンが四種類の不正な人の生成過程を描くとき，生の決定の受動性を強調しているのは明らかである。しかし，前節での要約からもわかるように，若者が「いかに生きるべきか」に関するドクサを内化させていく過程は単純ではない。相反するドクサが衝突・対立しあって一つのドクサに決まっていく様子を，前節との重複を厭わず順に見ていこう。

【名誉支配政的人間の生成】（8.549c1-550c3）

自己の配慮に専念する父親の言動を見聞きし，若者は公的活動をせずに静かに思索に耽って生きるべしとのドクサを取り入れる。しかし同時に父親に対して批判的な母親や召使の話も耳にし，公の場で名誉を求めながら生きるべきといったドクサやお金にも気遣うべきとのドクサを受け入れる。これらのドクサは若者をめぐって綱引きをし，両方から「引っぱられた」（550a7, b5）若者は魂の支配権を気概的部分に引きわたして名誉を愛する不正な人になる。さてこの記述は初等教育論の文脈で理解できる。気概的部分への支配権の付与は，魂の三部分中で対極にある理知的部分と欲望的部分をそれぞれ支持するドクサが相殺しあった結果，「自動的に」真ん中の気概的部分を養うドクサが残ったことを意味するにすぎない[15]。生き方に関するドクサを若者が自ら探り当てたとは言い難いという意味で生の決定は受動的である。

【寡頭政的人間の生成】（8.553a6-e4）

名誉支配政的な父親の生き方を模倣し名誉を愛好するようになった若者が，父親が公的活動で失敗して罰を受け財産を喪失するのを目撃する。加えて自身が父親同様の困難に直面し財産を失う。そのとき若者は，恐れを抱き名誉志向の気概的部分を魂内の王座から引きずり落とし，その代わり金銭を愛する欲望的部分を王座にすえ，理知的部分と気概的部分をそれへと仕えさせ，寡頭政的人間になる。ここで注意すべき

---

15) Cf. Lear (1993), 142-43.

は，若者を転向（τραπόμενος 553c2）へと導く恐れに先行してそれを生み出したドクサ——公的活動より私有財産を大切にして生きるべしとのドクサ——の内化があったということ，そしてこのドクサは，罰に嘆き悲しむ父親の姿を若者が見，そこに表現されている金銭への思いを模倣することから内化したということである[16]。ここでもドクサの転換・内化を惹き起こしたのは若者に襲いかかった事態であり，模倣という受動的関与だと言える[17]。

【民主政的人間の生成】（8.558c6-562a3）

寡頭政的な父親によって育てられた息子は，金銭を求める必要な欲望によって不必要な消費的欲望を力づくで支配するようになる。しかし社会へ出て「雄蜂」と呼ばれるならず者たちと付き合い出すと，必要な欲望によって抑えていた不必要な欲望を解放し始める。ここに若者の魂を戦場にして欲望間の内戦，さらにそれらの欲望を正当化するドクサ・ロゴス間の内戦が勃発する。ならず者たちに由来する「偽でまやかしのロゴス・ドクサ」（ψευδεῖς καὶ ἀλαζόνες λόγοι τε καὶ δόξαι, 560c2, c8-9）が勝利すると，それは若者の魂から寡頭政的要素を一掃し，徳として尊重されていたものを悪徳と呼び，逆に悪徳を徳と賞賛して，魂を「浄化」する。もし若者が好運に恵まれ年取って熱狂から醒め，全欲望に対してその都度平等に自己の支配権を引きわたすならば，民主政的人間になる。

この場合も生の決定は受動的である。父親の影響下にあるときは言うまでもないが，その後の魂内の内戦にしても両陣営のロゴス・ドクサのなすがままであり，若者の積極的な関与は全く存在しない。支配権の引きわたしに一種の能動性が認められる点については後で触れるが，それも運という偶然的要素と年齢という自然的要因を条件としていて[18]，若者が自らの状況を積極的に作り出したとは言えないだろう。

【僭主独裁政的人間の生成】（9.571a1-573c11）

---

16) 仮に父親が立派な人で死や財産喪失を悪と考えず雄々しく耐えるならば，それを見て若者は父親を模倣し勇気を生むに役立つドクサを内化させ，同様に恐怖から免れうるだろう（cf. 386a6-b2, 387d11-e9; 442b-c）。

17) この場合の模倣の受動性は，模倣対象を自ら選択したわけでないという点にある。模倣者の憧れは相手の魅力に惹かれてのことであり，この受動性の根拠は隠されている。

18) Scott (2000b), 35 は，運と年齢を生を決定づける「原因」とまで呼ぶ。

第10章　公私の分離・混合・綜合：不正論（第8・9巻）　　287

　民主政的な父親によって習慣づけられた様々な欲望を平等に取り扱うようになった若者に，父親が若い頃に経験したことと同じことが生じる。すなわち，一方で彼は誘惑者たちによって全き不法の限りへと導かれ，他方，父親や他の身内によって民主政的生き方を勧められる。こうして生じた内戦に勝つために誘惑者たちは様々な欲望の指導者たるべくエロース（572e5, 573d4, 574d7, e2, 575a1）を若者に植え付ける。エロースは狂気に陥った諸々の欲望によって養われて，若者の魂内に残る有益で恥を知るドクサや欲望を追放し，魂全体を支配し僭主独裁政的人間が誕生するのである。外側から他者がエロースを「植え付けた」（ἐμποιῆσαι 572e6）とされている点，また，エロースの成長も外側由来の欲望による点，生き方を決定づけるこれらに関して若者が力をふるったと書かれていない事実は，若者の消極性・受動性を示している。

　以上の要約からわかるのは，若者が生の原理に関するドクサを父親や周囲の人々の影響下で極めて受動的に内化させていくということである。ドクサが青少年に一方的に刷り込まれるとされた初等教育論と同様に，ここでも状況の必然性から生まれたドクサが若者に否応なく入り込んでくると解されるだろう。

　こうした読解に対してテキスト上問題になるのは，プラトンが各不正な人の誕生を（僭主独裁政的人間の場合は微妙だが[19]）能動的な「生の選択」としても描いていることである（上記要約の強調点部分）。それゆえアーウィンは，魂の理知的部分が熟慮して善を選択すると考えたのであった[20]。だがはたして彼の解釈は説得的だろうか。

　仔細に検討すると，アーウィンの解釈はテキストによって支持されないし哲学的にも問題を孕んでいるように思われる。まずテキスト，すなわち，アーウィンが「魂全体にとって善の熟慮」を理知的部分に固有のはたらきと断定する際に証拠とする第4巻（441e-442c）[21]について言え

---

19) Gill (1996), 253 は，僭主独裁的人間を誕生させる狂気が，何が追求さるべきかに関する一連のドクサに基づき生じると主張する。ドクサの内化が生の決定を特徴づけるのであれば，他の場合と同様，若者の能動的関与を想定できるだろう。Cf. Irwin (1995), 285.

20) 受動的側面を重視し熟慮を認めないことで Irwin を批判する Scott (2000b), 28-36 の試みはそれ自体評価できるが，〈生の選択〉の問題性に関心が薄く，能動表現の使用の意味を説明していないため，Irwin 説よりもかなり哲学的インパクトに欠けている。

21) Irwin (1995), 215, 245, 247, 282-3, 289-90.

ば，第一に，その箇所が主題化しているのは正しい人もしくは知恵ある人の理知的部分のはたらきであって，未だ正しい人にも知恵ある人にもなっていない若者の理知的部分が魂全体にとっての善を熟慮しうることを示す強力な証拠にはならない。第二に，理知的部分が魂にとっての善を熟慮するとしても，そのはたらきは様々な状況下で他の二つの部分と外からの敵にどう臨むべきかを熟慮すること（βουλεύεσθαι; 442a4-b9）であり，それは魂全体のあり方を維持する手段に関わる熟慮であって生の原理を決定するものではない。それゆえ，理知的部分の知識が関わる「それぞれの部分と三部分からなる全体のためによいこと・役立つこと（συμφέρον）」（cf. 442c6-7）も手段としてのよさと解すべきであり，全体のよいあり方を決めている何かではない。したがって，この箇所は，理知的部分が生の原理を熟慮して決定するとの解釈を支持しないのである

　次に哲学的問題点に移る。アーウィンの見解では，熟慮の内実は二つ以上の生を比較し各々の目的達成についてどれが一番見込み（prospect）があるかを考慮することである[22]。例えば，ある人の理知的部分は魂全体を配慮して，どの目的の達成も期待できない名誉支配的人生よりも，富を目的とする寡頭政的人生の方が欲望的部分を満足させる見込みがよりありそうだ（a better prospect）と後者の生き方を択ぶ。だがここに問題がある。もし仮に富の獲得が「自己自身のために悪い」と理解されていたならば，目的達成の見込みがどれほど高くともその生は択ばれないのだから，択ばれる限り何らか「自己自身のためによい」と加えて考えられているはずである。しかしこの思考はアーウィンの解釈には不在である。見込みのあるなしに関するbetter（とworse）は理知的部分が各部分の欲求と状況の関係を計算して判断するものにすぎない。アーウィンは，欲求充足が即その部分と部分からなる魂全体にとって「よい」とみなしているのかもしれないが，この予断自体の是非が今問題なのである。魂全体としての自己は三部分の総和（sum）なのだろうか。彼の解釈はこの自己を説明していない限り，欠陥的だと判定せざるを得ない。

　ではアーウィンに従わないとすれば，〈生の選択＝魂の支配権の引き

---

22) Irwin (1995), 286.

第 10 章　公私の分離・混合・綜合：不正論（第 8・9 巻）　　289

わたし〉をどう理解できるのか。民主政的人間誕生の最終段階に注目したい。

> T2 561a8-b5: もし若者が好運で過度の熱狂に駆られることなく，年をとって大きな騒ぎが過ぎ去った後，追放された快楽の一部分は受け入れ，侵入してきたもの〔＝不必要な快楽〕に自己を全体として委ねる（ὅλον ἑαυτὸν ἐνδῷ）ことがないならば，その場合彼は，諸々の快楽を一種平等に取り扱って暮らしていく，すなわち，その都度籤で決まったかのように湧いてくる快楽に対して，自分が満たされるまでの間，自己の支配権を引きわたし（τὴν ἀρχὴν παραδιδοὺς）ながら（…）。

　この引用は「若者が不必要な欲望・快楽に自己全体を委ねて〈雄蜂〉になることなく，その都度生じる欲望・快楽に自己の支配権を引きわたして民主政的人間になる」ということを語っている。ここから，自己の支配権の引きわたし，すなわち，生の選択が自己全体を委ねることと言い換えられているのがわかる。必要な欲望にも不必要な欲望にも従う必然性がなくなり，その都度生じる欲望を区別する理由を失うという事態に臨んで，若者は自己をそのままその事態に委ねるという仕方で生を選択するのである。この構造は他の場合にも適当な変更と共に見出せる。一般化すれば，不正な生の選択とは，人に否応なく訪れる受動的事態に自己を全体として委ね，それを自分のものとして引き受けることと言えよう[23]。だが，このような〈生の選択〉の理解は何を含意・示唆しているのか。

---

23)　何かに自己・魂を「委ねること」の意味で παραδιδόναι が用いられている例として『パイドン』を参照：「ただしい仕方で知を求める者たちは肉体的な欲望の一切を断ち確固として，それらの欲望に自らを委ねない（οὐ παραδιδόασι αὐταῖς ἑαυτούς）」(82c2-4; cf. 84a4, R. 591c5-7)。逆に，欲望に自らを委ねる人はその欲望に抵抗を示すことはない。また『プロタゴラス』篇冒頭でソクラテスは若者に，魂をソフィストに委ねること（ἐπιτρέπειν; 313a4, b1, c2-3）の危険性を指摘している：「「では，君は何を今しようとしているか知っているのか，それとも気づいていないのか（σε λανθάνει）」と私は言った。「何についてですか」「君は自身の魂を，君が言うところのソフィストに，世話してもらうべく委ねよう（παρασχεῖν）としているのだ。（…）君は，自分が誰に魂を委ねている（παραδίδως）のかを知らないでいるのだ」」(312b7-c3)。

（ⅰ）こう解された生の選択は，アーウィンが主張するような，複数の生を比較して積極的に生の原理に関するドクサを生み出すことではな・く，むしろ状況から与・え・ら・れ・た・ドクサに承認という形で応答することである。それは意識的な決断である必要もなく[24]，例えば，寡頭政的生き方に自らを委ねた人は，後に誰かから富を善としているのかと訊かれた場合，「そうだ」と答えうることを意味する。特定のドクサを自分のものとして引き受けるということは生の肯定を含意してはいるが，善とは何かを先行して熟慮している必要はない。

（ⅱ）生の決定に対する若者の消極的だが能動的な関与は，その生に対する責任が当人に生まれたことを含意している。どういう仕方であれ全く受動的に生のあり方が決定されたのであれば，若者は「こうなったのは自分のせいではない」と言い張ることができる。しかし例えば，富を善とするドクサの内化を拒まず承認するならば，若者は寡頭政的人間として生きることの責任を自ら引き受けねばならないのである[25]。

（ⅲ）以上の二点は，生の選択主体が理知的部分のような魂の一部分でないことを示唆する。しつけ・養育・教育の有無や是非が魂の三部分のあり方に決定的な影響を及ぼす（cf. 411e4-412a3, 441e7-442b4, 558d8-559c12, etc.）のだから，いずれが選択主体だとしても，結局のところ若者への帰責は困難になるのだ[26]。すると「事態に自己を全体として委ねる」という表現は，魂を見る別の視点を要請するのではないだろうか。それはアーウィン批判でも触れられた〈自己〉に注目する視点である。この視点から再帰代名詞「自己」が再帰する主語，〈人＝魂全体〉が選択主体として浮上してくる[27]。魂全体を三部分の総和でなく見ることが可能であれば，それを選択主体とみなしうるのではないだろうか。だが，そうした魂全体がどう能動的に関与するかは未だ明らかでは

---

24) Cf. Gill (1996), 252-55, 257; Lear (1993), 141 n.21.
25) この「消極的能動性」の有無が，例えば，父親の模倣から名誉支配的性格を帯びた子供（＝性格形成）と既に名誉支配政的人間になった大人（＝生の選択）との違いを生む。責任概念と結びついた一種の〈自律性〉の生成がここに認められる。
26) 外部からの影響を度外視し，理知的部分がそれ自身誤って考えたり働きを怠ったりして不正な生を選択するようになったと解する場合でも，若者への帰責可能性を認める限り，理知的部分にそれを許したより根源的な主体を何らか想定しているはずである。
27) Irwin (1995), 287 は，選択主体が魂全体だとする見解をほとんど吟味することなく退ける。

ない。さらに問うことにしよう。生の原理に関するドクサの内化を承認する魂全体の状態はいかなるものなのか。そうしたドクサが内化する条件は何なのか。

(3) ヌースを欠いた魂

ここで不正一般の素描がなされている第4巻末尾に考察を移したい。そこで不正な人の生成は次のように語られる。

> T3 444c11-e4: 正しいことをすることは正義を作り出し，不正なことをすることは不正を作り出すのではないかね。(…) 美しい営みは徳の獲得へと導き，醜い営みは悪徳の獲得へと導くのではないかね。

不正行為を積み重ねることで不正な人になるという説明は自明に聞こえる。だがこの「不正行為」は法律に違反する犯罪や悪事とだけ解してはならない。

> T4 443e4-444a2: こうしたこと一切において，魂のそうした状態を保全するような，またそれを完成させるような行為をこそ，正しく美しい行為と考えてそう呼び，こうした行為を監督する知識を知恵と考えてそう呼ぶわけだ。逆に魂のそうした状態をいつも解体させるような行為が不正行為であり，またこうした行為を監督するドクサが無知（ἀμαθίαν）だということになる。

T4の「魂のそうした状態」とは直前で語られている「魂が正義の徳をはたらかせて，その各部分が自分のことを行い，全体が調和と友愛と一性を保った状態」のことである。簡単に言って「魂の正義が備わった状態」だとすれば，正しい行為とは正義を生み出し保全するような行為のことなのだ。ある行為が「正しい」と言われるのは，それが徳としての正義に何らか与るからなのである。同様に，不正行為も，不正を作り出すか保全するような行為のことだろう。もちろん，犯罪は不正行為であろうが，それは法に反するからというよりも，不正に与るからそう

なのである[28]。そう考えると，T4 は，不正が生成するときの魂の状態をも語っていることになる。なぜなら，不正行為を監督するドクサ・無知（ἀμαθία）が不正を生み出し維持すると読めるのだから。ではこのドクサ・無知とはいかなるものか。

　それと対比して語られている正しい行為を監督する知識・知恵の方から考えてみよう。確認しておきたいのは，この知恵は理知的部分に備わる知恵（cf. 442c4-7）とは異なるということである。なぜなら後者は，既に成立している正義によって理知的部分が自分の仕事に専念するのを前提とする（cf. 443d1-6; 433b7-c2）のだから，正義の成立それ自体に関する知恵とは論理的に区別されるわけである[29]。では理知的部分の徳でないならば，どう理解すべきか。問題の知恵が正しい行為を監督して正義の生成と維持に貢献するには，単に「正義とは何か」「ある行為は正義に与るのか」といったことに答えうるだけでなく，正義と幸福の関係をめぐるただしい理解を含んでいるだろう，これを欠けば，正しい行為を監督する意味を理解していないことになるのだから。この知恵は正義と幸福に関わる認識だと言える。

　そうだとすると，不正行為を監督する無知の方は，正義が何かも知らず，正義と幸福の関係についても誤っているドクサということになる[30]。プラトン的には不正とされる状態こそが幸福をもたらすとの思いこみである。ここに第 8・9 巻との関連を見出せよう。例えば，名誉に満ちた生が幸福な生だとするドクサこそが，不正行為を監督し不正を魂に生み出す無知なのである。

　かくしてこのドクサは不正な生の原理に関わる。だが問題にすべき

　28）　この箇所は「徳の倫理学」の典拠として引用される；cf. Santas (1996), 62-66. 厳密に言えば，テキストには「不正行為は正義を解体させるもの」と書かれているのだが，こう読むことは可能だろう。

　29）　但し，この考察だけからはこの知恵の持ち主が正しい行為の主体であると同定することはできない。行為主体とは別の人が知恵を使って教導している可能性も残るからである。590e-591a では「法」（νόμος 590e1）が未だ正しい人になっていない子供の理知的部分の世話をすると語られており，その世話を司る際に用いられるのがこの箇所の知恵だと解釈できる（決して理知的部分の知恵ではない；本章第 4 節（2）（3）参照）。その場合，知恵の持ち主は行為主体の外側にいることになろう。ただ第 4 巻のこの箇所では，次の段落で述べるように，そうした他者を導入する必然性はないように思われる。

　30）　Shorey (1930), 416 note a はこの無知を，知らないのに知っていると誤って思う「不知の不知」と解する。Cf. Adam (1963a), 264.

第10章　公私の分離・混合・綜合：不正論（第8・9巻）　293

は「それが内化するときの条件は何なのか」「その際の魂全体の状態はいかなるものか」であった。先の引用T4をもう一度見てみよう。注目したいのは，正義・正しい行為・知恵の関係，また不正・不正行為・無知の関係がプラトン自身の見解に基づくのは確実だとしても，テキストにはそれらについて「考えている」（ἡγούμενον 443e5）主体が正しい人とされていることである。つまり，正しい人は正義や不正の生成・維持をめぐる事情について「気づいている」ということが強調されているのだ。この〈気づき〉が正しい人に固有だとは断定できないが，少なくともそれが問題の不正な人になりゆく若者に備わっているとは思えない。仮に備わっているとすれば，第8・9巻の記述はまるで違ったものになったであろうから[31]。であれば，問題の若者の場合，この気づきの欠如こそが誤ったドクサが内化するときの条件になっているのではないだろうか。さらに考察を進めよう。

　プラトンは第9巻末尾（591a-592b）で再び[32]，この「考え・気づき」（cf. ἡγῆται 592a2）をもった人に言及する。本章第4節での考察を先取りすれば，その人は内なるポリテイアと正義のイデアを見較べながら自己形成を図り（cf. ἑαυτὸν κατοικίζειν 592b2; ἑαυτὸν πλάττειν 500d7），その際それに貢献する学問をまず尊重し，快楽・身体・金銭・名誉にはそれらが魂をよりよくすると思える限り注意を払う。こうした仕方で自己を配慮する（cf. φυλάττων 591e2）その人は「ヌースをもっている人」（ὅ γε νοῦν ἔχων c1）と呼ばれている。『ポリテイア』篇では「ヌースをもっている状態」とそれと対比される「思わくしている状態」（δοξάζειν）は精神（διάνοια）の二つのあり方とされ（508d3-8; cf. 476d4-5），この場合διάνοιαは，何人かの論者が指摘してきたように[33]，魂全体の状態（ἕξις）を表す。であれば，ここに「誤ったドクサ

---

31) 例えば，アクラシアのようなケースがある。

32) 4.443c-444aと9.591a-592bの対応関係を裏付ける証拠として，(i) 正しい人と不正な人の幸福に関する比較という文脈，(ii) 魂における正義（またその獲得・解体）をめぐる記述，(iii) 身体・金銭・政治・私的営みへの言及，(iv) 正義と外的行為を結びつける思考への言及，等の一致がある。Cf. Adam (1963b), 369; Jowett and Campbell (1894b), 438.

33) 魂全体の状態を示すδιάνοια: 395d3, 396e1, 400e3, 403d8, 410c8, 412e9, 455c1, 476b7, d4, 486a8, d10, 500c1, 560b9, 595b6, 603c1; Adam (1963b), 72; Shorey (1935), 112. Burnyeat (1999), 226-27はδιάνοιαが生全体に関わる思考の様態であることを強調する。とりわけ中畑（1992），50-51, 55 n.20は，知覚判断（さらにはドクサ一般）の主体が魂全体で

が内化する際の魂全体の状態はいかなるものか」という問に対する答が見出されるのではないだろうか。つまり，ヌースをもっていることの一側面が先の気づきであれば[34]，問題の不正な人になりゆく若者の魂全体は〈気づき＝ヌース〉を欠いて思わくしている状態にあると言えるのだ。若者はヌースを欠いた（cf. ἄνευ νοῦ 494d3; νοῦν οὐκ ἔχοντι 508d8, cp. 494d6）魂全体によって「様々なドクサを上下に転変させぼんやり判断を下す」（508d7-8）――このように生を選択するのである。

（4）むすび

ヌースとドクサの対比を軸とした魂論と魂の三部分説との関係についてはより詳細な検討が必要になろう[35]。例えば，第4巻の魂論は中心巻の魂論を経て第8・9巻ではある変容が生じているといった事態も予想できるからだ[36]。だが，ここで少なくとも言えるのは，第4巻と第9巻の正しい人をめぐる議論が以上のような仕方で不正な人になりゆく若者の魂全体の状態を照らし出すならば，そうした魂の所有者として若者は〈正義〉や自己自身への配慮を欠いたまま，自己を状況相対的な規範（τύπος）に委ねるのだと結論できる。プラトンが若者の生の選択を能動的なものと特徴づけるとき，それはアーウィンが解釈するような理知的部分による熟慮の上での善の選択ではなくて，自己のあり方や本当の善を熟慮することのないまま，ヌースを欠いた魂によって，自らに降りかかってきた事態に身を委ねるといったものなのである。ヌースをもち迫ってきたドクサを拒絶できたにもかかわらず，思わくという「夢」

あることを論じる中で，それを「魂の三つの部分すべてという意味には決して解してはならない」と注意する。

34）ヌースの有無（cf. 477e8）に関わる「考え・気づき」（ἡγεῖσθαι, νομίζειν）については 476c1-2, c5, 7, d1, 479a2-3, 515b5, b9, d7, etc. を参照。

35）中畑（1992）はこの問題に真正面から取り組み，説得的な議論を展開している。

36）確かに，本書の考察方針からすると，第4巻の魂論は人間の私的側面を問題にしており，生全体を決定に関わる魂論になっていないと認めざるを得ない。だが，徳・悪徳の生成を扱う第4巻最後の議論に限ってはある仕方で三部分説を超えており，既に中心巻で展開される，公私からなる生全体を問題とする魂論に一歩足を踏み込んでいると解釈できる。第8・9巻の「生の選択」の議論は，本章第1節最後で触れたように，人・魂の私的側面から公私両面へと移行するその瞬間――人格の誕生の瞬間――に光を当てており，この意味で第4巻から中心巻への移行を反映していると言える。それゆえ，今・ここの現実に生きる〈わたし〉の生の選択なのである。

の中で承認を与えた若者は自らの不正な——そして不幸な——生に責任を負うことになる。こうした解釈は，若者を対象とする初期教育論の問題枠を越えて，もはや「レーテーの野」を彷徨し「アメレースの河」を渡りきって，現在「洞窟」の奥で自らを縛り付けている「大衆」(οἱ πολλοί) が「魂に気遣え」というソクラテスの呼びかけに耳を傾けるべき理由をも浮き彫りにするのではないだろうか[37]。

3　生の判定（第 9 巻）

　四種類の不正な人の考察を終えたソクラテスたちは，ようやく正しい人と不正な人のどちらが幸福で，どちらが不幸なのかを判定するに至る。第 2 巻から始まった考察もいよいよその最終局面を迎えるのである。ところが，第 9 巻 577b からソクラテスがグラウコンに下させる〈生の判定〉の評判は全く芳しくない。三つある論証のうち，とりわけ「ポリスと魂の類比」に基づくとされる第一論証（577b-580c）は「論証ですらない」と酷評されたりする[38]。確信に満ちて判定するグラウコンと戸惑う読者の間には深い溝が横たわっているのだ。これは果たして著者プラトンの創作上の失敗を意味するのだろうか。否むしろ，読者の側に作品から学べない原因がありはしないか。第一論証は不幸の内実について豊かな解説を加えてグラウコンの同意を惹起し，読者に生を判定する機会——自身の生を振り返るきっかけ——を提供しているように思えるからである。本節では，読む側に巣喰う思い込み(ドクサ)を明るみに出し，プラトンが第一論証における生の判定に込めた意味を浮彫りにすることによってグラウコンと読者の間の架橋に挑みたい。

---

37) Burnyeat (1999), 240, 245 は「洞窟の比喩」の中の囚人たちが無批判的に自らの文化の諸価値や観念を受け入れていて，そのことに気づいていない (unaware) と指摘する。第 6 章註 17，本章註 23 も参照。「エルの神話」の中の〈生の選択〉が現在の生にも関わるとされるとき（618e4-619a1, 619a7-b1, e3-5），それは囚人一人ひとりの「生の択び直し」——不幸であることの気づき，その責任が自己にあることの気づきに基づく——を意味すると思われる。「エルの物語」を考察する本書第 11 章第 2 節 (3) 参照。

38) Cross and Woozley (1964), 264; Annas (1981), 305. 因みに，第二論証（580d-583a）と第三論証（583b-587a）は快楽を主題化して生を判定する。

(1) 公と私の分離と綜合

　生の判定をめぐる第一論証は，僭主政が最高度に不正なポリスであるのと類比的に，僭主政的人間——エロースが僭主のように魂全体を支配している人間——が最も不正な人であるという説明を受けているため，僭主政が最も不幸なポリスでもあるのと類比的に，僭主政的人間が最も不幸であるという「証明」だと解されやすい[39]。だが「ポリスと魂の類比」という方法に専ら訴える，こうした見方(ドクサ)は論証の一面だけに囚われている。同じ見方をするグラウコンをたしなめてソクラテスは次のように語るからである。

> T5 578b9-c3: そういう人（僭主政的人間）は（…）まだ最も惨めな人だとは言えないと思う。（…）おそらく，次の人はその人より一層惨めだと君に思われるだろう。（…）僭主政的人間でありながら，私人としての生を送ることなく，不運にも何か悪しきめぐり合わせによって，実際に僭主となる羽目に陥った人のことだよ。

　この発言は，最も不正な僭主政的魂をもちながら，実際に僭主になる人——「真の僭主」(ὁ τῷ ὄντι τύραννος 579d10-11) と呼ばれる——が最も不幸だと認定している。第一論証は類比の方法から当然予想される結論を否定しているのである。そのことの含意を三点指摘しよう。
　(ⅰ) ソクラテスは類比の方法によって析出された僭主政的人間の不幸が「私人としての生」(ἰδιώτην βίον 578c1) に関わるものとし，ポリス内で公的役割を担う僭主の「公人としての生」と明瞭に区別している。本書で考察してきたように，この区別は当時のアテネにおける〈公(δημόσιος)／私(ἴδιος)〉の対立図式を前提している。私人としての生とは，民主政アテネの公的空間の極である民会・法廷・劇場で政治活動に従事するのでなく，私的空間の極である「家」(οἶκος) を中心として家族・親類・友人と交わりながら送る生であった。こう区別された公／私が類比の二項であるポリス／魂に割り当てられていることは，魂についての議論が私的生活に関わり，ポリスについての議論が公的生活

---

[39] 藤沢 (1979b), 393 は当該箇所に「国家と個人としての人間との類似性にもとづいた国家論的（政治論的）証明」と註記している。

第10章　公私の分離・混合・綜合：不正論（第8・9巻）　　　297

に関わることを示しており，本書の「類比の方法」に対する解釈の正当性を強力に裏づけている。

　この視点から類比の議論を振り返ってみよう。第2〜4巻で，「理想的ポリス」を建設する中で発見された正義は，ポリス市民が各自の資質・能力に応じて「自分の仕事」をすることであった。市民がポリス内の公的役割をきちんと果たすことが本来の公的倫理なのである。類比的に明かされる魂における正義は，魂の三つの部分それぞれに「自分の仕事」をさせると同時に，ポリス内の公的役割に解消されない〈自己〉を成立させるものだった[40]。第8・9巻の不正をめぐる議論では，自分の能力に反して支配を企て「自分の仕事」をしない市民からなる不正なポリスが描かれる一方で，魂における不正については，若者が「家」を中心とする私的空間で家族や仲間によって性格を形づくられる——魂の各部分が「自分の仕事」をしないように育まれる——様子に焦点が当てられる。このように類比の方法が採用されている場面では，公（＝ポリス）と私（＝魂）の分離が意識的になされていると言える[41]。

　（ⅱ）したがって，T5のソクラテスの発言は，彼らの探究が類比の方法から離れて新しい段階に進んでいることを明示している。つまり，ポリスに生きる人間を公私両面から眺めることで，その人生を全体として捉えようとしているのである。最も不幸な生を判定する際も，人間の生の現実が公と私の双方からなる限り，私的生活と公的生活を分離してそれぞれの不幸を見るだけでは不十分なのであって，これら二種類の不幸の「和」を弾き出さねばならない。だから直前でソクラテスは生の判定者（κριτής, cf. 580b1; κρίνεις 576d7, κρίνειν 577a1, κρῖναι b7）たる資格をこう語っていたのだ。判定者は①思考力（διανοίᾳ 577a2）を駆使して人の性格の内側まで見抜き，外側の華麗な見せかけによって欺かれてはならない。

　T6 577a6-b2: そうした判定能力をもつ一方で，僭主と同じ場所で暮らしたことがあって，②家での諸行為において，身内の一人ひとり

---

40) 松永（1993），221-43 参照。
41) 類比の方法の解釈については，ポリス論と魂論の分離を論じる Ferrari（2003）に反対し，ポリスと魂の因果関係を重視する論者も多い。最近では，吉沢（2010），25-36 参照。

に対して彼がどのような態度をとるかに立ち会い——身内の中でとりわけ劇場用の衣装を脱いだ裸の姿が見られるだろうから——そしてまた③公の場での危険（τοῖς δημοσίοις κινδύνοις）に臨んだときの振舞にも立ち会ったことのある人でなければならない。

こうして第一論証は，①僭主政的人間の魂内部の闇を見透すのみならず，②その私的生活での不幸と共に，③僭主としての公的生活における不幸を暴き出す狙いをもつ。公私を分離する類比の方法と異なり，「真の僭主」の人生を魂の内と外，私と公から綜合的に把握する試みなのである。

（ⅲ）以上を踏まえてソクラテスは，自分たちが有資格者として判定者の役割を演じることを提案する。グラウコンはかくして第2巻冒頭で提起した問題に自ら答えることになるのだ。彼の問題提起はこうだった。民主政アテネで通用している正義観はおかしいのではないか。民主政の主体である大衆は私的利益を追求するエゴイストであり，本心では何物にも縛られないやりたい放題できる自由を求めているが，弱者ゆえ制限がないと強者に負けて不利益を蒙ると思う。そこで〈何でも自由〉の競争主義は認めず，一定の制限を平等に設けてある程度の自由を得ることで満足するようになる。対他関係を律するきまりである，この公的制限こそが「正義」に他ならない。したがって，大衆にとって，平等を旨とする正義は自由を確保するために必要だが，本来はない方がよい「必要悪」（消極的善）でしかない。正義はそれ自体では求められておらず，ないと私的に（ἰδίᾳ 360c7, d1）困るから嫌々ながら尊重されているにすぎないのだ。僭主の如き力（ギュゲスの指輪）を入手したならば，人は欲心のままに不法な欲望すら充足させて快楽に満ちた不正な生を送るだろう。
（プレオネクシア）

グラウコンが疑念を抱くこの正義観の担い手は，現実の民主政アテネの公的空間で私的利益を求めて闘争に明け暮れる者たちだった（cf. 521a4-8）。公私が混合する生の現実を目の当たりにして，彼は正義とは何か，正義はそれ自体で人を幸福にするのかを問題提起したのであ

る[42]。今やグラウコンは公私混合の生の評価に向かう。しかもそれは眼前の人々が心底で憧れていた僭主という最高度に不正な人の生の評価である。第2～9巻の哲学的議論を経たグラウコンは一体どのような判定を下すのか。

(2) 僭主政的人間の不幸

上で見たように、「真の僭主」の生の判定は三つの観点からなされている。①「ポリスと魂の類比」に基づいて明かされる僭主政的人間の魂の状態、②僭主政的人間としての私的生活、③僭主としての公的生活である。ここでは①②を取り上げて、僭主政的人間の不幸が魂の内と外からどのように描かれているかを見ていこう。

まず①について。577b-578bでソクラテスは類比の方法を用い、僭主政ポリスと比較しながら、僭主政的人間が蒙る魂の情態（τὰ παθήματα 577c2）を列挙する。僭主政ポリスでは僭主以外の住人が皆「奴隷」であるのと同様に、僭主政的な人の魂は多くの隷属情態と不自由に満ちている。魂の最も優れた理知的部分も欲望的部分、狂気に駆られたエロースに支配されてしまう。それゆえ、そうした魂は全体としては望みがかなわず、常に混乱と後悔に苦しめられ、欠乏と貧困の状態にある。また恐怖、嘆き、呻き、悲しみは誰よりも多い。これら全てが僭主政的人間の不幸を魂の内側から暴き出す。

第一論証のこの部分は恐怖や苦痛といった情念を厭う大衆に向けて語られている[43]。第2巻のグラウコンの見立てでは、民主政下の大衆はやりたい放題ができる自由に価値を置き、その限りで欲求充足とその結果としての快楽に幸福を見出している。大衆は僭主こそが快楽に満ちた人生を送れると思い、ある憧れを抱いていたが、僭主政的人間の場合、その魂を全体として眺めれば、欲望が満たされない苦しみや、新たな欲望が制御できぬまま次々と湧出する恐怖に苛まれているのに気づくだろう。

しかしながら、人生の幸福／不幸はただ単に魂内部の情態のみで決まるわけではない。大衆ならぬグラウコンに対してソクラテスは②の観点

---

42) 以上の議論については、本書第5章第1節参照。
43) Cf. Kraut (1997), 278 n.9.

から僭主政的人間の私的生活のあり方を詳述する。「家」を中心とした私的空間において「真の僭主」は「(公的な)劇場用の衣装を脱いだ裸の姿」(577b1) を曝け出すに違いない。

575e-576b でソクラテスは僭主政的人間の権力掌握以前の私的な暮らしぶり (ἰδίᾳ 575e3) を語る。まず僭主政的な人は自分に媚びへつらう人には傲慢に振舞うが,誰かから何か得ようとするならば,自身の性格を素早く変えて「身内」であるかのように装う。だが欲しいものを手に入れると,すぐさま「他人」へと変身する。「家」の内/外の区別を恣意的に操作して人と交わるのだ。そのため,状況に応じてその都度自らのあり方を変容させ,自己の同一性を保てず,真の自由 = 自律を失うと言われる。そして人生を通じて誰とも友人となれず,常に誰かの主人であるか,奴隷であるかを余儀なくされる。僭主政的本性 (φύσις) は決して真の自由と友情を味わうことなく,信頼関係も結べないのであった[44]。

僭主政的人間のこうした生き方の原因は〈不正〉である。この箇所は第4巻で同意された正義の理解を前提していて[45],自己の成立根拠である正義と対蹠的に,不正は自己の喪失根拠として働いているのである。〈自律性としての自由〉の喪失はまさにこれを意味しよう。そして自己の存在が認められない者に〈信頼〉(πίστις) や〈友愛〉(φιλία) は成立しない。逆に言えば,本来の意味で,相互に信頼し友情を分かち合えるのは,自律的で自由な正しい人々の間でのみなのである[46]。私的生活の幸福/不幸がこうした〈人と人との関係〉で決まるとする洞察は,閉じた魂内の情念の考察とは異なる位相にある。

---

[44] アルキビアデスが僭主政的人間のモデルであるのは間違いない。「彼(アルキビアデス)は,あのカメレオン (χαμαιλέοντος) よりもすばしっこく姿をかえることができ,他の人の習わしとか,くらしっぷりとかに,すぐさま,おなじ気持になって,とけこんでゆけたのだ。しかもカメレオンですら白一色だけにはどうしても肌の色をかえられないと言われているのに,彼ときたら,善悪いずれの人とまじわっても,およそ自分に真似のできぬことや,ぴったりとはまりこめないことなどは,なにひとつとしてなかった」(Plutarchus Alc. 23.4-5; 村川 (1996), 358 安藤弘訳)。Larivée (2013), 152-57 は第8・9巻で描かれている僭主のモデルをアルキビアデスと特定し説得的な議論を展開している。

[45] 前提としての「正義についてのただしい同意」(576a10-b2) は 4.443c-444a の議論を指す。

[46] 高橋 (2010) は『ポリテイア』篇における正義と自由の問題を多角的に論じている。本書第3章『メネクセス』論第3節 (1) も参照。

第 10 章　公私の分離・混合・綜合：不正論（第 8・9 巻）　　301

　ではなぜ僭主政的人間がこのように生きるようになったのか。この生活に先立つ段階まで遡ってその秘密を探ろう。第 9 巻前半に僭主政的性格が生じる過程（572b-573c）と初期の生き方（573c-575c）についての描写がある。

　僭主政的な人は民主政的父親から生まれる。父親は自由と平等を生きる原理としており，それに基づいて息子を養育する。それゆえ，成長につれて息子が抱く欲望についても，その充足を禁じずに息子の自由に任せる。但しどの欲望も平等に順序よく取り扱うという規則を守らせながら。父親の養育方針が自由放任で一貫していることは，息子の性格形成にとって大きな意味をもつ。息子は「家」で好き勝手できる一方，父親の意図とは別に，そのドライな接し方に親密な愛情の欠落を覚える。さらに，その都度偶然に生じる欲望からの諸行為は必然的連関を欠き，彼の日常は刹那的行動の束となって何か一つのことに執着し馴染むことがない。子供時代の親密性・熟知性（familiarity）の欠如は自身の拠り所を「家」の外に求めさせる。

　この息子が「家」を出て，僭主政的な人々と付き合い始めたとしよう。ならず者たちは，彼が父親の私的きまりを愚直に守っているのが我慢ならない。欲望を平等に充足させず，より刺激的な「不法な欲望」を優先させるよう彼を誘惑する。すると彼の魂の中では，欲望内の支配関係をめぐって，父親的原理と仲間の原理とがせめぎ合う。民主政的父親や親族からの援軍が僭主政的な外敵を打ち破れば，民主政的原理が支配権を得るが，自由と平等という原理は不法な欲望を完全には排除できない。その隙につけ込み僭主政的な仲間たちが不法な欲望の中でも最も強力なエロースを若者に注入すると，エロースは不法な欲望を結集させ，民主政原理を完璧に打破する。こうした内戦を通じて，民主政的な息子は僭主政的人間に変貌をとげるのであった[47]。

　僭主政的若者は生活の中で徐々に自己を喪失していく。そのプロセス

---

[47]　前節で少し触れたように，他の不正な人（名誉政・寡頭政・民主政的人間）の誕生にとっても，「家」を中心とした私的空間での身内／他人との関係が本質的に重要である。自己の内部には既に他者の原理が息づいており，最初から自己が固有なるものとして他者から独立してあるわけではない。ポリスの政治的・公的空間に先だって，私的空間における他者との諸関係が自己を作り上げていくのである。

を追っていこう。彼は「雄蜂」と呼ばれるならず者連中との付き合いで，私的な宴会やどんちゃん騒ぎに興じる。僭主政的エロースや他の不必要な欲望に駆られて所持金を使い果たすと，両親に対して自分が「より多く」（πλέον εἶχον 574a7）財産を得る権利があると主張する。彼には「長幼の序」といった伝統的な「家」の秩序は通用しない。「自身の分け前」を使い切り，父親の財産を奪い始めると，親／子の区別すら意味を失う。彼は息子としての家族の役割——「家」における「自分の仕事」——を果たさず，「家」内部での自／他の区別を無化してしまうのだ。

若者による秩序の殲滅行為は「家」それ自体の自立性をも脅かす。彼は「家」の内／外の区別がないかのように，最近親しくなった「必然性のない」仲間たちを勝手に「家」へと連れ込み，「必然で結びついた」親たちをその奴隷としてしまう。家族の結びつきよりも私的な交友関係を優先させて，彼は考えなしに，家族に由来する自己の本来性（οἰκεῖον）を害してしまうのである。次いで，僭主政的若者は強盗を働いたり，追い剥ぎするなど「小さな」犯罪に手を染めるようになって，「家」の外でも自／他の区別が消失する。その間，美醜などの倫理観をめぐっては，エロースと悪友によって注入された新しい考えが幼い頃から彼の自己を形づくっていた考えを駆逐していく。彼にはもはや自己自身の同定を可能にする実質的な核が存在しない。全くの無支配的無法的状態の中で，エロースが彼を完全な非道の極みへと導くのであった。それゆえ，こうした絶望的状況を惹起したエロースを単に愛欲や権力欲で特徴づけるのは十分でない[48]。むしろ上述の如く，僭主的エロース——「ギュゲスの指輪」の物語が示唆するように，わたしたち一人ひとりにも潜んでいる（cf. 571b3-5）——の特徴は自／他，内／外，さらには神／人間／動物の間に存在する境界や法（ノモス）を無化し根こぎする，その全体主義的性格（cf. ὕβριν … πᾶσαν 572c7）に認められるのだ[49]。エロースは個を全体へと埋没させていく。かくして，彼は目覚めながらも，夢を見て生きる——仮想現実を生きる——ことになるのであ

---

48) Cf. Parry (2007), 386-403.
49)「想像上で母親と交わろうとすることにも，人間であれ神であれ動物であれ，他の誰と交わろうとすることにも，何らためらうことがない」（571d1-3）。

る（ὄναρ 574d8, e3, 576b4）。

これが僭主政的人間の不幸な生活の内実である。その人は自分の人生をすっかり失い，自身の内と外の区別も全くつかない状態である。それゆえ生の判定者は，グラウコンがそうであったように，この生こそが最も不幸であると結論づけたくなろう。しかし，ソクラテスの考察はここで終わらない。彼は続けて，③「真の僭主」の公的側面を顕わにしていくのである。

(3)「真の僭主」の不幸

本節（1）の T5 に引用したように，「真の僭主」は私人としての生を送ることができず，不運にも僭主としてポリスを支配することを強いられていた（578b-c）。彼の不運とは偶々僭主政的な人々が多い場所に生まれたことを意味する（cf. 575c-d）。人は場所・時間・環境を択んで生まれてくることはできないのである。しかし，運が悪かっただけでなく，不幸でもあるのはなぜなのか。ソクラテスはグラウコンに対して相互に連関する三つの比喩を提出し，この問に答えていく。

第一の比喩（578d1-579b1）は「真の僭主」を 50 人以上の奴隷を所有する裕福な私人（ἰδιωτῶν 578d4, d13）に譬える。双方とも多数者を支配している点で違いはないからだ。この私人は普段はポリスの庇護下で奴隷を恐れる必要がないが，あるとき神が彼と家族を「家」ごとそっくり荒野へ移住させたとしたらどうだろう。奴隷たちが財産目当てに彼と家族を滅ぼそうとすると恐怖に襲われるのではないか。そこで彼は奴隷を解放しその追従者になるだろう。さらに神が彼の周囲に多くの敵を置くとしたら，一層過酷な苦難にぶつかるだろう。

独裁者の荒涼とした心象風景を映し出すかのような，この比喩において，神の途方もない力は「真の僭主」の生の受動性——生まれの環境を択べないことによる不運——を意味している。また「私人」は「公人」との対比で，家族，財産，奴隷をもつ「家」を代表する。この「家」内部での主人／奴隷の主従関係が機能するのは，「私人」——自由市民を意味しもする——が同胞の自由市民と互助的にポリス全体を構成し，それぞれの「家」を支え合っていることによる。この比喩の私人は荒野に移されて公的援助を失い，「家」内部の秩序を保持できなくなる。公／

私の区別の消滅が「裸」になった私人を恐怖に駆り立てるのであった。

「真の僭主」の場合，「家」はポリスを，「奴隷」は彼が支配する他の市民を表している。彼には彼を支援する同胞がいない。公と私の区別も消失してしまっているため，彼の「家」は常に他人の目に晒されていて，自身と家族の命や財産が奪われる恐怖に苦しんでいるのである。さらには，他のポリスによる侵略にも怯え続けなくてはならない。支配者が被支配者にへつらい生きるという公的役割の転倒した生がここにある。

第二の比喩（579b2-c3）は「真の僭主」を「牢獄」に縛られた囚人に譬える[50]。彼は「私人」たる一般市民に許されている自由を享受できない。外国旅行にも行けないし，見たいものを見ることもできない。公的生活から独立した，私的生活を楽しむことが禁じられているのである（cf. 419a-420a）[51]。そして，私的楽しみを欠く彼の公的人生が「家」への引き籠もりを余儀なくされる女性の生に似ていると語られることで，最も公的な生が最も私的な生と同一視される逆説が生まれる。この比喩においても，本来独立性を保った，人生の二側面である公と私が融合・消失した事態が強調されている。

第三の比喩（579c4-d9）は，身体と魂の対比に訴えながら，公と私を区別して生きられない「真の僭主」の悲惨さを描く。すなわち，病気でままならぬ身体をもちながらも，私人として生きることができず，公的な場たる競技場で他の身体と競争して生きることを強制される競技者のように，「真の僭主」も悪徳で病んだ制御できない魂をもちつつも，私人として生きられず，数多くのならず者たちと政治の場で権力争いを繰り広げながら，支配者の生を送るよう余儀なくされているのである。彼には公的空間から独立した，休息のための「家」は存在しない。公私の境界が消失した彼の人生は常在戦場，魂の内と外の両方で惨めなあり方をしているのである。それほどにも「真の僭主」は僭主的人間のもつ不

---

50) この比喩は第7巻で二度用いられる「牢獄」（δεσμωτήριον, 515b7, 517b2）の語の使用と相俟って「洞窟の比喩」を想起させる。但しここでは，民主政「牢獄」で十把一絡げに縛られている大衆とは対照的に，真の僭主の寂しすぎる孤独が強調されている。

51) おそらく，世俗的な幸福観に訴えて僭主の生と私人の生を比較するクセノポンの『ヒエロン』を下敷きにしている。

幸に加えてより多くの悪の果実を享受している（καρποῦται 579c4）のであった[52]。

これら三つの比喩は相俟って「真の僭主」の私的生活と公的生活とが独立性を保てず，悲惨な形で融合している事態を描き出している。無政府・無法状態は彼の私的生活に留まらず，公私の境すら消し去って，人生全体にまで拡大しているのである。前節の①②に加えて，③の観点から説明を受けて最終判定に挑むグラウコンに迷いはない。彼は「真の僭主」こそが最も不正にして，最も不幸な人間であるとの有罪判決を下すのだった。

(4)「真の哲学者」という見本

本節では，『ポリテイア』篇における不幸な生の判定が，人間は本来相互に独立性を保った私的生活と公的生活の両方を生きるという人間観に基づいていること，そして，その最終判定はその両生活における不幸の「和」から導かれており，最大の不幸の内実は「真の僭主」の生き方に認められることを見てきた。従来の『ポリテイア』研究は主題を公的側面の「政治」と私的側面の「倫理」へと分裂させ，そのいずれかに重きを置く傾向があった[53]。魂論にしても，三部分からなる魂の内面にばかり目を向け，私的生活を構成する〈人と人との関係〉が魂の形成と表出を担っている点を軽視してきた[54]。しかしこうした見解に反し，第2〜9巻の探究を通じて公私を綜合して見通す力——「洞察力をもつこと」（τῶν νοῦν ἐχόντων 580a8）——を備えるようになったグラウコンは政治と倫理，魂を人生全体の関連し合う諸相として捉えきり，生の判定という対話篇の最重要課題に答えたのである。

ところで生の判定は登場人物を介して読者を否応なく巻き込む形をとる。したがって，本書第8章第1節で見た，第5巻でソクラテスが表明する探究の狙いは，グラウコンとアデイマントスのみならず，そのまま読者にも向けられている。

---

52) 不幸の「和」の合算については，Shorey (1935), 365 n.f; Parry (2007), 403 参照。
53) 納富 (2012), 13-16, 43-58, 59-68 参照。
54) そうした中で，朴 (2010) は独特の考察を遂行し重要な方向性を示唆している（特に 162-73)。

T7 472c4-d1: 見本(パラデイグマ)のために,正義そのものがどのようであるかを探究してきたのだ。そして完全な形で正しい人がもし生じる場合,生じたその人はどのようであるかを,そしてまた不正と最も不正な人を探究してきたのだ。その目的は,そうした人々へと目を向けて,幸福とその反対に関する彼らの状態が我々に顕わになるなら,・我・々・自・身・に・つ・い・て・も,かの人々(最も正しい人/不正な人)にできる限り似た者になれば,かのもの(幸福/不幸)に最も近い定めをもつだろうと自ら同意するよう強制するためだった。

　登場人物と共に,読者=「われわれ自身」が最も不正な人の不幸なあり方について同意を与えたとすれば,最も正しい人についてはどうだろうか。著者との対話を丁寧に進めてきた読者は,既に第 7 巻の「洞窟の比喩」に,公私からなる人生全体を調和的に生きる正しい人を「真の哲学者」として発見していたのである(第 9 章第 2 節)。「真の僭主」がその逆写像として描かれた,この哲学者は洞窟の外でイデアを観照しながら私的生活を送るのみならず,理想的な正しいポリスに育てられたことの自覚と責任から,洞窟を下って支配という公的生活を営み,時期がくれば再び洞窟の外へ帰っていく。思慮(φρόνησις)に支えられて,彼/彼女はポリスの公的役割においても私生活においても〈自分のこと〉を可能にする正義を確立しており,その限りで最も正しい人である[55]。それゆえこの比喩では,ポリス内の公的活動に背を向け私的な観照生活にのみ没頭する「哲学者」は不正な人と断罪される。人生全体をどう生きるかを問題にする「真の哲学」(521b2)は公私の調和的なあり方を追究するのであった。対話篇の探究の実践的性格はここに際だつ。読者は,人間のあり方の両極に位置する,最も正しい「真の哲学者」と最も不正な「真の僭主」を共に眺めて参考にしながら,見本とは異なる現実を生きる自身の生のあり方を配慮するよう促されるのである。
　だが「現実」との関係では,さらに少しばかりの注意がいる。「洞窟の比喩」は理想的なポリスの影として現実のポリスを映し出し,そこに

---

55) 本書第 8・9 章で論じたように,類比の方法によらない「中心巻」(第 5-7 巻)の課題は人格における公私の調和的結合にある。この課題に予め取り組んでいたからこそ,グラウコンは生の判定に臨んでヌースをもちえたのだった。

生きるもう一人の「真の哲学者」の存在を浮かび上がらせてもいたのだ。洞窟内の「囚人を解放して上方へ連れて行こうと企てた」(517a) ため，政治に生きる者たちに捕らえられ殺されてしまった〈ソクラテス〉その人である[56]。アゴラを中心とした半公的(ἰδίᾳ)[セミパブリック]空間で誰彼となく対話の形で哲学を展開し(『弁明』31c-32a)，そういう仕方で真に政治に関わっていることを自認していた(『ゴルギアス』521d) ソクラテスに，民主政アテネという不正なポリスの現実の中で，公私からなる人生全体をどう生きるべきかを探究した「真の哲学者」の姿が認められるのである[57]。「最も正しい人」(『パイドン』118a) ソクラテスは，不正に満ちた現実に生きる読者にとって，よりアクチュアルな見本になるだろう。『ポリテイア』は人生の三つの究極的な形を描くことで，公私にわたって別の異なる具体的時間・空間を生きる読者――人格的にも異なる読者――に自らの人生全体を省みるきっかけを提供しているのである[58]。

4 〈自分のポリス〉の建設（第9巻）――公私結合の生に向けて

ソクラテスは「真の僭主」に注目した〈生の判定〉の第一論証に続けて，快楽論に基づく第二論証(580c-583b)と第三論証(583b-588a)を展開し，「よき人と正しい人が悪しき人と不正な人を快楽によってこれほどにも打ちのめしているのだから，生の端正さと美と徳によっては途轍もないほどに甚だしく打ちのめすことになるだろう」(588a7-9)と締め括る[59]。そして最初の問題に戻ると宣言する。すなわち，「完全に不正

---

56) 本書第9章第1節参照。
57) 本書第2章参照。栗原(2015), 144-50 も参照。
58) プラトンが対話篇を公にする実践に政治的意味合いを読み取るならば，ここにもう一人別の「真の哲学者」を見出しうる。詩人哲学者の公的影響力は次章で見る第10章「詩人追放論」の隠された主題である。
59) これら二つの論証は哲学的に興味深いものであるが，公私の問題との関係が相対的に薄いためここでは考察しない。因みに，この引用部の主張については，快楽の観点よりも徳の観点が重要である分，第一論証が第二・三論証よりも重要であることを示していると考える(但し 583b6-7 も参照)。Kraut (1997) も同様の考えだが，彼は第一論証の主題である真の僭主や不幸にさほど注意を払わず，専ら哲学者や幸福の方を議論している。

な人ではあるが，正しいと思われている人（δοξαζομένῳ）にとって不正をすることは得になる」(b2-4) という第 2 巻のグラウコンやアデイマントスが問題とした主張（cf. 360d-361d）の検討に取り掛かるのである。この節では，〈生の判定〉の第四論証とみなされることもある[60]第 9 巻最後の議論を考察することで，第 2 巻から第 9 巻までの探究が公と私をめぐって何を明らかにしたのかを考えていこう。

(1) 魂のイメージ化（588b-589c）

不正行為が当人にとって得になると主張する者に対する説得は，その性格上，第 2 巻から第 9 巻までの考察全てを総動員してなされることになる。例えば，ソクラテスは「不正行為と正しい行為のそれぞれがどんな力をもつのかが同意された」(cf. 588b6-8) と最初に語るが，これも正義と不正についてこれまで繰り広げられてきた考察の一切を受けていると言える。だが面白いことに，彼は説得に先んじて，人間の魂を比喩で示し，いわば目に見える形でイメージ化している（εἰκόνα πλάσαντες τῆς ψυχῆς λόγῳ b10）ので，最初にこの点を確認しよう。ソクラテスは第 4 巻で導入され，第 8・9 巻で発展させられた「魂の三部分説」を活用し，まず欲望的部分を神話上の怪物（φύσεις[61] c3）――キマイラ，スキュラ，ケルベロス――のイメージに訴えながら「たくさんの多様な頭をもった生き物」として表象する。そして気概的部分をライオンに，理知的部分を人間に表象し，この三体が共に生まれついている（συμπεφυκέναι d5-6, cf. c4）形で一つに結び合わせ，さらに外側から皮膚で覆って一人の人間の像へと仕上げる。その結果，洞察力を欠く人には内側の魂の様子が見えないようになっている。

次にソクラテスは不正行為の賞賛者を代弁してこの比喩を説明する。不正礼賛者はこう言うだろう。不正行為が行為者に得になるのは，多頭の怪物やライオンを養って強くする一方で，内なる人間を飢えさせて弱くなってどちらかに引っ張られるからであり，またそれぞれが互いに馴

---

[60] Irwin (1995), 291-92, 294.
[61] この φύσεις は第 2 巻 359c の φύσις（creature; LSJ）を受けている。不正行為の礼賛者は人間を〈プレオネクシア＝善〉とする獣のように捉えているのである。本書第 5 章第 1 節 (3) (5) 参照。

第10章　公私の分離・混合・綜合：不正論（第8・9巻）　　309

れ合うことも友となることもなく，噛み付き争い合っては喰らい合うことを許すからである，と。彼にとっては，怪物たちが他の生き物を喰い殺して，やりたい放題できれば，外なる人間は快楽で満ちた「幸福」な生を送れるというわけである。それに対して，正しい行為の賞賛者は，正しい言動を通じて，内なる人間が最も強くなって，農夫のように多頭の獣の世話をし荒々しくなるのを妨げ，ライオンについても穏やかに養育しなだめながら自らの同盟者とし，そして皆で友となるようにしていく，と主張する。すると，第4巻の結論と一致して，外なる人間は調和と友愛を備えた魂をもち幸福に生きるという主張になりそうである[62]。

ソクラテスは続ける。それぞれの立場の主張の真偽に関しては，あらゆる点で前者が偽で後者が真だと認めざるを得ない。第9巻における〈生の判定〉をめぐる三つの論証を通じて，快楽・名声・有益さといった諸点[63]を考察してきた人にとっては，どちらが真実を語っているかは明らかだからである。不正行為の礼賛者は正義を非難していても何を非難しているのかも知らずにそうしているのである。

(2) 不正礼賛者に対する説得（589c-591a）

さて以上を前置きとして，ソクラテスは不正礼賛者の説得に取り掛かる。この人ですら好きこのんで間違っているのではないのだから，穏やかに説得することにしよう。ソクラテスが手掛かりとするのは，昔から（πάλαι 590a6）一般に信じられている美しいことと醜いことである（τὰ καλὰ καὶ αἰσχρὰ νόμιμα 589c7）。伝統に則った美醜を一般基準とされては相手も従わざるをえない。神的な内なる人間の下に野獣の要素を置くものは美しく，他方，猛々しい要素の下に穏やかな要素を隷属化させるものは醜いということは一般に認められることだろう[64]。ソク

---

[62] 但し，第4巻の抽象的な魂論と第8・9巻を経て具体性を帯びた魂論の位相の違いについては注意すべきである。

[63] 正しい人と不正な人を比較して，第一論証が有益さ，第二論証が快楽と名声，第三論証が快楽をそれぞれ考察してきた。

[64] 例えば，ここでの説得相手が『ゴルギアス』篇のカリクレスのような人――ポロスのように一般の美醜観を認めない――であった場合はどうか。この議論の説得力は弱まるのか。だが，実際はカリクレスもソクラテスと同様の美醜観をもつことが明らかになると思われる。

ラテスはこの点を確認し、美しいものが賞賛され、醜いものが非難されることを前提としつつ、不正行為やその他の悪徳をもたらす行為や性状（放埒・強情・気難しさ・贅沢・柔弱・臆病・おもねり・卑しさ）が非難の対象（ψέγεσθαι 590a7, ψέγεται a10, b4）として醜いことを示していく。こうした諸行為・性状は、魂内の本来あるべき秩序を転覆させ——例えば、おもねりや卑しさによって人が若い頃から気概的部分を金銭や欲望のために騒がしい部分に従属するよう習慣づける（ἐθίζειν, b9）とその部分はライオンの代わりに猿になる——それぞれの部分が〈自分の仕事〉をしないよう変容させるのである。

　不正行為についてソクラテスが差し出す例（589d-e）は注目に値する。金を不正に受け取る行為は行為者自身（ἑαυτοῦ 589d7, e4）の最善の部分を最悪の部分の奴隷とするが、それは自身にとって得にならず、当人を不幸にする。それは伝統的美醜観に照らすと、ちょうど父親が金を受け取って息子や娘を奴隷に売り飛ばし、しかも荒くれた悪人の下にやるならば、どんなに多額の金を受け取るとしても得になることはないのと同じである[65]。誰であれ自分の「家」（οἶκος）の崩壊をすすんで招く者はいないのだから、「家」よりも親しい自己自身の崩壊を好む者がいるはずがない[66]。ソクラテスはかくして私的な「家」と比較しながら一層私的な〈自己〉の本来のあり方へと聞き手の注意を喚起しているのである。

　ソクラテスはさらに公的な観点からも説得を加えている（590c-d）。俗な手仕事が非難されるのは、従事者の魂の最善の部分が生まれつき弱い（ἀσθενὲς φύσει 590c2）ため、その野獣の部分を支配できずかえって仕えてしまい、へつらう術しか学ぶことができないからである。そうした人の場合、最善の人——自己内に神的で思慮深い（θείου καὶ φρονίμου d4）支配者をもつ——を支配する思慮に似たものによって支配される方が本人のためである。その目的は市民全員が同じ思慮の原理

---

[65] 現在の反実仮想が用いられていることに注意（εἰ … ἐδουλοῦτο, οὐκ ἂν … ἐλυσιτέλει… 589e1-3)。

[66] さらにソクラテスは神話に言及し、夫アムピアラオスの命の代わりに首飾りを受け取ったエリピュレよりも恐ろしい破滅を不正の行為者は経験すると言って、夫婦の絆よりも強いはずの「自己」の絆の崩壊がもたらす不幸を強調している（589e3-590a3）。

第10章　公私の分離・混合・綜合：不正論（第8・9巻）　　311

によって舵取りをされて，同じ理念を共有し同質となって互いに友となるためである[67]。このようにソクラテスは不正礼賛者に対して，人生全体の公私の両面から一般的美醜観を反省する契機を与え，自己・家族・同胞市民との友愛の重要性に気づかせている。

　次にソクラテスはポリス市民としてのあり方について話を膨らませていく。第2巻冒頭の「グラウコンの挑戦」で問題になっていた公私混合の生を送る市民のあり方に反対して，ソクラテスはポリス市民全員と一緒に戦う（σύμμαχος 590e2）「法」（ὁ νόμος e1）の視点から市民の本来望まれるべきあり方を語るのだ。法は子供の教育も司るが，子供たちの内にポリテイアを確立する，すなわち，その最善の部分の世話をしてその部分に，法と同様の守護者・支配者を代わりに据えてはじめて，子供を自由人（ἐλευθέρους 590e3, ἐλεύθερον 591a3）として解き放つのである。

　こうして誕生する市民は公私混合の生を送ることはない。自己の最も私的な部分である魂が最も公的な法と共闘することはもはや〈混合〉ではなく，調和の取れた〈結合〉である。ソクラテスは「どんなに多額の金銭やその他の力を獲得しようとも，不正行為や放埒なふるまい，その他悪人になることを生み出す，何か醜いことをするのが当人にとって得になるということは全く理(ロゴス)に適っていない」（cf. 591a5-8）と結論するのであった。なるほど，法を内化した市民は必ずしも，第7巻で見た「真の哲学者」のような仕方で，公私を結合させているわけではない。しかし，市民として自分の仕事をやりながら魂についても配慮している，公私が調和した「自由人」なのである。

(3) ヌースをもつ人の洞察（591a-592a）

　だが，不正を行っても，気づかれなければ（λανθάνειν 591a10, cf. b1, 2），また罰を受けなければ，得になるのでは，という考えについ

---

67) かくして，思慮によって支配される人の二つの類型——①思慮を自己内に第二の本性（οἰκεῖον 590d4）として有する最善の人と②その人の監督の下で生きる人——が共に，よりよい（ἄμεινον d3）・幸福な生を送ると結論され，トラシュマコス批判（d1-3）がなされる。

てはどうだろう[68]。しかし、これまでの議論から、気づかれない人はより一層悪くなっていくことが帰結する。むしろ、気づかれて罰せられた方が、魂の獣的部分が配慮されおとなしくなり、穏和な部分が自由になりうる[69]。そして魂全体（ὅλη ἡ ψυχή b3）が最善のあり方（τὴν βελτίστην φύσιν b3-4）へともたらされ、それにより思慮を伴った節制と正義（σωφροσύνην τε καὶ δικαιοσύνην μετὰ φρονήσεως b5）を獲得することになるだろう。

確かに、こうした事情は人間の魂が外側から覆われているため一般には気づかれないようにも思われるが——本章第3節の「真の僭主」の考察のときにも触れられた（580a8）——内面のあり方を鋭く見抜く洞察力を備えた「ヌースをもつ人」（ὅ γε νοῦν ἔχων 591c1）であれば、的確に判断を下しうるだろう。ソクラテスはヌースをもつ人の生き方を紹介し、現実のポリスにおいて公私結合の生を送ろうとする人のあり方を描き出していく。

ヌースをもつ人は、第一に、自身の魂が徳を備えたものになる学問を尊重し、その他の学問は軽蔑する。第二に、肉体の状態と養育については、獣的でロゴスを欠いた快楽に身を委ねることなく、健康に関しても、魂の調和と響き合う限りで肉体が強く美しくなるのでなければ、関心をもたない。第三に、金銭の所有については、秩序と調和を第一とし、大衆のような幸福観を抱かないため、際限なく金銭を獲得して、悪を無限に所有することはない。第四に、自己内のポリテイア（τὴν ἐν αὑτῷ πολιτείαν 591e1）を見つめ気遣い（φυλάττων e2）、財産の多寡ゆえにそれが揺らぐことがないよう注意し舵を取る。第五に、名誉についても同様に自己のポリテイアに気をつけながら、自己をよりよくすると考える（ἡγῆται 592a2）名誉にはすすんで関与し、現にある状態を解体すると考える名誉には公私にわたって（ἰδίᾳ καὶ δημοσίᾳ a4）避けるであろう。

以上、ヌースをもつ人の生き方が五つの生の原則と共に語られている。ここで注意すべきは、これらの原則が魂の三部分に対応しており、それゆえ、ヌースのはたらきそれ自体は魂の最善の部分とは区別されて

---

68) 第2巻の「ギュゲスの指輪」を参照。
69) 『ゴルギアス』篇のポロス批判（474c-479a）参照。

いることである。というのは、まず、第一の原則は理知的部分に、第二から第四の原則までが欲望的部分に、第五の原則が気概的部分にそれぞれ対応しているのは明らかである。しかるに、この箇所で「自己」が語られるとき（591c1, e1, 2, 592a2），再帰代名詞「自己」が再帰する先は主語のヌースをもつ人であり、その魂全体である。理知的部分では決してない。「自己のポリテイア」（591e1）とはこの箇所でイメージ化されてきた魂内の状態を指し、理知的部分のポリテイアとは解せないからである。であれば、魂にヌースが宿るとき、五つの原則がはたらき、魂の三つの部分が調和しながらそれぞれ自分の仕事をして、人は思慮深く正しく徳ある生を生きると言えるのではあるまいか。

　そうだとすると、こうした魂の状態を生み出し維持するのに関わる「思考」（ἡγεῖσθαι, cf. 592a2）は、その他の魂のはたらき（「尊重」「軽蔑」「気遣い」等[70]）と共にヌースによって魂全体を主体的に司っていると考えられる。これは自己のあり方をあるがままに捉える思考であり、この思考はこれまで対話篇中でも自分のあり方について知らないのに知っていると考えているドクサの状態と対比されてきた[71]。第2巻における「正しい人とは誰か」の問題提起に対して、プラトンは答としてこうしたヌースをもつ人を提出したのである。この人は現実世界の私的な場面でも公的な場面でも（ἰδίᾳ καὶ δημοσίᾳ 592a4）五つの原則に従って生きる、公私の結合が調和的になされている人であり、今ここを生きる読者にとって見本＝パラデイグマとなる人である[72]。

(4) 哲学と政治（592a-b）[73]

　このようなソクラテスの発言に対して、グラウコンが突然感想を差し挟む。

---

70) これら魂のはたらきを第4巻443e-444aの用語に従って「内的行為」と呼ぶことができよう。第6章第6節 (3) を参照。

71) この思考については、本章第2節 (3) で簡単に考察した。

72) 実にこの「正しい人」こそが、今・ここでの具体的状況の中で、力の及ぶ限り、理想的な人により似ようと試みる「真の哲学者」である。続く本節 (4) の議論を参照。

73) 592a-bについては納富（2012），215-39 による尊敬すべき研究がある。ぜひ参照されたい。

T8 592a5-6: してみると，その人（ヌースをもつ人）は少なくとも政治的なことをする気にはならないでしょうね，いやしくもそのこと（五つの生の原則）を気に掛けているのなら。(Οὐκ ἄρα, …, τά γε πολιτικὰ ἐθελήσει πράττειν, ἐάνπερ τούτου κήδηται.)

　このグラウコンの感想は明らかに哲学者の「洞窟帰還」を想起してのものである。しかし，そうであるがゆえに，再度（cf. 519e1）彼の思い違いを曝け出すことになろう。第9章第2節で見たように，グラウコンは「洞窟」の外でイデアを観照する生を送っていた哲学者が「洞窟」の奥底へ戻って支配しなければならないと語られたときに，ソクラテスに食ってかかり，哲学者に不正をなすことになる，そして，不幸にまですると発言していた（519d8-9）。すぐにソクラテスに説得されるに至るが，彼は性懲りもなくここで同様の感想を漏らしているのである。
　無論，これが著者プラトンの作劇上の工夫であることは言うまでもない。読者の中に依然としてグラウコンと同じ考え方が根強く残っている可能性を見て取り，再び同様の問題に注意を向けさせているのである。但し，ここでのヌースをもつ人が「洞窟帰還」に臨む哲学者と同一人物かどうかは考慮の余地がある[74]。グラウコンに対するソクラテスの応答を見てみよう。

T9 592a7-8: 犬に誓って，その人は少なくとも自分のポリスでは十分に（政治的なことをするだろう），しかしおそらく自分が生まれたポリスではそうではないだろう，何か神的な運命が訪れない限りは。(Νὴ τὸν κύνα, …, ἔν γε τῇ ἑαυτοῦ πόλει καὶ μάλα, οὐ μέντοι ἴσως ἔν γε τῇ πατρίδι, ἐὰν μὴ θεία τις συμβῇ τύχη.)

　T9前半でソクラテスは，かつてと同様，ここでもグラウコンの意見

---

[74] 上記（3）の文脈で登場した「ヌースをもつ人」が「最善のポリス」に暮していることを想定する必要はない。納富（2012），221 は「ヌースをもつ人」について「「哲学者」に近い人と言ってよいが，哲学者その人ではない。というのは，守護者階級には財産の私有は許されていないはずだからである」と述べて，哲学者であることを否定するが，その場合，以下で展開する納富自身の論述の基盤が揺らぎはしまいか危惧される。

第10章　公私の分離・混合・綜合：不正論（第8・9巻）　　315

を否定している。しかし T9 の後半ではグラウコンに賛成しているようでもある。これはどういうことか。まず、「自分のポリス」（τῇ ἑαυτοῦ πόλει 592a7）と「自分が生まれたポリス」の対比に注目しよう。前者について J・アダムは第 6 巻 497a に言及して、哲学者に「相応しいポリテイア」だと指摘している[75]。哲学者は、例えば、民主政などの不正なポリス——自分が生まれたポリス——においては政治に関与せず静寂主義を保つが、「最善のポリス」という自分に相応しいポリスでは支配という仕方で政治に与るという解釈になるだろう。第 6 巻や「洞窟帰還」部分も考慮に入れた魅力的で有力な解釈である。T9 最後の付帯条件についても、同様の表現が見られる第 6 巻 499b-c を用いて、哲学者が「哲人王」のポリスに関わる可能性を語っていると解釈できる。

では続くグラウコンとソクラテスのやり取りについてはどうだろう。

> T10 592a9-b5: わかります。（彼は言った。）今、わたしたちが建設して詳述してきたポリスにおいては、ということをあなたはおっしゃっているのですね。言論において設立されたポリスのことですが。なぜなら、わたしが思うに、それは地上のどこにも存在しないのですから。（Μανθάνω, … ἐν ᾗ νῦν διήλθομεν οἰκίζοντες πόλει λέγεις, τῇ ἐν λόγοις κειμένῃ, ἐπεὶ γῆς γε οὐδαμοῦ οἶμαι αὐτὴν εἶναι.）
> いや、（わたしは言った、）それ（言論上のポリス）はおそらく天空にパラデイグマとして捧げられてあるのだ、それを見ようと望み、見ながら自己自身を建設しようと望む人のために。だが、それがどこかに現にあろうと、将来生じようと、何ら違いはない。というのは、その人は唯一これ（このポリス）に属する（政治的な）ことをするのであって、他のポリスに属することをしたりはしないだろうから。（Ἀλλ᾽, …, ἐν οὐρανῷ ἴσως παράδειγμα ἀνάκειται τῷ βουλομένῳ ὁρᾶν καὶ ὁρῶντι ἑαυτὸν κατοικίζειν. διαφέρει δὲ οὐδὲν εἴτε που ἔστιν εἴτε ἔσται· τὰ γὰρ ταύτης μόνης ἂν πράξειεν, ἄλλης δὲ οὐδεμιᾶς.）

---

75)　Adam (1963b), 369.

そのようです。(彼は言った。)(Εἰκός γ', ἔφη.)

T10でグラウコンは、ソクラテスが語ったヌースをもつ人が政治に関与する「自分のポリス」を「言論において設立されたポリス」とみなしている。これはアダムの解釈する「最善のポリス」と異ならない。第2巻以降でロゴスによって建設されたポリスが「洞窟帰還」の時点で哲学者が支配者になることで「カリポリス」として確立したのであるから。ヌースをもつ哲学者が支配に従事するのはカリポリス以外でない。しかし興味深いのは、ソクラテスがまたもやグラウコンの発言をそのままでは容認していない点である。但し、この否定も何を否定しているのか理解しづらい。一見、グラウコンが「地上にはない」という部分に反応して、ソクラテスは「天空にある」と修正しているようにも見え、(地上の)どこかに現にあるか、将来生じるかについては無関心にも思える。これは「最善のポリス」の実現可能性の問題を考察する意義を失わせる見解ともとれよう。

むしろ問題は、グラウコンが、ちょうど第5巻472e-473bで拘泥したように、いわばロゴスとエルゴンの二分法を採用して、当該のポリテイアについて言論(理想)と事実(現実)をはっきり分けて発想している点にあるように思える。この発想に基づくならば、ヌースをもつ人は現に不正なポリスという「自分の生まれたポリス」(現実)に生きている限り、「最善のポリス」(理論)に暮らしていないのだから、不正なポリスの政治には関与せず、静寂主義的生き方をすることが許されるという結論が導き出される。仮に「最善のポリス」の政治に関与するとしても、それが言論の上で建設されたものである限りは、そのポリスでの政治の中身も——「支配」という意味を除いては——現実味を欠く空虚なものとなるだろう。だがソクラテスは、まさにこうした理解に反対しているのではないだろうか[76]。

この点はT9の二つのポリスの対比から確かめられる。ソクラテスの

---

76) 納富 (2012), 226-28 は「自身のポリス」を「地上のどこにもない」理想とみなすグラウコンが哲人統治を実現可能としたソクラテスの結論を共有していないと断じる。しかしここでの「自身」はヌースをもつ人自身のことであり、グラウコンがその人にとって「言論において設立された」ポリスが地上のどこにもないと確信していても不思議はない。

対比はグラウコンの理論と現実の対比とは微妙に異なっている。なぜなら，仮に「自分のポリス」が「最善のポリス」だとしても，それは「現実のポリス」に最小限の変更を加えた形で建設されているのだから，全くの理論的構築物とは言えないし，「自分の生まれたポリス」にしても，ヌースをもつ人に「何か神的な運命」が訪れたなら，「現実のポリス」から，理論的に説明された「哲人王」のポリスへと変貌する可能性を孕んでいるのだから。T9において，理論と現実の対比はそれほど定かではないのである。

では，T10でグラウコンを否定するソクラテスの積極的な主張はどういうものか。彼の発言でまず確認すべきは，当該の「言論上のポリス」が，パラデイグマとしてそれを見ようとし，それに基づいて自己を建設しようとする人のためにおそらく天空にある，と語られている意味だ[77]。ヌースをもつ人の場合，文脈上，「自己の建設」（ἑαυτὸν κατοικίζειν 592b2）が，先に（3）で見た，その人の実践的生き方を指すと見ることも自然だろう。ではその人の「自分のポリス」とは何で，パラデイグマとして捧げられてある「言論上のポリス＝最善のポリス」の役割は何なのか。

ところで παράδειγμα という語は『ポリテイア』篇中で16回使用されているが[78]，この箇所の παράδειγμα と特に関連深い箇所は 472c-d, 484c, 500e である。はじめに，先のアダムの解釈と関係する 500e2 を見てみよう。第8章第7節で見たように，そこでは，哲学者が支配者となって「神的なパラデイグマ」を用いてポリスとその市民を描く場合にのみ，そのポリスは幸福になることが語られている。これは「哲人王」のポリスで「哲人王」が行う支配の実際を語るものであり，何らかの偶然的な強制力が働いて支配に関わることになったという意味で，先

---

77) この点を納富（2012），228-3 は詳しく論じている。納富は「天空」（οὐρανός）について，(a) 実際の天空＝天体，(b) 死後の魂が住まう天上，(c) 魂の内にある理想界の三つの解釈を提示し，『パイドロス』『ティマイオス』との関係で (a) を採用する（228-31）。両対話篇の該当箇所が共にミュートス内であることに注意したいが，納富が理想ポリスについて傍点付きで「実際に存在している」（231）――おそらく地上における「存在」とは違う意味で――と強調する点に同意したい。

78) 3.409b1, c6, d1-2; 5.472c4, d5, 9; 6.484c6, 500e2; 7.529d7, 540a9; 8.557d8, 559a8, 561e6; 9.592b1; 10.617d5, 618a2.

のT9後半と一致するように思われる。しかし，T10ではヌースをもつ人が現に「自己自身を建設」しようとしていることが強調されている。「哲人王」となってからの話ではなく，今ここで「パラデイグマ」が自己建設のために役立つという話なのである。それゆえ，500eの箇所はむしろグラウコンの理解・発想に近いと言えよう。支配と関係ない〈現実〉との対比で，「哲人王」は自らのポリスで支配という政治を行うという〈理論〉が繰り広げられているのである[79]。

したがって，484cも同様に〈理論〉の話だと言える。真実在を認識する守護者は魂内にその明瞭な見本像（παράδειγμα 484c6）をもち，画家のように，真実在の再現を目指して，この世の美・正義・善に関する法習を制定し維持していく。これは，「最善のポリス」が実現したら，そこでは守護者がこうした仕方で法を制定しポリスの仕事をするということを〈理論〉として語っているに過ぎない。やはり，ヌースをもつ人の〈現実〉へのコミットメントとは関係がない。

最後に，ロゴスとエルゴンの関係を主題とする472c-dでは，探究者であるソクラテスたちが自らの探究の意味を反省しながら，パラデイグマに言及している。重要なのは，第8章第1節で見たように，正義／不正や正しい人／不正な人を完全な形で理論的に描くとしても，その目的はあくまでそれらをパラデイグマとして自らの人生の反省と建設に役立てることにあるとされている点である（cf. 472c4-d2）。言論で語られてきた「理想的ポリス」についても同様で，それを見つめながら，今ここで自分が生きるポリスの理解に活かすこと（μετέχῃ c2）が意図されているのである。そうだとすれば，T10にも同じパラデイグマの用法が見出されるのではないだろうか。つまり，T9を受けたポリスは，グラウコンの指摘通り，これまで言論で建設してきた「最善のポリス」だが，それが現にパラデイグマとして用いられている限り，現実から遊離した単なる理論的構築物ではなく，今ここでヌースをもつ人が生きるポリスと重ね合わされて現存するのである。

それはどういう意味でか。「自己を建設すること」の内容を考察しよ

---

79) 納富（2012），231-33は592b1-2が「第6巻での哲学者による「自身」と「ポリス」両者の制作を受けると考える」。

第 10 章　公私の分離・混合・綜合：不正論（第 8・9 巻）

う[80]）。上述の通り，ヌースをもつ人の〈自己〉とはポリス性をも十分に内に含みもつものであった。なぜなら，この箇所で語られている魂は，第 4 巻で見たような，魂の本性(ピュシス)のみに立脚して抽象的に構成された三部分からなる魂ではなく，他者と共に生き，法の下で日々を暮らす，具体的なポリス市民の魂として描き出されているのだから。ヌースをもつ人の魂は，そうした自己を構成する固有性（＝私）と他者性・ポリス性（＝公）が見事に調和している点に特徴がある。必要な場合は，私的場面に限らず，公的場面でも名誉に関わる行為を手掛けるような人なのである（ἰδίᾳ καὶ δημοσίᾳ 592a4）。そうした公私結合の生を送るヌースをもつ人が，先述の五つの生の原則に基づいて生きること——それが取りも直さず，「最善のポリス」であるカリポリスをパラデイグマとして見ながら，母市に与って（μετέχειν）植民市のように「自己を建設」することではないか。そして〈自己〉の建設がただしくなされているとき，〈自己〉の現成（＝カリポリスの内化（cf. 591e2））と共に，「自́分́のポリス」をはじめて語りうる事態となる。そうしたポリスに生きる自己を，同じポリスに生きる他者との関わりが構成している限り，その時々の必要に応じて，他者をよくし，ひいてはポリス全体をよくしていくことが「自分のポリスのこと」をすることになるまいか（cf. τά γε πολιτικὰ ... πράττειν ... ἔν γε τῇ ἑαυτοῦ πόλει καὶ μάλα 592a5-7）[81]）。

80）納富（2012），233-36 は "ἑαυτὸν κατοικίζειν"（592b2）について，従来の解釈を「（Ⅰ）そこに住まう，その市民となる，（Ⅱ）自身の内にポリスを作る，自身を形づくる」と分類し（233），「どちらの場合でも「政治を行う」ということが実質的な意味を失ってしまう」（235）と批判する。彼自身は LSJ の訳語を検討した上で，「この箇所が「制作」を論じる第 6 巻 500b-501c を受けて語られていると解釈する」（235）ため，ここでも「天空に掲げられたポリス」を見ながら「魂＝自己」と「ポリス」の両者を制作することが地上の理想ポリスに「自己を住まわせる」こととされていると説明する。本書は，「自己を植民市のように建設する」と解する（cf. Adam (1963b), 370）。

81）ヌースをもって公私結合の生を送る人は，必然的にポリスのこと（公のこと）をすることになる。これは不正なポリスであっても変わらない。その場合 τὰ πολιτιὰ πράττειν は「支配」を意味する必要はなく，例えば，半公的（ἰδίᾳ）なソクラテスの吟味活動ですらその一種となる（本書第 2 章参照）。
この解釈においては，T10 の διαφέρει δὲ οὐδὲν εἴτε που ἔστιν εἴτε ἔσται（592b2-3）の主語は前文のパラデイグマとして捧げられた「最善のポリス」であり，グラウコンが関心をもつ，それが地上のどこかに現にあるか，将来生ずるかが問題にならないのは，ヌースをもつ人がそこで政治を行う可能性が殆ど皆無だからであり，その人が現実的に唯一「政治」を行うのが地上の「この（ταύτης b3）ポリス＝自分のポリス」においてだから（γάρ）であ

すなわち,「最善のポリス」のパラデイグマとしての実践的性格を加味して考えるならば, もはやロゴスとエルゴンの乖離・断絶は存在せず,「最善のポリス」はヌースをもつ人の自己を現に内側から構成すると同時に, その人の今ここでの行為(プラクシス)によって具体的に「自分のポリス」——〈わたし〉たちの新たなる共同体(コイノニア)——として眼前に表現されることになるのである[82]。

そうすると, 第9巻の最終箇所でプラトンは, 読者に対してさらなる要求を課していると言ってもよい。第2巻から彼はグラウコンやアデイマントスに託して〈現実〉に今ここでこの〈わたし〉がいかに生きるべきかを根源的な問としてきた。〈理想〉を理論的(ロゴス)に構築(パラデイグマ)しながらも, 読者に常に〈現実〉への眼差しをもつよう勧めてきたのである。かくして, 第9巻の終わりまでプラトンと共に歩んできた読者一人ひとりは自らの〈理想〉と〈現実〉をどのように調和させ結合できるのか, と問いかけられている。読者は今ここでプラトンによって自分で考え, 実行するように促されているのである。

むすび

第8・9巻の不正の考察では, 第4巻までの「ポリスと魂の類比」の方法が再度用いられている。だが, 理念的な考察が可能であった正義の

る。天空にあるポリスと対比された地上のポリスを指すのに「これ ταύτης」という指示代名詞の使用は自然である (cf. 栗原 (2013b), 100-101)。

ところで, 納富 (2012), 236-38 は問題の文の主語と「このポリス」を同一視して「地上の理想ポリス」と解し,「哲学者は理想的な政治活動を行うために, 逆に, その活動の場としての理想国家の建設に努力する, という含意」を読み取り,「ソクラテスの「哲人統治論」の提案に適う」と信ずる解釈を提示している。この箇所と 500b-501c との結びつきを強調する解釈で, 472c-d との結びつきに焦点を当てた本書の解釈とは異なるが, ヌースをもつ人のこの地上のポリスにおける政治活動の意味を打ち出している点で評価したい。

82) 第1章註27, 第3章第3節参照。ところで, このように解された「自分のポリス」は, 所与のポリスである「自分が生まれたポリス」とは概念的に区別される(時空的に同じであっても構わない)。生まれの受動性は自己をその都度形成する哲学の能動的営為によって克服されていくからである。だが, 無論, ヌースをもつ人が何がしかの必然性によって「自分が生まれたポリス」に「支配」という政治的関わりを余儀なくされることはありうるだろうし, その場合は,「自分のポリス」と区別できない。

第 10 章　公私の分離・混合・綜合：不正論（第 8・9 巻）

場合と違い，〈現実〉と直に向き合うことが強いられる不正の場合は，人間を公と私の混合の中で見つめる必要があった。四種類の不正なポリス・不正な人の本性はそのような観点から明らかにされたのである。

また，不正な人の生成については，周囲の圧倒的な影響力の中で子供の性格が決定されるという受動的側面がある一方で，同時に，自己自身とその善について配慮を欠いて考えることなく，受動的環境に自らを委ねるという仕方である種能動的に生を選択する次第が示された。消極的だが能動的である限り，自己の生の選択に責任が生まれるのである。しかし，「自己責任」をそう受け止めることができる限り，大人になってからの生の択び直しの契機も生じよう。

そして，対話篇の最大の課題である「正しい人が幸福で，不正な人が不幸である」ことの論証については，その第一論証に詳しい検討が加えられた。私人として僭主政的な魂をもって生きるのでなく，実際に支配につく「真の僭主」が最高に不正な人であり，最高に不幸な人であると証明されるとき，その不幸の中身は，自分のやりたいこともできず，公私にわたって他者と友になれない孤独の人生にあるということだった。人生の公的側面と私的側面のそれぞれが破綻している状態が暴かれたのである。

最後に，第 2 巻からの考察を締め括るように，今ここでこの〈わたし〉がいかに生きるべきかが，ヌースをもつ人の生き方をパラデイグマにすることで読者に例示された。プラトンの対話篇の〈理論〉的考察は常に読者の〈現実〉に向けられている。文学作品の場合なら，主人公をモデルにして読者が自己自身を省みることは自然であろう。プラトンの対話篇は，読者が〈理論〉を理解することを通じて，それを肉化し自らの〈現実〉に活かすよう丁寧に導いている。たまたま手に取った作品でも，読者がその魅力に惹かれて理解に努めるならば，それだけで自己の〈現実〉が変容する可能性を秘めているのである。そこにプラトンの政治的コミットメントが感じ取られはしないか。『ポリテイア』篇の最終巻第 10 巻の主題はまさにこの点に収斂していくのである。

第 11 章

ポリスに生きる人間（第 10 巻）
――その永遠の生――

はじめに

　第 9 巻の終わりまででソクラテスは，第 2 巻でグラウコンとアデイマントスが発した問に対して決定的な回答を与えることに成功した。しかし，彼はそこで考察を終わりにせず，さらに第 2・3 巻で取り扱われた「詩作」（ποιήσεως 595a3）について再度議論を展開するのである。これは今までの議論をどう補うことになるのだろうか。詩人の公的役割を前提とした上で，詩人が個人の魂のあり方に大きな影響を与えることは，これまでの考察で明らかにされたが，そうであれば，公と私の関係を主題とする本書にとって第 10 巻の詩人論の理解は重要な意味をもつことになるだろう。まず，この課題に取り組むことにしよう。

　さらに第 10 巻後半でソクラテスは，詩人論に引き続いて，第 2 巻では考察を省くことにした，正しい人／不正な人への報いの問題を取り上げ，対話の全体を締め括るように，死後の魂のあの世での〈生の選択〉を主題とする「エルの物語ミュートス」を高らかに謳い上げる。ポリスに生きる人間が，そのポリスを離れて別の世界でいかなるあり方をするのかを見ることで，もう一つ別の視点から今・ここでの生のあり方を見つめ直す機会が与えられるのである。この物語が公私の問題にどう関わるかについて，本章の最後で考えてみたい。

1 詩人追放論：教育論の行方

　第2・3巻でソクラテスは「理想的ポリス」においては詩人たちの詩が守護者によって監督された上で市民に聞かされるべきことを論じた。その後の「最善のポリス」、「哲人王」のポリスにおける詩人の取り扱いはさほど明瞭ではなく、むしろ、第6巻で描かれていたように、民主政アテネが念頭に置かれた議論の中で、詩人と大衆のもたれ合いに焦点が当てられていた[1]。これが「われわれ」の生きる〈現実〉なのである。では、こうした中でどう詩人と付き合いながら、一人ひとりは生きていけるのか。第10巻の詩人論の狙いはまさにこの問に答えることにあるように思われる。また、この問はそのまま『ポリテイア』篇の理解に努めようとしてきた読者に、その試み自体に対する反省を促す問になる。なぜなら、この作品自体が多くの人々に向けて書かれた「模倣」を旨とする詩作によっているからだ。詩人批判は対話篇の著者プラトン自身に跳ね返ってくるのである。プラトンがこの事実に無自覚であったことはあり得ない[2]。この箇所の理解にとって、詩人プラトンの位置づけを明確にする作業は欠かせないように思われる。こうした問題意識をもちながら、詩人論を読み進めていこう。

（1）〈現実〉への眼差し
　第10巻は第9巻からの連続性を明らかに意識して始まっている。

> T1 595a1-3: また、他の多くの点でそれについて（περὶ αὐτῆς）、疑いなく我々はポリスをただしく建設してきたようにわたしは思うが、とりわけ詩作について念頭に置きながらそう主張する。

ソクラテスが代名詞「それ」（αὐτῆς 595a1）で指示しているのが、

---

[1] 但し、第8巻（568a-d）の僭主と詩人（エウリピデス）の関係への言及は重要である。
[2] この問題については、栗原（2013b）第8章で別の角度から論じた。

第 11 章　ポリスに生きる人間（第 10 巻）　　325

第 9 巻末の「自分のポリス」（τῇ ἑαυτοῦ πόλει 592a7）とするのは自然な解釈に思われるが，その場合それが，ソクラテスがグラウコンを正して説明したように，「パラデイグマ」としての「最善のポリス」が〈現実〉の中で実践・表現されて生成するポリスであるという点が重要である[3]。ソクラテスは，このポリスに「詩作の内，模倣的であるもの」（αὐτῆς [sc. ποιήσεως] ὅση μιμητική 595a5）を受け入れてはならないと主張し，そしてその理由は，第 2・3 巻とは違って，魂論が確立された今やよりはっきりするだろうと語るのである。

　この部分は魂とポリスの関係についてなされた前章最後の考察を抜きにしては理解しづらい。なぜなら，ソクラテスは続けてこう述べるからである。

> T2 595b3-7: 君らに対して言うのだが――というのも君らは悲劇詩人や他一切の模倣者に対してわたしを非難したりしないからだが――そうしたもの（模倣的作品）は全て聞いている者たちの心（διανοίας）にとって害となるように思われる，それらがどのようなものであるかを知るという薬をもっていない限りは。

　極めて興味深いことに，T2 でソクラテスは，詩を聞くという現実があることを前提として，模倣とは何か，模倣的な詩が聞く者たちの心（διάνοια 精神）にどのような影響を及ぼすのかを今から語り，そのための薬（φάρμακον 596b6）を提供しようと申し出ているのである。理想的ポリスから詩人を追放すれば，それで終わりといった単純な議論でないことは明らかだろう。前章最後で見たように，「最善のポリス」をパラデイグマとして眺めながら，自己の魂の内にポリテイアを建設し，同時にそのポリテイアを〈現実〉に表現していく人のために，現に厳然として影響を及ぼしている詩人との付き合い方について処方箋もしくは予

---

[3] αὐτῆς が ταύτης（592b3）を受けるのは間違いない。ταύτης がパラデイグマとしてのカリポリスでなく「自分のポリス」を指す点については第 10 章第 4 節（4）参照。Jowett and Campbell (1894b), 440 は，αὐτῆς が第 9 巻末でグラウコンが語った「言論において設立したポリス」（592a9）を指すと読むが，この読解は（誤解した）グラウコン同様，ロゴスの構築物であるポリスと「自分のポリス」の差異を認めないことになる。

防薬・解毒剤を差し出そうとしているのである。したがって，ソクラテスは人々に，現実に生きているポリスから詩人を閉め出す運動を開始するよう勧めているのではなく，他者性・ポリス性を含みつつ，現実のポリスに生きる魂が表現する「自分のポリス」に模倣的詩を無条件的に受け入れることを禁じているのである。つまりは，公と私の調和的生き方のための議論と言えよう。

　ここに著者プラトンの読者へのメッセージを読み取ることは容易である。彼は——T2 が表層的に意味する「仲間内での話」としてではなく——書き記し公刊することではっきりと宣言しているのだから[4]。哲学的論理的議論を駆使するプラトンによる「ポリスの教師」たる詩人に向けた政治的挑戦をここに読み取ることが可能かもしれない。哲学と詩の闘争(アゴーン)の始まりである。

(2) 模倣とは何か：イデア論からの考察

　だが，ソクラテスにとって——いや，プラトンにとって，と言うべきか——詩人を批判する議論は精神的に重すぎる挑戦となる。なぜなら，詩人の第一人者であるホメロス批判を引き受けることに他ならず，彼に対する「親しみの情（φιλία）と慎みの気持ち（αἰδώς）」(595b9) が批判の矛先を鈍らせるからだ。しかし「真理（ἀληθείας）の前に何人をも尊重してはならない」(c3-4) とソクラテスは勇を奮って議論を開始するのであった。

　まずソクラテスは「模倣とは何であるか」を定義しようとする。そのために活用するのがイデア論である。まず彼は〈寝椅子〉のイデアと画家を例として模倣者の本性を明らかにしている。

　人々が現実社会で使っている多くの寝椅子には神によって制作された一つのイデアが存在する。職人は神に倣い，イデアを見ながら現実の寝椅子を制作する。画家はイデアを見ることはできない。眼前の寝椅子を見ながら，「寝椅子」の絵を描く。それゆえ，寝椅子の模倣者であって，自然にあるイデアから離れること，三番目に制作されたものの制作者である（図1）。

---

　4) 同様の工夫が見られる『メネクセノス』冒頭箇所については第3章第1節 (3) 参照。

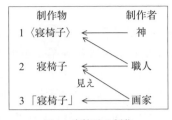
図1　寝椅子の制作

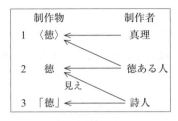
図2　徳の制作

　この帰結をソクラテスは悲劇詩人に適用して，同様に，自然の王たる真理（ἀληθείας 597e7）から離れること三番目の制作者であるとする。後にソクラテスは詩人の模倣が関わる対象として徳（ἀρετή, cf. 598e2, 599d3, 600e5）を代表させているので，徳の制作の階層性を図1に従って示すと図2のようになる。寝椅子の場合と違い，徳の場合，現実世界にどう複数存在するとソクラテス（プラトン）が考えているかは現時点では不明だが，それを不問に付すと，その制作者は自らの内に徳を備える有徳者ということになる[5]。有徳者は真理を制作者とする唯一の〈徳〉のイデアを見ながら[6]，真理に倣って，自己を徳ある人にしていく。詩人は有徳者の徳を眺めながら詩作し，自らの作品内に徳を備えた英雄を描いていく。しかし，この捉え方にはいくつもの問題がある。まず，徳ある人とは誰のことなのか。実際に徳ある人のことか。それとも人々に徳ある人と認められている人のことか。また，そもそも実際に徳ある人は存在するのか。例えば，ソクラテスのことか。それとも，ホメロスや悲劇詩人の作品から推測して，英雄アキレウスやオイディプスのことか。真理が〈徳〉のイデアを制作するとはどういうことか。そもそも真理とは何か。
　これらの問が全て第10巻あるいは『ポリテイア』全篇で解答可能かどうかはわからない。しかし今少なくとも言えることは，まさにこれらの問題に読者が巻き込まれる形で議論が進行していくということである。

---

5)　この点にはすぐ後にある修正を加えたい。
6)　実際には，〈正義〉〈節制〉〈勇気〉というイデアが考えられよう。

(3) 詩人と大衆

　画家との比較が続く。画家は自然にある〈寝椅子〉のイデアでなく，普段人々が使っている寝椅子を模倣しようとするが，同一の寝椅子が観点の変化に伴って違った現われ方をするように，その現われるがままを模倣する。そして，子供や思慮を欠いた大人に対して，大工を描いて遠くから示し，自分が真に大工であると思われること（τῷ δοκεῖν ὡς ἀληθῶς τέκτονα εἶναι 598c3-4），騙したりする[7]。つまり，画家は単に事物の「現われ」（τὸ φαινόμενον b3）を模倣し鑑賞者にその「現われ」を示すのみならず，自身がその事物に通暁しているように見せ，技術者の偽なる「現われ」を与えて欺くわけである[8]。

　詩人の場合，事態はより深刻である。詩人については，子供や思慮の浅い大人だけが騙されるのでなく，多くの人々（大衆）が詩人を「知者」だと思ってしまうからである。「知者」は技術一般を弁えている点でそう呼ばれるのではなく，「徳や悪徳に関する人間の事柄一切や神的な事柄」（598e1-2）を知っている（ἐπίστασθαι, e1）から，そう呼ばれる。ホメロスや悲劇詩人など「すぐれた詩人」がそうした事柄について見事に詩作しよう（καλῶς ποιήσειν e4）とする場合，知っていて作っているのが必然だと大衆は思うのだ（cf. δοκοῦσι τοῖς πολλοῖς 599a5）。では，この場合，詩人を「知者」だと判断する大衆は騙されているのだろうか，それとも真にすぐれた詩人たちは模倣対象について実際知ってい

---

　7) τῷ δοκεῖν ὡς ἀληθῶς τέκτονα εἶναι（598c3-4）の理解に関しては，εἶναι の意味上の主語として文全体の主語である「優れた画家」を補う（通常は τὸ ἐζωγραφημένον を補う；cf. Jowett and Campbell (1894b), 445; pace Adam (1963b), 395）。同様に，ほぼ言い換えである（ὥσπερ νυνδὴ ἐλέγομεν 600e6-7）ὁ ζωγράφος σκυτοτόμον ποιήσει δοκοῦντα εἶναι（e7-601a1）も「画家は（自分を）靴作りであると思われる者（δοκοῦντα, 男性・単数・対格）とするだろう」と訳す。この箇所のポイントは，画家が技術を弁えていないにもかかわらず，技術者を絵で見事に再現することによって，鑑賞者に「知っている者＝技術者」と「思われる」（ἔδοξεν 598d4）点にある。技術知の核には作品の制作があるが，子供や思慮を欠く大人は作品制作の事実を確認しないで，絵だけから画家が技術知をもっていると性急に判断を下してしまうのである。上述の訳は，子供や思慮を欠く大人ですら絵を実物と取り違えることが考えにくいという解釈上の困難を回避している。こうした訳出がギリシア語として難しいとしても，画家による欺きの内実が「技術者だと思わせること」にある点については，Belfiore (1983) や Burnyeat (1999), 300-305 が強調しており，近年では田中一孝（2015），109-19 がこの箇所での「騙し」の実態について丁寧に考察している。

　8) 実際には，画家が技術者を騙す事態を想像しづらいため，「可能的未来」の条件文が用いられている（εἰ ... εἴη ..., ... ἂν ... ἐξαπατῷ ...）。

第 11 章　ポリスに生きる人間（第 10 巻）　　329

るのだろうか。ソクラテスたちはこの点に考察を集中する。

　ソクラテスは二つの論拠を与えている。第一の論拠は詩人の人生（βίος, cf. 599b1, 600a10, b3; ζῶν a9）と詩人が作り出す作品（ἔργα, cf. 599b4, 6, 600a4; ἀπεργάζεσθαι c4-5）に関わる。作品を生み出すことを人生の目的としている人なら，現実世界で役立つものとそれを模倣した像（τὸ εἴδωλον 599a8）の両方を制作できる場合，人生において像制作に真面目に取り組む（σπουδάζειν a9, σπουδάσειεν b5）ことはなく，現実世界で立派な作品を数多く制作し，自己の記念碑を残すことに真剣になるだろう。ではこの点に関して，医術のような専門技術はさておき，最も重要で最も美しい事柄（μεγίστων τε καὶ καλλίστων 599c6-7）についてホメロスと共に考えてみよう。戦争やポリスの統治や教育といった大切なことを知っている人にこそ「知者」という名が相応しいからである[9]。

　ソクラテスは人生全体を公的側面と私的側面に分けて（ἰδίᾳ καὶ δημοσίᾳ 599d6），ホメロスがどのような仕事で人々をよりよく（あるいは，より悪く）していったのかを問題にしていく。まずは公的側面である。①ポリスの統治に関して，スパルタのリュクルゴスやイタリアとシケリアのカロンダス，またアテネのソロンのように，ホメロスがよき立法者としてポリスや市民を益することができたとは伝えられていない。②戦争についても，彼が将軍として指揮したり，軍師として忠告を与えたりして，戦いがよく遂行されたことを記憶している人は誰もいない。そして③皆を裨益する事業に関して，ミレトスのタレスやスキュティアのアナカルシスのように，知恵ある人の考えや工夫がホメロスについては語られていない。このようにホメロスは彼の人生の公的側面について（δημοσίᾳ 600a8）記憶に値する功績を何一つ残していないのである。

　では，私的側面（ἰδίᾳ 600a8）についてはどうか。私的に人々をよくする教育（παιδείας a8, cf. b7, e2; παιδεύειν c4）について考えてみよ

---

9)　『ソクラテスの弁明』（22c-d）以来，「多くの美しいこと（πολλὰ καὶ καλά 22d2, cf. c3)」に関する「知者」（σοφός）と専門領域に関する「知者」の対比は「術の類比」の基礎となる。この点については，アリストテレス『ニコマコス倫理学』第 6 巻第 7 章（1141a9-22）も参照。

う[10]。例えば,④ピュタゴラスは教育者として傑出した存在で,彼に倣って「ピュタゴラス的生き方」を送るピュタゴラス派の人々で有名である。ホメロスについては,「ホメロス的生き方」なるものを後世に伝え残しているだろうか。むしろ,ホメロス存命中から彼については多大な無関心が存在したと言われている。⑤アブデラのプロタゴラスやキオスのプロディコスのようなソフィストですら,今日の人々と私的に（ἰδίᾳ d1）に交わって,家やポリスを治めるためには,自分たちの教育が必要だと鼓舞しては,その「知恵」によって仲間たちから祭り上げられている。ホメロスやヘシオドスの場合,仮に徳に関して人々を益することができたとしたら,人々は彼らが吟唱しながら放浪するのを放っておかなかっただろうし,逗留を説得できないときには,十分に教育に与るまで共に旅したであろう。しかし,そうした事実は全く伝えられていない。

以上,人生全体の公私にわたる重大事を構成する五つの側面から考えて,ホメロスらの詩人は,真理に触れることのない,「徳の像の模倣的再現者」（τοὺς ποιητικοὺς μιμητὰς εἰδώλων ἀρετῆς 600e4-5）にすぎないと結論できよう[11]。重要なことについて,詩人は韻律・リズム・調べを駆使して,実によく語っていると思われても,真実のあり方につ

---

10) ホメロスについては,例えば,ネストルの数々の助言が想定されているのか。

11) πάντας τοὺς ποιητικοὺς μιμητὰς εἰδώλων ἀρετῆς εἶναι καὶ τῶν ἄλλων περὶ ὧν ποιοῦσιν (600e4-6) は解釈が難しい。例えば, Jowett and Campbell (1894b), 448-49 も二人の間で解釈の相違があり, Campbell は "'forgers of semblances,' 'imitative makers of shadows'—from μιμεῖσθαι εἰδώλον, 'to make a shadowy imitation'" と注を付け,片や Jowett は "they copy images of virtue" と記している。因みに Adam (1963b) は "imitators of images" と訳している。問題は εἰδώλων ἀρετῆς が①真似される対象なのか,②真似されて表現された作品なのかという点にある（本章図2参照）。①の場合（Jowett, Adam）,リュクルゴスたち第二位の人々が作るものが既に「像」であることになり,②の場合（Campbell）は,その含意はない。この一連の議論で εἴδωλον という語は7回用いられている（598b8, 599a8 (bis), 599d4, 600e5, 601b9, 605c2; cf. εἴδωλα εἰδωλοποιοῦντα 605c2）。600e5を除いて（解釈の余地はあるが）これらを分類すると,① 598b8,② 599a8 (bis), 599d4, 601b9, 605c2 となる。①の例については,自然においてあるイデアとの対比でイデアの像であることが強調されていると言える。この箇所の場合,イデア論は暗に前提とされていても,イデアの存在は明瞭には語られておらず,またその前後の εἴδωλον の用法からも②とみなすことが自然であると思われる。但し,注意すべきは,詩人が作り出す「像」は実は大衆にそう「現われ」（φαντάσματα 599a3）ているものの再現であって,その意味で詩人は大衆への「現われ」（すなわち像）を見ながら,それを模倣して「像」として表現しているという点である。模倣対象はその意味で「像」であるとも言えよう。

いては何も知らず，その「現われ」について知っているだけなのである。

さて，この箇所でのソクラテスの議論は先のイデア論による考察を前提とし，詩人が第二位の地位を占め，公私にわたる重要事について知っている「知者」たりうるのかを問題にし，他の「知者」たちとの比較により，第二位たり得ず，第三の模倣者に過ぎないことを示している。そうであれば，先の図2における第二の制作者に①リュクルゴス，カロンダス，ソロンなど立法者，②将軍や軍師，③タレス，アナカルシスなど発明家，④ピュタゴラスなど教育者，⑤プロタゴラス，プロディコスなどソフィスト，等を加えてもよさそうである[12]。だが実のところ，⑤のソフィストの例からも想像できるように，著者プラトンが固有名を列挙している人々を第二の制作者と認めていたと簡単には断言できない[13]。しかしともあれ，この箇所で重要なのは，①～⑤についてホメロスら詩人が作品の中でいろいろ語っていても，そうした第二の制作者のようにポリスや個人をよくした事実はなく，よく（巧みに）語っていることで「知者」であると大衆に「思われ」ているにすぎず，実際は徳の像を模倣的に再現しているだけだということである。そしてこの「思われ」「現われ」は詩人が自由自在に操る音楽的要素に由来するとその秘密が暴かれているわけである。

(4) 公的教育者としての詩人

ソクラテスは次に「このことが半分だけ（ἡμίσεως）語られるに留めないで，十分に見ることにしよう」（601c4-5）と考察を先に進める。ホメロスが重大事について知らないで制作していることを示す第二の論拠

---

12) この箇所は『饗宴』篇の208e-209eと比較されるべきである。そこでは，名誉愛ゆえに魂の美を求め，よきもの・徳を生む人々のことが語られている。ポリスの政治や家政についての徳である正義や節度の教育（παιδεύειν 209c2）に関わる人々に言及がなされた後で，ホメロスやヘシオドスといった詩人が詩を後世に残すことで栄誉を得ること（d1-4），リュクルゴスやソロンが法律を残すことで名声を勝ち取っていること（d4-e3）が語られている。しかし彼らが関わる美はあくまで「小秘儀」に属し，哲学が問題とする「大秘儀」の美とは区別されている点（209e-210a）に注意したい。

13) ここでの説得の対象が大衆なら，大衆にこれらの人々が「知者」と「現われ」ていれば，十分だからである。結果として大衆が詩人を第二位として認めなければよいのだ。この点は詩人批判の最終局面で「立派な人」をめぐって議論される。

を提出するのである。再度，彼は画家の例を用いる。画家が手綱や轡を描くのに対し，実際に制作するのは革職人や鍛冶屋である。画家は手綱や轡がどのようなもので̇あ̇る̇べ̇き̇かは知らないが，それは制作者ですら知らないのであって，知っているのはその使い方を知っている馬術家のみである。ここには三種類の技術が存在する。使用する技術，制作する技術，模倣する技術である。一般化すると，道具・生き物・行為の「よさ・美・ただしさ」については，用途との関係で，それらはそう作られたり，自然にそうなったりしている。それぞれのものがどうあるべきか——どのようなものがよいのか悪いのか——を知るのは使用者のみであり，使用者が知識に基づいて制作者に伝え，制作者はその話をただしく信じてその通りに作るのが大いなる必然（πολλὴ … ἀνάγκη d8）なのである。例えば，笛を作る場合，笛吹きが知識に基づいてよい笛と悪い笛について笛作りに告げ知らせ，必然的に（ἀναγκαζόμενος e8-602a1）笛作りはそれを信じて作る。模倣者はと言うと，描いている眼前の笛について，使用に基づいて美しいか否か，ただしいか否かについて知識をもつこともなければ，どのように描かねばならないかについて知って指示してくれる人が側にいる必要（ἐξ ἀνάγκης a4-5）もないので，ただしい思いをもつこともない。一般化すれば，模倣者は模倣対象の美と悪に関して知ることなく，ただしく思いなすこともないのである。詩作の場合，模倣者である詩人は制作対象の知に関して熟練してはいない。にもかかわらず，詩人は模倣対象についていかにしてよいのか悪いのかを知らずに模倣する。つまりは，同様に不知なる大衆にとって（τοῖς πολλοῖς τε καὶ μηδὲν εἰδόσιν 602b3）美しく現われるように模倣するのである。

　この二番目の議論は何を語っているのか。詩人が模倣対象の価値について知らずに制作するということの「半分」がどう議論されているのであろうか。ここに三つの技術が登場するが，これは先に議論された三種類の制作とどう関係するのだろうか。問題は山積であるが，まずは最後の問から考えていこう。

　この議論に登場する三人の技術者は先の場合（図1）と違って，制作物の存在の三階層に関わっているわけではない。道具を例にとって図示化すると図3のようになる。

第11章　ポリスに生きる人間（第10巻）

図3　道具的連関

同じ一つの〈道具〉をめぐって三者三様の関わり方をしているのである。制作者も模倣者も何か同名のものを〈作る〉という点では変わりはないが，前者は現実に役立つよい道具を生み出し，後者は現実には存在しない像を作り出す。注意したいのは，道具のよし／悪しは目的との関係で決まるという点で，使用者が何のためにどう道具を用いるかに応じて，目的に寄与する道具がよいもので，役立たないものが悪いものになる。この箇所で話題になっているのは，こうした目的連関の中で必然的に決まってくる善／悪なのである。

　では，こうした構造が詩人の場合には，どのように適用されるのだろうか。直前の議論を想起する必要がある。先の議論では，制作が関係する対象はポリスや個人にとっての善であった。例えば，ソロンは立法を通じて公的にアテネやその市民を益し，ピュタゴラスは私的な教育により個人をよくするわけだ。詩人はそうした善を制作できないことが帰結したかのように見えた。しかし，詩人たちは主張するかもしれない。公私からなる人生全体をきちんと見てみよう。自分たちの本領は先に（3）で列挙された①から⑤では発揮されないのであって，むしろ公的な教育にこそあるのだ，と。「ポリスの教師」と呼ばれた悲劇詩人や「ギリシアの教師」（cf. 606e）と目されたホメロスならそう言うのではないか。先の考察は人生全体（βίος）を公私にわたってしっかり眺めていたようで，実はその点が死角に入っていたのである。というよりも，あるいは，そこにソクラテス（プラトン）の仕掛け――公的／私的を分けて順に論じて行き，最後にソフィストに言及して私的教育に焦点を当てることで，逆に公的教育の不在を浮かび上がらせる――があったと言うべきかもしれない。『ポリテイア』篇で度々強調されてきたように，読者は詩人の本分が公的教育にあり，その部分が考察されないまま残っていることを容易に思い出すだろう。これが語らずに残されていた「半分」で

はないだろうか。

　詩人は言い張るだろう。確かに，自分たちはリュクルゴスやソロンとは違って，実際に何がポリスと市民を益するかは知らない（と詩人は開き直る）。だが，そのようなすぐれた人間の生き方や行為を物語にする技術はもっている。例えば，毎年劇場で物語を通じてポリスと市民を教育している実績があるのだ。この公的仕事ゆえに，自分たち詩人はポリスと市民の教育者として真実の「知者」なのである，と。こう主張する詩人は，先の「知者」たちと同様，第二位の制作者の地位を要求するだろう。いわば，よい市民を「制作」しているのだから，と。

　だが，まさにソクラテスはこの箇所で詩人のこうした要求を打ち砕いている。最初に確認すべきは，先の（3）の議論とこの箇所の議論の違いである。（3）では，ホメロスは作品で語っている重要な事柄について，実際知っているなら，現実の知者たちと同様に，詩を作るのではなく現実に実行して善を直接的に作り出したはずと論じられていた。しかし，この箇所ではもはやその点は論じられず，むしろ，道具・行為（πράξεως 601d5）の手段的なよし／悪しについてホメロスが知らないことが問題になっている[14]。つまり，作品で語られている内容の知／不知ではなく，物語作品それ自体，および，公的に作品を物語る行為それ自体の道具的価値の知／不知が問われているのである。たとえ詩人が物語による教育それ自体に価値があると主張した場合でも，〈目的—手段〉連関という観点から，ソクラテスは物語の制作（手段）と物語を使った教育（目的）とを概念上分離し，詩人が物語の使用者として教育者の名に値するのかどうか，また，教育のために用いられる物語の制作者として認めうるのかどうかを吟味しているのである。第2・3巻で見たように，よい物語は教育に使用できる。使用者たる教育者はよい物語を教材として選択し，悪い物語を排除しなければならない。今，ポリスにおける公的教育を取り上げるならば，ポリスの支配者こそが本来の教育者でなければならない。支配者は詩人を監督してよい物語を制作させ，できた物語を使って市民を教育し，よい市民を制作していくのである。この意味で，（3）で第二位の地位を占める「知者」に相当するのは，この

---

14) 他に生き物（ζῴου 601d5）が例示されているが，省略する。

箇所では教育のために物語を用いる「使用者」であり，使用者が使用する道具の「制作者」ではない。そして第4巻で論じられたように，ポリスの支配者こそが〈知恵〉によってポリスの全体と各市民にとって何がよいかを知っているのである（cf. 428b-429a）。

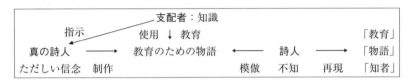

図4　支配者と二種類の詩人

　他方，詩人たちは自らが制作する物語が教育のためによい／悪いと知識によって判定できるのであろうか。だが，第2・3巻で否定されたのは，まさにこの点であった。詩人は「使用者」たりえないのである。すると，詩人は支配者の監督の下でその指示に従い，物語を制作するのだろうか。『ポリテイア』篇で打ち出されているカリポリスならそうだろう。教育に真に役立つ物語を作る詩人こそが「真の制作者」（ποιητής）と呼ばれるべきである[15]。しかし，現実のポリスにおいては，教育の道具としてどのような物語を制作すべきかを，知識をもった支配者の助言に耳を傾けながら考える詩人は存在しない。支配者自身が知識をもっていないし，詩人も大衆によく語っていると思われるように制作し，大衆の前に「知者」と現われるように物語るのである。この物語は真に教育に役立つ道具・物語の「像・影」（εἴδωλον）でしかない。この像・影の制作こそが模倣的再現（μιμεῖσθαι）の現実なのである。こう見てくると，詩人は複数の意味で，像の模倣的再現者であることになる。まず，教育者でないのに「教育者」と思われている。次いで，大切なことを知りもしないのに，「知者」だと思われている。最後に，実際には役立たない物語を制作しているのに，教育の道具の「制作者」だと思われている。この箇所におけるソクラテスの詩人批判はこうした複合的な観点から遂行されているのだ[16]。

---

15)　この箇所の ποιεῖν, ποιητής の問題については，Notomi (2011) が詳論している。

16)　模倣的詩人は第三の制作者もどきとなる。以上の議論は形を変えて著作家プラトンにも当てはまる部分があるはずである。この点については，本書終章の最後で少し触れる。

さて以上二つの論拠により，ソクラテスは三つのことが同意されたと結論する。第一に，詩人は模倣対象について語るに値するものは何も知らない。第二に，模倣は一種の遊び（παιδιάν τινα 602b7）であって，真面目に取り組むべきもの（σπουδὴν b7, cf. 599a9, b5）ではない。第三に，悲劇を手掛ける者たちはイアンボス調やエポス調を用いていて，とりわけ模倣的である。

(5) 魂論への展開

ソクラテスは模倣（μιμεῖσθαι 602c1）が真理から数えること三番目のものに関わっていることを示し得たので，次に，その模倣が訴える先の魂のあり方について考察していく。模倣が「現われ」を作り出す力（δύναμιν c5）をもつとして，その「現われ」は魂のどの部分にどう現われるのか。

ソクラテスの問がわかりにくい表現──「人間に属するものの内のどのようなものに対してか」（πρὸς … ποῖόν τί … τῶν τοῦ ἀνθρώπου c4）──だったため，グラウコンが説明を求めると，ソクラテスは「このようなもの」（τοῦ τοιοῦδε c7）についてだ，と答える。ここから彼は，詩人の議論のさらなる理解を目指して，新たに魂論を展開する。最初に注意しておきたいのは，魂論の本論はあくまで 603c5 から始まる詩人論と結びついた議論であって，それまでの 602c7-603b6 の魂論は視覚に特化した錯覚を論じながら，その視覚的錯覚を利用した画家による模倣と鑑賞者の魂の関係を明らかにする予備的考察にすぎないという点である。ソクラテスの「このようなもの」は，そうした類比的性格を示す表現であり，予備的考察で語られる魂論をそのまま次の本論に適用してはならない[17]。

予備的考察でソクラテスが最初に持ち出す例は，人々が日常的に経験する視覚的錯覚である。同じ大きさが近くから見られた場合と，遠くから見られた場合とでは，等しくなく現われる（φαίνεται 602c8）し，同じ棒が水中と外とでは，曲がって見えたり，まっすぐに見えたりする。視覚的錯覚によるこうした魂の混乱（ταραχή d1）は人々に生まれ

---

[17] Cf. Murray (1996), 216, 223. この点の確認を疎かにしたことが，本論部分に対する従来の諸解釈がうまくいかなかった原因の一つである。

つき備わる情態（ἡμῶν τῷ παθήματι τῆς φύσεως d2）であり，陰影画（σκιαγραφία d3）や手品など騙しのテクニックに応用されている。

しかし人はそうしたものに対して尺度を用いて計量することで対応し，大／小，様々に現われるもの（τὸ φαινόμενον 602d7-8）が自らの内で支配（ἄρχειν d7）せず，状況に応じて計算・測定・計量するもの（τὸ λογισάμενον καὶ μετρῆσαν ἢ καὶ στῆσαν d8-9）が支配するようにできるが，その際の測定は魂内の理知的部分（τοῦ λογιστικοῦ e1）のはたらきによるだろう。

しかるに，「大／小／等」と測定し告知するその部分に対して，同じものをめぐって同時にその反対のものが現われる（φαίνεται 602e5）ことがしばしばある。ソクラテスは第4巻436a-cを振り返り（ἔφαμεν 602e8）[18]，「同じものによって同時に同じものをめぐって反対のことを思いなすこと（δοξάζειν）は不可能である」（e8-9）と主張し，以上より，尺度による測定（τὰ μέτρα 603a1）に反して（παρά）思いなす魂内の部分と測定に従って（κατά）思いなす部分とが同一ではないことを結論する。そして，測定や推論を信じる部分は魂内で最善の部分であるし，反対し逆らう部分は劣った部分に属するだろう。それゆえ，この点の同意を望んで，先に（cf. 597eff., 602d）[19]絵画術や一般に模倣術は真理から遠く離れて自分の作品を作り出し，思慮（φρονήσεως 603b1）から離れた部分と，健全でも真でもないもののために親しく交わってヘタイラ（高級娼婦）になると語ったのである。したがって，模倣術はつまらぬものとしてつまらぬものと交わりつまらぬものを産むことになる。ソクラテスはこのようにして，模倣術が生み出す「現われ」のメカニズムを説明する。

以上の議論が第4巻の魂論を受けてなされているのは自明だが，二つの魂論の関係についてはそれほど判然としないため多くの研究者によって様々に解釈されてきた。主たる問題は，測定に従って思いなす部分と測定に反して思いなす部分とが第4巻の三部分説の中でどのように位置づけられるのかにある。諸解釈は大きく二つに大別される。

---

18) Cf. Jowett and Campbell (1894b), 452; Halliwell (1988), 134.
19) Cf. Jowett and Campbell (1894b), 452; Halliwell (1988), 135.

P1　魂の三部分説の理知的部分とその他の部分が対比されている。
P2　魂の理知的部分がさらに二つの部分に分けられている。

　P1が伝統的な解釈で第4巻からの連続性を強調するのに対し，P2はより最近の解釈で対話篇内部での魂論の発展を見る立場である[20]。ではこの魂内の二つの部分についてどう考えればよいのだろうか。
　注目すべきは議論の前半部である。そこでは魂にとって自然（φύσις）である視覚的現われと後天的に可能になった尺度による測定を司る理知的部分の対比がなされている。魂に内在する混乱に対処すべく，測定が実に洗練された助けとして発見されたため（ἐφάνησαν 602d7），魂が測定法をきちんと教育されるならば，視覚的現われは魂を支配せず，むしろ測定主体である理知的部分が支配する。支配の内実は，視覚的現われに惑わされずに，眼前の事態に対して魂がただしい判断――「水に入れられた棒は曲がって見えるが，それは光が水面で屈折するからであり，棒それ自体が曲がったわけではない」など――を下すこと（δοξάζειν）である。十分な教育を受けていない場合は，真実に気づかずに視覚的現われに従い，理知的部分が測定しその結果を告知しているとしても，それに反した判断を下すこともある。教育を受けている場合の逆である。前半部の議論からこうした対比が読み取れる[21]。
　すると後半部で，第4巻（436b9-c2）で導入された「無矛盾律」の原理によって論証されるのは，前半部のこうした対比なのではないか。問題の教育は測定の仕方だけでなく，測定に従った判断をする習慣づけに関わる。教育を受けていようとなかろうと，尺度に従って測定した結果と視覚的「現われ」が同一のものについて同時に反対していることはよくあるが，魂に対する十分な教育の有無によってどちらに従って判断を下すかは違ってくる。つまりは，「尺度に基づく思考」（μέτρῳ γε καὶ λογισμῷ 603a4）[22]を信じて判断する魂とそれに反して判断する魂とは

---

20)　P1の代表者としてHalliwell (1988), Murray (1996), Lorenz (2006)，P2の代表者としてMurphy (1951), Nehamas (1999) がいる。
21)　Santas (2010), 85 は，プラトンの魂論に関して，既に教育を受けた魂の諸能力が語られているのか，教育や経験から独立に魂の本性上の諸能力が語られているのかを区別して考察する必要があると重要な指摘をしている。
22)　καί は hendiadys ととる。

第 11 章　ポリスに生きる人間（第 10 巻）　　　　339

──奇妙な言い方だが──魂全体の二つの情態を表すと解釈できるのである[23]。確かに，同じものによって同時に同じ観点で同じものに関して反対の判断を下すことはできない。だが当然ながら別の観点では可能である。教育を受けていない観点から見られた判断主体である魂──視覚的「現われ」が魂を支配している悪しき情態──と教育を受けた観点から見られた判断主体である魂──理知的部分が支配している最善の情態──とが別のあり方をしているということ，このことがこの箇所で語られているとは言えまいか[24]。魂全体を二つの観点から捉え直して，ある観点からの魂の情態と別の観点からの情態とをそれぞれ魂全体の部分とみなし，判断の主体とする解釈を提出したい[25]。

　この解釈は，模倣の議論に戻ると，模倣を示す相手となる魂が模倣者の「現われ」を信じやすい情態にあって，深く考えずに性急に判断をする傾向性（τρόπος）にあることと一致するだろう。すなわち，そうした魂の情態は思慮から程遠いあり方をしているのだ。そうだとすれば，第 10 巻冒頭で語られた「聞いている者の心（διανοίας）」（595b5-6）がどのようにあるのかという問題をそのまま引き継いでいるとも言え

---

23)　中畑（1992），48 は判断主体に対して「態度」「構え」といった表現を用いる。
24)　例えば，美術館で少し離れたところから「男の肖像画だ」と判断して，近寄って見るとアルチンボルドのだまし絵で「野菜や果物などの集合体だ」と判断する。しかしどう見ても肖像画だし，一般にもそう言われている。さて，どちらの判断がただしく，判断主体は異なることになるのか。答はどちらもただしく，見方が異なるということだろう。異なる見方はそのまま絵に対する魂の向き方（τρόπος）の違いを表している。重要なのは，この箇所で判断主体が理知的部分だとか，その他の部分だとか明瞭に語られていない点であり（cf. 602e8, 603b6）──それゆえ P1, P2 の二つの解釈が対立しているわけだが──語られているのは，理知的部分が支配している情態とそうでない情態とでは判断が異なるということに過ぎない。この魂全体の情態の違いが何に基づくかが問題である。本書のこれまでの考察から自然に出てくる解釈は，ヌースをもっている情態とドクサの情態の対比がこれに相応するといったものだろう。知らないのに知っていると思い，考えずに判断を下すか，あるいは，知らないからしっかり探究しその上で判断を下すか，という対比が中心巻で強調されていたことを忘れてはならないのである。
25)　この解釈に対しては，「魂の内の判断するもの」（τὸ … δοξάζον τῆς ψυχῆς 603a1）における属格表現や，「我々の内の思慮から離れたもの」（πόρρω δ᾽ αὖ φρονήσεως ὄντι τῷ ἐν ἡμῖν προσομιλεῖ b1-2）の ἐν という前置詞から，判断主体を魂の「部分」と想定するのが自然であるとの批判を受けるだろう。「部分」とすることで魂を「もの」のように実体化することに警戒しつつも，そうした批判はもっともだと思われる。ただ視覚的「現われ」の議論は，本来の主題である聴覚的「現われ」の議論のための雛型と位置づけられているので，後者の議論でこの点を考えてみたいと思う。

る。無論，未だここでは類比のための視覚的「現われ」が問題となっているが，第10巻本来の主題である聴覚的「現われ」の制作者である詩人の話は続けてすぐになされるのである。

(6)「立派な人」（ἀνὴρ ἐπιεικής）の問題

以上の視覚的な模倣術の考察が聴覚的な模倣術である詩作にも当てはまるのかとソクラテスが訊ねると，グラウコンは「実にありそうなことです」（εἰκός γ' 603b9）とお気楽な応答をしてしまう。するとソクラテスはその性急さをたしなめつつ，「絵画術に基づくそのありそうなことを信じないようにして，今度はまた，詩作の模倣術が交わっている心（διανοίας）のまさにそのものへと進んでいき，それがつまらぬものなのか，よいものなのかを見ることにしよう」（b10-c3）と提案する。ここには，対話活動と対話の考察対象とが巧妙に重なり合っている作劇上の工夫が見られる。第10巻の主題である「聞いている者の心（διάνοια）」の危険な情態が対話者グラウコンをモデルにして読者に直示されるのである。つまり，直前の対話が聴覚的に作り出した「ありそうな話」（τῷ εἰκότι b10）を深く考えずに信じて（πιστεύσωμεν b10）性急に判断をしそうになっているその魂・心の情態自体が考察対象になるのだ[26]。

ここから第10巻の詩人批判の最終段階に入る。この段階でソクラテスは「立派な人」（ἀνὴρ ἐπιεικής）を俎上に載せて詩人の模倣の危険性を暴いていく。近年，プラトンの「立派な人」の取り扱いについては新たな展開が見られる。例えば，V・ハートは第10巻の議論の主要な標的とみなし[27]，G・R・F・フェラーリは魂の三部分説を解明するために，「立派な人」を第4巻の正しい人や中心巻の哲学者と比較して考察を進めている[28]。ハートやフェラーリの解釈は，プラトンの「立派な人」についての見解が，第一に，彼の詩人論を展開する鍵になっていること，第二に，彼の魂論を見る新しい視点を与えることで，対話篇全体を

---

[26] ムーシケー作品である対話篇に向き合っている読者をも巻き込んでいるのは言うまでもない。
[27] Harte (2010), 90-92.
[28] Ferrari (2007), 178-84, 188; cf. Ferrari (2012), 107-109.

第 11 章　ポリスに生きる人間（第 10 巻）　　　341

理解するのに重要であることを示している。しかしそうした重要性に加えて，対話篇全体の主題との関係で看過できない論点を含んでいるように思われる。それは，民主政の現実に生きる大衆にとって「立派な人」こそが「よき人・徳ある人」の「現われ」を帯び，そのようにして大衆から尊敬される存在だったという点である[29]。先に（3）や（4）でも予感されたように，詩人が大衆の思いに応じるように「立派な人」を「よき人・徳ある人」として模倣し再現することの危険性こそが詩人論の最後に論じられているのである。こうして第 2 巻からの議論に一つの結末が与えられることになる。では，その次第を追っていくことにしよう。

（ⅰ）公的な生と私的な生の分裂

視覚的錯覚と絵画術に訴えてなされた魂に関する予備的考察に続けて，ソクラテスは今や詩人批判の本論に取り掛かる。まず彼は詩が模倣する対象を特定する。

> T3 603c5-8: 模倣術が模倣するのは，人間が強制的であれ自発的であれ行う行為や，行為に次いでよく行ったとか悪く行ったとか思っていること，そしてそうした全てにおいて苦しんだり喜んだりしていることだと，我々は言う。

次に，ソクラテスはそうしたこと全てにおいて，人間が心的葛藤を経験していることに触れ，予備的考察で見た視覚経験の場合と同様に，行為においても人間が自分自身と内戦を闘っていると語る。そして，これは既に第 4 巻の魂論で明らかにしたことだからあらためて同意するまでもない[30]，とも付け加える。だが，ここで注意すべきは，「先に語り残したこと（ἀπελίπομεν）を今や論じなければならないように思える」

---

29)　アテネ市民たちと同様，研究者たちも Ferrari や Harte 以前においては，「立派な人」（ὁ ἐπιεικής）と「よい人」（ὁ ἀγαθός）の区別に注意を払ってこなかった。その理由の一つに，一般に「よい」を意味するギリシア語の形容詞がどれもプラトンの時代においては区別なく使用されていたという事実（cf. Dover (1974), 42, 60-66）がある。だが一番大きな理由は，対話篇のこの箇所ですら，βέλτιστοι（605c9）が ἐπιεικής の最上級として用いられている点にあるのかもしれない；cf. Halliwell (2011), 246-47 and n.15. ここでのプラトンの議論を理解するには，「よい人」と「立派な人」の区別を適確に読み取ることが重要になる。

30)　Cf. e.g., Adam (1963b), 409; Halliwell (1988), 137; Ferrari (2007), 179; cp. Jowett and Campbell (1894b), 452.

(603e1-2)と言って，ソクラテスがかつての考察に満足していない部分があることをはっきり表明している点である。この「語り残したこと」とは何か。ソクラテスは「立派な人」を議論に導入してこの点を説明しようとしているが，そのことで彼は魂の内的葛藤の議論にどのような新しい要素を加えようと意図しているのだろうか。本論の視点の新しさに注目してソクラテスの説明を追っていこう。

　ソクラテスはグラウコンに第3巻の議論を想起させることから始めている。

　　T4 603e4-6: 立派な人（ἀνήρ … ἐπιεικής）は息子や他の一番大切に思っているものを失ったりするといったこうした不運（τύχης）に直面しても，他の誰よりも一番容易に耐えるものだと，あのときも我々は語っていたよね。

　第3巻の「詩人批判」の文脈において，ソクラテスは「理想的ポリス」の立法者として子供の守護者教育に適切な詩句とそうでない詩句とを「検閲」していた。例えば，子供は勇気ある人になるために，たとえ「子供や兄弟，お金やそうしたものを失っても」（387e4-5）恐怖心を抱いて苦しむことのない立派な人（ὁ ἐπιεικὴς ἀνήρ d5）[31]のようにならねばならない。しかし，T4に続く箇所でソクラテスはもはや理想的ポリスやその市民には関心を示しておらず[32]，むしろ人間の現実の姿を語り出そうとしている。つまり，模範たるべき立派な人ですらそうした不運に苦しみをおぼえる。しかし同様の立派な人たち（τῶν ὁμοίων 604a2-3）の前では苦しみと闘い平静を装うが，自分独りになると，悲しみに耽って聞かれたり見られたりしたら恥ずかしいことを言ったり行ったりするのである（603e-604a）。

---

31) 第3巻の文脈で ὁ ἐπιεικής（387d5 (bis); cf. 397d4, 398b2, e4, 409a8）は ὁ ἐλλόγιμος（cf. 387d2），ὁ ὀνομαστός（cf. 387e10）と区別なく使用されていて「高名な人」をも意味し，公的空間におけるよい評判と結びついている点に注意したい：cf. ἀνθρώπους ἀξίους λόγου（388e8）. さらに第1巻のケパロスの議論における ὁ ἐπιεικής（330a4, 331b1）参照。

32) Cf. Harte (2010), 71.

第11章 ポリスに生きる人間（第10巻） 343

　悪徳と結びつく感情を克服する第3巻の立派な人と異なり[33]，この箇所の立派な人は実際に内的な苦しみを抱えており，独りになると苦しみを表出するのである。だが，なぜそのようなことが分かるのか。この文脈で立派な人が詩人の模倣対象（＝心的葛藤の人）の例示として導入された点に注目したい。立派な人はアキレウスやオイディプスのような英雄（cf. τῶν ἡρώων 605d1）であり，その行為・思い・感情がアテネのような現実世界において詩人によって模倣・再現されているため，市民たちは劇場でそのモノローグを聞き，公的空間でのふるまいのみならず，私的空間での様子をも窺い知ることができるのである[34]。例えば，悲劇は一日の出来事を描きながらも，英雄の行為・思い・感情の再現によってその人生全体を鮮やかに照らし出す。オイディプスは公的空間では王として立派にふるまいながら，私的には苦しみを表出する。観衆は劇場で英雄の人生全体を構成する公的生活と私的生活とをありありと目の当たりにして，立派な人の公私両面を学ぶことになるのである[35]。

　先に指摘したように，ソクラテスは立派な人の魂のあり方を説明するのに，第4巻の魂論をそのままの形で用いてはいない。だから，その人が「苦しみと闘い抵抗する」（604a2）と語りながらも，ソクラテスは魂内の二つの要素の葛藤を述べてはいない[36]。むしろ彼が言及するのは，立派な人の公的生活と私的生活の分裂なのである。日常生活において，立派な人は不運に出くわしても，楽々と耐えているように見えるが，実のところ内面では苦しんでいる。だが，悲劇の場合と違い，「家」

---

33)　第3巻387d-388eでプラトンは ὀδυρμός (387d1), οἶκτος (d1), θρῆνος (e10, 388d7), ὀδύρομαι (387d8, e7, 388b4, b9), κλαίω (388b4) といった語を使用し，外側から（言語的であれ，非言語的であれ）観察可能な情緒的ふるまいに光を当てている。

34)　T3にあったように，現実のアテネでは，第3巻で立派な人として取り上げられたアキレウス，オデュッセウス，ディオメデス，パトロクロス等，英雄の嘆く姿が劇場で再現されるのである。

35)　プラトンがこの最終議論で一人称複数を頻繁に用いていることに注意：e.g., 604c2, 605c9, d3, 5, 7, 606d3, 5. 後述するように，このことは，プラトンがまずは過去・現在・未来において民主政に生きる現実の市民たちを念頭においていることを示唆している。

36)　プラトンは，苦しみとの闘いや抵抗に光を当てるだけで，ここでも魂内に理知的部分と感情的部分があることを第4巻の考察を応用して論じることができただろうが，そうしていないことに注意。一般には，英雄の理知的部分と非理知的部分の葛藤がこの箇所で描かれており，後に詩の主題として取り上げられると解釈されている。例えば，Nehamas (1999), 267; 田中 (2015), 149参照。中畑 (2005) はこうした解釈を正当に批判している。

の内部を覗けない他の市民はその実情を知り得ない。彼は公的には勇気ある人としてふるまう一方で，私的には混乱の余り恥ずかしい言動（αἰσχύνοιτ᾽ ἂν a6）を繰り返すのである。この箇所でソクラテスが光を当てているのは，こうした公的生活と私的生活の分裂であり，先に触れた「語り残したこと」（603e1），つまり魂論の新しい要素はこの点にある[37]。

　立派な人は公私二つの世界を截然と分けて生きているため，苦しみに対する自らの二つの態度を混合することはない。この毅然たる姿勢こそがその人をして恥を知る「立派な人」たらしめているのである。そして，恥の念こそが彼の注意を他の立派な人に向けさせ，公的空間において勇気ある人として「現われ」るようにする。したがって，仮に立派な人が真に勇気ある人だとすれば，その人は独りでいても自らを恥じて勇敢にふるまうはずだが，実際はそうでない。確かに，不運に出会わなかったとしたら，彼は私的にも臆病だとは「現われ」ないだろうが，それは悲嘆に暮れる必要がないだけのことで，大抵の場合，公私ともに勇気ある人と「現われ」るとしても，そのことは彼の性格が常に勇気あることを意味しはしない。むしろこう言うべきだろう。彼の人生は常に二つの人生——勇気ある人生と臆病な人生——に分裂する可能性を秘めているのであって，不運の訪れを契機として，その可能性が突如として現実化し顕わになるのだ，と。

　明らかに，第4巻の魂論はこうした人生の分裂に適用されてはいなかった。なぜなら，それはとりわけ行為に関する心的葛藤の説明を意図していたからである[38]。著者プラトンはここで立派な人を取り上げて新

---

37) この箇所では既に第3巻と第4巻の議論がそれぞれの仕方で変容を蒙っていることに注意すべきである。勇気を例にすれば，確かに，第3巻の勇気の議論（386a-389b）を受けてはいるが，ここでは私的生活をも取り扱うことで，もはやポリスにおける公的勇気がそのままの形では問題になっていない（「笑い」についての議論も同様（388e-389b, 606c））。また他方で，第4巻と違い，ポリスにおける人間関係が考慮されている点で，魂における勇気がそのままでは問題になっていない。むしろ，公私からなる人間の生全体に関わる勇気が主題化されているのである。それに応じて，この箇所の魂論を第4巻の魂論と同じものと考えてはならない。

38) 確かに，437b4には εἴτε ποιημάτων εἴτε παθημάτων とあり，第4巻の議論が能動なるもの／受動なるもの一般に関わることが明記されていて，「行為」（πρᾶξις）に特化されてはいない（藤沢（1979a），310の訳「行為であるか状態であるか」は問題を含む）。したがって，「無矛盾律」は原則的に第10巻にも適用可能なのである。しかし，魂の三部分説を

しい考察を進めながら，読者に人生の葛藤について考えさせ，詩人が立派な人を模倣することで聴衆の心にどのような影響を及ぼそうとしているのかを説明しようとしている。この箇所をこのように読むことは，次のやり取りを理解するのに役立つだろう。

> T5 604a9-b3: 説明（λόγος）[39]と法（νόμος）がその（立派な）人に抵抗を命じているものであり，他方，悲しみへと引っ張っているものはその不運な出来事（πάθος）それ自体だね。――本当です。――同じものに関して同時に（ἅμα）人間の内部で反対の方向へ導く力が生成する場合，その人に二つのものがあるのが必然である，と我々は言うのだ。――もちろんです。

この文脈で「二つのもの」（δύο）は立派な人が顕わにする二つの人生に対応しているに相違ない。T5 の表現を変えれば，同一の不運に直面して，立派な人は二つの相反する人生を同時に生きることはできない。彼の人生はある時点の公的観点から勇気あるものとして見られ，別の時点の私的観点からは臆病なものとして見られる（cf. ὅταν … , ὅταν … 604a2-3）ということなのだ。かくして，通時的に見られるならば，これら二つのアスペクト（相貌）が人生全体に内在しているのがわかるだろう。もちろん，この事態は，ソクラテスが次にそうするように，魂に言及することによっても説明されうる。人は魂によって生きているからである。重要なのは，同一の魂が公的側面から見られたり私的側面から見られたりして，二つの異なるアスペクトを交互に顕わにするということである[40]。立派な人（魂）は同胞市民の前では「法や公的にそ

導き出すための主たる例が「行為」（cf. 603d2）であることは否定できない。

39) この箇所に登場する λόγος については一貫して，基本的には「ポリスで通用している理に適った説明」を意味すると解し，一般に訳されている "reason" とは考えない。それゆえ，λόγος は νόμος（法・慣習）とほぼ同意味で用いられている。この点については，中畑（2005）が説得的に論じており，学ぶところが大であった。

40) 周知のように，この箇所の魂論の理解については大きな論争が続いている（e.g. Halliwell (1988) 133-5; Murray (1996), 214-6; Nehamas (1999), 264-9; Lorenz (2006), 59-73; Singpurwalla (2011)）。ここでは三点コメントするに留めたい。第一に，602c-603b における視覚の例はいかにして人が同じものについて相反する信念・判断をもつのかを説明するのに役立つが，その例の中の「尺度に反して判断する魂の部分」（603a1-2）がここでの「興

の都度最善と認められた説明」(νόμου τε καὶ τοῦ κοινῇ ἀεὶ δόξαντος εἶναι βελτίστου λόγου 607a7; cf. τούτῳ τῷ λογισμῷ 604d4) に耳を傾けることで，実際に勇気ある人と「現われ」ながらも，他方で，独りでいる場合には，不運を繰り返し思い出しては悲嘆に暮れて，臆病であるように「現われ」るのである（cf. 604d7-9; esp. δειλίας φίλον d9）。こうしたアスペクト転換はかの有名な「ウサギ―アヒル」の絵にも譬えられよう[41]。

（ⅱ）詩人・大衆・立派な人

立派な人は詩人論の最終局面である「詩に対する最大の告発」(605c5) で再登場する。そこに向かう前に，上述の考察をソクラテスがどのように用いて，詩人が模倣を通じて人々に悪影響をもたらすと論じているのかを見ておきたい。

魂の二つのアスペクトを区別した後で，ソクラテスはその結果を詩の模倣に結びつける。

奮しがちで多種多様な性格」(605a4-5) と同一であると仮定する（Lorenz (2006), 63-64; Singpurwalla (2011), 290）ことはできない。プラトンはそれらを「別のそのようなもの」(ἕτερον τοιοῦτον 605a9-10; cf. ὡμοίωται b1) と区別して呼んで比較しているからである。第二に，プラトンはここで立派な人を勇気ある市民と特徴づけて話を開始しているが，これは第２～４巻のポリス的徳の説明を前提としており，魂の三部分説が導入された目的である魂の徳の議論とは独立であった。単純には，魂の三部分説をこの箇所に適用できないのである。第三に，先に指摘されたように，プラトンは個々の行為を問題にしているというよりも，公私からなる人生に関心を抱いており，通時的に捉えられた限りでの生の担い手としての魂について議論している。プラトンの魂論は第４巻から中心巻や第８・９巻を経て，発展してきたのである。『ポリテイア』篇における魂論の発展的見方については，Santas (2010), 81-88 を見よ。テキストが明示するように，対比は λόγος に導かれた性格・生と πάθος に導かれた性格・生の間にあるのだ。その意味で Belfiore (1983), 53-54 の指摘は傾聴に値する：“Instead of being 'parts' of a soul like those of *Republic* IV, the superior and inferior elements of *Republic* X can each determine by itself a 'character' ἦθος, of a whole soul made up of reason, appetite and spirit" (54).

41) Belfiore (1983), 54-55 は立派な人の場合，「（すぐれた要素と劣った要素の）各々は魂内に内戦を生み出しながら，交代に，あるいは，部分的に支配できる」(55) と指摘している。こう述べる際に，彼女は立派な人の人生に一種のアスペクト転換が生まれることを考えているように思われる。「ウサギ―アヒル」の絵の場合，全体の図柄自体は何の変化もないのだが，見方次第で全く異なる絵と「現われ」ることが重要である。立派な人の場合も，魂全体が公的私的の状況の変化でロゴス支配の情態となったり，パトス支配の情態となったりして，全く異なって「現われ」る。但し，この絵の使用に対する田中 (2015), 28 n.31 の慎重な註記も参照。

T6 604e1-6: この性格[42]，興奮しがちな性格は多彩な（ποικίλην）模倣を多く認めるが，他方，思慮深く静かな性格（ἦθος）は，常に殆ど自己同一性を保っていて，模倣するのが容易でなく，模倣されたとしても，理解するのは簡単ではない，特に群衆や劇場に集まる多種多様な人々にとっては。それは彼らにとって異質な情態の模倣となるからだ。

T6でソクラテスは魂の二つのアスペクトを「性格」(604e2; cf. τὸ ἀγανακτητικόν τε καὶ ποικίλον ἦθος 605a4-5) と呼びながら，二種類の異なる模倣の対象として特徴づける。ここでは詩的模倣のよい種類には触れず[43]，もう一方の種類の模倣についてその構造を検討しよう。

T3で見たように，詩人は英雄の行為・思い・感情を模倣する。そしてそれらが立派な人の人生全体を構成するのであった。ソクラテスは模倣対象を二つのグループに分類して，詩人はその本性上（πέφυκε 605a3）魂内の思慮深く静かな性格には向かわず，大衆の間で（ἐν τοῖς πολλοῖς a4）よき評判を勝ち取るため，興奮しがちの多種多様な性格へと向かい，その性格を喜ばせなければならない（ἀρέσκειν; cf. χαριζόμενον b7）と言う。では，そうすることによってなぜ詩人は大衆の間で人気を博すのだろうか。

S・ハリウェルが指摘したように[44]，ソクラテスは魂の性格について語りつつ，詩によって登場人物の性格を真似て描写すること（portraying）と聴衆の性格を満足させること（satisfying）の間の区別をしていないように思われる。しかしながら，この曖昧さは詩による模倣の場合「自然」(πέφυκε 605a3) なものである。なぜなら，詩人と立派な人と聴衆の間には強力な融合・癒着関係が認められるからだ[45]。

---

42) μέν-δέ の対比により，τὸ δὲ ... ἦθος (604e2) と同様に τὸ μέν (e1) の後に ἦθος を補う；cf. Halliwell (1988), 63.
43) この問題には本書終章で詩人哲学者プラトンとの関係で少し触れる。
44) Halliwell (1988), 136, 141.
45) Harte (2010), 72-84 はこの箇所を議論してはいないが，第10巻から三つの証拠を挙げながら，模倣的芸術のもつ有害な効果が詩人と聴衆の間の複合的産物（joint progeny）であることを示すのに成功している。両者の「共犯関係」を論ずる田中 (2015), 129-55 も参照。

図 5　悲劇のミーメーシス

　一方で，詩人は徳ある人を模倣しようとするが，徳ある人について知らないので，実際には立派な人を「徳ある人」として模倣・再現する。先に見たように，立派な人が部分的には（公的アスペクトでは）徳ある人である限りにおいて，詩人は付帯的には徳ある人をも模倣・再現するが，有徳な性格の価値には気づかず，その主たる関心は「興奮しがちの多種多様な性格」にある。他方で，大衆（聴衆）は詩人が徳ある人を再現していると信じ込んでいる。なぜなら，徳ある人について大衆が抱く見解は詩的模倣によって伝統的に形成されてきたものだからである。専ら立派な人の悪徳の方に夢中になっている大衆——徳ある性格は大衆には「異質」（ἀλλοτρίου 604e5）だから——にとって真に徳ある人は接近不可能なのである。大衆が劇場に集まってくるのは，悲しみを想起し嘆きに耽るのに飽くことを知らない（ἀπλήστως ἔχον d8）魂内の性格を満足させるためなのである。それゆえ，こうした大衆の間で評判を博すつもりなら，詩人は立派な人の悪しき性格に集中しなければならない。詩人はそうすることによって，徳ある人の人生を一層ありありと描写できると信じている。詩人と大衆にとって悲嘆の私的表出は人間的魅力でこそあれ，悪徳ではないのである。

　もちろん，詩人が立派な人の人生の悪いアスペクトと同様によいアスペクトをも模倣的に再現していることは間違いない。さもなくば，単に感情的で臆病な性格だけを描写することになってしまうから[46]。詩人は

---

46)　この点について，例えば，Moss (2007), 428-38 は単純な（ἁπλοῦν）性格と多種多彩な（ποικίλον）性格をプラトン的な視点からそれぞれ徳と悪徳とし，ここで批判されている模倣的詩人は<u>専ら後者のみを</u>模倣・再現すると解釈する ; cf. Nehamas (1999), 267-68. プラトンが多種多彩な性格を悪徳の中心的要素と認めているとする点で，その解釈はただしい

第 11 章　ポリスに生きる人間（第 10 巻）　　　　　　　　　　349

よい性格（＝「地」）と悪しき性格（＝「図」）の反転に依拠し，立派な人が大衆に徳ある人として「現われ」るよう模倣・再現しているのである。その結果，彼は「像の像を制作する者（εἴδωλα εἰδωλοποιοῦντα）にすぎず，真理（τοῦ ἀληθοῦς[47]; cf. 605a9）から遠く離れて立つ」（605c2-3）ことになる。詩人は大衆受けする物語を供給し続ける限り，大衆の間では人気者でいられようが，その模倣は大衆を考えないですませる情態（cf. ἀλόγιστόν τε … καὶ ἀργόν 604d8-9）に置き，感情に任せて生きるようにするだけである。実にこういう仕方で，詩人は大衆に悪影響を及ぼすのである[48]。

　では，なぜ大衆は立派な人を徳ある人として尊敬するのであろうか。この問に答えるためには，この箇所の考察がもつ重みを反省する必要がある。これまで第Ⅱ部で見てきたように，『ポリテイア』という対話篇は，第 2 巻冒頭で表明された，民主政アテネに生きるグラウコンとアデイマントスという若者が周囲の正義観に感じる違和感——「グラウコンの挑戦」——を通奏低音としていた。民主政下の大衆は心の奥底では

――――――――――

が，「立派な人」の場合，何らかの仕方で徳をも備えていて，詩人はそれをも付帯的な仕方で模倣・再現している点を捉え損なっている。後述するように，観客としての立派な人も詩人の模倣からある影響を受けるのである。周知の通り，第 2・3 巻で批判されている詩人にしても，徳の模倣を同時に行っていることは前提になっている。

[47]　この真理は現実に生きている徳ある人ではなく，徳ある人を有徳たらしめる〈徳〉のイデアの作り手のことである（cf. βασιλέως καὶ τῆς ἀληθείας 597e7：本章図 2 参照）。「太陽の比喩」では，〈善〉のイデアとそれが提供する真理こそが個々の〈徳〉のイデアの原因根拠であった。この真理の光の下で魂は〈徳〉のイデアを認識しながら徳の内化を実現させる。こうして徳ある人は〈徳〉の像を内に所有しており——つまり〈徳〉に与っており——その意味で第二位の地位（徳の制作者）にある。図 5 が示すのは，詩人はこの徳ある人を模倣しようと意図しつつも，実際は気づかずに，立派な人を「徳ある人」（虚像）として再現しているということである。したがって，「像の像を制作する者」と呼ばれており，真理から離れること三番目になる（597e6-8; cf. 598e5-599a3, 602c1-2; cp. μιμητὰς εἰδώλων ἀρετῆς 600e5）。Rowe (2012), 430 n. 635 参照。

[48]　このように語りうるプラトン自身は，詩人や大衆とは異なり，真理に基づく視座をもっているのでなければならない。したがって，例えば，オイディプスのような英雄は，プラトンの視座からは「立派な人」として現われる（＝真なる現われ）が，大衆や詩人には「徳ある人」として現われる（＝偽なる現われ）ことになる。このことは，ある意味では，大衆や詩人の「徳ある人」の概念が公私の分離にあることに基づくとも言えよう。プラトンにとっては，無論，公私の分離は立派な人の規準であり，徳ある人のそれではない。Nehamas (1999), 268 参照；もっとも彼は "what Plato would consider vicious characters were presented by the poets as good" と考えている点で間違っており，"vicious characters" を "decent characters" と交換せねばならない。

僭主の生き方に憧れを抱きながら，実際は，いわば小市民的に法を守りながら，しかしそれなりに自己の欲望を満たしつつ生きている。そうした大衆が詩人（ὑπὸ ποιητῶν 363e6-364a1, ποιητάς 364c6; cf. μυρίων ἄλλων 358c7-d1, 366b7-8）と共に信ずるところでは，正義とは人々が互いに不正をしたりされたりしないようにする同意であり契約であった。そうした考えに基づいて法を制定し，ポリスを作っているのである。この見解によれば，「正義は個人にとって（ἰδίᾳ）よいものとは信じられていない，なぜなら人は不正ができると思うところでは，不正を行うからである」（360c7-8）。したがって，「正義を行う人は誰も何かやむを得ないものとして嫌々ながら行っているのである」（358c2-3）。こうした正義観が当時のアテネ民主政を反映している点はこれまで見てきた通りである。アテネ市民は民会や法廷といった公的空間で法や道徳を作り上げている。これがポリス的活動の内実である。市民は公的に正しくふるまうが，その理由は自らの私的生活を豊かにしたいからであって，この建前と本音が混じり合う中で，民主政アテネの市民は公私混合の生を生きているのであった。

　それに対して，立派な人は（少なくとも，外側から見られる限りでは）公私の区別をきちんと付けている。彼はすぐに感情的になる人ではないし，穏やかにふるまい，理に適った説明や法に誠実に耳を傾ける。こうしたことは大衆には難しく，民主政下で市民生活を営むために好ましい態度として大衆が尊敬する姿勢である[49]。したがって，大衆が立派な人を徳ある人とみなす理由は彼らの——そして詩人の——正義観や幸福観に密接に結びついているのである。立派な人を第2巻からの議論の最終的な標的とすることで，プラトンはこうした民主政的な正義観・幸福観をその根本から批判することを意図していると言えるだろう。立派な人が徳ある人でないことに納得して，大衆ははじめて徳とは何か，幸福とは何かを真剣に考え出すことができるのである。こうした視点から，続

---

[49] 第2巻の「ギュゲスの指輪」の物語は，ギュゲスのような立派な人——人々から「正しい人」と思われている人——でも指輪の力で公私の区別を無視できる機会が与えられると，不正をしてしまう話である。さらに，アデイマントスは彼の演説の中で（esp. 362e-363e, 365b-366c）正しい人と「見える・現われる」ことと実際に正しい人で「ある」ことの区別を強調しているが，これはこの箇所での公と私の区別に対応している。

く「詩に対する最大の告発」を眺めると，まさにそこにおいて「グラウコンの挑戦」が真に十全たる意味で回答を得ることがわかるだろう。
　（ⅲ）「詩に対する最大の告発」
　模倣的な詩に対する批判を締め括るに際して，ソクラテスは詩人が立派な人すら（ごく少数の立派な人々を除いて[50]）害すること（καὶ τοὺς ἐπιεικεῖς ... λωβᾶσθαι 605c6）を示そうとする。彼はまず「劇場空間」の特性に注目する。劇場では聴衆としての立派な人が自分自身を物語の主人公としての立派な人と心理的に同一視する事態が生成する。

> T7 605c9-d5: 我々の内で最もすぐれた人でも，ホメロスや悲劇詩人の他の誰かが模倣して，ある英雄が苦しみの内に長々と演説を悲嘆にくれながら行うのを聞くと，知っての通り，我々は喜び，我々自身を委ね，同じ感情を抱きながら付き従うのだ。そして，我々をできるだけそのような情態に置く者をすぐれた詩人と熱心になって賞め讃えるのだ。

　T7には三種類の〈混合〉が読み取れる。第一に，公的空間たる劇場は立派な人を社会的抑圧（cf. βίᾳ 606a3）[51]から解放するのに役立つ。劇場で彼は，普段公的には曝け出さないが，私的には――意識的であれ，無意識的であれ――そう生きたがっている，もう一つ別の想像上の人生に没入することができる。まさに公的な劇場において，私的に願望された生を逆説的な仕方で実現する――「公私の劇場的混合」である。
　第二に，立派な人は自分自身を劇場空間に委ねて（cf. ἐνδόντες ἡμᾶς αὐτοὺς 605d3），英雄の受苦を共有しながら（cf. συμπάσχοντες d3-4），自己を別の時間・空間を生きる他者と同一視することで，自分らしさを喪失してしまう。上述のように，劇場において立派な人の生は

---

50) ἐκτὸς πάνυ τινῶν ὀλίγων（605c6-7）はギリシア語として「立派な人々の内の少数の例外」と読むべきで「立派な人以外の少数のすぐれた人々」とは読めない。立派な人とすぐれた人を区別しない Halliwell (1988), 143 や Murray (1996), 224 は例外者を哲学者と同一視する（cf. Ferrari (2012), 122 n.2）が，（ⅳ）で見るように，二種類の立派な人の区別は議論の理解にとって決定的である。
51)「社会的抑圧からの解放」については，フロイトとの比較を試みている Ferrari (2007), 179-80 を参照。

私的で感情的なアスペクトに重きが置かれる。英雄と同じ感情を共有することで，彼は一時的ですら自己同一性を完全に失ってしまう——「自他の同一性混合」である。

　第三に，英雄と受苦を共有することで，立派な人は実際に悲嘆にくれ苦しみをおぼえる。しかし同時に，彼は喜びも経験するのである（cf. χαίρομεν 605d3）。なぜ彼は快楽をおぼえるのか。それは，もう一つ別の想像上の生——英雄の生——を生きたいという隠れた願望が劇場において充たされるからである。この欲求充足こそが彼に快を味わわせる——「快苦の感情的混合」である。

　ところで，立派な人は劇場では模倣的な詩に没入するのに完全に満足しているが，日常生活においては，自分自身の不運や悲しみ（οἰκεῖον … κῆδος 605d7）が問題になっている限り，女々しく嘆かないで，雄々しく静寂を保ち耐えること（ἡσυχίαν ἄγειν καὶ καρτερεῖν d8-9）に自負心を抱いている（καλλωπιζόμεθα d8）。かくして，悲しみの最中でさえ，彼は十分その立派な人生を取り戻して，ポリスに行き渡っている男性的・公的倫理と女性的・私的倫理の区別に立脚し（d9-e1; cf. 387e-388a）[52]，先の三種類の混合から自己同一性を取り戻しているように思われる。だがその実，立派な人は堪え難い自己欺瞞に苦しめられているかもしれないのだ。

> T8 605e3-5: それでは，この賞賛は見事なものかね——もし自分がそうあることをよしとせず，恥じる（αἰσχύνοιτ᾽ ἄν）ような人を見て，嫌悪感を抱かず，喜び賞賛するとしたら。

　グラウコンが自信をもって答えるように，この賞賛は「首尾一貫している」（εὐλόγῳ 605e6）ようには見えない。なぜなら，そもそも〈賞賛の論理（ロジック）〉は賞賛する主体が賞賛される対象のようでありたいこと（cf. ἑαυτόν … ἀξιοῖ εἶναι e4）を前提としているからである。しかしながら，この場合は明らかに，立派な人は悲嘆で満ちた英雄の人生を恥の

---

52) 男性的倫理と公的倫理，女性的倫理と私的倫理の対応関係については，Cohen (1991), 72-74, 76 参照。『ポリテイア』篇における「女性的」嘆きに対するプラトンの態度については，Murray (2011) 参照。

対象とみなしており，そうした人生を憎悪しているはずだろう。だが実際，彼は賞賛し喜んでもいるのだ。全く整合的でなく首尾一貫していない。そう言いたくなる。

ところが，ソクラテスはこう答えるのだ，「いや，そうなるだろう (sc. その賞賛は実に首尾一貫しているだろう)。もし君が事態をこのように見ればね」(606a1)[53]。ソクラテスは説明する。グラウコンは立派な人が英雄を単純に恥じていると考えている点で誤っているが，誤解の原因は先に分析された三種類の混合への気づき (cf. ἐνθυμοῖο a3) を欠いている点にある。立派な人は英雄の人生を賞賛しかつ憐れむ理由をもっ
・・・・
ているのである。ソクラテスはその理由を，立派な人の本性上 (φύσει a7) 最善の要素がこしらえる言い訳として解説する。なぜ立派な人は感情的な要素を監督するのを諦める決断をし，その代わりに，劇場で英雄の嘆きを賞賛し楽しむのか。第一に，彼が英雄の悲しみを賞賛する理由は，その悲しみが自分自身ではなく (ταῖς οἰκείαις συμφοραῖς a3-4)，別の人に属している (ἀλλότρια πάθη b1) と見ているからである。あたかもそうした悲しみが自分には何の影響も与えないかのように。第二に，彼は英雄が彼自身と同様の別の「徳あるよき人」であって (ἄλλος ἀνὴρ ἀγαθὸς φάσκων εἶναι b2)[54]，不運にも時機を逸して嘆いている (ἀκαίρως πενθεῖ b2-3) と信じている。第三に，彼は嘆き喜ぶことによって得をする (κερδαίνειν … τὴν ἡδονήν b3-4) と推測しており，心の奥底に巣喰う快楽主義的人生観を露呈している[55] (cf. b4-5)[56]。

---

53) 本書は Jowett and Campbell (1894b), 456 の理解に賛成し，通常の訳「そう，首尾一貫していない」(e.g., Halliwell (1988); Griffith (2000)) には従わない。通常の訳はおそらく Adam (1963b), 414 の線で読んでいる。この文脈で Ναί (606a1) をどう解釈するかは，この箇所の理解にとって非常に重要である (cf. Halliwell (1988), 147)。本書のように解釈することで，立派な人が「理に適った」仕方で自らを説得することに成功し，自身の「理に適った」説明を盾にして，日常生活で強制的に抑制を加えられていた感情的な性格を解放して，劇場空間に没入する事情を説明できるだろう。

54) φάσκων (saying or deeming) という語に注意。この語は悲劇の登場人物が自ら「よき人」と思っていると同時に，そう表明しても観客から承認が与えられていることを正確に表現している。

55) ここにも「正義の人」ギュゲスとの類推が働いているかもしれない。

56) 606a7-b5 の文法は理解しづらいが，この点については，Jowett and Campbell, Adam, Halliwell らによる通常の解釈を批判している Mastrangelo and Harris (1997) を参照。ここで採用する読解の結論だけを記すと，Mastrangelo and Harris と同様，ἑαυτῷ (b1) は

一見したところ，これら三重の弁解は立派な人の「賞賛の論理」を強力に支持し，彼の内で本性上最善の部分が劇場という公的空間でさえ感情的な性格を解放するのを正当化するように見える。しかしながらグラウコンがそうであったように，彼も人格形成の複雑なメカニズムに気づいていない。まず，劇場のような非日常的空間においては，日常生活では容易に引かれる公と私の境界線が場の興奮と共に曖昧になりがちである。公私の劇場的混合は立派な人が日常の生活原理――恥の念（605e4）や静寂を保ち耐えるための理に適った説明（d8-9）――を捨てるのを誘発する。その点に立派な人もグラウコンも注意を払っていない。さらに加えて：

> T9 606b5-8: 他人が蒙ったこと（τῶν ἀλλοτρίων）に快をおぼえることが，自分が蒙ること（τὰ οἰκεῖα）に影響を及ぼすのが必然である，と推論することはほんの少数の人々に属することである。他人の経験において憐れみをおぼえる性格が強くなるよう育てた人が自分の（αὑτοῦ）経験においてそれを抑えるのは容易でないからだ。

　立派な人があたかも自分の家にいるかのように劇場において恥知らずになると，彼に自他の同一性混合が生じる。まさしく，この情態において，彼は英雄の悲劇的人生と同一視された自らの悲劇的人生を賞賛しかつ憐れむようになるのだ。彼が立派さの矜持を捨て，私的感情を公的に観衆＝大衆の前で曝け出す「悲劇」を頻繁に承認し喜び追体験するほど，潜伏中の感情的性格を成長させる（cf. ἐθίζειν 604c9）と共に，最善なる本性(ピュシス)を喪失させ，いかに生きるべきか（cf. 606d6-7）を日常的に考えないようになる（cf. τῷ ἀνοήτῳ 605b7）。結果として，彼は自らの変容に気づかぬまま（cf. ἔλαθες 606c7），最終的に魂の支配権を自身

男性形ではなく中性形で読み，「立派な人」ではなく τὸ … βέλτιστον ἡμῶν (a7) を指すとみなす。しかし，彼らが τὴν ἡδονήν を ἐκεῖνο (b3) と同格とみなす（304 n.11）のに対し，ἐκεῖνο は τοῦτο (a6) のように，τὸ βίᾳ κατεχόμενον (a3), i.e. χαῖρον (a7) を指し，κερδαίνειν (b3) の意味上の主語と考える。τὴν ἡδονήν は κερδαίνειν の同族目的語であるが，それは快が κερδαίνειν の産物だからである（cf. 581d1, 582b1）。この読みでは，「立派な人は〔感情的性格が〕快を得ると考える」となる。

第 11 章　ポリスに生きる人間（第 10 巻）　　355

の感情へと委ねてしまう（cf. 550b, 553c, 561b）[57]。こうした公／私，自／他の対比に基づく魂論を展開しながら，ソクラテスは立派な人が自らの新しい人生を択び直し，気づかぬままに堕落していくメカニズムを説明しているのである。

かくして，（ⅱ）の最後で述べたように，プラトンは，公的には不正を働かない立派な人ですら詩の影響下で大衆のようになっていく理由をこのように説明することで，大衆に対して，立派な人を尊敬することが無駄であると示し，それゆえ，大衆に民主政的な正義と幸福の再考を促している，と考えることができよう。

（ⅳ）詩と哲学

ところで，第 2 巻の「グラウコンの挑戦」は，大衆の正義観・幸福観の批判検討を要求するものであったが，その根底にはグラウコンたち民主政下に生きる若者の生の選択をめぐる困惑が存在していた。詩に対する「最大の告発」は立派な人の生の選択に重心を置くことで，詩人や大衆ならぬ眼前のグラウコンを標的とするに至り，第 2 巻以来の課題に最終決着をつけることになる。この「対話篇形式」を見据えて，先に触れなかった，詩によって害されない少数の立派な人たち（605c5-7; cf. 606b5-7）のことを考察したい。彼らはどのような種類の立派な人であり，なぜ詩の影響から免れているのだろうか。

（ⅰ）で見たように，立派な人は私的には苦しみを露呈させても，公的には法に従って情念を表出することはない，公私分離の生を送る「よい市民」だった。しかし，立派な人の法への従い方には二種類あるように思われる。

> T10 604b7-d1: 法（ὁ νόμος）はこう語る，不運の最中ではできる限り平静を保ち興奮しないことが最も立派である，と。その理由は，①そのようなことの内のよいことと悪いことは明瞭でないし，②つらく耐える者にとって前向きに進むものは何もない，③人間的なことの内には大きな熱意に値するものは何もないし，④人間的なことの中で，我々にできるだけ早く備わるべきものにとって，苦

---

[57]　自分の人生についてしっかり考えないまま不正な生を選択するメカニズムについては，本書第 10 章第 2 節で考察した。

しむことは障害となるからである。——何のことをおっしゃっているのですか（とグラウコンは言った）。——④-A 起こったことについて熟慮すること（とわたしは言った），そして④-B ちょうど骰子の目の場合のように，出た目に応じて，自身の事柄（τὰ αὑτοῦ πράγματα）を，それが最善であり得るようロゴスの決定する通りに，配置すること，だが④-C くじけてしまって，子供のように，打たれた箇所にかかずらって泣き叫びつつ時を過ごすことなく，④-D 落ち込んで病んだ部分を治療し正すことへと魂ができる限り素早く向き合うように常に習慣づけること，医術（ἰατρική）によって悲嘆を取り除きながら，ね。

　T10 において法はいつも通り，不運の只中にあっては平静を保ち耐えることを勧告するが，ここでは四つの理由を加えている点が注目に値する。また④については，ソクラテスが法に代わって，立派な人が守るべきことをさらに四点説明している。公私の生き方を分離させた立派な人は法の忠告にどう従うのだろうか。
　まず(ⅲ)で取り上げた立派な人は，公的場面では法とロゴスに従っており，雄々しく苦難に耐え，嘆き苦しんでいる姿を見せない人であって，その意味で男性的・公的倫理を体現している（cf. 605d9-e1）。仮に不運の目に遭ったとしても，自分は上の①〜④の忠告を理解し遵守していると信じ切っているに違いない。だが実のところ，彼が従っている法は，大衆＝成年男子が生み出すアテネ民主政的法でしかなく，④「人間的なこと」（τῶν ἀνθρωπίνων 604b10-c1）全てを覆いきれない普遍性を欠く法である。彼は感情的な性格を力づくで（βίᾳ 606a3），あるいは自身にのみ納得いく言葉によって（τῷ λόγῳ c5）抑制しているが，それも臆病者との評判を恐れてのことなのだ（cf. φοβούμενος δόξαν c6）。彼は「よい人」として大衆から尊敬されようが，魂が傷ついて病気になっても，④-A〜D の忠告に耳を傾けることなく，一時の快を得るべく劇場に向かい，そこで感情を解放させ続けることで，結果として大衆の如き生を択んでしまっているのである。
　他方，詩の影響を受けない少数の立派な人についてはどうであろうか。その人は悲運を蒙った場合，T10 の法を大衆のドクサとは異なるも

のとして受け止める。先の立派な人とは違って，①〜④の内容に馴染みのない微妙な響きを感じ取り，法が公私からなる人生全体を問題にしているのだと気づく。①〜④を自身の人生に適用し，状況にどう対応し，いかに生きるべきかを熟慮し始める。そして，④-Bにある「自分の事柄」（τὰ αὑτοῦ πράγματα）についても，単に公的なことを意味するのでなく，人生全体の担い手である人格としての自己（＝わたし）に関わると考え，魂の傷や病気を癒してもらうべく「医者」の所に赴くだろう。魂の「医者」とは無論「哲学者」のことである[58]。哲学者による魂の配慮・治療を受けて，立派な人は人生全体を織りなす複雑な事象の捉え直しにより，「他人が蒙ったことに快をおぼえることが，自分が蒙ることに影響を及ぼすのが必然である，と推論」（606b5-7）できるようになるだろう。もはや，この人は快を求めて劇場に行くことはない。その代わりに哲学に従事することで，私的にこっそり解放していた感情的な性格を，公的場面と同様の賢明で静寂な性格へと変えて，自己の人生全体（πάντα τὸν αὑτοῦ βίον e5）を通じて真に「自分のこと」に集中し始める。そして幸運に恵まれれば，最終的に，人間の生（τὸν βίον τὸν ἀνθρώπινον 607d10; cf. 612a5）の公私両面を思慮深く調和的に生きる，正義と自己同一性を備えた真に「よい人」となるだろう。

　ところで，二種類の立派な人の区別は，前者が「ロゴスと習慣づけによって十分に教育されていない」（606a7-8）のに対して，後者が哲学的「医療」の受診を習慣づけられている点にあるとしても，より根源的には，両者の習慣づけの始まりが「法」に対する異なる態度に基づくことに注意したい。「法」をポリス内で通用するドクサ（＝公式の答，popular morality）と同一視し，公的空間では平静を保ち感情に流されない大多数の立派な人に対して，少数の立派な人だけが「法」にドクサを越えた真理の閃きを感じ取り，それをいつでも・どこでも・誰でも従わねばならない普遍的命令として受け止め，自らの苦難を普遍の光の下で見つめ直す態勢にある[59]。このほんのちょっとした差こそ，『ポリテイア』

---

58) プラトンにおける「魂の医者」のイメージについては，Halliwell (1988), 139 参照。彼は *R.* 444c-e, *Chrm.* 155e-158c, 175e-176b, *Grg.* 480a-b and *Prt.* 340d-e に言及しているが，さらに *Prt.* 352a-d も見よ。

59) Rowe (2012), 431n.649 は，T10 の *nomos* が「カリポリスで採用されるもの」か単

篇で魂全体の二つの情態とされた、ドクサとヌースの違いなのかもしれない[60]。

　哲学か、それとも詩か。不正なポリスに生きる立派な人が、そこで通用する公的倫理とは異なる考え方に触れたとき、どちらに向かうのか。根源的選択がここにある。第10巻冒頭でプラトンはソクラテスに「そうしたもの（模倣的作品）は全て聞いている者たちの心にとって害となる（λώβη … τῆς τῶν ἀκουόντων διανοίας）ように思われる、それらがどのようなものであるかを知るという薬をもっていない限りは」（595b5-7）と語らしめ、大衆に対する詩の多大なる影響力を明らかにしたあと、さらに模倣的詩がいかにして立派な人ですら害する（λωβᾶσθαι 605c6）のかを論じる。プラトンは、模倣的詩の本性を知ることが聴衆の堕落を妨げる薬（φάρμακον 595b6）になることを信じているだけでなく、ソクラテスにこう言わせてもいるのだ。

> T11 608a2-5: 詩が弁明できない間は、我々は現に語っているこの議論（τοῦτον τὸν λόγον）、すなわち、この呪いうた（ἐπῳδήν）を我々自身のためにうたいながら、詩を聴くことにするだろう、再び子供っぽい大衆の恋に落ちないよう注意して。

「薬」と「呪いうた」が同じ活動を指すかどうかはともかくとして[61]、

なる「慣習」のいずれかで解釈されるが、慣習の場合、それは最初の部分「人は静かに不運を引き受けねばならない」だけを命令していると指摘し、ソクラテスやプラトン、その仲間以外の人々は、その命令の理由については慣習の正反対のものとして一笑に付したであろうと付け加える。これら二種類の nomos の捉え方は立派な人の法への二つの異なる態度と一致する。因みに、プラトンの ἡσυχία と καρτερία に関する哲学的理解については、例えば、R.496d, Phd.117e, La.193a を見よ。またソクラテスと καρτερία の関係については、Smp. 219d-221c 参照。

60) Cf. 476d4-5, 508d3-8. プラトンが διάνοια の二種類の情態——δοξάζειν と νοῦν ἔχειν——を対立させるとき、διάνοια を魂全体のあり方（ἕξις）とみなしている点については、第10章註33参照。Cf. Murray (1996), 188.

61) Belfiore (1983), 62 と Harte (2010), 93-94 は両者を同一視するが、Halliwell (2011), 245-46 は三つの理由を挙げて同一視に反対する。彼の論拠は「立派な人」と「よい人」を区別しない前提と強く結びついており、ここでは検討しない。なお、ἐπῳδή が人生にとってもつ意味については『パイドン』篇でも論じられている。この点については、栗原 (2013b)、173-74 で触れた。またこの問題を主題化した小島 (2008)、105-55 も参照。

プラトンが，一人称複数形「われわれ」(ἡμῖν αὐτοῖς 608a3; cf. 607c7)が頻出する[62]，第10巻前半の「この議論」(cf. ἅπερ εἰρήκαμεν περὶ ποιήσεως 608b2) を自らの読者を詩の影響力から保護し，害されている場合は治療を目指す「医療」行為とみなしていることは明らかだろう。注視すべきは，T11が大衆 (τῶν πολλῶν a5) との対比を試みている限り，プラトンが専ら聴衆・読者として，劇場へ行くことを常としていたが，対話を通して哲学の探究に目覚めた立派な人を想定し，再び (πάλιν a4) 子供のように詩を愛さないように勧告していることである[63]。プラトンは第10巻における医療効果を例示する目的で，既にグラウコンを民主政下に生きる読者の代表として択んでいたのだ。

> T12 607c6-d3: (…) 我々自身，彼女（模倣的詩）によって魅了されているのはわかっている。だが，真だと思えるもの (τὸ δοκοῦν ἀληθὲς) をあきらめることは敬虔ではないのだ。実際，友よ，君（グラウコン）もまた彼女によって魅了されているのではないか，とりわけホメロスを通じて彼女を観る場合には。——ええ，全くその通りです。

ここで読者は，他ならぬグラウコンこそが，第2巻冒頭で大衆と詩人に反対して正義を擁護するようソクラテスに挑戦していたことを想起する。彼は民主政下で自分の人生をどう生きるべきか途方に暮れていた (ἀπορῶ 358c6)。彼は確かに，第9巻の終わりまででソクラテスによって説得されていたようでもあった。だが，第10巻前半の模倣的詩に関する詳細な議論を経ても，彼の心 (διάνοια) は依然として，真実ならぬ「真実らしきもの」(τὸ εἰκός) に自らを委ねがちだった (cf. 603b8-

---

62) Halliwell (2011), 246-47 and n.12 もまたここでの一人称複数形の使用の重要性を強調しているが，文字通り，ソクラテスとグラウコンを指すとみなしている。だが，むしろレトリカルに，民主政下に生きる読者を指す (cf. 435a4, 472c9, 621c6) と考えるべきではないか。Halliwell (2011), 261-62 も反対しないだろう。Belfiore (1983), 56-62; Harte (2010), 92-94 参照。

63) 474c-478a で哲学者と対比される「見物好きの者」「ドクサ愛好者」は劇場で観客となることを愛し，美と「現われ」るものを愛する。プラトンは493e-494eで彼らを大衆 (τὸ πλῆθος) と同一視している。Cf. 479d。

c4)。問題の立派な人のように，グラウコンも詩と哲学——ホメロスと真理——の闘争(アゴーン)の真っ只中に立ち尽くしていたのである（595b9-c4）[64]。

ソクラテスは模倣的詩の本性を解明しながら，哲学的「医者」として，詩人の強烈な影響下で心に「困惑」の傷をもつグラウコンを言葉によって丁寧に世話・ケアしている[65]。同様に，民主政社会に暮らして心に傷を負った読者もまた，プラトンの議論を繰り返し読み解釈するエクササイズを通じて，普遍の光の下で癒されるのかもしれない。

(7) 哲学者の〈信〉

さて，以上のようであれば，詩に対する最終議論である「立派な人」の考察は，第10巻の文脈を越えて第2巻の「グラウコンの挑戦」に直結し，その最終的な応答になっていると結論できるだろう。

ところで，「臨床医」たるソクラテスは，ホメロスを賛美する人々と出会った場合に，そうした人々を好意と共に受け止め，ホメロスが詩の技術に最も長じた，悲劇詩人の第一人者であると認めなければならない，と続けるが，それでもポリスに受け入れねばならないのは神々への頌歌とよき人々への賛歌のみであって，節や韻律で楽しませるムーサを受け入れる場合は，法や公的に（κοινῇ 607a7）その都度最善であると判断されている説明(ロゴス)の代わりに，快苦が必然的にポリスの王になることを知っていなければならないと主張する。この強すぎる主張のためにソクラテスは詩に向かって率直な弁明を試みる（ἀπολελογήσθω b2）。第2・3巻でも（ἄρα τότε b3）[66] ポリスから詩を追放したが，哲学と詩には古くから仲違いがあったので，このように頑固で無礼になるのも許

---

64) Halliwell (2011), 247 は，プラトンがここでソクラテスとグラウコンを詩人によって害されない少数者には属さない「立派な人＝よい人」と結びつけているように，解釈する (cf. 247 n.15)。だが，これまでの解釈がただしいなら，（ソクラテスでなく）グラウコンは詩人によって害されないように哲学者による「治療」を受けている「立派な人」であって，その必要がない「よい人」では決してない。本節 (iv) T10で引用したように，グラウコンが「法」の勧告に対して「どういう意味なのか」と訝しみ問いただしている点に注意せよ。

65) この点についてさらに言えば，対話篇によって，「不運な内戦」で傷つき病んだ同時代のアテネ市民を癒そうとするプラトンの意図を読み取ることもできるかもしれない。（民主政下における「心の病」の兆候は，例えば，560dで例示される〈言葉の意味の恣意的な変更〉に見られる；cf. Thuc. 3.82.4.）癒しの一つの試みとして『メネクセノス』篇を読むことについては，本書第3章参照。

66) Cf. Halliwell (1988), 154.

してほしい，と。もし快を目指す模倣的詩が「法でよく治められているポリス」（πόλει εὐνομουμένῃ c6; cf. 605b2, 380c1）に存在すべき理由を人が与えることができるならば，喜んで迎え入れよう。例えば，詩人自身が詩作を通じて弁明してもよいし，詩の擁護者が韻律を用いずに詩が様々なポリテイアや人間の生に対して快いのみならず有益でもあることを説明してくれたなら，好意をもって耳を傾けよう。さもなくば，ためにならぬ恋（エロース）として身をひこう。ソクラテスはこう語って，あくまでも人生全体の王たるべきは詩ではなく，法とロゴスだと主張するのである。

　この箇所で言及されているポリスが，現実と理想が裁断された上で，言葉において語られただけのものでないことは，これまでの考察から明らかだろう。カリポリスを眺めつつ自己を構築し，よき法と共に現実に表現されるべき「自分のポリス」──「君（グラウコン）のポリス」（σοι … τῇ πόλει 607a6）──である。それゆえ，現実において詩を聴く機会があることを前提とし，そのときの心構えが問題になっているのである。快のみを狙う詩は真理に触れておらず，真面目に取り組むべきではない（οὐ σπουδαστέον 608a6; cf. σπουδαία a7）。聴く者は詩が自身の内なるポリテイア（τῆς ἐν αὑτῷ πολιτείας b1）についてどう影響を与えるかに気を付けながら，詩について語ってきたこの議論を信じなければならない（νομιστέα b2）。

　詩人批判を締め括るこの箇所でソクラテスは〈信じること〉の重要性を強調している。これは，無論，著者プラトンから読者へのメッセージ以外の何物でもない。彼は第10巻の詩人批判，さらには対話篇全体を通じて，人生全体を根底から支える〈信〉が何かを告知しているとも言えるのだ。こうした〈信〉が重要なのは，人がよき人になるか悪しき人になるかに関して，繰り広げられてきた闘争（ὁ ἀγών 608b4）が想像以上に大きいからである。そう大きいのである[67]。だから，人は名誉や金銭や支配，さらには詩に興奮し魅せられて，正義やその他の徳に配慮しない（ἀμελῆσαι b7）ことがあってはならない。議論の最後に至り，対話篇全体のテーマが繰り返される。この言葉から，読者の一人ひとり

67）　プラトンは μέγας を二度繰り返して強調している（608b4）。

がこのことを強く信じて，徳に配慮しながら，今ここの現実をよく生きることを切に願うプラトンの思いがひしひしと伝わってくるだろう[68]。

2　エルの物語(ミュートス)：永遠の生を語る意味

(1) 不死なる魂の本然の姿

　正義がそれ自体で人生にとって得になるのかという議論は，詩人批判と共に終了した。ソクラテスは第2巻冒頭でグラウコンが提出した善の三区分（357b3-d2）の第二番目——それ自体でよく，それが生み出す結果のためにもよいもの——に正義を置いたが，グラウコンとアデイマントスの要請により，将来生じる結果についてはあえて論じないでいた。だが，ここに来てようやくソクラテスは「徳の最大の報酬と褒美」（τά γε μέγιστα ἐπίχειρα ἀρετῆς καὶ … ἆθλα 608c2-3）について説明を与え始めるのである。しかし彼が考慮に入れている「将来」は全時間（τοῦ παντός [sc. χρόνου] c11），すなわち，永遠のことであって，今生きているこの短い時間のことではない。彼は魂が不死であり決して滅びないと考えて報酬のことを議論する。そのため，彼は魂の不死論証（608d-611a）を企てるが，論証後に，これまでの議論が示してきた魂の見方に対して不思議な懐疑的態度を示す。すなわち，彼が言うには，魂の三部分説のような仕方で明らかにした，多から結合されているものが永遠であるのは容易ではないし，そもそも魂が身体やその他の悪との交わりによって害を蒙っている姿を観察すべきでないのであって，魂を純粋なままに推論的思考（λογισμῷ 611c2）によって十分に観なければならない。そのようにして，魂のずっと美しい姿と共に，正義

---

[68]　Martin Harbsmeier (2013) は第10巻，特に詩人追放論を作品全体への補遺とみなす伝統的解釈を形式と内容・文脈の両面から批判し，その議論を生の選択という対話篇の中心問題への結論部として捉える。彼は，第9巻での僭主批判や第10巻末尾の「エルの神話」にみられる生の善悪をめぐるメタ倫理的考察は，その中間に置かれる詩人追放論の要点と一致するとし，詩人追放論が，詩人が魂の感情的部分を強化し，法に従って全人格的幸福（*entire person's happiness*）・不幸（生全体の善悪）を考察する思考力（διάνοια）を劣化させる点に向けられていると論じた。彼の "entire" への強調に深く共感し，その基本論点に賛意を表する。

や不正をより明瞭に見ることになろう。なぜなら，魂の現状は，海神グラウコスが，その身体の部分部分がちぎり取られたり，押しつぶされたりして，すっかり大波によって損なわれている（πάντως λελωβῆσθαι ὑπὸ τῶν κυμάτων d2-3）[69]ばかりでなく，牡蠣や藻草や岩が付着し，真実本然のあり方をせず，全く獣のようなあり方をしているのに似ているからだ。魂を探究する人が目を向けるべきは，その知を愛するあり方（φιλοσοφίαν d8）であって，魂は哲学によって把握し交わる神的・不死で常にあるもの（イデア）と同族であるかのように，そうしたものに従って生まれ，知ろうと欲求して海から飛び出して，現在固着している岩や殻を叩かれて，その真実ありのままの姿（τὴν ἀληθῆ φύσιν 612a3）——多相であれ，単相であれ——を顕わにするのである。これまでの探究では人間の生（τῷ ἀνθρωπίνῳ βίῳ a5）における魂の情態（πάθη a5）と性質（εἴδη a5）を適切に語ってきたに過ぎないのである。

確かに，ここでソクラテスは魂の三部分説を過信しないように注意を与えているのかもしれない。しかしそう強調することがかえって，三部分説に依らずに哲学のあり方を問題にした中心巻の魂論や，それを踏まえて三部分説と補い合いながら「人間の生」のあり方を明らかにした第8・9巻や第10巻における魂論の意義を浮き彫りにするようにも思われる。知を愛する哲学の光に照らされて，現実の生を司る魂の陰影がより明瞭になったのだから。その上で『ポリテイア』篇で三部分説と独立に語られた魂論を振り返ると，ドクサが支配する魂の状態と対比されたヌースをもつ魂の状態に思いは向かう。イデアの学びをそれ自体で問題にすること——魂にヌースが宿るあり方の詳細な考察は別の機会に委ねられるのである。

(2) 生前における正義の報酬

さて，以上のような入念な準備を終えて，ようやくソクラテスたちは，正義の報酬の話を進めていく。まずは生きている間に正しい人がどのような報酬を得るかである。ソクラテスは方法上グラウコンらに譲歩して，正しい人が不正な人に「思われ」（δοκεῖν 612c7, d7）ることを認

69）「大波」（κυμάτων）は中心巻で取り扱われた三つのパラドクスを喩える「大波」と同じ言葉である。

めて議論をしてきた。もはやこの点の借りをグラウコンに返してもらう。議論のこの時点にまで辿り着いた上では，いわばヌースをもった人と同様，真実に「気づかない」（λανθάνειν c9, cf. e3, 5）まま「思われ」に左右されて判定を下す人はいないからである。まず，神の視点から見てみると，正しい人が神々によってなおざりにされることはないのだから，現に貧困や病気などの悪と思えることに苛まれていても，そうしたことは皆，生きている間か死んでからか，何かよいことに転じるであろう。（不正な人についてはその逆である。）そして正しい人は神々から褒美を受け取るだろう。

次に人間の視点からはどうか。最初は不正な人が得をするように見えても，しまいには正しい人が日々の行為と人々との交わりと人生（ἑκάστης πράξεως καὶ ὁμιλίας καὶ τοῦ βίου 613c6）のゆえに，よき名声と褒賞を獲得するだろう。正しい人は「自分のポリス」（τῇ αὑτῶν πόλει d2）で望むなら支配するだろうし，望む相手と結婚もでき，誰にでも娘を嫁がせることができる。第2巻で不正な人に対して語った同じことを正しい人に語りうるのである。逆に不正な人については，若い時分には気づかれなくとも，年老いてからは皆にひどく取り扱われ，惨めな生き方をするのだ。

ソクラテスはこうして，正しい人は正義がそれ自体で提供するかのよきものに加えて，生きている内に神々と人々から以上の褒賞・報酬・贈物を受け取ることになると結論するのである。

この議論を理解する上で鍵になるのは，正しい人が「自分のポリス」に暮らしているという点である。これまでの議論が前提になっていることからもわかるように，「自分のポリス」とは，既に解釈された通り[70]，パラデイグマ化された最善のポリス（「哲人王」のポリス）が，正しい人の自己形成を通じて，現実に表現されたものである。正しい人の人生（βίος）は公私にわたる正しい行為（πρᾶξις）と人々との正しい交わり（ὁμιλία）から成り立っている。仮に自身が暮らしている（自分が生まれた）ポリスが不正な状態にあったとして，人生の流れの中で，正しい人は公と私の有り様を思慮によってバランスよく熟考しながら，公私そ

---

70) 第10章第4節 (4)。

れぞれの領域を少しずつ正しいものへと賢く変えていくであろう。例えば，僭主政のようなポリスでは，公的領域には殆ど関わらず，静寂主義的な生き方を通じて自身の私的領域をわずかながら豊かにしていくだけかもしれない。それでも，付き合う人々がそれぞれ市民としても生きている限り，迂遠な道を辿りながらもある公的効果が生じうることを期待できよう。〈自己〉の他者性・ポリス性を具体的に拡張していく実践を続けながら，正しい人は「自分のポリス」におけるそうした活動の意義を信じているように思われる[71]。

(3) エルの物語

ソクラテスはこうした生前の褒賞等は，死後に正しい人と不正な人を待ち受けているものに比べると数と大きさの点で「無」だと言い切り，それらについて聞かねばならないと言う。その目的は，正しい人と不正な人のそれぞれが「聞かれる」という支払われるべきことを完全に受け取ってしまうためにである。つまり，グラウコンとアデイマントスはこれからの話を「聞く」ことで両者に譲歩させた借りを完全に返さねばならない。著者プラトンの立場から言えば，読者は「聞く（＝読む）」ことで死後の褒賞について学び，正義と不正が幸福と不幸とどう関わるかについて完全な理解を得ることになるのである。こうして語られるのが有名な「エルの物語」であった。この長大な話を緻密に分析するのは手に余るので，本書の主題である公と私に関わる部分に重点を置いて考察を進めていきたい。

（ⅰ）内　容

ソクラテスは，戦争で一度死んだと思われていたエルが12日目によみがえって語った物語をこう伝える。エルの魂は死後ある不思議な場所に行き着く。そこでは，裁判官たちが死者の魂を裁いて正しい魂を天上へ送り，不正な魂を地下へと送り出している一方で，天上と地下から魂が千年に及ぶ賞罰の旅路を終えてやってきて，互いに意見交換しながら，次の生を択ぶ機会を待っている，そういう場所である。例えば，千

---

[71]　第2巻（361e-362a）で正しい人が蒙ると想定された鞭打ちなど乱暴なこと（ἄγροικα 613d9; cf. ἀγροικοτέρως 361e1）は，人格の交わりを通じて公私の改善を目指す，正しい人の「自分のポリス」では逆に不正な人の矯正に用いられる（613d-e）。

年の罰について言えば、生前に犯した罪に相応しい苦痛を与える罰が百年毎に十度繰り返されて執行されると言う。天上・地下から来た魂の方は8日目にその場所から5日間歩いて新しい生を選択する場所へと移動する。その場所は全宇宙の中心をも象徴する場所で、必然の女神アナンケとその娘であるラケシス、クロト、アトロポスがいて、宇宙の回転運動を司っている。三女神はそれぞれ過去・現在・未来のことを音楽に合わせてうたっていたと言う。

エルはそこで魂がどのようにして新しい生を選択するのかを目撃する。ラケシスの言葉を預かる者（προφήτην … τινα 617d3）が魂を整列させて、選択順を決める籤を投げ、生の見本（βίων παραδείγματα d5; cf. 618a2）を魂の前に置いて順番通りに生を選択させるのである。その際、預言者は強調する：

T13 617e4-5:「責めは択んだ者にある。神にはない」。(αἰτία ἑλομένου· θεὸς ἀναίτιος.)

生の見本の数は択ぶ魂の数よりもずっと多く、種類は様々あって、あらゆる動物の生もあれば、人間の生も全てある。僭主の生もいろいろあり、姿・容貌・力・競技・生まれ・先祖の徳などで名高い人々の生や、あるいは逆に、評判の悪い人々の生もあり、これらは男女を問わない。他にも、富・貧困といった要素、健康・病気等、人生を構成するありとあらゆる要素が混合しあって生の見本は作られている。

ソクラテスはグラウコンに語りかける。人間にとって一切の危険（ὁ πᾶς κίνδυνος 618b7）がこの選択のときにあるのだ。だからこそ各人はこの生において選択について学び探究するよう特別に配慮しなければならない。もしよい生と悪い生を判別し、一切の可能性から常にあらゆる場合によりよい生を択ぶ能力と知識を教える人がいたら、その人を見つけ出して学ぶようにしなければならない。先に語られた人生を構成する全ての要素が人生の徳との関係でどう結合／分離しているのかを考慮する（ἀναλογιζόμενον c5）必要がある。すなわち、①様々な美、②貧困／富、③生まれのよし／悪し、④権力の有無、⑤学びのよさ／悪さといった、魂の生まれつきの能力や後から獲得されたもの、こういった

第 11 章　ポリスに生きる人間（第 10 巻）　　　　　　　　　　367

あらゆる要素がどう互いに混合されて，魂のどんな状態と共に何を作り出すのかを知らなければならない。その結果，これら諸要素を綜合的に考慮する人は，魂の本性(ピュシス)に目を遣って，魂を不正にする生をより悪い生，魂を正しくする生をよりよい生と呼びながら，悪い生とよい生を判別して選択できるのである。こうした生の選択が生者にも死者にも最善の選択であることは既に見てきた通りだから，この思い（ταύτην τὴν δόξαν 619a1）を金剛のように強く抱いて，ハデスへ赴かねばならない。人生の構成要素については超過と不足を求めて悪を作り出し，後にそれ以上の悪を自ら蒙らないよう，中庸の生（τὸν μέσον ... βίον a5-6）をこの人生においても後の人生においてもできる限り択ぶために。なぜならそのようにして人間は最も幸福になるのだから。

　エルによれば，そのとき預言者は知性(ヌース)をもって択ぶようにと言ったらしい。しかし，一番籤に当たった者は，無思慮と貪欲さのゆえによく考えずすぐさま（εὐθύς 619b7）最大の僭主の生を択ぶ。その生が諸悪を含んでいるのに気づかなかったのだ。選択を後悔する際，預言者の注意を聞かず，自分を責めないで運命を責めてしまう。天上からやってきたその者は，前世ではよく統治されたポリテイア（τεταγμένη πολιτείᾳ c7）に生きていたため，哲学なしに習慣によって徳に与っていた。労苦で鍛えられていないために無思慮な選択をするのは天上から来た者に多いと言う。

　地下から来た者の多くは苦労し，他の惨めな人々の境遇を見てきたので，衝動的選択を試みない。こうして，籤の偶運も加わって，生の善悪の交換が多くの魂に生じるのだった。そこでソクラテスは強調する。人がこの世で健全な仕方で哲学に従事するならば，選択の籤が最後の順番を示すのでない限り，エルの物語に従えば，この世で幸福であろうし，あの世での千年の旅も天上の滑らかな道行きとなるだろう。

　ところで，エルが目にした魂の生の選択はどれも悲劇喜劇の対象たりうる驚嘆すべきものだった。その多くは生前の生の習慣（συνήθειαν 620a2）に従って択ばれていたが，自分の過去の生き方を嫌って別の生を択ぶ者もいた。中でも，籤で最後の順番が当たったオデュッセウスの魂は，生前に名誉を愛好すること（φιλοτιμίας c5）で経験した苦労を記憶していた（μνήμῃ c4）ので，静寂主義的な私人の生（βίον ἀνδρὸς ἰδιώτου ἀπράγμονος c6) を求めて長い時間を費やし，やっとのことでそうした生が見捨てられて横たわっているのを発見し，喜んで選択する。このように彼処では動物と人間の生の交換も含めて，ありとあらゆる混合が行われたという。

　生の選択を終えた魂は皆，整列して順にラケシス，クロト，アトロポス，そしてアナンケの下へと赴き，自らの運命を定められてから，誕生前最後の旅に出かける。魂は灼熱のひどく息苦しい道中，草木や大地が生み出すものは何も存在しないレーテーの野（τὸ τῆς Λήθης πεδίον 621a2-3）を旅する。夜が来て，アメレースの河（τὸν Ἀμέλητα ποταμόν a5）の辺に宿営すると，河の水を適量分だけ（μέτρον a6）飲むことが必然なのに，ある者たちは思慮（φρονήσει a7）によって救われずに適量以上に飲んでしまい，飲む度毎に全てを忘れていく（ἐπιλανθάνεσθαι b1）。すると深い眠りに陥っていた真夜中に，雷と地震が発生し，突如として各魂が別々のところへ，ちょうど流れ星のように飛んでいくのであった。エル自身は水を飲むことを禁じられたため，以上全ての出来事をおぼえてはいたが，どのように身体に戻ってきたかはわからず，突如目が醒めると，夜明けに自分が葬儀の松明の上に横たわっているのを発見したのだった。

　ソクラテスはエルの物語を終えて言う。「われわれ」がこの話を信じる場合は，「われわれ」自身を救い，レーテーの河（τὸν τῆς Λήθης ποταμόν 621c1-2）をうまく渡り，魂を汚すことがないだろう。また，「われわれ」がソクラテスを信じ，魂が不死であらゆる悪を保持することができ，善もまたそうだと信じるならば，上方への哲学の道をしっかり歩み続け，思慮を伴った正義をあらゆる仕方で遂行しようとするだろう。それは，「われわれ」がこの世に留まっている間も，正義の褒賞を授かるときにも，「われわれ」自身と，そしてまた神々と友であるためであり，またここにおいても千年の旅の間も，幸福であるためなのである（εὖ πράττωμεν d2-3）――。対話篇はソクラテスのこの言葉をもって，その幕を閉じる。

　（ⅱ）生の選択とは

第 11 章　ポリスに生きる人間（第 10 巻）

　この「エルの物語」は何を意図して語られているのだろうか[72]。ソクラテスはその導入に当たり，正しい人と不正な人の死後に与えられる褒賞を説明するためとその意図を明確化している。確かに，物語の導入部で正しい人と不正な人の裁きとそれに伴うその後の千年にわたる天上と地下での賞罰の旅が素描され，とりわけ，僭主アルディアイオスに加えられる罰の話は聞く者の恐怖を掻き立てるかもしれない。しかし，その点についてソクラテスは「要点」（τὸ … κεφάλαιον 615a6）のみを話すことにしている。間違いなく彼が物語で重きを置くのは，その後に詳述される，魂による新しい生の選択の部分である。では，生の選択の話がもつ意味とは何か。

　まず，死後における生の選択とは，既に一つの生を送った魂が別の生を択び直すことを意味している。この択び直しには「生の見本」と「籤」という二つの要素が関わる。選択の順序を決める籤は，選択者の意のままにならず，その力を超えた状況の必然性を生み出す。選択する環境は自分の外側から決定されて，選択者が受動的に引き受けなければならない条件となる。確かに，生の見本の数は選択者の数を遙かに越えていて，種類も多種多様に揃ってはいるが，籤の順番で先に択ばれてしまった見本は必然的に姿を消し，後続する者に選択の余地はなくなるのである。

　他方，生の見本については，魂の徳に加えて，人生を構成する要素が種々様々な仕方で混合されている点に特徴がある。そうした諸要素には，学びのよさ／悪さといった魂的要素，姿・容貌・力に関する美／醜や健康／病気といった身体的要素，生まれのよし／悪しや先祖の徳／悪徳といった「家」の要素，支配者／私人（ἰδιωτεῖαι 618d2），評判／悪評といった政治的要素，富／貧困といった経済的要素が挙げられている。ちょうど小説の主人公がいろいろな側面から人物造形がなされて，読者にとって生き方のモデルになるように，生の見本もあらゆる要素が

---

72) エルはまず裁きの場所で裁判官たちに，死後の世界の出来事を全て見聞きし，それを生きている人間たちに伝える使者であるよう命じられ（cf. 614d1-3），生の選択の場所に来るとラケシスの予言者から唯一籤を投げ与えられず（cf. 617e7），生を選択しないですむことになる。また，最後の旅路においても，エルだけはアメレースの河の水を飲むことを禁じられて（cf. 621b5），一切の記憶を留めることになる。エルの物語はこうして人間を超えた存在の意志によって人間のために伝えられたものと描かれている。

組み合わされて選択者に提示されるのである。

　物語のこの部分でプラトンは，驚くべきことに，生の選択を今ここで生きるこの〈わたし〉の問題としている。彼はソクラテスに人間にとっての一切の危険が生の選択にあると語らせ，現在の生においてよき生と悪しき生を分別し，よりよい生を選べるよう探究する必要があると宣言させるのだ。その探究は今ここでの生を構成する全ての要素の結合／分離の具合を綜合的に熟考すること（συλλογισάμενον 618d5-6）にある。これは一般的な考察では決してなく，具体的にどの生が魂をより不正にする悪い生なのか，どの生が魂をより正しくするよい生なのかを自らの魂と生を直接の対象としながら熟慮することである。「危険」（κίνδυνος b7）は他ならぬ自己に降りかかってくるのだから。先の構成要素を眺めると，人生の公私にわたるあらゆる側面を覆っていることがわかる。プラトンは自己の現実を構成する公私の諸要素を徳と共に調和させるような生[73]を「この生において」（ἐν τῷδε τῷ βίῳ 619a7）熟慮し択ぶこと（αἱρεῖσθαι a6, cf. 618d6）の大切さを念押ししているのである（ζῶντι … αὕτη κρατίστη αἵρεσις e4-619a1）[74]。

　それゆえ，次に続くあの世での生の選択の諸例は，この生の選択にのぞむ「われわれ」に文字通り「見本（パラデイグマ）」として提供されている。つまり，あの世で生を選択する人たちが生の見本を見ながら生を選択することがそれ自体，この世で生を選択する人にとって生の選択の見本になっているということだ（図6参照）。

　このようにプラトンは，あの世で魂（A）が複数の生の見本を見ながら，自分自身の過去の生の記憶や習慣に基づいて，新しい生を選択する様子を描くことで，この世に生きる「われわれ」（B）がそうした生の選択を見本として学びながら，自分の生を全体として反省することで，

---

73) 徳を除いた，公私の諸要素については中庸であることが重視されている（τὸν μέσον ἀεὶ τῶν τοιούτων βίον αἱρεῖσθαι 619a5-6）。

74) 「この世における生の択び」を強調する三嶋（2000），146-56参照。この世での生についてもソクラテスは籤（ὁ κλῆρος 619e1）の存在を語っている。このことは，籤のもつ受動性がこの世の場合にはわたしたちが生まれ育つ環境を択べない根源的な受動性を意味することを示しているように思われる（本書第10章第2節参照）。この世に生きる人に最後の順番が籤で回ってきたとしたら，それはその人が自分で環境を変えられないほど受動性によって縛られていることを意味するのだろう。オデュッセウスの場合と比較せよ。

第 11 章　ポリスに生きる人間（第 10 巻）　　　371

```
┌─────────────────────────────────────────────────────────┐
│         〈あの世〉                    〈この世〉          │
│ ［生の見本 + A の過去の生←生の選択者 A］                  │
│          記憶・習慣                                      │
│              = 生の選択の見本 + B の過去の生←生の選択者 B │
│                       記憶・習慣 + 反省・学び            │
└─────────────────────────────────────────────────────────┘
```

図 6　生の選択

新しい生を択び直す契機を与えているのである。

　ところで，見本となる選択者も様々である。読者は籤で一番目となった人から容易に第 2 巻の「ギュゲスの指輪」や第 10 巻の「立派な人」（ὁ ἐπιεικής）の議論を想起するだろう[75]。公私を分離させたその人は，法の支配下では不正なことをしないよう習慣づけられた「正しい人」だったが，魂の内面において不正への衝動を隠しもっていたため，公から離れて魂だけになった生の選択の場面では，その内的衝動を曝け出し，深く考えることなく強欲に従って（ὑπὸ ἀφροσύνης τε καὶ λαιμαργίας 619b8-c1）気づかずに（λαθεῖν c2）判断してしまうのである。重要なのは，彼に降りかかった悪ゆえに選択を後悔して，彼はラケシスの預言者の言葉を守らず，自分自身（ἑαυτόν c5）を責めないで，自分の代わりに（ἀνθ᾽ ἑαυτοῦ c6）運命（τύχην τε καὶ δαίμονας c6）を責めてしまっている点である。生の選択は，籤の受動的条件に制限されつつも，選択である限り，選択する者の主体性・能動性が強調される。この人の場合，徳／悪徳や人生の構成要素が自分の幸福／不幸についてもつ意味を考えないまま，欲望に従って生きる生を承認してしまったにもかかわらず，自己による承認を受け入れないのである。これは自己の生がその根本において自分自身によってではなく，別の何かによって決定・支配されていること，すなわち，自律の喪失を意味する。これは，第 10 章第 3 節で見たように，僭主政的人間のあり方であり，不幸の内実に他ならない。この人はさらに僭主の生を択ぶことで「真の僭主」となり，最大の不幸を経験することになるのである。

　その他の生の選択の例は，神話伝説を熟知した読者には想像しやすい

---

75)　「立派な人」との関係については，Halliwell (1988), 139 (ad 604c9), 147-48 (ad 606a7-8), 188-89 (ad 619c7) 参照。

ものとなっている。選択者は過去の生の習慣のみならず記憶を頼りにして選択をする。苦しみに満ちた生を送った者にはその記憶が魂の奥深くに拭いがたく留まっているからである。しかし，その多く——オルペウス，アイアス，アガメムノン——は憎しみ（μίσει 620a4; φεύγουσαν b2; ἔχθρα b4）の記憶により別の生を選択している。但し，オデュッセウスは例外で名誉支配的な生に懲り懲りして，その反対の生を探究して（ζητεῖν περιιοῦσαν χρόνον πολύν c5-6）択んでいるようである。その生は静寂主義的な私人の生である。彼の選択は哲学者のそれを示していると解釈可能だが，その場合でも，第6巻496dで見た，民主政下で大衆の狂気から逃れ，私的に自分のことをする哲学者の生と一致するのみで，プラトンが思い描く「真の哲学者」像とは異なっている点に注意したい。ただそうだとしても，探究と熟慮に基づく生の選択の見本として提出されているのは疑いないだろう。

　さて，読者はこうした生の選択の見本を目の当たりにするが，これを自己の生の選択にどう適用するのだろうか。第10章第2節で考察した，不正な生の選択を想い起こそう。そこでは，若者が，自分が育ってきた社会的文化的環境について深く考えることなく，それに自己を委ねるという生の選択が問題になっていた。若者はそうして不正な人間になり，大人としてポリス社会で生きていくのであった。しかしこの箇所ではもはや若者の生の選択は主題となっていない。図6に見られるように，あの世での生の選択がこの世での生の選択にとって見本たりうるのは，あの世での選択者同様，あくまでこの世の選択者が既に自分の生をこれまで生きてきたという現実があるからである。言い換えれば，若者ではなく，大人として現実に公私からなる自分の人生を既に何らか生きてしまっている人が，別の人生を択び直すことが主題となっているのである。よく治められたポリスにおいて苦しまず生きてきた人が，突如として一番籤を引いて，僭主となりうる環境に至ったとき，どうするか。また，公的な裁き（cf. κρίσεως 620b3）の場所で手酷い目に遭った人が今後どういう生き方をするか。私的な場所で身内に裏切られて人間不信に陥ったときにどうするか。あるいは，周りに笑いを振りまく人生を抜け出せずに，笑われて一生を過ごすことになるかもしれない——読者に

第11章 ポリスに生きる人間（第10巻）

とっていろいろなケースが想定可能である[76]。見本となる人がどのような人生を送ってきたのかを熟知し，かつ，そうした人がどういう生き方を択ぶのかを理解して，今度は，全く異なる時間・空間を生きる自分自身が，その違いを弁えつつも，互いを慎重に比較する中で不変の真実を観取しながら，自己の記憶を手掛かりにして将来の人生を見透すといった思考を働かせること——これが見本に基づく生の選択のあり方ではないか。

だが，このような理想的な形での生の択び直しは容易でない。プラトンは物語の最後で，生の選択を困難にする状況をレーテーの野とアメレースの河で表象している。レーテー（Λήθη）の野はその灼熱荒涼とした風景からも想像できるように，そこを歩むこと自体が苦痛で魂を考えられない状態にし，真実のあり方（アレーテイア ἀλήθεια）を気づかなくさせ，忘却へと導く。また，魂がアメレース（Ἀμελής）の河の水を飲むと大切なことに配慮（ἐπιμέλεια）が行き届かなくなり，やはり忘却の淵に沈み込む。新たに生まれてきた魂は，そのようにして自己の選択の事実に気づかなくなっているのである。プラトンは言葉の語源的連想[77]に訴えながら，かくの如く物語を閉じることによって，読者の生の再選択が普段は気づかれぬまま日々その都度なされていることを示唆しているように思われる。すなわち，彼によれば，多くの人々は日常の暮らしに没入する余りに真実から目をそらし，欲望に支配されて，大切なことに気づかない生き方をその度毎に継続しているのである。

日常生活が生の再選択の繰り返しであるという理解は「生の再選択」に対する一般的理解とは異なっている。一般には，安定した日常生活の中で日々なされる行為の選択と対比して，生活それ自体がぐらつき不安定になるとき，人は生の択び直しに直面することがあり，そうした機会になされる決断を「生の再選択」と呼ぶのが普通だろう。プラトンは生の再選択が気づかれないまま日々なされていることを示唆することで何を語りたいのだろうか。

---

76) 前節（6）の「立派な人」の考察で見たように，突如の「不運」はいつでも誰にでも生じうるのである。

77) ギリシア語 ἀλήθεια, Ἀμελής の接頭辞 ἀ- は欠如を表し，それぞれ Λήθη, ἐπιμέλεια を否定する。

アメレースの河の水を飲むときの描写に気をつけたい。万人にとって，特に灼熱のレーテーの野を歩いてきた者にとっては，水を飲むことは生の必然である。しかし，ある適当な尺度（μέτρον 621a6）に応じた量でなければならない。この μέτρον は先の中庸の生（μέσος βίος）を想起させる。つまり，人は誰でも魂だけでは生きていけないのであって，人生を構成する公私様々な要素を必要とする。しかし公私の結合のためには人は尺度に適った中庸を弁えていなければならないのである。そうした真実を忘れ，生きるための必要条件という規(のり)を越えて，心の奥底では行き過ぎた欲望（プレオネクシア＝欲心）に従って生きる人の姿がここで表象されていると言えよう。公私の諸要素について人生の目的との連関を考えることなく，その都度行われる選択はそれまでの生き方の消極的だが能動的な承認を含んでいる。日常生活が生の再選択となる所以である。

こうした魂に欠けているのが，思慮の徳（φρονήσει 621a7）と同定されている点が重要である。魂の徳との関係で公私の構成要素がどう調和するかを綜合的に熟慮する思慮がないため，多くの人々は水（＝公私の特定要素）を飲みすぎ，全てを忘却して救われない（μὴ σωζομένους a7）のであった。つまり，ここでプラトンが描いているのは，生の選択に際して思慮をもち得なかった魂が選択の記憶を留めることができない状況である。思慮を欠いていた理由は，前世において思慮を獲得することがなかった，すなわち，ドクサに従って生きて哲学を実践することがなかった（cf. ἄνευ φιλοσοφίας 619c8）からである。逆に言えば，前世において哲学に従事し，知性(ヌース)と共に（σὺν νῷ b3）思慮深く生を選択した者はアメレースの河の水も適量飲み，選択の記憶も何らか留めて誕生してくると言えるのだ[78]。そのような魂をもった人が誕生後にあらためて哲学に携わって思慮の（再）獲得に努めて生きていることは想像に難くない。その企てに先の見本に基づく生の選択が含まれているのは間

---

[78] 仮に誕生時に無差別に全ての魂が一切の記憶を失ってしまうのであれば，飲まれる水の量を問題にする必要はなかったであろう。また，生前に哲学に従事した魂は死後の世界へ向かう際に「レーテーの河」（τὸν τῆς Λήθης ποταμόν 621c1-2）をつつがなく渡りきると書かれているように思われる（「アメレースの河」でない点に注意）。

違いないだろう[79]。

　物語の最終場面は，生の再選択が気づかれないままなされていることを表象しながら，反面で，今ここの生における哲学の重要性を語っていると解釈できる。読者はこの物語を読むことで，今生きている現実からかろうじて遊離し，知性(ヌース)と共にもう一つ別の生のあり方に思いを馳せることができるかもしれない。そして，そのもう一つ別の生の視点をもつことで今ここの生を自由に捉え返す可能性——新たな生の択び直しの可能性——が何らか生まれはしまいか。プラトンは，エルの物語を語り終えたソクラテスに読者へのメッセージを託す。この物語を信じること（πειθώμεθα αὐτῷ 621c1），そしてソクラテスのこれまでの議論を信じること（ἐμοὶ πειθώμεθα c3），その上で「洞窟」から脱出する「哲学の道」（τῆς ἄνω ὁδοῦ c4-5）を歩み続け，思慮を伴う正義（δικαιοσύνην μετὰ φρονήσεως c5）をあらゆる方法で遂行すること——そうすれば，人はこの世でもあの世でも自己自身，仲間たち[80]，神々と友となった幸福な生を送ることができるだろう[81]。

(4) むすび

　対話篇掉尾に置かれたエルの物語は，死後の世界での魂による生の選択を語るものだった。プラトンはこれまでも読者一人ひとりの現実を別の時間・空間を想像させることによって相対化し，もう一つ別の視点からの反省を促してきたが，エルの物語では，魂の不死を「論証」した上で死後の世界を描くことで，永遠の観点を導入して，読者の今ここでの生の選択に新たな手掛かりを与えようとしている。それは，生を再選択

---

[79] 「学びは想起である」とするプラトンの想起説が背景にあるとも言える。人が善・美・正義の探究を行う際に手がかりとするのは，「善」「美」「正義」という言葉を現に使用しているという事実である。つまりは不知なる者ですら何らかの方法で善そのもの，美そのもの，正義そのものと既に出会ったことがあるのだ。この経験を想起し，自己の人生と結びつけて探究する哲学の営みが想起説の要諦にある。この点については，栗原（2013b）第5章；栗原（2015）参照。

[80] この箇所での一人称複数は読者一人ひとりを集合的に表すことで，〈わたし〉の単独性と同時に「われわれ」の共同性を同時に指示しているように思われる。

[81] 幸福の内容を自己自身・仲間・神々との友愛に見る点については，*Prt.* 345c, *Grg.* 507c-508c, *Mx.* 244a, 247c, 248c-d, *Smp.* 212a, *R.* 352b, 443d-e, 590d, *Phdr.* 273e, *Ti.* 90a-d, *Phlb.* 40b, *Lg.* 716c-d 参照。

する魂のあり方を見本として，自己の再選択に役立たせる試みの促しであり，とりわけ大人の読者に向けられたものと言えるかもしれない。さらに言えば，よく指摘されるように，対話篇の輪構造(リング・コンポジション)が認められるならば，エルの物語は第１巻の年老いた私人ケパロスの死への恐れのモチーフと対をなし，独りで読書に勤しむ一般読者のそれぞれの思いに応えているのかもしれない。本対話篇は各人の胸に，ある深い余韻を残して終わるのである。

　では，本節で解釈されたエルの物語は本書の主題である公と私の問題に対してどう寄与するのだろうか。既に述べたように，エルの物語は永遠という超越的高みから今ここの生を捉え返す目論見をもっている。永遠に捧げられた数々の見本となる生とその選択は公私の諸要素の混合形態だった。その結合／分離の具合を綜合的に熟慮しながら，探究者が自身の生に対して同様に検討を加え，ヌースをもってよき生を選択することが求められているのである。これは取りも直さず，人生における公私の調和的結合を目指す思慮のはたらきに基づくことであり，探究者は哲学を通じて思慮の獲得とその発揮に挑んでいく。そうであれば，エルの物語とそこに含まれる教えが対話篇全体のテーマを美しく彩り，見事な仕上げとなっていることに気づくだろう。

終　章

　プラトンは公と私の関係をどう捉えているのか。本書は初期対話篇の四篇と『ポリテイア』篇を取り上げ，人間観・政治哲学・倫理学・魂論に注目しながら，この問と向き合ってきた。本研究は必ずしも体系化を目指すものではなかったが，諸著作に登場する公私をめぐる諸概念の用法上の特徴を明るみに出し，プラトンが試みる意味のネットワークの再編と新たな公私観の構築の実態を描き出すことができたと信じる。これまでの考察結果をまとめておこう。

(1) 人間観
　プラトンが最も基本的なところで人間をポリス社会で生きる市民と捉えているのは確かである。そして当時のアテネのドクサを前提として，市民が公人として民主政ポリスとどう関わりうるかを常に意識している。しかし，ソクラテスを典型とする哲学者を私人と特徴づけるとき，ポリス内の役割の担い手に留まらない，個人としての生き方を描き出している。しかも，単に時空的に制限された個別具体的なポリス社会で公的役割を果たさない生き方——例えば，静寂主義者のそれ——といった消極的なものでなく，「洞窟の比喩」に表象されているように，そうした制限に縛られずに普遍と積極的な関わりをもつ神的な生き方を打ち出しているのである。
　だが，プラトンが哲学者に人間の理想型を見出すとき，公人／私人の対立を乗り越える視座をもっていることがわかる。『ポリテイア』篇の正義論に従えば，人間は公私双方において「自分のこと」をすることが求められているが，プラトンはその公人としての「自己」／私人としての「自己」の双方を見つめて，思慮深く判断を下す主体の存在を認めて

いるのである。「真の哲学者」という呼び名はこのような主体のために用いられており，本書が採択した言葉を使えば，それこそが公私からなる人生全体の担い手としての〈人格〉だった。彼にとって真の哲学者の〈人格〉は人間が目指さねばならない理念型であり，「洞窟帰還」の物語はそうした人間存在の典型例を描いている。

(2) 政治哲学

プラトンは政治についてポリス社会とそこで織りなす人間の言論活動との関係で語っている。プロタゴラスの「大演説」は人間の本質をポリス性とロゴス性において物語り，民主政ポリスの秘密に迫っている。民主政の現状に関してプラトンは，民会・法廷・劇場といった公的空間でオピニオン・リーダーが多くの人々を知識によらずに説得する〈一対多〉の人間関係を析出する。語り手は「経験」にすぎない弁論術を活用して聴き手である市民に一時的な快を提供し人気を得るが，政治本来の目的である真に「よい人」にすることはできない。これは「葬送演説」の場合も同様で，プラトンはペリクレスに対しても市民を徳ある人にしていない点を暗に批判している。劇場のみならず，ポリス内のあらゆる教育活動において影響力をもつ詩人批判もこの視点からなされる。知識をもたない場合，詩人は，子供であれ大人であれ，徳を備えさせることはないのである。(これは私的教育者であるソフィストについても当てはまる。)

したがって，プラトンがあるべき政治を語るときにも，知と徳の両観点から考察を行っている。まず，ソクラテスの対話活動がラディカルな政治であるのは，草の根的に〈一対一〉で問答しながら，善・美・正義等の大切なことについて共同探究を行い，知らないから知っているとは思わない——知者でないから知者だと思わない——ただしい自己理解を生み出すことに基づく。この自己知が人間の徳の基盤となるのである。また，〈一対多〉の人間関係であっても，本来の葬送演説は神話・歴史の再解釈を通じて聴衆に自己知をもたらし，徳を身につけるよう激励を与える真の政治活動と捉えられる。

『ポリテイア』篇の場合，プラトンはロゴスによって理論的に，知と徳を備えたあるべき共同体（κοινωνία）を建設していく。「理想的ポリ

ス」はポリス全体と個々の市民にとって何がよいかを知っている支配者によって統治され，ポリス市民はそれぞれのはたらきに従って知恵・勇気・節制・正義の徳を所有している。公教育に関しても，知識をもつ支配者の監督の下，詩人がただしい思いに基づく詩を提供し，市民を有徳にしていく。しかし，「理想的ポリス」について実現可能性を論じるのは難しい。現実との擦り合わせが試みられた「最善のポリス」においては，イデアの知を有する哲人王が支配することで，諸制度や法が速やかに容易に整えられれば，ポリスもできる限り幸福になり市民も最大限の利益を受けるとされる。

　公私論との関係から言えば，「理想的ポリス」では共通善であるポリスの平和・安定（σωτηρία）の実現が専ら目的論的に目指されているため，守護者階級は身体以外の私的要素を一切喪失し，公共への献身が求められる。しかし逆説的に，ポリス全体が「わたし」のものとなって公と私の一致が生まれるのである。（守護者以外の市民は厳格な私的制限を受けない。）他方で，頽落形態である不正なポリスは公私の混合を特徴とする。第8・9巻では，知と徳を欠く人々が私的利益を追求するがゆえに，ポリス全体を支配しようとする仕組が四つの政体に分けて見事に分析されていた。最後に，「最善のポリス」については，哲人王の場合，哲学的な私的生活と支配の公的生活が調和的に結合する次第が明らかになった。

(3) 倫理学

　公私論の観点から，善や美，正義をはじめとする諸徳，幸福をめぐるプラトンの倫理説を振り返ると，まず徳論について，『ポリテイア』篇では「ポリスと魂の類比」の方法により，諸徳が公的／私的の区別の上で議論されていたが，他の対話篇ではこうした区別は明瞭ではないように思える[1]。しかしながら，『パイドン』（68d-69d, 82a-b）の「世俗的でポリス的徳」（τὴν δημοτικὴν καὶ πολιτικὴν ἀρετήν 82a12-b1）や『饗

---

1) したがって，例えば，初期対話篇で徳／悪徳や幸福／不幸が議論されている場合は，公私両方からなる人生全体が考慮されているとも言える（e.g. *Ap.* 30b, *Prt.* 357e, *Grg.* 527b; cf. *Alc.*1 134a）。単なるポリス市民でも個人でもない，人格が問題になっているということである。

宴』のディオティマが語る「大秘儀」と区別された「小秘儀」に見られる徳の記述（209e-210a）は，『ポリテイア』にも類似表現が見られるように（cf. 500d9），プラトンの徳論における公的／私的の区別の重要性を示しているのかもしれない[2]。

別の見方をすると，当時のアテネで公／私が空間的表象たる「家」の外／内（男の世界／女の世界）の区別と重なって，それぞれ独自の倫理が成立していた事実と類比的に，『ポリテイア』篇においてもポリスの一性を確保する公的倫理と個人の生き方を規定する私的倫理の区別が存在したと言える。哲学者が実現するあるべき私的倫理の根拠はイデアにあり，その普遍性を基盤とする。個別具体的なポリス共同体を支える「道徳」（ドクサ）に対して，時・空・人の制限を取り払った真の意味での「倫理」と呼びうるものである。あるべきポリスと個人のあり方をロゴスに基づいて規定する「道徳」と「倫理」は，公私混合の生を支える大衆の「自由」「平等」「正義」観を根底から覆し，公私の分離の方法を通じて，本来の〈自由〉〈平等〉〈正義〉のあり方を模索している[3]。

ところで本書が特に注目したのは，こうした公私の分離・対立に直面し引き受けつつも，両者を調和的に結合しようとする「真の哲学者」の倫理的実践であった。「洞窟帰還」で取り扱った問題の場合は，哲学者が関わる公私が共に最善のあり方をしているためその決断に伴う困難はさほど大きくない。だが，不正なポリスに暮す哲学者の場合，公私の対立が極まる分だけ，個人的に哲学に従事するのでなく「ポリスのこと」を行うために，より注意深く思慮を働かせなければならない。真の哲学者は所与としての「自分が生まれたポリス」をヌースに基づく公的実践を通じて「自分のポリス」へと能動的に変えていくのである。思慮の徳は，同一性を保つ善・美・正義の普遍的な理解と，絶えず変化する公私をめぐる個別具体的な状況との間で行きつ戻りつする相互比較を可能にする。真の哲学者は私的に哲学を楽しむだけではない。その哲学活動は

---

[2] アリストテレスの「市民としての勇気」や「優れた市民の徳」に関する見解については，佐良土（2013）参照。

[3] 本書では，プラトンが「真に」（e.g. τῷ ὄντι, ὡς ἀληθῶς）という副詞句を用いて鍵概念を定義し直している実践に注目してきた（e.g. ἡ ὡς ἀληθῶς πολιτικὴ τέχνη; ἡ τῷ ὄντι συγγένεια; ὁ τῷ ὄντι τύραννος）。例えば，彼は民主政下で重視されている「平等」「正義」「自由」の内実の空虚さを暴露し，本来のあり方を探究しているのである。

周囲を巻き込み，延いてはポリス全体へとその影響力は広がっていく。プラトンは真の哲学者の描きを通じて，公私双方において自身のはたらきを見事に発揮する幸福な人生をモデル化しているのである。

プラトンは『ポリテイア』において公私の調和的結合を構築する人と逆対応する最も不幸な人を「真の僭主」として描いてもいる。公私がごちゃまぜになり，自己を語りうる余地が全くない人である。真の僭主は自己と他者の間に嫌悪を生み出し，自他の存在を無化する最も不幸な生を送る。

さらにまた，「立派な人」の分析も公私論の文脈でなされた。心の奥底で僭主への憧れを抱き，公私混合の生を送りつつも，実力的に僭主たり得ないことを自覚している大衆は，現実には公私をきちんと分離して生きる立派な人を「よい人」として身近な目標としている。しかし当の立派な人は，公的には法とロゴスに従うよい人であるが，私的には感情に流される悪しき人であって，大衆を教育する詩人が真実を知らぬまま「よい人」と同一視しているに過ぎない。立派な人は実のところ公私混合の堕落の道を歩みつつあるのだった。

以上，プラトンは公私との関係でこれら様々な人生の型を提示しているのである。

(4) 魂 論

プラトンの魂論が一枚岩でないことはよく指摘されているが[4]，本書の基本的スタンスは，『ポリテイア』に関して言えば，「ポリスと魂の類比」の方法によって析出された魂の三部分説とヌースのドクサの対比を基軸とした魂論を区別し，後者の方が前者より根源的な魂理解であり，通常ソクラテスに帰せられる「魂への気遣い」と結びつく理論であると解するところにある。論述の中では「魂全体」という表現を用いてきた。第1巻末の議論で魂は全体として「生きる」という固有のはたらきをもつものとされ，「配慮」「支配」「熟慮」がその具体的なはたらきとして特定される（353d）。探究対象の正義はまずもってこの魂全体における正義のことであって，公私からなる人生全体を正しく生きる原因

---

[4] 最近では田中伸司（2015）がプラトンの魂論をめぐる諸事情（先行研究の紹介検討を含む）を『ポリテイア』全篇の構造把握と共に明らかにしている。

である。類比の方法は，全体としての魂からポリス的要素をあえて度外視して魂の本性(ピュシス)とはたらきを特定した上で，三部分からなる魂内の正義を明らかにする。そして中心巻では類比の方法は姿を消し，本来の主題である人生全体の正義の探究が復活する。プラトンが「生きること」全体に関わる魂のあり方を「心・精神」（διάνοια）と呼んでヌースとドクサの対立図式によって語るとき，哲学者と大衆の対比が際立つのである。確かに，人生を構成する諸行為を説明するために三部分説は有効であり，中心巻を経た第 8・9 巻においても用いられている。だが，行為が発出してくる基盤である人生全体とそれを司る魂全体の状態・傾きに対するプラトンの眼差しを忘れてはならないのである（cf. *R*. 10. 611c-612a)[5]。

それゆえ，プラトンの魂論は最終的には「自己・自分」とは何かを問うことに収斂する。それは諸行為の主体でも，公的生活や私的生活だけの主体でもない，人生全体の担い手としての〈人格〉を問題にすることを意味する。第 9 巻最後で「ヌースをもつ人」について発せられた「自分のポリス」という考えは，その人の魂を，他人の干渉を許さない内面性を有する〈自律的主体的個人〉といった近代的人間観で理解してはならないことを明示している。本書が解するところでは，人間の魂は何か他者の介入を許さない——それゆえ不可知論的要素である——自己の固有性を保ちつつも，同時に絶えず流動する他者性・ポリス性を備えており，常に外なる世界（＝別の魂）に開かれている。魂の絶えざる相互交流こそが公私関係の実態なのである。『弁明』『ゴルギアス』で語られる「善行者」（εὐεργέτης）たるソクラテスはその意味で「自分のポリス」を生きる人間の範型(パラデイグマ)となろう。

(5) プラトンの公と私：詩人哲学者としての生

プラトンはソクラテスを「自分のこと」をする「最大の善行者」として美しく描ききったが，彼の理論(ロゴス)は自身の実践(エルゴン)にそのまま跳ね返ってく

---

[5] 本書で見てきたように，プラトン対話篇中で「ヌースをもつ人」（νοῦν ἔχων）は議論の対象であるばかりでなく（e.g., *Prt*.324a7, *R*.431c5, 477e8; cf. 494d3, 6, 508d8），対話に新たな視点を与える議論の主導者の役割をも果たしている（e.g., *R*.416c5, 518a1, 580a8, 591c1）。ヌースをもつ人は哲学者として読者にとって探究者のモデルなのである。

る。近年多くの研究者が考察を展開している[6]，プラトンの公的コミットメントとしての著述・出版による政治活動について，本書も折に触れてその重要性を論じてきた。時代性と普遍性の二つの観点から簡単にまとめておこう。

　時代性について言えば，プラトンは〈一対多〉の人間関係を基礎とする民主政の公的世界に対して，新たなる読書空間を積極的に創造するのに寄与した。書物の流通が盛んになる時代に，著者と読者が〈一対一〉の私的空間で対話し，大切なことについて共同探究する機会を設けたのである。例えば，『メネクセノス』篇の葬送演説論は，人間共同体が成立するためには不可欠な公的儀式がいかにあるべきかを読者一人ひとりが考える契機となりうるのである。

　そうした読書空間での対話の創造は，ソクラテスが誰彼構わず対話したことに近似的な試みであったと言える。読書経験を通じて彼の生きる民主政ポリスの主体である市民（デーモス）が自分の考えをもつようになれば，草の根的にポリス全体が変容して「よきデーモスのかたち＝デモクラティア」が生まれるかもしれない。

　他方で，言うまでもなく書物の公刊は，時空の制約を超えて普遍性へと開かれていく可能性を有する[7]。プラトンはこの点に自覚的であった。彼の視線は「全時間」（τὸν ἅπαντα [sc. χρόνον] *R*. 498d7; cf. 502a10, 608c6-11）に向けられているし，「我々の目の届かぬどこか遠く離れた，バルバロイの住む場所」（499c9-d1; cf. *Phd*. 78a3-9）にも目配りしている。いわゆる「終末論的ミュートス」を加えてもよい。あらゆる読者の〈今・ここ・わたし〉が彼の視野の内にあるのだ。彼の手元から放たれた著作は世界中無数に存在する「洞窟」を横断して「転がり巡っていく」（κυλινδεῖται *Phdr*. 275e1）[8]。彼の著述活動は「顔の見えない他者」に向けての哲学からの呼びかけ・コールであり，哲学の学びへの終わらざる誘いなのであった。

　6）　管見する限りでも，Allen (2010), 納富（2012），240-70, Ferrari (2013), Long (2014) がある。Cf. Cotton (2014).
　7）　Cf. 納富（2012），264-70; Long (2014), 172-73.
　8）　無論，書かれた言葉に含まれる真実を露わにし意味づけする解釈者の仕事が重要になる（cf. *R*. 607d-e）。

このようにプラトンは自らの作品によって独特の公的コミットメントを試みているが、彼の作品が複数の登場人物の対話からなる「文学」作品でもあるため、彼の有名なる詩人批判が自らにも跳ね返ってくることになる。彼が読者の知性(ヌース)の目覚めを意図した「啓蒙教育」の実践者だとしても、決して免責されない。詩人はとりわけ民主政「洞窟」において文化・教育の担い手たる人形遣いなのだから。本書の最後に、詩人哲学者プラトンの公私結合の生を見つめておきたい。

　第11章第1節(6)の「立派な人」をめぐる議論を手がかりとしよう。プラトンは読者に哲学的議論を「薬」「呪いうた」として提供しているが、同時に文学形式を活用して模倣をこととする詩人であるのは疑いない(cf. *R*. 595a5)。だが、彼の批判する詩人が、善悪二つのアスペクト(性格)を備えた「立派な人」を模倣しつつ悪しき部分に焦点を当て、観客である大衆によい部分を軽視させるのに対して、彼の方は「よい人」の模倣によりすぐれた種類の詩を生み出している。なぜなら、よい種類の詩は「常に殆ど自己同一性を保った、思慮深く静かな性格 (ἦθος)」(604e2-3)を模倣するが、プラトンもよい性格だけを備えた自己同一性を保つ人物、すなわち、ソクラテスを造型しているからである[9]。とは言え、純粋な形ですぐれた種類の詩と断定することもできない。彼の作品には同時に他にも極めて魅力的な性格をもつ人物が数多く登場し、ソクラテスの単なる引き立て役(フォイル)以上に活躍しているからだ[10]。彼の作品は全体としてよき性格と悪しき性格の両方を含みつつ、絶え間なく反転するキャラクターの〈異なる声〉が飛び交う哲学的対話をありありと再現しているのである。

　それゆえ、プラトンの対話篇は「理想的ポリス」に受容されないミーメーシスとして「遊び(パイディア)」の一種だとしても、「顔の見えない他者」に向けて人間の生をめぐる善悪のパラドクスとその裁定 (κρίνειν) をドラマ化する、真理に触れた真剣なる遊戯 (ἀληθείας τε ἁπτομένη καὶ

---

9) ソクラテスの自己同一性については、栗原 (2015), 144-50 参照。公私にわたる同一性 (*Ap*. 33a1-3) については、Long (2014), 118 n.58 も参照。

10) プラトンは理論的に様々な不正な人を類型化して分析するばかりでなく、ゴルギアス、プロタゴラス、カリクレス、トラシュマコス、アルキビアデス等々、類い稀なる個性を有した登場人物を生き生きと描き出す。

σπουδαία [sc. ποιήσει] 608a7; cf. 600e6）なのである[11]。希代の人形遣い(キャラクター)は，大切なことについて種々雑多なドクサがぶつかり合う社会の流動的現実の中で，変わらぬ一なる知を見出そうとする哲学の歩みを美しく作品化することで，読者に人生・人間の理解に関するアスペクト変換（θαυμάζειν）を惹き起こそうと努めているのだ[12]。プラトン対話篇は快に向かうのではなく，真理との出会いという〈学び〉を目指す。幸運の女神(テュケー)に選ばれた読者は大切なことの〈学び〉を通じて，ドクサの支配する自らの魂全体にヌースが宿る一瞬を経験するかもしれない。プラトンは文学的才能という独自性を能う限り発揮して，対話から始まる〈学びの共同体＝自分のポリス〉を創作・演出し，ソクラテスとは異なる仕方で，自身の公私の結合を思慮深く果たそうとしたのである。

---

11) ここにプラトンの著作が理想的ポリスならぬ普通のポリス・共同体で実際の「教材」たりうる理由がある（『法律』811d-e 参照）。よき人のみからなる詩・文学は優れた支配者の指導のもと理想的ポリスでこそ有用な「教材」となりうるが，残念ながら，現実を生きるわたしたちにとっては些か退屈すぎる。

12) 第 2 章第 2 節（4）で見たように，ソクラテスの私的なエレンコスや勧告活動の背後には私的なディアレクティケーの存在が想定される。ちょうどそのように，人形遣い（θαυματοποιός）たるプラトンの執筆活動の背後にも彼自身のディアレクティケー，〈一対一〉の対話活動があったに違いない。この二重構造は『ポリテイア』第 10 巻で明らかになった，理想的ポリスにおける支配者と真の詩人の関係に似ている。プラトンの場合には，人間教育の「教材」である対話篇を執筆する詩人とそれを背後から知識をもってサポートする哲学者とが一人格の中に美しく同居しているようだ。

あとがき

　夏目漱石は「私の個人主義」という講演（1914年）の最後で，公的倫理（「国家的道徳」）と私的倫理（「個人的道徳」）の相克に言及し，共同体の危機に直面したら否が応でも公的倫理に関心が向くのだから，普段は私的倫理を優先させるべきだと語っています。そのように二つの倫理を比較し評価を与える漱石の視座は，実は直前で触れられている「人格」の重視にあります。漱石にとって，「他の存在を尊敬すると同時に自分の存在を尊敬する」ことの核にある，人間としてのすぐれたあり方こそが「人格」でした。その意味で彼の立場は，公私からなる人生全体を思慮深く調和的に生きることを目指す，〈わたし〉の個人主義なのです。

　本書は，東京学芸大学で毎年留学生相手に漱石の講演を解説するのと並行して書かれました。哲学の授業はどれも「授業」として公的ですが，「哲学」が関わる限り，どうしても私的自己を曝け出すことになる。下手に「人格主義」「教養主義」を口にしては時代錯誤を笑われる昨今なれど，「洞窟」の外部，百年前の漱石の背後には，プシューケーとパイデイアを徹底的に探究する，2,400年読み継がれてきた古典作品がある。公私のジレンマとの対面を意図する〈わたし〉の個人主義（プラトニズム）を後押ししてくれます。

　〈わたし〉が独りよがりに陥らないなら，公私の諸関係と向き合うべきでしょう。本書も公私のネットワークの中で誕生しました。プラトンの公私論への特別の関心は，前著『イデアと幸福』の「はしがき」でも触れたように，1999年に国際基督教大学（ICU）で開かれた川島重成先生主宰の公開講座「古代ギリシア文学への招待」——のちに『ムーサよ，語れ』（三陸書房 2003年）の形をとる——に参加したことに遡ります。ICU出身の西洋古典学研究者の連続講演を聴講し，自身の講義を準備する中で哲・史・文の垣根を越える公私論の重要性に気づかされました。こうした来歴にもかかわらず，「序章」で記したように，本書の

考察範囲が限定されていることは大きな反省材料であり，哲学はもとより文学・歴史のテキストの調査が不十分極まりない。今後の課題としつつもお詳しい方々の具体的な助言・批判・叱責をいただけたら望外の喜びです。

また，本書の内容はこれまで学会・研究会・大学の授業・市民講座など様々な公的機会に話され，その都度参加者・学生から具体的な反応をいただきました。とりわけ 2005-2010 年度に慶應義塾大学「哲学原典研究」（大学院）で納富信留氏・堀江聡氏と共導した『ポリテイア』篇原典講読は考察の土台となっています。仕上げの時期に当たる 2015 年 9 月には幸いにも京都大学で「プラトンの公私論」の集中講義を担当できました。辛抱強く聴講してくれた受講生に感謝すると共に，貴重な機会をご提供いただいた中畑正志氏にお礼申し上げます。

本書の構想・執筆期間中，プラトン関係の科研費グループに継続参加できたことは何より幸運でした。メンバーには一番身近な他者として 10 年近く繰り返し話を聞いてもらい，その都度貴重なご意見・激励と辛辣なご批判をいただきました。納富信留（代表），大芝芳弘，荻原理，近藤智彦，佐野好則，高橋雅人，田坂さつき，田中伸司，土橋茂樹の仲間たちです。きちんとした応答になっているか心許ないですが，本書全体で皆へのお礼に代えたいと思います。

本書の主要部分は 2012 年 9 月から 2013 年 3 月まで滞在したカリフォルニア大学サンディエゴ校（UCSD）で書かれました。独り研究に専念できる環境を与えてくれた東京学芸大学哲学・倫理学分野の同僚，UCSD の George Anagnostopoulos 教授・哲学スタッフ，そして妻と息子に感謝します。

執筆中の発想の肥やしとなり実践の幹となったのは，30 年来の盟友笹原克彦氏と共に 1996 年からほぼ毎月一回，東京青葉台のペディラヴィウム会事務所で催している「笹栗読書会」です。セミパブリックな場で自由と平等の精神を体現する笹原氏と岡崎公子氏をはじめとする参加者には絶え間ない刺激を頂戴しています。長年のお付き合いありがとうございます。

公私の問題は究極的にはその枠を超えて人格上の不思議（タウマゼイン）へと行き着くようです。その意味でこの本を今なお影響を受け続けている二人の恩師

に捧げます。加藤信朗先生と Gerasimos Santas 先生です。「エルの神話」が示唆するように，一つ一つの学びがそれ自体生の択び直しなら，両先生からはその切っ掛けを人生の決定的な時(カイロス)に問いかけとして贈っていただきました。小著はお二人からの贈り物に対する今できる精一杯の応答です。

　最後に，研究者の私的思いを公にする試みはそれを支えてくれる人の助けなしには実現しません。知泉書館の小山光夫氏には前著に引き続き今回も有形無形の数々のご配慮を賜り，心より感謝申し上げます。

　　2016 年　梅雨の晴れ間の戸塚にて

　　　　　　　　　　　　　　　　　　　　　　　　　栗　原　裕　次

初出一覧

本書の諸章の元になっている論文の初出は以下の通り。

1. 「プラトン『国家』篇における〈悪人〉論――〈不正な生の選択〉をめぐる一考察」,『西洋古典学研究』49号, 2001年, pp. 13-25（第6章第2節, 第10章第2節）
2. 「プラトン『国家』篇における「洞窟帰還」問題（519e1-521b11）――哲学者たちが支配に赴く理由」,『哲学誌』48号, 2006年, pp. 19-37（第9章第2節）
3. 「〈ポリスと魂の類比〉とその限界――プラトン『国家』篇の統一的理解に向けて」,『哲学誌』50号, pp. 75-103, 2008年（序書第2節, 第5章第2節, 第8章第1節, 第9章第1節）
4. 「プロタゴラスの「大演説」に見る人間理解（*Prt.* 320c-328d）」『ギリシャ哲学セミナー論集』6号, 2009年, pp. 31-44（第1章）
5. 「不幸をめぐる〈生の判定〉――プラトン『ポリテイア』第九巻の「真の僭主」について」,『理想』686号, 2011年, pp. 59-69（第10章第3節）
6. 「プラトンと〈ポリス〉の哲学――民主政「洞窟」の内と外」,『法政哲学』8号, 2012年, pp. 45-55（第2章第1節）
7. 「プラトンの公私論序説――『ポリテイア』第10巻の「立派な人」考」,『古代哲学研究（メトドス）』48号, 2016年, pp. 1-17（第11章第1節（6））

参考文献

Adam, J. (1963a), *The Republic of Plato*, 2nd ed., Vol. 1, Cambridge
——— (1963b), *The Republic of Plato*, 2nd ed., Vol. 2, Cambridge
Adkins, A.W.H. (1973), "ἀρετή, τέχνη, Democracy and Sophists: *Protagoras* 316b-328d," *The Journal of Hellenic Studies* 93: 3-12
赤間祐介（2015）「公民分野の基礎」大石他（2015）: 53-64
Allen, D.S. (2010), *Why Plato Wrote?*, Chichester/Malden, MA
Allen, R.E. (2006), *The Republic: Plato*, New Haven
Anagnostopoulos, G. (2009), *A Companion to Aristotle*, Oxford
Annas, J. (1981), *An Introduction to Plato's Republic*, Oxford
——— (1997), "Politics and Ethics in Plato's *Republic*," in Höffe ed. (1997): 142-60
——— (1999), *Platonic Ethics: Old and New*, Ithaca/London
Arendt, H. (1998), The Human Condition, 2nd ed., Chicago/London (org. in 1958)（『人間の条件』志水速雄訳, ちくま学芸文庫, 1994）
Aronson, S. H. (1972), "The Happy Philosopher," *Journal of the History of Philosophy* 10: 383-98
Beatty, J. (1976a), "Plato's Happy Philosopher and Politics," *The Review of Politics* 38: 545-75
——— (1976b), "Why Should Plato's Philosopher Be Moral and, Hence, *Rule*?" *Personalist* 57: 132-44
Belfiore, E. (1983), "Plato's Greatest Accusation against Poetry," in Pelletier and King-Farlow eds. (1983): 39-62
Benn, S.I., and G.F. Gaus eds. (1983), *Public and Private in Social Life*, New York
Blundell, M.W. (1989), *Helping Friends and Harming Enemies*, Cambridge
Boys-Stones, G., D. El Murr, and C. Gill eds. (2013), *The Platonic Art of Philosophy*, Cambridge
Brickhouse, T.C. (1981), "The Paradox of the Philosophers' Rule," *Apeiron* 15: 1-9
Brown, E. (2000), "Justice and Compulsion for Plato's Philosopher-Rulers," *Ancient Philosophy* 20: 1-17
Brunschwig, J. (2003), "Revisiting Plato's Cave," *Proceedings of the Boston Area Colloquium in Ancient Philosophy* 19: 145-77
Burnyeat, M.F. (1992), "Utopia and Fantasy: The Practicability of Plato's Ideally Just City," in Hopkins and Savile eds. (1992): 175-87

―――― (1999), "Culture and Society in Plato's *Republic*," *The Tanner Lectures on Human Values* 20: 217-324
―――― (2001), "Plato," *Proceedings of the British Academy* 111: 1-22
―――― (2002), "Virtue or a Mug's Game," *Times Literary Supplement* 5176: 4-5
―――― (2013), "Justice Writ Large and Small in *Republic* 4," in Harte and Lane eds. (2013): 212-30
Carter, L.B. (1986), *The Quiet Athenian*, Oxford
Cartledge, P., P. Millett, and S. von Reden eds. (1998), *Kosmos*, Cambridge
Cartledge, P. (2002), *The Greeks-A Portrait of Self and Others*, 2nd, Oxford（『古代ギリシア人』橋場弦訳，白水社, 2001）
Caston, V., and D.W. Graham eds. (2002), *Presocratic Philosophy*, Aldershot
Cohen, D. (1991), *Law, Sexuality, and Society*, Cambridge/New York
Collins, S., and D. Stauffer (1999), *Plato's Menexenus and Pericles' Funeral Oration: Empire and the Ends of Politics*, Newburyport
Cooper, J.M. (1984), "Plato's Theory of Human Motivation," *History of Philosophy Quarterly* 1: 3-21
―――― (1999), *Reason and Emotion*, Princeton
―――― (2004), *Knowledge, Nature, and the Good*, Princeton
Cotton, A.K. (2014), *Platonic Dialogue and the Education of the Reader*, Oxford
Coventry, L. (1989), "Philosophy and Rhetoric in the *Menexenus*," *Journal of Hellenic Studies* 109: 1-15
Cross, R.C., and A.D. Woozley (1964), *Plato's Republic*, London/Basingstoke
Dasen, V., and M. Piérart eds. (2003), Ἰδίᾳ καὶ δημοσίᾳ: *Les cadres <privés> et <publics> de la religion grecque antique*, Liège
出村和彦（2001）「プラトンにおける心臓と魂・こころ」『哲学誌』43: 1-17
Denham, A.E. ed. (2012), *Plato on Art and Beauty*, Basingstoke
Destrée, P., and F.-G. Herrmann eds. (2011), *Plato and the Poets*, Leiden
Dillon, J. (2004), *Salt and Olives: Morality and Custom in Ancient Greece*, Edinburgh
Dodds, E.R. (1959), *Plato: Gorgias*, Oxford
Dover, K.J. (1974), *Greek Popular Morality in the Time of Plato and Aristotle*, Berkeley/Los Angeles
Duke, E.A., W.F. Hicken, W.S.M. Nicoll, D.B. Robinson, and J.C.G. Strachan (2005), *Platonis Opera Tomus I*, Oxford
Easterling, P.E. (1985), "Anachronism in Greek Tragedy," *Journal of Hellenic Studies* 105: 1-10
Emlyn-Johns, C., and W. Preddy (2013a), *Plato Republic Books 1-5*, Cambridge, Mass.
―――― (2013b), *Plato Republic Books 6-10*, Cambridge, Mass.
Everson, S. (1990), *Epistemology*, Cambridge
Ferrari, G.R.F. (2003), *City and Soul in Plato's Republic*, Sankt Augustin
―――― (2007), "The Three-Part Soul," in Ferrari ed. (2007): 165-201

―――― (2009), "Williams and the City-Soul Analogy (Plato, *Republic* 435e and 544d)," *Ancient Philosophy* 29: 407-13
―――― (2012), "The Philosopher's Antidote," in Denham ed. (2012): 106-24
―――― (2013), "Plato's Writerly Utopianism," in Notomi and Brisson eds. (2013): 131-40
Ferrari, G.R.F. ed. (2007), *The Cambridge Companion to Plato's Republic*, Cambridge
Fine, G. (1990), "Knowledge and Belief in *Republic* V-VII," in Everson ed. (1990): 85-115
Fine, G. ed. (1999), *Plato 2*, Oxford
Foster, M.B. (1936), "Some Implications of a Passage in Plato's *Republic*," *Philosophy* 11: 301-308
藤沢令夫（1979a）『国家』（上）岩波文庫
―――― （1979b）『国家』（下）岩波文庫
Gill, C. (1996), *Personality in Greek Epic, Tragedy, and Philosophy*, Oxford
Golden, M. (1990), *Children and Childhood in Classical Athens*, Baltimore/London
Gomme, A.W. (1956), *A Historical Commentary on Thucydides*, vol. 2, Oxford
Griffith, T. tr., and Ferrari, G.R.F. ed. (2000), *Plato: The Republic*, Cambridge
Griffith, T. tr. (2010), *Plato: Gorgias, Menexenus, Protagoras*, Cambridge
Grube, G.M.A. (1992), *Plato: Republic*, Indianapolis
Gutglueck, J. (1988), "From ΠΛΕΟΝΕΧΙΑ to ΠΟΛΥΠΡΑΓΜΟΣΥΝΗ: A Conflation of Possession and Action in Plato's *Republic*," *The American Journal of Philology*, 109 (1): 20-39
Halliwell, S. (1988), *Plato: Republic 10*, Warminster
―――― (1993), *Plato: Republic 5*, Warminster
―――― (2011), "Antidotes and Incantations; Is There a Cure for Poetry in Plato's *Republic*?" in Destrée and Hermann eds. (2011): 241-66
Hansen, M.H. (1988), *Polis and City-state*, Copenhagen
Harbsmeier, M.S. (2013), "The Critique of Poetry in Book 10 of Plato's *Republic* and the Dialogue's Central Question of How to Choose the Best Life," in Notomi and Brisson eds. (2013): 346-51
Harte, V. (2010), "*Republic* 10 and the Role of the Audience in Art," *Oxford Studies in Ancient Philosophy* Vol. 38 (Summer): 69-96
Harte, V., and M. Lane eds. (2013), *Politeia in Greek and Roman Philosophy*, Cambridge
Havelock, E.H. (1963), *Preface to Plato*, Cambridge, Mass.（『プラトン序説』村岡晋一訳，新書館，1997）
Herrman, J. (2004), *Athenian Funeral Orations*, Newburyport
―――― (2009), *Hyperides: Funeral Oration*, Oxford
平田オリザ（1998）『演劇入門』講談社現代新書
Höffe, O. ed. (1997), *Platon: Politeia*, Berlin
Hopkins, J., and A. Savile eds. (1992), *Psychoanalysis, Mind and Art*, Oxford

Hornblower, S. (1991), *A Commentary on Thucydides*, vol. 1, Oxford
Humphreys, S.C. (1993), *The Family, Women and Death*, 2nd ed., Ann Arbor
Irwin, T. (1977), *Plato's Moral Theory*, Oxford
——— (1995), *Plato's Ethics*, Oxford
Irwin, T., and M.C. Nussbaum eds. (1993), *Virtue, Love, and Form*, Edmonton
岩田靖夫（2008）『いま哲学とはなにか』岩波書店
Jensen, C. (1963), *Hyperidis Orationes Sex cum Ceterarum Fragmentis*, Stuttgart
Jowett, B., and L. Campbell (1894a), *Plato's Republic, Vol. 1: Text*, Oxford
——— (1894b), *Plato's Republic, Vol. 3: Notes*, Oxford
Kahn, C.H. (1963), "Plato's Funeral Oration: The Motive of the *Menexenus*," *Classical Philology* 58: 220-34
——— (1987), "Plato's Theory of Desire," *Review of Metaphysics* 41: 77-103
——— (1993), "Proleptic Composition in the *Republic*, or Why Book 1 was Never a Separate Dialogue," *Classical Quarterly* 43: 131-42
加来彰俊（訳）（2007）『ゴルギアス』岩波文庫
神崎繁（1983）「C.C.W. Taylor, *Plato Protagoras* の書評」『西洋古典学研究』31: 132-36
——— (2009)「内乱の政治学——プラトンとホッブズにおける〈アムネスティ〉」『RATIO』6: 126-201
加藤和哉（1998）「トマス・アクィナスにおける人間の「ペルソナ」（persona）の理解」『哲学雑誌』113: 147-64
加藤信朗（1988）『初期プラトン哲学』東京大学出版会
——— (1996)『ギリシア哲学史』東京大学出版会
Kerferd, G.B. (1953), "Protagoras' Doctrine of Justice and Virtue in the *Protagoras* of Plato," *The Journal of Hellenic Studies* 73: 42-45
——— (1981), *The Sophistic Movement*, Cambridge
Kerferd, G.B. ed. (1981), *The Sophists and their Legacy*, (*Hermes 44*), Wiesbaden
木曾明子（訳）（2012）『アイスキネス　弁論集』京都大学学術出版会
小島和男（2008）『プラトンの描いたソクラテス』晃洋書房
河野哲也（2007）『善悪は実在するか』講談社
Kraut, R. (1973), "Egoism, Love, and Political Office in Plato," *Philosophical Review* 82: 330-44
——— (1992), "The Defense of Justice in Plato's *Republic*," in Kraut ed. (1992): 311-37
——— (1997), "Plato's Comparison of Just and Unjust Lives," in Höffe ed. (1997): 271-90
——— (1999), "Return to the Cave: *Republic* 519-521," in Fine ed. (1999): 235-54
Kraut, R. ed. (1992), *The Cambridge Companion to Plato*, Cambridge
久保正彰 (1992)「ギリシア悲劇とその時代」松平他 (1992): 1-48
Kurihara, Y. (2010), "Plato on Injustice in *Republic* Book 1," *Proceedings of the XXII*

　　　　World Congress of Philosophy 2: 132-39
―――― (2016), "*Telos* and Philosophical Knowledge in Plato's *Symposium*," in Tulli and Erler eds. (2016): 278-84
栗原裕次（2013a）「中畑報告へのコメント：民間知と哲学をつなぐ Μηδὲν ἄγαν」『西洋古典学研究』61: 108-11
―――― （2013b）『イデアと幸福』知泉書館
―――― （2015）「プラトン・イデア論のダイナミズム」土橋他（2015）：135-51
―――― （2016）「N. Pappas and M. Zelcer, *Politics and Philosophy in Plato's Menexenus* の書評」『西洋古典学研究』64: 165-67
Larivée, A. (2013), "Alcibiades as the Model of the Tyrant in Book IX of the *Republic*," in Notomi and Brisson eds. (2013): 152-57
Lear, J. (1992), "Inside and Outside *The Republic*," *Phronesis* 37: 184-215
―――― (1993), "Plato's Politics of Narcissism," in Irwin and Nussbaum eds. (1993): 137-59
Lee, D. tr. (2007), *Plato: The Republic*, with an introduction by M. Lane, London
Lee, E.N., A.P.D. Mourelatos, and R.M. Rorty eds. (1973), *Exegesis and Argument*, Assen
Lesses, G. (1987), "Weakness, Reason, and the Divided Soul in Plato's *Republic*," *History of Philosophy Quarterly* 4: 147-61
Liddell, H.G., and R. Scott (1996), *Greek-English Lexicon with a Revised Supplement*, Oxford
Long, C.P. (2014), *Socratic and Platonic Political Philosophy*, Cambridge
Loraux, N. (2006), *The Invention of Athens: The Funeral Oration in the Classical City*, Brooklyn. Translation of 1981 French edition by A. Sheridan
Lorenz, H. (2006), *The Brute Within*, Oxford
Macé, A. (2009), "Publicité politique et publicité sensible: L'extravagance politique du Socrate Platonicien," *Études Platoniciennes* 6: 83-103
Macé, A. ed. (2012), *Choses privées et choses publique en Grèce ancienne*, Grenoble
Mahoney, T.A. (1992), "Do Plato's Philosopher-rulers Sacrifice Self-interest to Justice?" *Phronesis* 37: 265-82
Marrou, H.I. (1948), *Histoire de l'éducation dans l'antiquité*, Paris（『古代教育文化史』横尾壮英他訳，岩波書店，1985）
松平千秋・久保正彰・岡道男（編）（1992）『ギリシア悲劇全集・別巻』岩波書店
松永雄二（1993）『知と不知』東京大学出版会
Migliori, M., and L.M. Napolitano Valditara eds. (2004), *Plato Ethicus*, Sankt Augustin
Miller, F. (2009), "Aristotle on the Ideal Constitution," in Anagnostopoulos (2009): 540-54
三嶋輝夫（2000）『規範と意味――ソクラテスと現代』東海大学出版会
Monoson, S. S. (2000), *Plato's Democratic Entanglement*, Princeton
森一郎（2008）「ソクラテス以前のポリス――プラトンとペリクレス」『ギリシャ哲学セミナー論集』5: 17-33

森村進（1988）『ギリシア人の刑罰観』木鐸社
Moss, J. (2007), "What Is Imitative Poetry and Why Is It Bad?" in Ferrari ed. (2007): 414-444
村川堅太郎（編）(1996)『プルタルコス英雄伝（上）』ちくま学芸文庫
Murphy, N. (1951), *The Interpretation of Plato's Republic*, Oxford
Murray, P. (1996), *Plato on Poetry*, Cambridge
——— (2011), "Tragedy, Women and the Family in Plato's *Republic*," in Destrée and Herrmann eds. (2011): 175-93
Nails, D. (2002), *The People of Plato*, Indianapolis/Cambridge
中畑正志（1992）「プラトンの『国家』における〈認識〉の位置」『西洋古典学研究』40: 44-56
——— (2005)「ロゴス――理性からの解放」内山・中畑（2005）：407-28
——— (2013)「Μηδὲν ἄγαν から離れて――自己知の原型と行方」『西洋古典学研究』61: 100-108
——— (2015)「自己知の原型とその行方――二つの格言をめぐって」『メトドス』47: 1-18
中澤務（2007）『ソクラテスとフィロソフィア――初期プラトン哲学の展開』ミネルヴァ書房
Nehamas, A. (1999), *Virtues of Authenticity*, Princeton
Nill, M. (1985), *Morality and Self-interest in Protagoras, Antiphon and Democritus*, Leiden
野村光義（2004）「正義の学び：プラトン『ゴルギアス』篇 459c6-461b2」『哲学誌』46: 1-16
納富信留（2000）「C. Gill & M.M. McCabe (eds.), *Form and Argument in Late Plato* の書評」『西洋古典学研究』48: 147-50
——— (2012)『プラトン　理想国の現在』慶應義塾大学出版会
——— (2015)「プラトン『ポリテイア』V.473c-e 再検討」『フィロロギカ』10: 64-67
Notomi (2011), "Image-Making in *Republic* X and the *Sophist*" in Destrée and Herrmann eds. (2011): 299-326
Notomi, N., and L. Brisson eds. (2013), *Dialogues on Plato's Politeia (Republic)*, Sankt Augustin
野津悌（2007a）「プラトン著『メネクセノス』考」『国士舘大学文学部人文学会紀要』39:43-59
——— (2007b)「ヒュペレイデース断片『葬送演説』（訳）」『国士舘哲学』11: 52-64
Ober, J. (1998), *Political Dissent in Democratic Athens*, Princeton
——— (2005), *Athenian Legacies*, Princeton
荻原理（2011）「ジョバンニ・フェラーリの『ポリテイア』解釈の一端」『理想』686: 24-35

大石学・上野和彦・椿真智子（編）（2015）『小学校社会科を教える本』東京学芸大学出版会

朴一功（2010）『魂の正義』京都大学学術出版会

Pappas, N., and M. Zelcer (2013), "Plato's *Menexenus* as a History that Falls into Patterns," *Ancient Philosophy* 33: 19-31

―――― (2015), *Politics and Philosophy in Plato's Menexenus*, London/New York

Parry, R.D. (2007), "The Unhappy Tyrant and the Craft of Inner Rule," in Ferrari ed. (2007): 386-414

Pelletier, F.J., and J. King-Farlow eds. (1983), *New Essays on Plato*, Guelph

Polignac, F. de, and P. Schmitt-Pantel eds. (1998), *Public et privé en Grèce ancienne*, Ktèma 23

Pownall, F. (2004), *Lessons from the Past: The Moral Use of History in Fourth-Century Prose*, Ann Abor

Prior, W.J. (2002), "Protagoras' Great Speech and Plato's Defense of Athenian Democracy," in Caston and Graham eds. (2002): 313-26

Pritchard, D.M. ed. (2010), *War, Democracy and Culture in Classical Athens*, Cambridge

Raaflaub, K. (2004), *The Discovery of Freedom in Ancient Greece*, Chicago. Translation of 1985 German edition

Rowe, C. tr. (2012), *Plato: The Republic*, London

Rubinstein, L. (1998), "The Athenian Political Perception of the *Idiotes*," in Cartledge et al. eds. (1998): 125-43

Rusten, J.S. (1990), *Thucydides: The Peloponnesian War Book II*, Cambridge

桜井万里子（1997）『ソクラテスの隣人たち』山川出版社

佐野好則（2011）「『ポリテイア』第4巻における正義の定義の背景」『理想』686: 14-23

Santas, G. (1985), "Two Theories of Good in Plato's *Republic*," *Archiv für Geschichte der Philosophie* 67, 223-45

―――― (1986), "Plato on Goodness and Rationality," *Revue Internationale de Philosophie* 156-157, 97-114

―――― (1996), "The Structure of Aristotle's Ethical Theory: Is It Teleological or a Virtue Ethics?" *Topoi* 15: 59-80

―――― (2001), *Goodness and Justice*, Malden/Oxford

―――― (2010), *Understanding Plato's Republic*, Oxford

佐良土茂樹（2013）「「適切な名誉心」と市民としての勇気」『西洋古典学研究』61: 48-59

Saunders, T.J. (1981), "Protagoras and Plato on Punishment," in Kerferd (1981): 129-41

Sauppe, H. (1889), *Plato: Protagoras*, trans. by J.A. Towle, Boston/London

Saxonhouse, A.W. (1983), "Classical Greek Conceptions of Public and Private," in Benn and Gaus eds. (1983): 363-84

Schiappa, E. (1991), *Protagoras and Logos*, Columbia

Schofield, M. (2006), *Plato: Political Philosophy*, Oxford
Scott, D. (2000a), "Metaphysics and the Defense of Justice in the *Republic*," *Proceedings of the Boston Area Colloquium in Ancient Philosophy* 16: 1-20
────── (2000b), "Plato's Critique of the Democratic Character," *Phronesis* 45: 19-37
────── (2015), *Levels of Argument*, Oxford
Sedley, D. (2013), "Socratic Intellectualism in the *Republic*'s Central Digression," in Boys-Stones et al. eds. (2013): 70-89
瀬口昌久（2002）『魂と世界』京都大学学術出版会
関口浩喜（1998）「像と「神話の体系」」『現代思想』26/1: 334-45
関村誠 (1997)『像とミーメーシス』勁草書房
Sharples, R.W. (1983), "Knowledge and Courage in Thucydides and Plato," *Liverpool Classical Monthly* 8.9: 139-40
城江良和（訳）（2003）『トゥキュディデス『歴史』2』京都大学学術出版会
Shorey, P. (1930), *Plato V: Republic I*, Cambridge, Mass.
────── (1935), *Plato VI: Republic II*, Cambridge, Mass.
Singpurwalla, R. (2011), "Soul Division and Mimesis in *Republic* X," in Destrée and Hermann eds. (2011): 283-98
Slings, S. R. (2003), *Platonis Respublica*, Oxford
────── (2005), *Critical Notes on Plato's Politeia*, Leiden
Smyth, H. W. (1920), *Greek Grammar*, Cambridge, Mass.
Solove, D.J. (2008), *Understanding Privacy*, Cambridge, Mass.（『プライバシーの新理論』大谷卓史訳，みすず書房，2013）
Stokes, M. (1986), *Plato's Socratic Conversations*, Baltimore
Swanson, J. A. (1992), *The Public and the Private in Aristotle's Political Philosophy*, Ithaca
高橋雅人（1999）「哲学者たちの洞窟への帰還に関する一つの覚書き」『神戸女学院大学論集』46-2: 27-38
────── (2010)『プラトン『国家』における正義と自由』知泉書館
────── (2011)「洞窟の中で，洞窟を超えて」『理想』686: 47-58
田中一孝（2015）『プラトンとミーメーシス』京都大学学術出版会
田中伸司（2003）『対話とアポリア』知泉書館
────── (2015)「プラトン『国家』における魂の把握とイデア」『静岡大学人文社会科学部人文論集』66-1: 17-41
Tanaka, S. (2011), "Justice and Reward—On the Art of Wage-earning in Book 1 of the *Republic*," *Japan Studies in Classical Antiquity* 1: 89-97
丹治信春（1979）「意味と事実の間──ヴィトゲンシュタインとクワイン」『認識論の諸相』有斐閣: 126-46
田坂さつき（2011a）「「観ること」と「思いなすこと」の構造──『国家』第五巻474b3-480a13 の一解釈」『立正大学文学部論叢』132:43-68
────── (2011b)「『ポリテイア』におけるイデア論の始まり」『理想』686: 36-46

Taylor, C.C.W. (1991), *Plato: Protagoras*, 2nd, Oxford
Thomas, R. (1989), *Oral Tradition and Written Record in Classical Athens*, Cambridge
Todd, S.C. (2007), *A Commentary on Lysias: Speeches 1-11*, Oxford
Too, Y.L. (1995), *The Rhetoric of Identity in Isocrates*, Cambridge
土橋茂樹・納富信留・栗原裕次・金澤修(編)(2015)『内在と超越の閾　加藤信朗米寿記念哲学論文集』知泉書館
土橋茂樹(2016)『善く生きることの地平——プラトン・アリストテレス哲学論集』知泉書館
津村寛二(訳)(1975)『プラトン全集10　メネクセノス』岩波書店
Tulli, M. (2004), "Ethics and History in Plato's *Menexenus*," in Migliori and Napolitano Valditara eds. (2004): 301-314
Tulli, M., and M. Erler eds. (2016), *Plato in Symposium: Selected Papers from the 10th Symposium Platonicum*, Sankt Augustin
内山勝利・中畑正志(編)(2005)『イリソスのほとり』世界思想社
Veggetti, M. (2013), "How and Why Did the *Republic* Become Unpolitical?" in Notomi and Brisson eds. (2013): 3-15
Vernezze, P. (1992), "The Philosopher's Interest," *Ancient Philosophy* 12: 331-49
Vlastos, G. (1981), *Platonic Studies*, 2nd ed., Princeton
——— (1991), *Socrates*, Cambridge
White, N. (1979), *A Companion to Plato's Republic*, Indianapolis
——— (1986), "The Rulers' Choice," *Archiv für Geschichte der Philosophie* 68: 22-46
——— (2002), *Individual and Conflict in Greek Ethics*, Oxford/New York
Williams, B. (1973), "The Analogy of City and Soul in Plato's *Republic*," in Lee et al. eds. (1973): 196-206
山本建郎(1993)『プラトン〈国家論〉考』影書房
山本巍(2001)「戦死者追悼演説と哲学の言語」『哲学・科学史論叢』3: 1-19
——— (2011)「アカデメイア——その歴史と哲学の運命」『大学の智と共育』教友社: 11-49
吉田雅章(1996)「行為と知——プラトン『プロタゴラス』篇を中心に」『長崎大学教養部紀要』37-2: 115-32
——— (1997)「教養知と専門知——ソクラテスの求めた知の意味するもの」『長崎大学教養部紀要』38-1: 1-15
Yoshitake, S. (2010), "The Logic of Praise in the Athenian Funeral Oration," in Pritchard ed. (2010): 359-77
吉沢一也(2010)「プラトン『国家』における魂と国家のアナロジー再考」,『西洋古典学研究』58: 25-36
Young, C.M. (1974), "A Note on *Republic* 335c9-10 and 335c12," *Philosophical Review* 83: 97-106
Zeyl, D. J. (1987), *Plato: Gorgias*, Indianapolis

人名・事項索引

（書名・論文名・註については省略し，プラトンの対話篇については引用出典にまとめた。）

ア 行

アーウィン (T.Irwin)　283–4, 287–90, 295
アゴラ　9–12, 41–2, 45, 52, 57, 59, 126, 138–9, 233, 307
アゴーン・競い合い・競争　9–10, 38, 41, 50–1, 56, 80–1, 87, 326
アダム (J. Adam)　315–7
現われ　204, 328, 331–32, 335–41, 344, 346, 349
安全・保全・安寧（σωτηρία）　4, 63, 109, 130–1, 133, 158, 192, 291–2
家　3, 8–9, 11–2, 22, 30, 33, 36–7, 41–2, 44, 46, 57, 64, 68, 78, 80–2, 87, 97–9, 102, 110, 112, 117, 126, 136, 140, 147–8, 150, 154, 180–1, 183, 185–7, 191–2, 209, 277, 279–80, 297–8, 300–5, 310, 330, 343, 354, 369, 380
祈り（εὐχή）　180, 183, 221, 270
今・ここ　17, 39, 44, 69, 93, 179, 194–5, 198, 204, 267, 273, 282, 313, 318–21, 323, 362, 370, 375–6, 383
雄蜂　278–82, 286, 289, 302

カ 行

快楽主義　38, 47, 84–5, 353
画家　141, 196, 198, 205, 212, 225, 318, 326–8, 332, 336
加来彰俊　40
カリポリス　269–70, 273, 316, 319, 335, 361
勧告・呼びかけ　3, 15, 44–45, 47–59, 85, 88, 295, 356, 359, 383

──のレトリック　50, 52, 54, 59
教育　17, 21–5, 28, 30–7, 137, 144–52, 154, 158–60, 162–5, 171, 178, 180–1, 183–4, 193, 202, 207, 211–3, 220, 222, 233, 235–9, 241, 243–5, 247–8, 250, 255, 262–3, 268–70, 274, 276, 278, 284–5, 287, 290, 295, 311, 324, 329–31, 333–5, 338–9, 342, 357, 378–9, 381, 384
共同性　73–4, 102–4, 107–9, 113, 180
協和・心の一致（ὁμόνοια）　74, 86, 163–5, 172
ギル (C. Gill)　283
薬（φάρμακον）　208, 325–6, 358, 384
劇場　11, 41, 56–7, 130, 203, 205, 211, 244, 247, 297–8, 300, 334, 343, 347–8, 351–4, 356–7, 359, 378
現実（⇔理論・理想）　16–7, 28, 76, 92, 111, 127, 129–30, 134–5, 141, 177–8, 183, 185–6, 195–6, 198–202, 205, 207–9, 216, 219, 221–2, 226, 235–6, 246–7, 249–50, 252–3, 258, 260–2, 267, 270, 272–4, 281–3, 297, 299, 307, 312–3, 316–8, 320–2, 324–7, 335, 341–4, 361–4, 370, 372, 375, 379, 381, 385
公私
　──結合　307, 312, 319, 384
　──混合　35–7, 47, 50, 93, 97, 205, 265, 271, 281–2, 299, 311, 350, 380–1
　──分離　17, 93, 355, 380
　──融合　64, 66, 68, 85, 87, 304–5
公人　9, 11–2, 41, 191, 297, 304, 377
コーエン (D. Cohen)　8–11, 13, 100, 130
困惑・アポリア　44, 51, 103, 117, 130–1, 238, 248, 355, 360

サ 行

最善のポリス・ポリテイア　4, 218–20, 227–8, 230, 233, 235–6, 246, 250, 253, 260–1, 265–6, 268–71, 273, 315–20, 324–5, 364, 379

サンタス (G. Santas)　264

詩人　7–8, 12, 17, 31, 41–3, 45, 56, 99, 100, 129, 141, 145, 147, 165, 187, 212–3, 247, 284, 323–36, 340–3, 345–51, 355, 359–62, 378–9, 381–2, 384

私人　4, 9, 11–3, 41, 98–9, 102, 117–8, 128, 148, 253, 256, 296–7, 303–5, 321, 367, 369, 372, 376–7

自己愛　265

自己嫌悪　115

自己喪失　265, 300, 302, 351, 371

自己同一性・アイデンティティ　79, 81, 86–8, 115, 150, 192, 265, 267, 300, 347, 352, 357, 384

自然・ピュシス・本性・素質　17, 26, 45–6, 50, 52, 55–6, 71, 80, 82, 84, 87, 121, 123–4, 126, 131, 133, 135, 137, 143, 158–9, 164, 169, 171, 175–8, 181–4, 186–7, 194, 197, 200, 204, 206–10, 212–7, 224–7, 243, 250, 269, 271, 276–7, 280–2, 287, 300, 311, 319, 321, 326–8, 338, 347, 353–4, 358, 360, 367, 382

自分のこと・もの　3, 80, 100, 127, 130, 136–7, 165–7, 171–2, 174–5, 178, 182, 217, 255, 257, 260, 264, 266–7, 272, 276–7, 281, 291, 306, 357, 372, 377, 382

自分のポリス　44, 274, 307, 314–7, 319, 320, 325–6, 361, 364–5, 380, 382, 385

自由　15, 42, 46–7, 59, 61–2, 66, 69, 71–7, 82–8, 97, 99, 111, 124, 126–8, 130–1, 146, 187, 189, 206, 220–2, 238–9, 269, 276–80, 298–301, 304, 312, 375, 380

―― 人　22, 32, 164, 277, 304, 311–2

習慣（づけ）　57, 73, 147, 154, 245, 271, 287, 310, 338, 356–7, 367, 371–2

熟慮　36–7, 147, 161, 171, 267–8, 283–4, 287–8, 290, 295, 356–7, 370, 372, 374, 376, 381

よき――　22, 36, 160–1

自律　10, 14, 72–3, 80–2, 86, 283, 300–1, 371, 382

思慮 (φρόνησις)　43, 46–7, 80, 120, 164–5, 181, 240–1, 245–6, 249, 260–5, 267, 306, 311–3, 328, 337, 339, 347, 357, 364, 367–8, 374–7, 380, 384–5

人格　3, 82, 111–3, 117–8, 201, 256–7, 264–7, 272–3, 307, 354, 357, 378, 382

真実在　205, 209, 214, 224, 228, 238, 244–5, 318

信念（ピスティス）　43, 51, 55–7, 59, 88, 118, 127, 232, 229, 232, 333, 335

真の
　――政治術　40, 44–5, 49, 52, 54–5, 58
　――僭主　17, 296, 298–300, 303–7, 312, 321, 372, 381
　――哲学者　224, 259–63, 265–7, 270, 272, 306–7, 311, 372, 378, 380–1
　――弁論術　52, 54–5

真理・真実　12, 27–8, 37, 42–4, 50–1, 54–5, 65, 94, 101–2, 197, 199–200, 204, 206–7, 212–5, 221–2, 224–6, 231, 234, 237–8, 240, 245–7, 257–8, 262, 268, 309, 326–7, 330, 336–9, 349, 357, 359–61, 363–4, 373–4, 381, 384–5

信頼 (πίστις)　81–2, 87–8, 279, 300–1

神話　25–30, 51, 65, 69–70, 75, 149–53, 162–3, 178, 189–90, 284, 308, 372, 378

政治家　　10, 15, 24, 35, 39, 41–4, 46–54, 56, 61, 68, 209–10, 212–5, 226–7, 233, 247, 261, 279
静寂主義（者）　41, 217, 223, 233, 248, 250, 265–6, 315–6, 365, 367, 372, 377
精神・心（διάνοια）　204, 224, 294, 325, 339–40, 345, 358–60, 382
生全体　17, 111–2, 117–8, 256, 265, 267, 270, 272, 305–7, 311, 329–30, 333, 343, 345, 347, 357, 361, 378, 381–2
生（βίος）の択び直し　17, 252, 272, 321, 369, 371–3, 375
生の選択　17, 130, 197–8, 273–4, 282–4, 287, 289–90, 295, 321, 323, 355, 367–76
セミパブリック　11–2, 42–3, 45–6, 57, 59, 69, 97, 217, 233, 307
善行者　58–9, 382

タ　行

大衆　8, 13, 41, 43, 46–7, 50, 93, 99, 120, 123–7, 130–3, 167, 203, 205, 208–14, 216–7, 220–1, 223–7, 233, 241–2, 244, 246–7, 249, 252, 262, 274, 295, 298–300, 312, 324, 328, 331–2, 335, 341, 346–50, 354–6, 358–9, 372, 380–2, 384
他者性　255, 259, 267–8, 271–2, 319, 326, 365, 382
魂全体　38, 143, 169, 172, 243–44, 280, 283, 287–91, 293–4, 296, 312–3, 339, 358, 381–2, 385
魂の三部分説　168, 178, 254, 256–7, 264–5, 267, 276, 282–3, 285, 288–91, 294, 305, 308, 313, 319, 337–8, 340, 362–3, 381–2
魂の支配権　277–80, 282–3, 285–6, 289, 354
知者　23, 35, 41–3, 56, 59, 102, 209, 247–8, 328–9, 331, 334–5, 378
知性・ヌース・正気・洞察力　17, 29, 43–4, 164–5, 214, 231–2, 240–4, 268, 274, 291, 293–5, 305, 309, 312–4, 316–21, 358, 363–4, 367, 374–6, 380–2, 384–5
聴衆　17, 41, 49, 64–6, 68, 77, 79–80, 82, 85–7, 199, 345, 347–8, 351, 358–9, 378
ディアレクティケー・哲学的問答法　55, 248, 269
哲人王　13, 16–7, 76, 92, 197, 199, 201, 219, 220–2, 224, 226–8, 230, 233, 250, 270, 273, 315, 317–8, 324, 364, 379
伝統文化　32–3, 37, 118, 246
洞窟帰還　197, 235, 250, 256, 259, 267, 270–1, 314–6, 378, 380
ドクサ・評判　3, 9, 10, 17, 21, 23, 41–3, 59, 97, 99, 104, 118–9, 128–9, 131, 141, 145–7, 162–5, 194, 204–5, 209, 212–3, 215, 221, 229–32, 239, 241–2, 244, 246–9, 262, 272, 278, 284–7, 290–5, 313, 347–8, 356–8, 363, 366, 369, 374, 377, 380–2, 385
　評判のポリティクス　10, 41–2, 59, 97, 130, 205, 209, 229, 247
読書空間　57, 383
ドッズ（E.R.Dodds）　45
奴隷　41, 54, 71, 73, 111, 190, 214, 277, 279, 299–300, 302–4, 310

ナ・ハ　行

慣れ　146, 207, 238–9, 242, 248–9, 257–8, 261–2
配慮・気遣い　28, 30, 32, 34, 38, 43–4, 78, 86–7, 116, 136, 143, 158, 163, 183, 208, 221–2, 277, 282, 285, 288, 293, 295, 307, 311–3, 321, 357, 361–2, 366, 373, 381

恥　26–8, 30, 49, 78, 84, 146, 190, 226, 287, 342, 344, 352–4
はたらき（ἔργον）　106, 108, 113–8, 121, 133, 135, 151, 158, 167, 169, 171–2, 175, 178, 231–2, 240–1, 248, 263–4, 266–7, 269, 288, 313, 337, 376, 379, 381–2
ハート (V. Harte)　340
バーニェット（M.F.Burnyeat）　256–7
パラデイグマ・見本　39, 44, 60, 205, 272, 305–7, 313, 315, 317–21, 325, 364, 366, 369–73, 375–6, 382
ハリウェル (S.Halliwell)　347
必要（ニーズ）　136, 212
人々の声 (φήμη)　190, 284
平等　16, 42, 46, 59, 71–2, 74, 97, 124, 130–1, 151, 276, 278–80, 286–7, 289, 298, 301, 380
文化の担い手　12, 43, 56, 212–3, 241, 247
フェラーリ (G.R.F.Ferrari)　340
弁論家　4, 6–8, 12, 48, 50, 54, 56, 64–5, 68
法廷　9, 11, 28, 41–2, 46, 53, 56–7, 63, 130, 183, 203, 205, 211, 221, 242, 244, 247, 277, 297, 350, 378
ホメロス　6–7, 31, 45, 129, 171, 326–31, 333–4, 351, 359–60
ポリスと魂の類比　16–7, 92–3, 113, 115, 120, 131–3, 135, 148, 156, 158–9, 167–8, 172, 177–9, 195, 198, 228, 230–1, 251, 254, 257, 267, 273, 275, 280–2, 295–9, 321, 379, 381–2

マ　行

学び　17, 73, 132, 143, 182, 207, 218, 225, 231–2, 237, 239, 243, 250, 262, 268, 284, 363, 366, 369, 371, 383, 385
民会　9, 11–2, 22–4, 36, 41–3, 53, 56–7, 63, 130, 183, 203, 205, 211, 244, 247, 281, 297, 350, 378
民主政　12, 14–6, 25–6, 30, 40–1, 43–4, 46, 50, 56, 58–9, 92, 108, 111, 124, 127, 130, 134, 141, 178, 195, 203, 205, 208–13, 217, 223–4, 229, 233, 235, 244, 246, 248–50, 252, 271–3, 276, 278–82, 286–7, 289, 297–9, 301, 307, 315, 324, 341, 349–50, 355–6, 359–60, 372, 377–8, 383–4
——アテネ　12, 40, 43–4, 56, 111, 120, 130, 141, 178, 195, 203, 205, 208, 210–2, 224, 229, 233, 235, 246, 250, 297–9, 307, 324, 349–50
向け変え（の技術）　77, 243–5, 248–9, 252, 260–2, 268, 272
ムーサの女神　222, 224, 360
無知　237, 243, 291–3
模倣・ミーメーシス　141, 146–7, 165, 186, 224, 284–6, 324–33, 335–7, 339–41, 343, 345–9, 351–2, 358–61, 384
——術　337, 340–1

ヤ・ラ　行

友愛　10, 75–9, 81, 82, 86–7, 115, 172, 280, 291, 301, 309, 311
養育　33, 69, 70, 144, 149–51, 158, 164, 171, 180–1, 188, 192, 210, 243–5, 255, 290, 301, 309, 312
欲心・プレオネクシア　124–5, 127, 130–1, 154, 299, 374
理性　27–9, 84, 86, 135, 142, 148, 178, 277
理想的ポリス　135, 148, 160, 164, 178, 186, 195–6, 198–9, 201–2, 219, 222, 227, 233, 253, 270, 297, 307, 318, 324–5, 342, 378–9, 384
立派な人　34, 99, 101–2, 340–60, 371, 381, 384

立法者　32, 134, 148, 158, 162–3, 186, 218–9, 228, 253–4, 261, 268, 329, 331, 342

理論 (λόγος) (⇔現実)　16, 30, 88, 92, 108, 110, 111, 123–4, 199, 202, 207, 316–21, 378, 381–2

ロゴス　16–7, 21–2, 27–30, 35–8, 45, 51, 57, 75, 133, 135–6, 141–2, 148, 159–60, 172, 177–8, 181, 183, 185, 194, 196–200, 218–9, 226, 268, 279, 281, 284, 286, 311–2, 316, 318, 320, 356–7, 361, 378, 380–1

ワ　行

わたし　13–5, 42, 44, 82, 87, 93–4, 97, 101, 111–3, 117–8, 190–2, 272–3, 282, 320–1, 327, 370, 379, 383

笑い　181, 184–5, 239, 242–3, 248, 373

われわれ（自身）　17, 58–60, 88, 93–4, 198, 235–7, 248, 268, 273, 282, 302, 306, 320, 324, 359, 368, 370–1

引用出典索引

（古典作者・著作はアルファベット順。作品の略記はLSJに従う。
太字は翻訳付きのテキスト（T）引用箇所。nは註頁。）

Aeschines
1.30　**4**, 7
2.28　7
3.78　4n, 7

Aeschylus
Prom.　26

Andocides
1.146　6
3.20　6

Aristophanes
Ec. 207-208　7n

Aristoteles
Ath. 48　7n
59　7n
EN 1095b17　13n
1095b18　13n
1095b19　13n
1141a9-22　329n
1161b16-33　78
Pol. 1253a2-3　21n
1253a9-10　21n
1324a　9n
1332b5　21n
Rh. 1358b32　28
1367b8-9　65n
1391a8-12　209n
1415b30-32　65n
Fr. 417　7n

Demosthenes
3.25　7
19.192　7
20.136　7
21.31-35　9
23.206　7
24.54　7
24.56　7
24.99　7
25.95　7
30.37　7
36.57　7
53.4　7
53.25　7
60.4　69
60.8　72n
60.10-11　72n
60.26　72n
62.42.2　7
63.2.9　7

Herodotus
1.60.3　23
4.106　34n

Hesiodus
Op. 42-89　26
109-201　150
Th. 509-69　26

Homerus.
Od. 3.82　7n
4.314　7n
20.264-5　7n

Hyperides
2.14　7
6.4　69
6.9　72n

Isaeus
7.30　6
8.12　6

Isocrates
4.187　6
18.24　6
19.260ff.　216n
19.276-77　100n
19.282　100n
19.285　100n

Lysias
2.4-16　72n
2.15　73n
2.17　69
2.18　72n, 74
2.20-43　72n
2.47　74
2.55　74
2.57　74n
2.61　7
2.63　74
2.65　74
6.47　7
12　98
13.69　7
19.8　7
19.14　4n
21.16　7
25.12　7
25.25　7

Pindarus
Fr. 209　184n

Plato
『アルキビアデス1』
*Alc.*1 111c　7
134a　7, 379n
『アルキビアデス2』
*Alc.*2 138b　7
148c　7
『ソクラテスの弁明』*Ap.*
19d-e　43n
22a6　43
22c-d　329n
22c3　329n
22d2　329n
23b　44
23b-c　42
23b5-6　42

23b8-9	42	407e	7	500a-504e	52n
26a3	42n	『クラテュロス』 *Cra.*		500c	47
28e-29a	82n	385a	7, 173n	500c7-8	50
29d	23	『クリトン』 *Cri.*		500d-501c	53
29e1	43	47a-48a	177n	500d-506c	51
30a3-4	42	49a-e	106	501a	52
30b	7, 379n	『エピノミス』 *Epin.*		501b3	53
30e	43	985c	7	501b4	54
31a1	42	992c	7	502d10	50
31b-c	12n	992d	7	502e-503a	47
31b3	263	『ゴルギアス』 *Grg.*		502e1	50
31c	7	447a1	50n	502e6-7	50
31c-32a	307	448d10	55	502e7	50
31c4	42n, 263	454e1	81n	503a	49
31c5	41n	455a	88	503a7	49, 52
31d-e	52	455b2	48n	503a8	49, 59
31d4-e1	**40**	455e5	53	503c	48
32a	52	459d	88	503d-e	54
32a2-3	42	460a-c	106	504d5-6	54
32a3	41n	460b1-7	161n	504d6	54
32e3	41–42n	462b-466a	49, 53	505c	53n
33a	7	464a5	201n	**505e4-6**	**50**
33a1-3	384n	465a	52	506a2	51
33a2	41n, 42n, 263	469e	7n	506a2-3	51
33a7-8	42	471d5	55	506a3-4	51
33b2	42	474c-479a	312n	506a4	50
33b7	263	476a-479e	29n	506c-508c	51
34a2	95n	480a-b	357n	506c2	58
36b6-7	42n	484c-e	46	506c3	58
36b7-9	42n	484c-486d	11	507c-508c	375n
36c3	42n, 263	484d	7	508b-c	52n
36c3-4	59n	484d1-2	46	508b6-7	54
36c7	43	485a4	46	508c1-2	54n
36d5	59n	**485d3-e1**	**45**	511e-512b	177n
37a6	81n	485e1-2	46	512e1	47n
37b2	81n	486c4	46	513b	46
38b7	95n	486c8	46	513c-522e	51
41a-c	56	491b-d	46	513d5	49, 59
『カルミデス』 *Chrm.*		491b1	46	513e	47
155e-158c	357n	491c7	46	514a5	48
175a-176b	357n	491d	46	514a5-6	41n, 48
『クレイトポン』 *Clit.*		492c	47	514b6	48

514b7	48	527c	52n	87c-89c	78n
514c	7n	527c5	52	『メネクセノス』Mx.	
514c1	48	**527e1-7**	**44**	234a-236d	61, 63
514c4	42n	**527e5-7**	**56**	234a-239e	61
514d4	41n, 48	『ヒッピアス大』HM.		234c1	63
514e4	48	281b-c	7	234c4	63
514e7	41n, 48	282c	7	235a1	63
515a-c	46	294d	7	235a2	64
515a2-3	48	295c-297d	104n	235a7	66
515b	48	『ラケス』La.		235b	64
515b4	41n	193a	358n	235b1	66
515b5	48	『法律』Lg.		235c3	66
517a5	52	626a	7	235d	64n
517b-518a	53	626d	7	235d2-3	67
517d1	53	633c6	201n	236a8-b6	66
517d2	53	647b	7	236b	61
517e6	53	650a5-6	201n	236b-c	65n
517e7	54	676a2-3	201n	236c4	67
518a4	54	693d-698a	74n	236d-237a	67, 69
520c2	59	698a6	74n	236d	68n
520c4	59	709e-712b	222n	236d7	67
520d6	59	713e-714a	7	237b	69
520e4	53	716c-d	375n	237b-238b	69
520e8	59	735d-e	29n	237b-246a	67, 69
520e9	58	739a5	201n	237c	69
520e10	59	740e	188n	237c5	70
521a2-5	**49**	763a	7n	237d1-2	70
521a3	59	780a	7n	237d6	70
521b1	49	811d-e	385n	237e6	70
521d	52, 307	821a7-8	201n	237e7	70
521d-e	52n	828d7	201n	238a2	70
521d6-8	**40**, 263	854d-e	29n	238b-239a	70
521d8-9	52	862d-863a	29n	238c6	70
522b	7	884a-885a	7n	238c7-d2	71n
523a-526d	51	899e	7	238d-239a	71
526d4	51, 81n	910c	7n	238d2	71n
526d6	50	923d	188n	238d5	71n
526e1-2	56	930d-e	188n	238d8	71n
526e1-4	**55**	950d	7	238e	71
526e2	50	957a	7n	239a	71
526e3	50	『メノン』Men.		239a-246a	72
527b	7, 379n	71e	104n	239a4	71n

239b 7	247c-248d 77, 80	『プロタゴラス』 Prt.
239b-c 72n	247c1-2 79	311a-312b 24n
239c-241e 72	247e-248a 80	312b 32
240a1-2 73	247e6-248a4 80	312b3 22, 32
240a2 72	248a7 81	312b4 32
240d2 73	248c-d 82, 375n	312b7-c3 289n
240d5 73	248d-249c 77	313a-b 38
240d6 73	248e 7	313a4 289n
240e1-3 72	249c 67	313b1 289n
241c3 73	249d-e 61, 87	313c2-3 289n
241e-243d 72	249e4 87	316c1 22
242a-b 73	『パイドン』 Phd	318d-e 24n
242a1 74	59b10 95n	318e-319a 47n
242d 73	68d-69d 379	318e5 160n
242e1 73	69b8-69d3 245n	**318e5-319a2 22, 36**
243a 73	77a10 81n	319a4 23
243b 73	78a3-9 383	319a8 23
243b3 74	82a-b 379	319a10 23n
243d-244b 72, 75	82a11-b3 245n	319b3-d7 23
243e3 73, 75	82a12-b1 379	319b4 23
243e4-6 75	82c2-4 289n	**319c8-d4 43**
244a 375n	84a4 289n	319d7-e1 24
244a2 75	88c3 81n	319d7-320b3 24
244a2-3 75	108a3 201n	319e1 24, 35
244a3-b3 76	108c8 81n	319e2 23n
244b-246a 72	108e1 81n	320a1 35
244c 73	108e4 81n	320c8-322d5 25
244d-e 73	109a7 81n	320c8-324d1 25
245b-c 73	117e 358n	320e2 26
245c-d 74	118a 307	321c1 21
245c6-7 74	『パイドロス』 Phdr.	321d1 26
245c7 74n	244b 7	322b5 26
245d3 74n	248c2 181n	322b7 27
245d6 74n	273e 375n	322b7-8 26
246b-249c 67, 77	275e1 383	322c7 37n
246b4 80	277d 7	322d2-4 27
246d-247c 77-8	『ピレボス』 Phlb.	322d5-323a4 25
246d5-6 78	40b 375n	322d8 37n
246e-247a 78	『ポリティコス』 Plt.	322e2 26
246e7-247a2 78n	311b 7	323a2 26, 28n
247b5-7 78	『パルメニデス』 Prm.	323a3-4 27
247c 80, 375n	133b6 201n	323a5 24

323a5-c2	25, 27	326b5	33, 33n	347a2	38n
323a7-b2	24	326c6-e1	31	348a4-6	38n
323b3	28n	326c7-8	33, 284n	348a5-6	37
323b4	27	326c8	33	352a-d	357n
323b5	24	326d1	33	356d4	84n
323c1	27	326d4	33, 284n	356d8	84n
323c3	26	326d6	33	356e3	84n
323c3-324c5	25, 28	326d7	33, 284n	356e4	84n
323c5	24	326e	7	357a1	84n
323c8	24	326e2-3	32–3	357b2	84n
323d1	24	326e2-5	32	357b4	84n
323d4	29	326e6-328c2	33	357d7	84n
323e1-3	24	327a	7	357e	7, 379n
324a5	24	327a1	27	『ポリテイア』R.	
324a6-b1	**29**	327a1-2	33, 37n	**327a1-4**	**97**
324a7	382n	327a4	27	328c7-8	98
324b1	29	327b1	35	328d5-7	98
324c	7	327c1	34	329a8	99
324c1	30	327c4	33	329b-c	99
324c4	24	327d1	24n	329b1	98
324c5-d1	25, 30	327d2	33	329d3	98
324c7	24	327d3	34	329d4	99
324c8	30	327e1	34	329d5	99
324d2-325c4	30	328b1	36	329e1-2	99
324e1	27	**328b1-3**	**34**	329e3	99
325a1	28n	328b3	34	330a1	100
325a2	37n	328c4	24	330a2	100
325b	7	328e-329b	47n	330a4	99
325b4	24	328e3	81n	**330c3-6**	**100**
325c-326e	173n	329a1	36n	330d4	101
325c2-3	30	329a6	36n	330e1	101
325c5-326e5	31	330a1	35	331b	101
325c6-d7	31	330a4	342n	331b1	101, 342n
325d2-3	31	330e3-331a5	38n	331b6	101
325d7-326c6	31	331c3-d1	37, 38n	331e3-4	102
325e1	33n	333c3-9	37, 38n	331e5-334b6	103
326a1	33, 284n	335a4	38	332b9	103
326a2	33	336b1-3	37n	332d4-e5	103
326a4	28n	338e7	24n	332e3	104
326b2	33, 284n	340d-e	357n	332e3-5	103
326b3	33n	344c8-d1	201n	332e5	104
326b4	33, 36	345c	375n	333a1	104

333a1-2 103	344a2-3 111	352d-354a 113, 115, 168n
333a5 104	344a3 110-1, 133	352d2-354a11 108
333a13 103	344a7 111	352d9-353b1 115
333a14 104n	344c3-4 111	353b2-d2 116, 263
333a14-15 103	344c8 111	353c6-7 116
333a15 104n	344d1-354a11 108	353c9-10 116
333b1 104n	344e 112	353d 381
333b1-c5 103	344e5-345e4 108	353d3-354a11 116, 264
333b5 104n	345a 112	354a12-c3 108
333b7 104n	345e5-347a5 108	357a3 119
333b11 104	345e-347a 113	357a5-b2 122n
333c1 104n	346e3-347e2 259n	357b3-d2 120, 362
333c6 104n	347a4 259n	358a4 120
333c6-d13 103	347a6-348b7 108	358b1-4 121
333d4 104n	347b2 259n	358b3-7 121
333e1-334a6 103	347b7 259n	358b4-7 122n
334a7-b6 103	347c1 259n	358c2-3 350
334b7-e7 105	347c4 259n	358c4-5 122n
334e8-336a8 106	348b-350e 113	358c6 130, 359
335c2 107	348b8-350e10 108	358c7-d1 120n, 350
335c4-5 116n	348d2 160n	358d1-2 122n
337a4 107	348e9 113	359b2 47n
337a6 107	349a1 113	359b3 124
338c2-342e11 108	349a8 110	359c 308n
338d6-339a4 108	349b-350c 125	359c1 83n, 124, 127
339b9-e8 108	350e-352d 113, 132	359c3 124
340a-c 109	350e5 110	**359c3-6** 124
340a1-b9 108	350e11-352d2 108	359c4 125n
340c1-341a4 108	351b1-3 113	359c7 126
340e1-2 109	351c-352d 27n	359d1 126
341a-342a 112	351c6-352d1 257n	360a6 126
341a5-342a11 108	351c7-10 113	360b8 126
343a1-344c9 108	351d3-e3 114	360c1 126
343b4 110, 112	351e4-9 114	360c2 126
343c3 112	351e10-352a5 114	360c7 127, 133, 298
343c4 112	352a2 114	360c7-8 350
343c4-5 110	352a6-10 114	360c7-d2 122n
343d5 113	352a11-b3 114	360c8 127
343d6 113	352b 375n	360d-e 283n
344a-b 7n	352b6-d2 114	360d-361d 308
344a1-2 110	352c7 114	
344a2 111	352d 283n	

360d1	127, 133, 298	369d2	136	375c7	143, 143n
360d2	127	369d9	136	375e9	144n
360d4-5	128	369d11	136	376b2	144n
361d2-3	122n	**369e3-370a4**	**136**	376b9	144n
361e-362a	365n	370a3	138	376c-d	156
361e1	365n	370a4	137	376c2	144n
362b	7	370a6	137	376c4	144n
362b6	128	370b	165	376c9-d2	159
362c7-8	122n	370b9	138	376e-377a	145
362e-363e	350n	**370c4-6**	**138**	377a-b	163, 284
362e6	129	370c8	165	**377a11-b2**	**145**
363e6-364a1	350	370d1	138	377b4-5	146
364a	7	371b9	138	**377b4-8**	**145**
364c6	350	371e9	138	377b6	284
364d-365a	101n	371e11	156, 159	377c-378d	145
365a7	129	372a1-2	138	377c4-5	145
365a7-8	129	372a4-5	138	377c8-d2	147
365a8-b1	130	372a5-7	140	377d-392c	145
365b-366c	350n	372b7-c2	140	377e-386a	145n
366b7-8	350	372d2-4	140	379a	148n
366e7-367a1	122n	372d5	140	379a1	134, 228, 253
366e8	122n	372d8	141, 155	380b	176
367b3-4	123n	372e3	141	380c1	361
367b3-6	122n	372e4-6	156, 159	386a-389b	145n, 344n
367d1-3	122n	372e6	139–40	386a6-b2	286n
367d7-e1	129	372e7	140	387b	162n
367e1-4	122n	372e8	141	387d-388e	343n
368a6	122n	373a1	139, 141	387d1	343n
368b3	131	373a2	155	387d2	342n
368b5-6	122n	373a3	155n	387d5	342, 342n
368c5-8	122n	373b4	141	387d8	343n
368c8-d7	131	373d9	142	387d11-e9	286n
368e2	132	373e	7	387e-388a	352
368e2-3	132	373e1	142	387e4-5	342
369a6	133, 156	373e5-6	142	387e7	343n
369a6-8	159	373e6-8	142	387e10	342n, 343n
369b8	136	374a	165	388b4	343n
369b9	136	374a3	143	388b9	343n
369c2	136	374e1	143–4	388d	162n
369c3	136	375a11	144n	388d7	343n
369c7	136	375b2	143	388e-389b	344n
369c9	133, 135	375b8	144n		

388e8	342n	412c-414b	227	419a9	155
389b-d	145n	412e9	294n	420a5	155-6
389b4	187n	413c8-d1	148n	420a6	156
389d-392a	145n, 165	413d3-4	149n	420a7	156
389e-390a	165	413d6-e1	149n	420b-421c	253
390a-d	165	413e2	149n	420b1	156
390a-392a	165	413e4	149n	420b3-4	156
390d	145n	413e5	149n	420b4-5	156
390d-391c	165	414b1-2	161	420b8-9	159
391c-392a	165	**414b7-c2**	**149**	420c5-d5	157
392a-c	146n	414c4-7	149	420d2	157
392b	119n	414d1-415d4	149	420d4-5	157
392c-398b	146	414d3	150n	421a2	157
392c2-5	159	414d5	150	421a9	157
394e	165	414d7	150	421c1	157
395c4-7	146	414e2	150n	421c4	158
395c8-d3	146	414e3	150n	421d7	158
395d3	294n	414e5	150n	423c-d	152
396a1-4	146	414d5	150	423d	165
396d1-2	262n	414d7	151	423d2-5	174n
396d3-e1	**146**	415a3	150-1	423d3	165
396e1	294n	415a7	151	424a2	180
397d4	342n	415b1	151	424a5	158
397e-398a	165	415c2	152	424d2	147n
398b-403c	147n	**415c9-d1**	**152**	424e	7
398b2	342n	415d4	153n, 190, 284	426d4-5	120n
398b3	148n	416a4	154	427a4	158
398e4	342n	416a5	154	427c6-d1	159
399e4-7	**148**	416b-c	163n	427d	119n
400e3	294n	416c	193	427d3-7	160
401c2	147n	416c1	154	427e7	160, 179
401c8	147n	416c5	153-4, 382n	428a4	160
401e-402a	147n, 284	416d6	154	428a6	160
403d8	294n	416e4	154	428b-429a	160, 335
409a8	342n	417a2-3	155	428b4	160
409b1	317n	417a7	154	428b7	160
409c6	317n	419a-420a	304	428b8	160
409d1-2	317n	419a2	155	428b12-13	161n
410c8	294n	419a3-5	156	428c1	161n
410e-411a	148	419a4	155	428c2-3	161n
411e-412a	173n	419a6-7	155	428c5-6	161n
411e4-412a3	290	419a7	155	428c8-9	161n

428d1	161, 173	435c5	168	441e7-442b4	173n, 290
428d1-2	161n	435c9-d2	168n	442a4-5	173n
428d7	161	435d1	228	442a4-b9	288
428d8-9	161n	435d-436a	173n	442a6-7	172n
429a-430c	161	435d2-3	168n, 228	442b-c	286n
429a9	161n	435d4	168n	442b10-c2	172
429d6	162	435e-436a	23	442c4-7	172, 292
430b3-4	162	435e1	168	442c6-7	288
430b8	163	435e1-2	168n	442c9-d2	172
430c3	163	435e4	168	442d-443b	175n
430d-432b	163	436a-c	337	442d4	173
430e4	163	436a-441c	168	443a	7
431c5	164, 382n	**436b9-c2**	**169**, 338	443c-444a	293n, 300n
431d1	164	436b9-437a9	169	443c4	174
431e4	164, 173	437b1-439e2	169	443c5	174–5
431e8	164	437b4	344n	443c10	174
432a7	164	437e5	169	443d-e	375n
432a8	164	437e8	169	443d1	174
432b-434c	165	439a7	169	443d1-6	292
432b1	165n	439c8	169	**443d3-e2**	**264**
433a-434d	255	439d5	170	443d4	174
433a8	165	439d6-7	171	443e-444a	313n
433b	166n	439d8	170	443e1-2	174n
433b4	165	439e2-440e5	169	443e2	174n
433b7-c2	292	439e3	170	443e2-4	175n
433d	166	439e4	170	**443e4-444a2**	**175**, 291
433d8	165	440b9	170	443e5	293
433e10-434a1	166	440c6	170	444b1-5	175
434a-c	175	440c7	170	444b4	175
434a9-10	172n	440e1-2	170	444c-e	357n
434b6	166	440e6-441c3	169	444c-445e	175
434c	253	441a	172	**444c11-e4**	**291**
434c7-8	172n	441a2-3	171	**444e6-445a4**	**176**
434c9	165	441a3	173n	445a	119n
434d-436a	167	441c-444a	255	445a6	176
434e4-435a3	167	441c-444c	171	445a7	176
435a3-4	167n	441c9	172–3	445a9	176
435a4	359n	441c11	172–3	449a4	173n
435b5	165	**441d7-e1**	**172**	449c5	180
435b7	168	441d11-e1	172		
435c-d	228	441e-442c	287		
435c1	168	441e7	173n		

449c8	180	457e-458b	199	468e5-469b4	192n
450a-b	180n	458a1	186	469b-470b	193
450c-451c	181n	458a6	186	470b-471c	193
450c7	180	458b-466d	186	470b5	193n
450c8	180	458c6	134, 186, 228, 253	470b6	193n
450c9	180			470b7	193n
450d1	180, 180n	458d2	187	470d8	193n
450d3	180	458d3	186	471b6-8	193n
451c-452e	181	459c1	187	471e2	193
451c2	181	459c3	187n	472a1	193
451d6	181	459e-460b	193	473a3	194n
452a7	181	460a8	187	**472a3-7**	**194**
452b3	181	460b	193	472a4	196
452b7	181	460b2	187	472a6	220
452c6	185	460b4	187	472b3	197
452d1	181	460d6	188	472b4	196n
452d8	181	461a3-4	188	472b4-c3	196
452d10	185	461b9	189	472c-d	317, 318, 320n
452e-456c	182	462a-466c	253		
452e5	185	462b4	189	472c2	198, 318
453a2	182	462b8	189	472c4	196n, 198, 317n
453b4	182	463d2	190		
454a1-2	182	463d6	190, 284	**472c4-d1**	**306**
454a6	182	464a1	190	472c4-d2	196, 318
454a8	182	464a8	191	472c9	359n
454b2	182	464b2	260	472d	225n
454b6	182	464d3	190	472d4-8	196
454b7	182	464d7-8	191	472d5	198, 317n
454c9	182	464d8-e2	193n	472d9	198, 317n
454d1	182	465b1	190	472d9-10	196
455b5	182	465b2	190	472e-473b	316
455c1	294n	465b9-11	191n, 193n	472e2	199
455c2	182	465d8-9	192	472e2-5	197
455d7	184	465e	193	472e6-473a4	197
455e6	184	465e8	193n	473a1	199
456c-457b	184	466e-468b	193	473a2	199
456c1	180n	468a6-8	163n	473a5	199
457b2	184	468b-c	193	473a5-b1	197
457d-458b	185	468b3-c8	187n	473a6	199
457d1	185	468c-e	193	473a7-8	199, 275n
457d2	185	468c9-e4	188n	473b5	200
457d4	186	468e-469b	193	473b7	201

473c11-e1 200	484d5 205	493e-494a 204n
473e6-474a3 202, 226	**485d6-8** 206	493e-494e 359n
473d6 200n	486a8 294n	494a1 204n
473d7 199	486d10 294n	494a3 204n
473e 7	487a 207n	494b 207n
473e-474a 210n, 226n	487a7 207	494b8 214
	487a8 207	494d3 214, 294, 382n
473e1-4 201	487c 215n	494d6 294, 382n
473e6-474a3 202, 226	487c4 207	494e 7
474a2 226n	487c6 207	494e-494a 213
474c-478a 359n	**487c6-d5** 208	494e2 214
474c-480a 202, 244	487d 215n	494e5 214
475c7 203	488a6 209	495a10 214
475d2 203	488b3 208	495b4 173n
475d3 203	488e1 209	495b6 173n
475e1 203	489b3 120n	495c1-2 215
476a11 203	489b5 209	495c4-6 215
476b7 204, 205n, 244n, 294n	489b6 209	496a-497a 265
476c1 204	489c4 209	496a5 216
476c1-2 294n	489d 215n	496a8 216
476c2 204	489d11 210	496b2 216
476c3 204	489e-490c 207n	496b4 216
476c3-4 244	490b5-6 215	496b4-5 265
476c5 294n	491e3 210	496c3 217
476c7 204, 294n	492a-493e 284n	496c3-4 217, 266
476d1 204, 294n	492a4-5 211n	496c6-7 120n, 217
476d2 204, 244	492a5-6 211	496c7-8 265
476d4 204, 205n, 244n, 294n	492a7 25, 211	496d 358n, 372
	492b1-2 211	496d6 217, 266
476d4-5 293, 358n	492b7 211	496e2 266
477e8 294n, 382n	492d5 211	497a 315
479a2-3 294n	492d9 211	**497a3-5** **218, 266**, 270
479d 359n	492e5 212n	497b7 218
479d2-3 205n	493a1 212	497c7 220
479d2-4 205	493a1-2 211n	**497c7-d2** **219**, 266n
484c 317-8	493a6 212	497d1 134, 228, 253
484c-d 225n	493a8 120n, 212	497d4 220
484c6 205, 317n, 318	493a9 212	497d4-6 220
484c8-9 205	493c2 212	498c 180n
	493d 247	498d7 223, 383
	493d5 120n	498d8 120n, 221
	493d5-6 284n	

引用出典索引　　　　　　　　　　　　　　415

499a5　222	501c10　226	514a2-515a4　236
499b-c　315	501d7-9　266	514a2-517a7　236
499b2-3　268n	502a　222, 227	514a5-b1　237n
499b2-c4　**221**, 226	502a-b　200n	515a4　237
499b3-c1　266	502a2　226	515a5　237
499b5　258	502a6　222	515a5-c3　237
499b8　222	502a10　223, 383	515a9　237n
499c1　263	502e3　227	515b-c　240n
499c4　180n	503a8　220	515b5　237, 294n
499c7　258	503c　207n	515b7　304n
499c7-d6　**222**	503e3　227	515b9　237, 294n
499c9-d1　383	504a3　227	515c2　237
499d8　120n, 223	504a4-9　228	515c4-516e2　237
499d10　120n	504b1　228n	515c5　238
500a7　224	504b2　228	515c6　238
500b　216, 281n	504b5　228	515d6　238
500b-d　251n, 263, 263n	504c9　228	515d7　238, 294n
500b-501c　320n	504d2-3　227	515e2　238
500b2　120n, 216	504d6　228	515e5　238
500b3　216	504d7　228	516a5　238, 262
500b4　216	504d9　228	516b8　239
500b8　224	504e2　228	516c-d　261
500b8-d4　263n	504e3-4　227	516c1-2　240n
500c1　225, 294n	505a2　227	516d7　239, 247
500d　7	505d8　229	516e3-517a7　239
500d1-2　263	**505e1-506a2**　**229**	516e5　239
500d5　258	506b1　230	517a　307
500d5-9　263n	508b-e　231n	517a2　262
500d6　225, 263	508c1　243	517a8-519c7　236
500d7　293	508c9　231n	517b2　304n
500d9　225, 245n, 263, 380	508d3-4　231n	517b9　240
	508d3-8　232, 294, 358n	517c　7
500d11　120n, 225	508d4　231, 231n	517c2-3　231n
500e　317	508d5　243	517c3-4　246
500e2　225, 317, 317n	508d7-8　294	517c4　240, 262-3
501a-b　228	508d8　243, 294, 382n	517c7　246
501a5　173n	508d10　231n	517c7-8　242
501a9　228	511d1　243n	517c7-d1　246
501b　229	511d4　243n	517c8-d1　242
501c5-6　226n	514a1-2　236	517d1　242, 246
501c6　226n	514a2　237	517d4　242
		517d7　242

517d10 242	**520c1-d5** 257	529d7 317n
517e2 242	520c2 262	531d6 268
518a1 242, 382n	520c3 262	531d7 268
518a6 243	520c7 258	532a1 269
518a7 243	520c7-d1 247	532b4 269
518b2 244	520d1-2 258	533c8 269
518b3 243	520d3-4 260	534e3 269
518b4 245	520d4-5 258	535a-541b 269
518b8 243	520d7 255	535c6-9 216
518c1 243	**520d7-9** 255	536a5 173n
518c5 243	520d7-e3 253	537c6 269
518c6 243	520d8 259, 261	539e4 258
518d3-4 243	520e-521a 261n	**540a8-b7** 266, **269**
518d6 245	520e1 252, 259	540a9 173n, 317n
518d9 245n	**520e1-3** 258	540b2 270
518d11-e1 245	520e2 258	540b4 258
519c 7	520e3 258	540d1-e2 261
519c2 245, 262	520e4 259, 262	540d2 180n, 270
519c2-4 262–3	520e4-521a1 252	540d3-4 261
519c3 246n	520e4-521a4 260	540d4-5 261
519c4 245–6, 262	**520e4-521a8** 260	540d7 261
519c8 250	520e4-521b11 252, 259	540d7-e1 258
519c9 255	521a2 260	541a4 271n
519d2 250	521a4 262	541a6 271
519d6 261	**521a4-8** 4, 260, 299	541a8-b1 271
519d8-9 **250**, 314	521a5 265	541b3 271n, 275n
519e1 314	521a6 265	543a1-2 274
519e1-520a4 253	521a7-8 265	543c5 274, 275n
519e1-520a5 253	521a9 260	543c8 275n
519e1-520e3 252–3	521b1-2 252	543d1-544a1 266n, 275n
519e1-521b11 251–2	521b1-3 261	544d-e 173n
520a1 255	521b2 261, 306	544d5-e6 275n
520a2 255	521b4-6 261	544e4 173n
520a6-b1 252	521b7 258	545b-c 275
520a6-d6 253	521b7-11 261	545b5 173n
520a8 258	521b8 267	545d1-2 277n
520b3 254, 261	521b8-9 260	545c7-548d5 276
520b4 254–5	521b9 261	547a2-5 277n
520b7 255	521b9-10 252	547b5 276
520b8 255	527c2 269	547c1 277
520b8-c1 255, 264	528c4 120n	548a9 277
520c1 253, 256		

548d6-550c3 277	562d7 279	**578b9-c3 296**
549a9 283n	562d8-9 279	578c 283n
549b10 283n	562e2-3 279	578c1 296
549c1-550c3 285	563d4 279	578d1-579b1 303
549c2 283n	564d-e 281	578d4 303
549d 7	565a2 279	578d13 303
550a2 277	566e 7	579b2-c3 304
550a5 283n	566e1-2 279	579c4 305
550a7 285	567a10-11 279	579c4-d9 304
550b1-7 282	568a-d 324n	579c6 266n
550b 355	571a1-573c11 286	579c-580a 266n
550b5 285	571a1-576b9 279	579d1 266n
550c4-553a5 277	571b3-5 302	579d10-11 296
553a6-e4 285	571d1-3 302n	580a8 305, 312, 382n
553a6-555b3 278	572b-573c 301	580b1 297
553c 355	572c7 302	580c 119n
553c2 286	573c-575c 301	580c-583b 254, 307
553c6 283	572e5 287	580d-583a 295n
555b4-558c5 278	572e6 287	581d1 354n
557b5 83n	573d4 287	582b1 354n
557d8 317n	574a7 302	583b-587a 295n
558c6 279	574d7 287	583b-588a 307
558c6-562a3 278, 286	574d8 303	583b6-7 307n
558d8-559c12 290	574e2 287	588a7-9 307
559a8 317n	574e3 303	588b-589c 308
559d5 283n	575a1 287	588b2-4 308
559d6 279, 279n	575c-d 303	588b6-8 308
559e5 283n	575e-576b 300	588b10 308
560b9 294n	575e3 280, 300	588c3 308
560c2 286	576a10-b2 300n	588c4 308
560c8-9 286	576b4 303	588d5-6 308
560d 360n	576d7 297	589c-591a 309
561a2 283n	577a1 297	589c7 309
561a8-b5 289	577a2 297	589d-e 310
561b 355	**577a6-b2 297**	589d7 310
561b3 283	577b 295	589e1-3 310n
561b5 283	577b-578b 299	589e3-590a3 310n
561d7-8 279	577b-580c 295	589e4 310
561e6 317n	577b1 300	590a6 309
562a4-569c9 279	577b7 297	590a7 310
562d 7	577c2 299	590a10 310
	578b-c 303	590b4 310

590b9	310	592b2	293, 317, 319n	600a8	329
590c-d	310	592b2-3	319n	600a9	329
590c2	310	592b3	320n, 325n	600a10	329
590d	375n	595a1	324	600b3	329
590d1-3	311n	**595a1-3**	**324**	600b7	329
590d3	311n	595a3	323	600c4	329
590d4	310, 311n	595a5	325, 384	600c4-5	329
590e-591a	292n	**595b3-7**	68n, **325**	600d1	330
590e1	292n, 311	595b5-6	339	600e2	329
590e2	311	595b5-7	358	600e4-5	330
590e3	311	595b6	294n, 325, 358	600e4-6	330n
591a-b	119n	595b9	326	600e5	327, 330n, 349n
591a-592a	311	595b9-c4	360	600e6	385
591a-592b	293, 293n	595c3-4	326	600e6-7	328n
591a3	311	596b6	325	600e7-601a1	328n
591a5-8	311	597eff.	337	601b9	330n
591a10	312	597e6-8	349n	601c4-5	331
591b1	312	597e7	327, 349n	601d5	334, 334n
591b2	312	598b3	328	601d8	332
591b3	312	598b8	330n	601e8-602a1	332
591b3-4	312	598c3-4	328, 328n	602a4-5	332
591b5	312	598d4	328n	602b3	332
591c1	293, 312-3, 382n	598e1	328	602b7	336
591c5-7	289n	598e1-2	328	602c-603b	345n
591e1	312-4	598e2	327	602c1	336
591e2	293, 312-3, 319	598e4	328	602c1-2	349n
592a	7	598e5-599a3	349n	602c4	336
592a-b	200n, 313, 313n	599a3	330n	602c5	336
		599a5	120n, 328	602c7	336
592a1-4	261	599a8	329, 330n	602c7-603b6	336
592a2	293, 312-3	599a9	329, 336	602c8	336
592a4	313, 319	599b1	329	602d	337
592a5-6	**314**	599b4	329	602d1	336
592a5-7	319	599b5	329, 336	602d2	337
592a7	315, 325	599b6	329	602d3	337
592a7-8	**314**	599c6-7	329	602d7	337-8
592a9	325n	599d	7	602d7-8	337
592a9-b5	**315**	599d3	327	602d8-9	337
592b1	317n	599d4	330n	602e1	337
592b1-2	318n	599d6	329	602e5	337
592b1-5	268	600a	7	602e8	337, 339n
		600a4	329		

602e8-9	337	605b1	346n	606d3	343n
603a1	337, 339n	605b2	361	606d5	343n
603a1-2	345n	605b7	347, 354	606d6-7	354
603a4	338	605c2	330n	606e	333
603b1	337	605c2-3	349	606e5	357
603b1-2	339n	605c5	346	607a6	361
603b6	339n	605c5-7	355	607a7	346, 360
603b8-c4	359—60	605c6	351, 358	607b2	360
603b9	340	605c6-7	351n	607b3	360
603b10	340	605c9	341n, 343n	**607c6-d3**	**359**
603b10-c3	340	**605c9-d5**	**351**	607c7	359
603c1	294n	605d1	343	607d-e	383n
603c5	336	605d3	343n, 351—2	607d10	357
603c5-8	**341**	605d3-4	351	**608a2-5**	**358**
603d2	345n	605d5	343n	608a3	359
603e-604a	342	605d7	343n, 352	608a4	359
603e1	344	605d8	352	608a5	120n, 359
603e1-2	342	605d8-9	352, 354	608a6	361
603e4-6	**342**	605d9-e1	352, 356	608a7	361, 385
604a2	343	**605e3-5**	**352**	608b1	361
604a2-3	342, 345	605e4	352, 354	608b2	359, 361
604a6	344	605e6	352	608b4	361, 361n
604a9-b3	**345**	606a1	353	698b7	361
604b7-d1	**355**	606a3	351, 353, 354n, 356	608c2-3	362
604b10-c1	356	606a3-4	353	608c6-11	383
604c2	343n	606a6	354n	608c11	362
604c9	354, 371n	606a7	353, 354n	608d-611a	362
604d4	346	606a7-8	357, 371n	611c-612a	382
604d7-9	346	606a7-b5	353n	611c2	362
604d8	348	606b1	353, 353n	611d2-3	363
604d8-9	349	606b2	353	611d8	363
604d9	346	606b2-3	353	612a	121
604e1	347n	606b3	354n	612a3	256n, 363
604e1-6	**347**	606b3-4	353	612a5	357, 363
604e2	347, 347n	606b4-5	353	612c-613d	119n
604e2-3	384	606b5-7	355, 357	612c7	363
604e5	348	**606b5-8**	**354**	612c9	364
605a3	347	606c	344n	612d7	363
605a4	347	606c5	356	612e3	364
605a4-5	346n, 347	606c6	356	612e5	364
605a9	349	606c7	354	613c6	364
605a9-10	346n			613d-e	365n

613d2	364	621a2-3	368	Thucydides	
613d9	365n	621a5	368	1.128.3	6
614d1-3	369n	621a6	368, 374	1.107-108	73
615a6	369	621a7	368, 374	2.35.1	67
617d3	366	621b1	368	2.34.4	64
617d5	317n, 366	621b5	369n	2.36.1	69, 83
617e-619b	283n	621c1	375	2.36.2	83n
617e4-5	**366**	621c1-2	368, 374n	2.36.3	83
617e7	369n	621c3	375	2.37.2	72n, 83–4
618a2	317n, 366	621c4-5	375	2.37.3	7, 83–4
618b7	366, 370	621c5	375	2.38.2	83
618c5	366	621c6	359n	2.39.1	72n
618d2	369	621d2-3	368	2.39.2	83
618d5-6	370	『饗宴』 *Smp*.		2.40	9
618d6	370	182b3	201n	2.40.3	84
618e4-619a1	295n, 370	208e-209e	331n	2.41.1	83, 83n
619a1	367	209c2	331n	2.41.5	85n
619a5-6	367, 370n	209d1-4	331n	2.42.3	64
619a6	370	209d4-e3	331n	2.42.4	78, 81
619a7	370	209e-210a	331n, 380	2.43.2	85
619a7-b1	295n	212a	375n	**2.43.4**	85
619b3	374	212a1	243n	2.45.1	78
619b7	367	212a3	243n	2.46.1	67
619b8-c1	371	212b2	81n	2.65.2	6
619c2	371	212b4	201n	2.97.6	34n
619c5	371	216b1	201n	3.45.3	6
619c6	371	219d-221c	358n	3.45.4	83n
619c7	367, 371n	『ソピステス』*Sph*.		3.82.4	360n
619c8	374	222d	7	4.121.1	6
619e1	370n	268b	7	**6.12.2**	**3**, 7
619e3-5	295n	『テアイテトス』*Tht*.		6.15.4	6
620a2	367	173c-177c	46n	6.16.6	7
620a4	372	174b-c	7	7.69.2	83n
620b2	372	『ティマイオス』*Ti*.		Xenophon	
620b3	372	36e4	262	*Hier*.	155n, 304n
620b4	372	87b	7	11.9	7
620c	217	88a	7	*Mem*. 1.2.35	162n
620c4	367	89c3-4	201n	2.4.6	100n
620c5	367	90a-d	375n	3.4.12	100n
620c5-6	372	Plutarchus		3.11.6	7
620c6	368	Alcibiades 23.4–5	300n	3.12.5	7
				Oec. 7.17 ff.	181n

Plato on Public and Private

by
Yuji Kurihara

Chisenshokan Tokyo
2016

Table of Contents

Preface: Plato's Philosophy and the Public–Private Problem   3

Part 1   The Early Dialogues

Chapter 1   Protagoras' "Greatest Speech" (*Prt.* 320c–328d) and the Public–Private Antithesis   21

Chapter 2   Socrates' Impact and Plato's Succession—The *Apology* and the *Gorgias*   39

Chapter 3   Public and Private in the *Menexenus*—Creation of the Concept of Freedom   61

Part 2   The *Republic* (*Politeia*): Towards the Harmoniously Combined Life of Public and Private

Chapter 4   Preface—The Images of the Mixed Life of Public and Private (Book 1)   97

Chapter 5   Questions and Method (Book 2)   119

Chapter 6   Separation of Public and Private: A Theory of Justice (Books 2–4)   135

Chapter 7   Unity of Public and Private (Book 5)   179

Chapter 8   Towards the Combination of Public and Private: The Third Big Wave (Books 5 and 6)   195

Chapter 9   "The Allegory of the Cave" (Book 7)   235

Chapter 10   Separation, Mixture, and Synthesis of Public and Private: A Theory of Injustice (Books 8 and 9)   273

Chapter 11   Person Living in a *Polis*—The Eternal Life of the Person (Book 10)   323

Conclusion   377
Bibliography   390
Index   399

English Summary

This book examines Plato's early and middle dialogues from the viewpoint of the ancient antithesis between public (δημόσιος) and private (ἴδιος). Part I (Chapters 1–3) addresses four early dialogues—that is, the *Protagoras*, the *Apology*, the *Gorgias*, and the *Menexenus*—and Part II (Chapters 4–11) discusses the *Republic*, arguing that Plato aims to reformulate his contemporary *dualistic* view of the public–private antithesis and inserts philosophical elements in three different contexts:

(a) The contrast in human beings: public citizen vs. philosopher vs. private citizen

(b) The contrast in living spheres: public sphere (Assembly, courts, theater) vs. semi-public sphere (Agora, gymnasium, baths, symposium) vs. private sphere (*oikos*)

(c) The contrast in lives: life of politics vs. life of philosophy vs. life of pleasure

These three contexts serve to clarify Plato's views on humanity, politics, ethics, and psychology in relation to the public–private antithesis.

In Chapter 1 ("Protagoras' 'Great Speech' (*Prt.* 320c–328d) and the Public–Private Antithesis"), I analyze the structure and content of Protagoras' "Great Speech," focusing on the ancient public–private dichotomy. First, I show that Protagoras, particularly in his myth, not only distinguishes humans from other animals by nature on the basis of their possession of craft (*techne*) but also contrasts citizens with non-citizens who do not live in cities, considering the former as more virtuous than the latter with respect to political art/virtue (*politike techne/arete*). Second, I point out that Protagoras regards rationality or *logos* as a kind of instrumental reason by which citizens can be politically successful in their cities. In his view, each citizen's *logos*, above all, serves to produce the common good in the city as well as his own good, without asking critically whether the good is real or apparent. Third, accordingly, it turns out that Protagoras does not make a clear distinction between *idiai* and *demosiai* but confounds the private and public (or social) lives, since he supposes that citizens try to obtain their own private goal in public. Finally, I suggest that Plato stresses the importance of the Socratic philosophical life in contrast to the Protagorean and Athenian mixture of public and private lives.

Chapter 2 ("Socrates' Impact and Plato's Succession—The *Apology* and the *Gorgias*") discusses Socrates' philosophy in the *Apology* and the *Gorgias*, followed by Plato's political action through publishing philosophical dialogues.

For Plato, Socrates' philosophy is characterized as the one-on-one "private activity" (ἰδιωτεύειν) in the agora, in contrast with the one-to-many "political activity" (δημοσιεύειν) in the public sphere, such as the Assembly, courts, and theater. In the *Gorgias*, however, Plato represents Socrates as disclosing his view on the best life and encouraging (παρακαλεῖν) his interlocutors to espouse the same belief. In this chapter, I aim to show that in the *Gorgias*, Plato introduces a new type of rhetoric in the form of encouragement or exhortation. Not only does Plato have Socrates use this type of rhetoric towards Polus and Callicles; he himself applies this "true" rhetoric to his writing of dialogues in order to encourage the reader to think about his/her own life philosophically. Plato's new challenge is private in the sense that reading is part of one's personal life, but, at the same time, if his books become influential enough to change the reader's way of living, publishing them in public is political. Thus, Plato intentionally engages in politics and tries to change democratic Athens from within.

In Chapter 3 ("Public and Private in the *Menexenus*—Creation of the Concept of Freedom"), I try to show that in the *Menexenus*, Plato intends to present Socrates' funeral speech as an ideal one that meets the requirements of universality and self-knowledge. In the *epainos* and the *paramythia* sections of his speech, Socrates elucidates the nature of freedom in various ways. Beginning with freedom and autonomy from Persia, Socrates moves inward, as it were, and eventually extracts the ultimate form of freedom—the autonomy of the self, which is based on virtue and self-trust. Therefore, after satisfying the self-knowledge requirement, Socrates uses the funeral oration to encourage the members of the audience to direct their attention to their selves and jobs, believing that such a focus will lead to a virtuous and free life. This notion of freedom holds for everyone universally, beyond the temporal and spatial restrictions of its applicability. In support of these two requirements, Socrates succeeds in conveying the message that each individual must be free and autonomous, based on virtue and self-trust, which amounts to the most fundamental principle of the unity and freedom of the city. (At the end of this chapter, I briefly analyze Pericles' funeral speech, comparing it with that of Socrates.)

Chapter 4 ("Preface—The Images of the Mixed Life of Public and Private") deals with *Republic* Book 1, in which Plato introduces three different views on justice. I point out that Thrasymachus' view is closely related to his conception of human happiness as being based on the individual's (ἰδίᾳ) *pleonexia*.

Chapter 5 ("Questions and Method") clarifies the *Republic*'s new starting point in Book 2. Plato asks two questions: (1) What are justice and injustice? (2) Which life is better—one of justice or injustice? To answer these questions,

Plato has Glaucon and Adeimantus elucidate the democratic notion of justice in Book 2, and Socrates employs the city–soul analogy to examine the issue. I argue that the analogical method exploits the classical antithesis between public and private to make clearer the nature of social and psychic justice/injustice in an abstract way.

In Chapter 6 ("Separation of Public and Private: A Theory of Justice"), I probe Books 2–4, where Plato first attempts to found the ideal city in terms of imagination and reasoning to define social virtues, such as wisdom, courage, temperance, and justice. Having discovered three parts and functions of the soul, Plato goes on to define individual or psychic virtues. His inquiry is grounded in his analogical method that separates the public and private sides of humans.

In Chapter 7 ("Unity of Public and Private"), I move on to Book 5, where Plato further explains the details of the ideal city. It should be noted that in the central books (5–7) Plato does not rely on the analogical method any more, but discusses some close relationships between public and private. He first argues that men and women should share tasks in common—a revolutionary proposal in those days—because women must work in public and not stay at home. Besides this "First Big Wave," he introduces the "Second Big Wave" detailing that the guardians in the ideal city must share wives and children so as to constitute a single family with no private properties. These waves aiming at the unity of the public and private sound very paradoxical for anyone living a mixed life of public and private in a democracy.

Chapter 8 ("Towards the Combination of Public and Private: The Third Big Wave") interprets Plato's exposition of the "Third Big Wave" in Books 5 and 6. This most paradoxical idea in the *Republic* concerns the feasibility of the philosopher king. Although it is widely believed in Athens that philosophers live in private, aloof from politics, Plato insists that they must engage in politics in the best city, while investigating the nature of a philosopher and presenting "the Simile of the Sun" and "the Simile of the Divided Line" to illustrate the Form of the Good. How does Plato successfully establish that the philosopher who studies the Good in private eventually comes to rule the city?

Chapter 9 ("The Allegory of the Cave") tackles this question by considering the famous "Allegory of the Cave" in Book 7. Following the educational program, the philosopher must escape the public space (i.e., the Cave) for the philosophical world outside, where he/she can enjoy a private life, but must later return to the Cave to rule. Why? This is an enigmatic question concerning the public–private antithesis. I argue that the philosopher lives a happy life by ruling because he/she can perform his/her functions best by philosophizing in private and ruling in public harmoniously on the basis of the practical wisdom (φρόνησις) that arises from philosophy outside and habituation inside.

Chapter 10 ("Separation, Mixture, and Synthesis of Public and Private: A Theory of Injustice") deals with Books 8 and 9. Plato resumes expounding the nature of injustice by adopting the analogical method of city and soul. Depicting four kinds of unjust city and soul, Plato explains how the young choose their unjust lives and why they are responsible for their choices. Next, I focus on the first argument (576b–580c) to prove that the life of justice is happier than that of injustice. This argument introduces as the unhappiest person the "true" tyrant, who is not only tyrannical in character but becomes a tyrant in the city, who is observed from both the private and public sides of life. At the end of Book 9, Plato refers to a person of intellect (νοῦν ἔχων), who lives a harmoniously combined life of public and private. It is this "just" person who engages in politics in his/her "own" city by doing his/her own job.

Chapter 11 ("Person Living in a *Polis*—The Eternal Life of the Person") considers a person who lives both in public and in private. In the first half of Book 10, Plato explicates the bad influence of the poet upon the people in a city. It is important to understand his discussion of the "decent" person (603e–607b), who lives by clearly separating the public and private lives, because it functions not only as his criticism of poetry but as his final attempt to respond to "Glaucon's challenge" in Book 2. Focusing on Plato's distinction between two types of "decent" people, I clarify how he thinks philosophical arguments take care of the better type of "decent" person, such as Glaucon, who is not yet corrupted but is concerned with philosophy. In the latter half, Plato has Socrates recount the myth of Er, which helps the reader re-choose his/her life by looking into the markedly different choices of lives consisting of public and private elements in the story.

In the Conclusion, I summarize Plato's insights about the various aspects of the public–private antithesis from four different viewpoints: (1) view on humans, (2) political philosophy, (3) ethics, and (4) psychology. Finally, I note that Plato's writing itself is an important attempt to encourage the reader to think about how to live his/her whole life in public and in private.

栗原 裕次（くりはら・ゆうじ）

1964年長崎県生まれ。1987年国際基督教大学教養学部卒業。1989年文学修士（東京都立大学）。2000年PhD（カリフォルニア大学）。2012-13年カリフォルニア大学（UCSD）客員研究員。現在、東京学芸大学教育学部教授。専門は西洋古代哲学・倫理学。
〔主要業績〕『イデアと幸福―プラトンを学ぶ』（知泉書館，2013年），『内在と超越の閾』（共編，知泉書館，2015年），Alcibiades and the Socratic Lover-Educator（共著，Bloomsbury, 2012年），「歴史の継承と哲学的跳躍―ヘロドトスを学ぶヘーゲルの『世界史哲学講義』エジプト論」（『ペディラヴィウム』第68号, 2013年）。

〔プラトンの公（こう）と私（し）〕　ISBN978-4-86285-241-0

2016年10月10日　第1刷印刷
2016年10月15日　第1刷発行

著　者　　栗　原　裕　次
発行者　　小　山　光　夫
製　版　　ジャット

発行所　〒113-0033 東京都文京区本郷1-13-2
電話03(3814)6161 振替00120-6-117170
https://www.chisen.co.jp
株式会社　知泉書館

Printed in Japan

印刷・製本／藤原印刷